本书是国家自然科学基金项目

"三网融合模式下的电信运营商竞争策略设计与公共政策：

基于双边市场理论的研究"（71173172）研究成果

三网融合模式下的电信运营商
竞争策略设计与公共政策选择
——基于双边市场理论的研究

Sanwang Ronghe Moshixia De Dianxin Yunyingshang
Jingzheng Celue Sheji Yu Gonggong Zhengce Xuanze

陆伟刚 著

中国社会科学出版社

图书在版编目（CIP）数据

三网融合模式下的电信运营商竞争策略设计与公共政策选择：基于双边市场理论的研究/陆伟刚著．—北京：中国社会科学出版社，2015.9

ISBN 978 – 7 – 5161 – 6563 – 8

Ⅰ. ①三…　Ⅱ. ①陆…　Ⅲ. ①电信—邮电企业—企业管理—研究—中国　Ⅳ. ①F632.1

中国版本图书馆 CIP 数据核字（2015）第 160061 号

出 版 人	赵剑英	
责任编辑	卢小生	
特约编辑	林　木	
责任校对	周晓东	
责任印制	王　超	

出　　版	中国社会科学出版社
社　　址	北京鼓楼西大街甲 158 号
邮　　编	100720
网　　址	http://www.csspw.cn
发 行 部	010 – 84083685
门 市 部	010 – 84029450
经　　销	新华书店及其他书店
印　　刷	北京君升印刷有限公司
装　　订	廊坊市广阳区广增装订厂
版　　次	2015 年 9 月第 1 版
印　　次	2015 年 9 月第 1 次印刷
开　　本	710 × 1000　1/16
印　　张	26
插　　页	2
字　　数	440 千字
定　　价	89.00 元

凡购买中国社会科学出版社图书，如有质量问题请与本社营销中心联系调换
电话：010 – 84083683

上的需求形成，而且两种需求之间的相互依赖性也并不总是对称性的正向
互补关系，边与边之间存在相互协调的必要性，价格结构而不是价格水平
决定了运营商的交易外部性以及在猜测信念的反馈链作用下的成员外部
性，从而决定了电信运营商的竞争能力。这个市场被称为双边市场。对电
信运营商而言，可以套用马克思在《资本论》里的一句话"这就是普洛
斯，就在这里跳吧"。

　　"三网"融合的市场格局与电信运营商竞争策略的变化，催生了新的
公共政策。这一新的公共政策主要包括产业政策、竞争政策（反垄断政
策）与管制政策相互协调的政策组合搭配。这一政策组合搭配来自三网
融合以后，市场格局比融合之前更为复杂，竞争手段更趋多样化，竞争性
业务与自然垄断环节的业务互为依托，公益性业务与商业性业务相互交
织的现实考虑，单一的产业政策或单一的管制政策与竞争政策难以承担网络
融合后的合理合规合法行为的守护者职责。必须依照对各种业务的竞争程
度与可分离程度实施各种政策的组合搭配协调，方能为有序公平适度竞争
提供良好的制度环境。协调的基本框架为：第一，两种政策职责明确区
域，应尊重管制机构所做出的明确的决定，包括管制机构的直接行为。这
些直接行为来自竞争法的无法介入或者得到了竞争政策相关机构的执法授
权。管制者对非完全竞争性行业所设立的管制价格、管制者对行业所设立
的准入条件，虽然都不符合竞争法的规定，但管制者的这些行为都是依据
相关法律授权，反垄断法院就没必要对管制决策的合理性进行二次审查。
而对于竞争性业务与可竞争性业务，竞争法规范行为主体的市场行为是顺
理成章的事，任何其他部门法都应该明令禁止插入。第二，交叉重叠区
域，行业中的任何主体的行为都受反垄断法的规制。第三，灰色区域，竞
争政策为主导，管制政策为主体。这一协调安排主要是为了避免司法鉴定
困难而导致的法院误判与行政力量左右而形成的固化性制度扭曲现象的出
现。第四，在管制结构下，当管制者不作为时，反垄断法应当介入。即使
是管制者默认的市场主体行为，反垄断法也应保留最终审查权。

　　产业政策与竞争政策也需在促进竞争的前提下实施协调。产业政策和
竞争政策体现了两种不同的资源配置机制。产业政策发挥作用的前提是政
府能够对资源配置产生重大影响。在工业化的赶超阶段，市场资源的配
置，都不是通过市场调节来实现的，而是政府进行直接干预的方式来实现
产业政策目标的人为选择过程。这种以赶超为理念的产业政策，通过政府

选择主导产业并加以大力扶持，以促进这些产业迅速成长，继而推动产业结构升级。竞争政策作为政府干预经济的重要形式之一，它是以"一般性规则"为依据，间接干预经济活动，通过营造一个公平、合理、有序的市场竞争环境，使市场的参与者在公平竞争中实现优胜劣汰。产业成长和企业竞争力的提高是通过市场竞争和价格机制来实现的，资源配置的核心力量不是政府直接干预经济运行，而是通过制定市场竞争的规则，并依据法律法规对不正当竞争和滥用市场支配势力的行为以及可能有碍经济效率的市场结构进行规制。两者存在的差异在对同一对象进行干预时必须进行必要的协调。协调必须确立竞争政策为基础的原则，这是发挥市场机制决定性作用的题中应有之义。

一个不容置疑的事实是，三网融合的推进并不乐观，利益之争只是提出了问题而没有解决问题。不同利益诉求主体的利益之争是合情合理的事情。三网融合推进中存在的问题与我们缺乏对上述三个基本方面的完整性思考有关。本书将要表现出的一条逻辑主线是：三网融合是竞争策略设计的因；而竞争策略设计是政策选项的因。困扰我们的主要症结在于属于三网融合制度层面的政策体系设计包括政策部门设计存在着与融合不一致的问题。这一问题妨碍了竞争策略的设计，从而妨碍了三网融合的进展。

依据本书前后一致的观点，经济性管制在双边市场下的运作空间已经不是很大，而对于平台的信誉承诺、服务或者产品质量信息披露制度等的社会性管制需求并没有自动得到满足；非价格的一些违反竞争的行为也由于双边市场的联合供给特性而没有相应禁止性规范等。这些问题意味着今后一段时间，管制机构对双边市场的管制，一是要缩小经济性管制的领域；二是要创新管制手段，提升社会性管制的质量。当然，并不排除基于竞争的虚拟运营商牌照发放、分配频谱资源、第三类电信业务放开、组建铁塔公司的进入管制政策与全面降低资费、取消通话费用上限管制的价格管制政策。而且，三网融合的双向进入，本身就是一种管制政策。网络融合以后的业务本身的竞争程度也是千差万别，在不同的业务环节，竞争程度各不相同，既有强自然垄断业务（频谱资源），也有弱自然垄断业务（接入市场），还有一般竞争性业务（语音通话、视频广播），并有完全竞争性业务（互联网业务）。不同业务种类，需要相应的公共政策跟进，竞争政策并不能够完全替代产业政策与管制政策在三网融合以后信息产业中的地位。

　　为此，本书第一章对三网融合的制度、条件与模式进行研究。该研究的目的是指出三网融合的内生性特征及目前一些试点地区出现的问题。第二章讨论在三网融合下电信业态出现的变化，旨在说明电信的双边市场特征及电信运营商业模式转换的基本路径指导。第三章探讨作为双边市场最为核心的构件价格结构的设计问题。该章节既为电信运营商在面临双边市场的环境下如何进行价格结构设计策略提供思路，避免资费设计领域中的套现现象，也为政府部门提供解决双边市场环境下价格歧视的新思维。第三章到第九章就双边环境下的其他竞争策略设计进行研究。第十章到第十四章就政策设计进行探讨；第十五章探讨政策协调体系，是本书的重点也是归宿。

　　本书是国家自然科学基金项目"三网融合模式下的电信运营商竞争策略设计与公共政策：基于双边市场理论的研究"（批准号：71173172）的研究成果。在研究过程中，得到中国著名管制经济学专家、浙江财经大学王俊豪教授自始至终的关心与帮助，得到中国著名竞争法专家、华东政法大学徐士英教授的相关法律方面的指点；中国社会科学院工业经济研究所李海舰研究员、国家工商总局相关人员为本书双边市场垄断识别部分内容的研究给出了很好的建议，工业与信息化部电信政策研究院政策研究所所长马源博士也对此提出了中肯的意见。中国社会科学院竞争与规制研究中心张昕竹博士为本书第十四章的撰写做出了贡献；西安邮电大学经济与金融系王宏涛副教授为本书第四章电信运营商双边市场环境下的最优价格结构设计做出了贡献；课题组主要成员、西安邮电大学国际交流学院陈宏平教授为本书带来了最新的国际管制动向并全程参与了相关课题研究方案的讨论；研究生张善森为本书第八章搜索引擎市场部分多平台接触的平台定价与相关印证的撰写付出了艰辛的努力。本书同时得到课题组相关老师与所在单位西安邮电大学科技处领导、同仁对研究工作的帮助。在此一并感谢你们为本书做出的贡献！

　　本项目的完成与本书的出版，得益于国家自然科学基金会的资助与管理学部专家对项目研究的建议。同时，本书能够在较短时间内顺利出版，离不开中国社会科学出版社编审的艰辛付出。本书在最终形成过程中，吸取了国内外已有的研究成果，在各章节文献综述中尽可能地做了说明，在此对相关专家学者一并感谢；特别感谢2014年度诺贝尔经济学奖获得者 J. Tirole 与芝加哥大学 Weyl Glen、哈佛大学 Hagiu 就双边市场定价与笔者进行的讨论！

面对三网融合以后出现的电信市场新的竞争态势，运营商如何应对与相关公共政策如何跟进，是一个涉及许多理论和实践问题，具有相当难度的课题，尽管本人与课题组成员为寻找答案做了很大努力，但是，一些问题的答案仅仅是我们的思考，有一些问题还没有给出答案，敬请读者批评斧正。

陆伟刚

2015 年 2 月 7 日于西安邮电大学产业经济研究所

目　录

第一章 三网融合的动因、条件与模式

第一节 三网融合总体进展情况

一 三网融合的概念

三网融合是指电信网、广播电视网和互联网在向宽带通信网（NGN）、数字电视网（NGB）和下一代互联网（NGI）演进的过程中，其技术功能趋于一致、业务范围相互交叉、网络互联互通、资源共享。三网融合是一种广义的、社会化的说法，至少现阶段它并不意味着电信网、广播电视网和互联网三大网络的物理合一，更不是三大网络的资源、业务的简单叠加，而主要是指包括语音、数据、图像等综合多媒体的通信业务应用的融合。其表现为技术上趋向一致，网络层上可以实现互联互通，形成无缝覆盖，业务层上互相渗透和交叉，应用层上趋向使用统一的 IP 协议，在经营上互相竞争、互相合作，依托现有资源进行产品创新，朝着提供多样化、多媒体化、个性化服务的同一目标逐渐交汇在一起，行业管制政策、产业政策和竞争政策方面也逐渐趋向统一。

三网融合的网络融合，特别是传输网络的共建共享，极大地减少了基础建设投入，并简化网络管理，降低维护成本，并将使网络从各自独立的专业网络向综合性网络转变，网络性能得以提升，资源利用水平进一步提高。三网融合的业务融合，将促使广电有线电视业务和电信通信服务业务由原来各自的单一业务转向文字、语音、数据、图像、视频等多媒体综合业务，它不仅继承了原有的语音、数据和视频业务，而且通过网络整合，衍生出了更加丰富的增值业务类型，如图文电视、VoIP、视频邮件和网络游戏等，极大地拓展了业务提供的范围，由此打破了电信运营商和广电运营商在视频传输领域长期的一网独大状态，各大运营商将在融合网络中特别是同一终端相互竞争。形成我国信息产业的有序、开放、包容、竞争格局，在竞争环境下促进信息产业的发展，形成覆盖全社会的信息传播渠道，形成融合通信、广播电视、文化娱乐、出版、传媒、教育等各个行业形态的新的信息产业发展环境。这一竞争状态将彻底改变用户需求长期在垄断经营的条件下被忽略的现象，复归网络经济的"眼球经济"本意。三网融合的终端融合给消费者带来更加新鲜精彩的娱乐体验，用户可以通过电视上网，通过电脑打电话，通过手机看电视，真正实现三屏合一。除此之外，随着产业上各企业自由竞争的日益激烈，势必将降低产品价格，加之用户可以将各种服务打包购买，最终使用户消费成本大大降低。

三网融合是现代信息技术融合发展的必然趋势，是现代信息产业进一步发展的内在需求，是国民经济和社会信息化的迫切要求。加快推进三网融合，有利于迅速提高国家信息化水平，推动信息技术创新和应用，逐步增强信息技术对国民经济的渗透率，提高信息产品的消费水平，带动相关产业发展，形成新的经济增长点；有利于更好地参与全球信息技术竞争，抢占未来信息技术制高点，确保国家网络信息安全。

二 中国三网融合的情况

早在1993年，我国"金桥工程"方案构想就提出以计算机技术为基础，将图像、语音和数据这三种业务建立在同一网络平台上的"三网合一"构想。1998年3月，以王小强博士为首的"经济文化研究中心电信产业课题组"主张开放电讯服务的企业化和市场化经营，建立由政府控制的国家基础信息网，依托电视技术平台，直扑电信、电视与计算机"三网合一"的产业前沿。这是三网融合在中国历史上第一次的提出。1998年6月，以国家广电局信息网络中心方宏一博士为首的"有线电视多媒体业务接入模式研究课题组"强烈要求开放电信的竞争性经营，保持电信与广电两网并存。可以在有线电视网上发展互联网增值服务，特别是发展网上通信，并最终以光纤入户代替现有广电同轴电缆，达到三网融合的目的。1998年下半年，北京大学中国经济中心的周其仁教授系统论述了"中国电信的高社会垄断成本"的严重后果，倡导允许广电和电信双向进入，提出了"三网融合，数网竞争"的思路。

然而，不同部门的利益之争，决定了广电与电信部门的融合之路的坎坷。20世纪末，广电体系试图摸索开展一些电信业务，如 VoIP 语音业务等，但受到电信运营商的强烈抵制，冲突不断，一些地区甚至发展到破坏对方网络传输设备。广电和电信部门之间也因此产生了矛盾，直接导致广电与电信分别出台旨在维护本部门利益而断送网络融合的部门法规的出台。1999 年 9 月，信息产业部、国家广播电影电视总局发布的《关于加强广播电视有线网络建设管理的意见》第六条规定："电信部门不得从事广播电视业务，广播电视部门不得从事通信业务。"

然而，网络融合有其自身内在的规律，这就是技术变迁与市场需求的变化。但是随着数字技术和网络技术日新月异的发展，产业迅速走向融合，原先的行业壁垒难以维系，三网融合在技术上已经基本成熟。2005年"十一五"规划中，国家首次将三网融合这一重大技术动向写入其中。之后的"十二五"规划更是强调要"实现电信网、广播电视网、互联网'三网融合'，构建宽带、融合、安全的下一代国家信息基础设施。"2008年，IPTV 产业在政策的推动下，呈现出持续发展的态势，用户数达 236.4万户。而随着工信部发放"TD + CMMB"手机入网证，标志这 CMMB 手机电视也正式启用。

2010 年，国务院发布《推进三网融合总体方案》（国发〔2010〕5号文），在方案中要求加快推进电信网、广播电视网和计算机互联网三网融合，并明确提出了推进三网融合的阶段性目标：2010—2012 年，重点开展广电和电信业务双向进入试点；2013—2015 年，总结推广试点经验，全面实现三网融合发展，普及应用融合业务，基本形成适度竞争的网络产业格局，基本建立适应三网融合的体制机制和职责清晰、协调顺畅、决策科学、管理高效的新型监管体系。2010 年 6 月，国务院正式发布了试点方案，标志着三网融合方案的正式启动，试点方案正式公布了第一批包括北京、上海在内的 12 个试点城市。试点方案主要是四项内容：一是推动广电和电信业务的双向进入；二是加强网络建设改造和统筹规划；三是强化网络信息安全和文化安全监管；四是切实推动产业发展。2011 年 12 月，国务院公布第二批三网融合试点城市，包括天津、重庆两个直辖市、22 个省会城市和 18 个其他城市，总计 42 个城市。

2013 年 8 月，国务院《关于促进信息消费扩大内需的若干意见》提出，加快电信和广电业务双向进入，在试点基础上于 2013 年下半年逐步向全国推广。推动中国广播电视网络公司加快组建，推进电信网和广播电视网基础设施共建共享。加快推动地面数字电视覆盖网建设和高清交互式电视网络设施建设，加快广播电视模数转换进程。鼓励发展交互式网络电视（IPTV）、手机电视、有线电视网宽带服务等融合性业务，带动产业链上下游企业协同发展，完善三网融合技术创新体系。

第二节 三网融合的动因

一 三网融合的必要性

（一）产业融合一般理论

产业融合首先是产业边界的模糊与消失。产业边界，是指由产业经济系统诸多子系统构成的与其外部环境相联系的界面。在跨越组织界限的市场游戏及其规则正被人们发现和利用，产业之间已走出单纯的竞争、合作或供应关系，在共生的共同体和互动的生态经济正在形成的今天，产业边界具有过滤、传感和"胞饮胞吐"等功能以及将外来压力、信息和能量内推、化解到产业内部各有关方面的能力。

产业边界理论实际上包含四种边界：（1）技术边界，每一个产业是用一种特定的技术手段及装备和与此相适应的工艺流程来生产某一种产品的。不同产业居主导地位的技术手段是不同的，具有高度专用性和非替代性。因此，特定的技术手段在相当程度上对产业边界的确定有决定性影响。（2）业务边界，每一个产业通过不同的投入产出方式向消费者提供其产品或服务，并形成自身独特的价值链。产业分类的基础在于产品差异性，不同产品或服务供给形成其独特的业务边界。（3）运作边界，每一个产业的活动有其特定的基础平台及其配套条件。在产业经济活动中，不仅其内部运作是在某种基础平台上进行的，以及派生出生产规模、技术标准、进入门槛，空间布局等不同的要求，而且产业部门之间的关联也依赖于某种基础平台，并在此基础上通过其特定的交换渠道和交换方式来实现，这就构成了产业的运作边界。（4）市场边界，每一个产业的交易是在一个特定的市场（包括其规模、区域等），通过不同的环节与流转方式进行的。不同产业部门的市场结构性质不同，决定了其竞争关系的差异性，从而有其特定的市场边界。

（二）三网融合中的产业边界

在传统电信、广播电视产业构架中，我们可以看到存在明显的产业边界特征：（1）两大产业部门使用的技术是各自独立的，有其特定的技术手段及设备，并按照特定的技术标准提供信息服务内容。（2）两大产业部门分别提供不同产品与服务，并通过其特定流通渠道与转流环节形成各自不同的价值链。（3）两大产业部门之间是一种纵向一体化的市场结构，有各自分割的市场领地，处于非竞争关系之中。竞争只是发生在同一部门内不同企业之间。（4）两大产业部门在以不同方式提供信息服务内容时，都有其各自的行为准则与规范，以及不同的政府管制内容（即非经济的产业进入门槛）。

当互联网出现和发展之后，由于互联网采用三网都能接受的 TCP/IP 的通信协议，可以承载各种业务，为三网在业务层面的融合奠定了基础。在这种背景下，三网融合貌似是三网合一，合于互联网；但三网融合并非三网合一。三网合一是指三个网合成统一为一个网，或某一个网兼并了其他的网。三网融合并非三网合一，实际上这也是不现实的。三网融合实际上是指它们能够实现互联互通，功能相互交叉、渗透，并不是原来业务的简单延伸，而是开拓出一个新的天地。

按照标准经济学市场理论，市场交易的半径或者边界与交易费用成反比，交易费用标准的统一大大降低了交易的费用，从而导致交易边界的拓展。互联网数字技术的 TCP/IP 协议，把所有的产品简化为统一的数字制式。一方面，TCP/IP 协议提供了三网都能接受的通信协议，为三网在业务层面的融合奠定了技术基础，也为没有统一严格设计的传送网之间实现互通提供了有利条件。TCP/IP 协议的普遍采用使得各种以 IP 为基础的业务，都能在不同的网上实现互通。另一方面，在信息化进程中，数字化革命（即完全以重新安排 1 和 0 这两个数字组合为基础）将语音、数据、图像等任何业务信息都可以统一编码，以 0、1 为信号在网上传输和处理，使不同形式的信息都可以依靠 1 和 0 这两个数字的不同组合来精确表达并通过数字网来传输、交换。这就使电信、广播电视和互联网不同形式的产品或服务（语音、数据和图像）的差异性明显弱化，甚至消失。在信息服务产品数字化基础上，原先不同服务产品的提供方式及途径趋于同一，从而其业务边界开始发生交叉与重叠。

相对产业分立而言，电信、广播电视和互联网三大产业融合是以数字融合为基础，"为适应产业增长而发生的产业边界的收缩或消失"（Greenstein and Khalma，1997）。产业边界的模糊化甚至消失是产业融合的一个重要标志。

从融合的过程看，"三网"融合实质上是一个类似于生物界的优胜劣汰的演化过程。下一代融合网络将电信网、计算机网和有线电视网合并在一起，让电信与电视和数据业务结为一体，构成可以提供现有在三种网络上提供的话音、数据、视频和各种业务的新网络。将支持在同一个高性能网络平台上运行，运行同一个协议族，不仅能满足未来话音、数据和视频的多媒体应用要求，保证服务质量，对这些不同性质的应用，其设计还应是优化的，网络资源的使用是高效、合理的，从而实现网络资源最大限度的共享。实现国际电联提出的"通过互联互通的电信网、计算机网和电视网等网路资源的无缝融合，构成一个具有统一接入和应用界面的高效路由网路，使人类能在任何时间和地点，以一种可以接受的费用和质量，安全享受多种方式的信息应用"的目标。对于融合后的新一代电信网络来说，将会提供以 IP 为基础的电信新业务；对于广播电视网来说则是由传统的单向媒体转向了宽带交互式新媒体，可以做视频点播、交互式游戏等业务；而对于计算机数据网来说则是网络计算可实现协同工作、远程医疗等应用。

二　三网融合的可能性

三网融合能够实现的根本推动力是信息和通信技术（ICT）的革命。在过去20多年里，ICT 革命的主要标志是：计算机的运算速度每18个月翻一番，而其价格则下降一半；通信的带宽每12个月翻一番；而计算机的容量和半导体芯片的容量持续以指数的速率增长。

由于技术和历史的原因，电信、广电和计算机网都是分离建设和运营的。分离建网，建设成本高，运行维护成本高，不利于资源利用，以向用户提供综合业务。随着各种 ICT 的进一步发展，特别是数字技术、光通信技术、软件技术发展和统一的 TCP/IP 协议的广泛应用，使传统上分割的三网所传输的内容都可以数字化和可计算化，这为融合奠定了技术基础。具体来说，计算机和微电子技术的发展导致的数字技术革命，使得语音、图像和数据等业务信息皆可以采用统一的数码传输、交换和分配；光通信技术，特别是高宽带的密集波分复用技术（DWDM）的发展，可以低成本地为综合各种业务信息提供必要的带宽和传输质量；软件技术的发展使得各种网络不必改动过多硬件就可以使网络的特性和功能不断升级。

数字传输技术已经成为当代通信技术的主流，与模拟技术相比，其优势在于信号抗干扰能力强，且噪声不积累；在传输中，可以通过信道编码技术进行检错与纠错来提高传输质量；数字技术可将来自不同信源的信号综合到一起传输；容易实现接口交互，便于网络优化等（数字技术将所有不同的信号都变成"0"或"1"代码，在信息的前期处理、传输、交换、接收、存储等过程中已经实现了融合，使得语音、数据和图像信号都可以通过二进制比特流在网络间进行传输和交流，而无任何区别。

光通信技术是解决传输频带、通信容量问题的非常有效的技术。最近几年来，光通信技术发展非常快，IOG（集成光学陀螺）、40GDWDM（集波分复用）已经在通信领域内发挥了巨大的作用，全光网现又成为技术人员追逐的焦点。此种采用巨大可持续发展容量的光纤传输网是三网融合传输各类业务的理想平台。

TCP/IP 是互联网最基本的协议、国际互联网络的基础，由网络层的 IP 协议和传输层的 TCP 协议组成。TCP/IP 定义了电子设备如何连入互联网，以及数据如何在它们之间传输的标准。TCP/IP 协议的普遍使用，使得各种业务都可以以 IP 为基础实现互通。基于 IP 网络传输的 VoIP（网络电话），将模拟声音讯号数字化，以数据封包的形式在 IP 数据网络上做实时传递，VoIP 最大的优势是能广泛地采用互联网和全球 IP 互连的环境，可以在 IP 网络上便宜地传送语音、传真、视频和数据等业务。同样基于 IP 网络传输的 IPTV（交互电视）相对传统数字电视具有十分灵活的交互特性和优势，它能非常容易地将电视服务和互联网浏览、电子邮件，以及多种在线信息咨询、娱乐、教育及商务功能结合在一起，充分满足了用户多方面的需求。在以 TCP/IP 协议为基础的环境下，一个传输统一的 0/1 比特流的数字网诞生了，它既不是三网的合并，也不是简单叠加、覆盖，而是融合，有机的融合。这样，广电、电信与互联网的链接就如同 1969 年美国加利福尼亚大学与斯坦福一研究所的两台电脑链接一样，在以 IP 协议为基础、以 0/1 为传输形式，实现互联网、电信网和广播电视网的互联互通，最终融于 IP 协议和 0/1 比特流，构成一个同一业务可以通过不同网络实现统一数字网。

所以说，TCP/IP 协议不仅是当今占主导地位的通信协议，而且还为三大网络找到了统一的通信协议，从而在技术上为三网融合奠定了最坚实的联网基础，从接入网到骨干网，整个网络将实现协议的统一，各种终端最终都能实现透明的链接。

因此，传统上以业务分割市场的技术基础已经不复存在，原来分工明确的电视、电信和互联网三大行业出现了融合现象，为三大网络在网络层上可以实现互联互通，业务层上互相渗透和交叉，应用层上使用全球统一的 TCP/IP 协议提供了可能。

三 三网融合的现实性：江苏案例

（一）业务融合情况

江苏有线是有线网络行业整合较早的公司，2008 年挂牌成立，早在 2009 年就基本完成地市级网络整合工作，并着手内容建设工作，推出互动点播平台。江苏有线互动平台集成了影视点播、频道回放、卡拉 OK、游戏等多项服务内容，分为基本服务和付费服务两项。对用户支付，实施两部定价。

在业务双向进入层面，江苏有线各地分公司将发展重点都放在了自身的网络改造和建设，主要经营自身电视业务领域，电信业务领域只是探索性的进入。在 2009 年，南京率先推出互动点播平台后，江苏有线重点进行双向 HFC 网络改造和网络优化建设，大力发展自身的互动机顶盒，在 9 月 28 日国家推出 9 套高清频道后，逐步开始发展高清互动业务。2010 年开始，江苏有线苏州分公司着手高清互动升级业务，让苏州的普通数字电视用户升级为高清互动电视用户。2011 年 6 月开始，无锡分公司举行"电视文化乐万民，高清互动进家庭"惠民活动，无锡用户可以低门槛置换高清互动机顶盒，享受高清互动业务带来的便捷。至 2012 年年底，苏州高清互动用户已达 20 多万户，南京和无锡高清互动用户也超过了 30 万户，在全国同类城市中都排在了前列。目前，南京市联通和南京广电网络合作，推出"无线江苏"手机电视业务；无锡移动和无锡广电集团（台）合作，推出移动电视业务；南京移动主推自己的 CMMB，手机电视业务。江苏电信的 IPTV 用户数，接近 250 万户。

（二）网络融合发展情况

电信网络基础方面，江苏电信在 2010 年 5 月开始推出光网城市概念，计划城市 20M 宽带覆盖率超过 79％，城市 12M 宽带覆盖率超过 91％，农村 8M 宽带覆盖率超过 83％。广电网络方面，江苏有线从成立之日起，就积极应对三网融合，推出了江苏互动点播平台、云媒体平台、有线宽带等多元化的业务，至 2010 年年底，江苏省有线电视用户超过 1746 万户，互动电视用户超过 87.8 万户，居全国第一。截至 2011 年年底，全省宽带用户数 1221 万户，光纤长度 113 万公里，互联网接入端口 2042 万个，移动电话 85 部/百人。宽带用户中，有线宽带业务内容只有 2M 和 4M 低端宽带，有线电视宽带用户只有近 80 万户，占 6.5% 左右。

四 三网融合的紧迫性

（一）电信第一类基础电信业务创利能力下降

近年来，从电信行业收入增长趋势可以看出，2011 年以来，电信收入稳中有降。

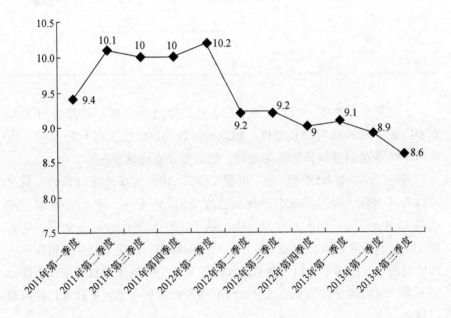

图 1-1 电信利润变化曲线

（二）第一类基础电信业务萎缩

以微信为代表的 OTT 业务对传统通信业务的冲击使基础运营商收入增速缓慢。从下面的统计数据可以看到无论是移动通话业务还是固定通话业务的 MOU 值在近三年间都逐年下降，户均点对点短信发送量也处于下降的态势，且到 2013 年，降速明显加快。从 ARPU 来看，移动电话和固定电话的 ARPU 值减小, 说明电信运营商通过语音业务和短信业务来获取利润的能力下降。

表 1 – 1　　　　　　　　　运营商语音业务通话时长　　　　　　　单位: 分钟

MOU	移动本地通话	移动长途通话	固定本地通话	固定长途通话	户均点对点短信发送量
2011 年	175.9	50.4	121.6	25	62
2012 年	168.6	50.7	105.9	21	55.3
2013 年	157.8	47.9	92.2	18	45.6

表 1 – 2　　　　　　　　　运营商每一用户月收益变化　　　　　　　单位: 元

ARPU	移动本地通话	移动长途通话	固定本地通话	固定长途通话
2011 年	27	8.5	15.7	6.4
2012 年	24.9	7.3	14.8	5.5
2013 年	22.4	6.8	12.1	5.0

与之相对比的是, OTT 业务增长迅速, 以微信为例, 自 2011 年微信推出以来, 到 2013 年第四季度, 微信的活跃用户已经达到 3.55 亿户。互联网 OTT 业务对传统运营商的语音、短信等业务逐渐侵蚀。

另外, 用户数量增速放缓。根据工信部 2014 年 6 月统计数据, 截至 2014 年 5 月底, 我国手机用户数量已达到 12.56 亿人, 手机普及率已经达到 90.8%, 除了老人和儿童, 我国的手机普及率接近百分之百。随着智能手机的不断普及, 智能手机价格的不断降低, 经历了几年手机用户的高速增长后, 我国手机用户数量已经趋于饱和, 手机用户数量增长空间已经不大。电信运营商想要通过增加新的用户来增加电信业务收入已经很难行得通。

从三大运营商来看, 近几年, 中国电信和中国移动的 ARPU 一直处于下降的趋势中, 虽然中国联通的 ARPU 处于增长之中, 但是增速已经逐渐减缓, 而且, 中国联通的营业收入在三大运营商中最低, 市场份额最小。因此整个电信行业的 ARPU 是逐年降低的。主营业务收入/非主营业务收入的比值不断下降, 说明主营业务在总收入的比重不断降低。

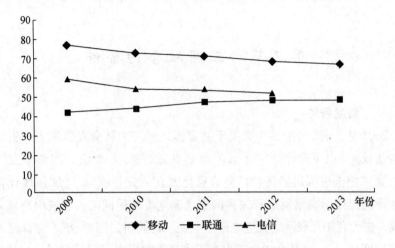

图1-2　三大运营商 ARPU 值

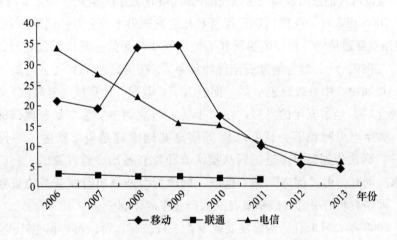

图1-3　三大运营商主营业务收入/非主营业务收入

现阶段中国移动通信产业已经进入一个发展"瓶颈"阶段，传统电信业务比重不断下降，对电信业务收入的贡献率不断下降。随着三网融合的推进以及4G时代的到来，语音收入和固网收入将会进一步萎缩，运营商面临着转型的压力，运营商需要转变经营模式，从依靠传统业务转向依靠流量经营，最终转型为一个综合信息服务商。

第三节　三网融合的条件

一　制度条件

2001 年 3 月，《中共中央关于制定国民经济和社会发展第十个五年计划的建议》（以下简称《"十五"计划发展纲要》）提出，在"十五"期间，要"把推进国民经济和社会信息化放在优先位置"，"加强现代信息基础设施建设。抓紧发展和完善国家高速宽带传输网络，加快用户接入网建设，扩大利用互联网，促进电信、电视、计算机三网融合"，亦即通常所称"三网合一"。这是党中央首次在正式文件中提出三网融合目标，并将其作为建设现代信息的基础设施以使国民经济和社会信息化的一项重要内容。

2006 年 3 月，我国《国民经济和社会发展第十一个五年规划》规定："加强宽带通信网、数字电视网和下一代互联网等信息基础设施建设，推进'三网融合'，健全信息安全保障体系。"在国民经济和社会发展"十五"规划中，中央政府表示要"促进电信、电视、计算机（互联网）'三网融合'"，经过五年的发展，在"十一五"规划中变为"加强宽带通信网、数字电视网和下一代互联网等信息基础设施建设，推进'三网融合'"。两次规划都对推进三网从技术方面整合基础设施资源做了明确的要求。同时，由"促进"到"推进"的改变，透露出行业变革的重要信息，即中央政府决心打破横亘在三大产业中的体制壁垒。

2008 年 1 月 1 日，国家发展改革委、科技部、财政部、信息产业部、税务总局、广电总局六部委联合发布《关于鼓励数字电视产业发展若干政策的通知》（国办发［2008］11 号，下称国务院"1 号文"）。该文件规定，从当年 2 月 1 日起，鼓励广播电视机构利用国家公用通信网和广播电视网等信息网络提供数字电视服务和增值电信业务。同时，在符合国家有关投融资政策的前提下，支持包括国有电信企业在内的国有资本参与数字电视接入网络建设和电视接收端数字化改造。文件还要求以有线电视数字为切入点，加快推广和普及数字电视广播，加强宽带通信网、数字电视网和下一代互联网等信息基础设施建设，推荐三网融合，形成较为完整的数字电视产业链，实现数字电视技术研发、产品制造、传输和接入、用户服务相关产业协调发展。

2009 年 3 月 9 日，国务院《电子信息产业调整和振兴规划》提出，加快第三代移动通信网络、下一代互联网和宽带光纤接入网建设，开发适应新一代移动通信网络特点和移动互联网需求的新业务、新应用，带动系统和终端产品的升级换代。支持 IPTV（网络电视）、手机电视等新兴服务业发展。落实数字电视产业政策，推进三网融合。

2009 年 5 月 19 日，国务院批转发展改革委《关于 2009 年深化经济体制改革工作意见》（国发［2009］26 号）中提出"落实国家规定，实现广电和电信企业的双向进入，推动'三网融合'取得实质性进展（工业和信息化部、广电总局、发展改革委、财政部负责）"。

2010 年 1 月 21 日，国务院发布《推荐三网融合总体方案》［国发（2010）5 号］，文中规定了三网融合的五项主要任务：（1）推动广电、电信业务双向进入；（2）加强网络建设改造和统筹规划；（3）强化网络信息安全和文化安全监管；（4）切实推动产业发展。

该方案提出了三网融合的时间表：2010—2012 年为试点阶段，以推进广电和电信业务双向阶段进入为重点，制订三网融合试点方案，选择有条件的地区展开试点，不断扩大试点的广度和范围；加快电信网、广播电视网、互联网升级和改进；2013—2015 年为推广阶段，总结推广试点经验，全面推进三网融合；自主创新技术研发和产业化取得突破性进展，掌握一批核心技术，宽带通信网、数字电视网、下一代互联网的网络承载能力进一步提升；网络信息资源、文化内容产品得到充分开发利用，融合业务应用更加普及，适度竞争的网络产业格局基本形成；适应三网融合的体制机制基本建立，相关法律法规基本健全，职责清晰、协调顺畅、决策科学、管理高效的新型监管体系基本形成；网络信息安全和文化安全监管机制不断完善，安全保障能力显著提高。

2010 年 6 月底，包括北京市、上海市、南京市等三网融合首批 12 个试点城市名单和试点方案正式公布。三网融合试点工作正式启动。2011 年 12 月 30 日，国务院办公厅公布三网融合第二批包括天津市、昆明市、无锡市等 42 个试点城市。

2012 年 3 月 27 日，《关于下一代互联网"十二五"发展建设的意见的通知》（发改委高技［2012］705 号），建设基于 IPv6 的三网融合基础业务平台，加快发展移动多媒体广播电视、网络电视（IPTV）、手机电视、数字电视宽带上网等融合类业务应用。

2012 年 7 月 9 日，《"十二五"国家战略性新兴产业发展规划》（国发［2012］28 号）提出建立健全推进三网融合的政策和机制，深化电信体制改革，推进有线电视网络整合和运营机构转企改制，按照分业管理的原则探索建立适应三网融合要求的电信、广电监管体制和协调高效的运行机制，完善相关法规标准，推动三网融合高效有序开展。

2012 年 11 月，国务院批复同意组建中国广播电视网络有限公司，并确认新成立公司由广电总局负责组建和代管。新公司被正式命名为中国广播电视网络有限公司，主要负责全国范围内有线电视网络的有关业务，并开展三网融合业务。

2013 年 8 月 8 日，国务院发布《关于促进信息消费扩大内需的若干意见》中提出加快电信和广电业务双向进入，在试点基础上于 2013 年下半年逐步向全国推广。鼓励发展交互式网络电视（IPTV）、手机电视、有线电视网宽带服务等融合性业务，带动产业链上下游企业协同发展，完善三网融合技术创新体系。

2014 年 3 月 5 日，李克强总理在《2014 年政府工作报告》中提出要促进信息消费，实施"宽带中国"战略，加快发展第四代移动通信，推进城市百兆光纤工程和宽带乡村工程，大幅提高互联网网速，在全国推行三网融合，鼓励电子商务创新发展。

二 技术条件

三网融合技术条件除了数字技术、光通信技术、软件技术发展和统一的 TCP/IP 协议的广泛应用，使得三网传输的内容可以数字化以外，还在于现代接入技术的发展。因为信息产业的技术创新，改变了网络成本结构，推动了三网融合的基础设施的建设，提了网络带宽，使得在三网融合下，大量信息的传输成为可能。可见接入网技术对三网融合提供了重要的技术支持。考虑到网络融合主要是在接入市场，本部分只考虑接入网技术。

（一）XDSL 技术网络结构

XDSL 技术使用现有电话基础设施提供高速数据链接。XDSL 设备在电话线划分三个不同频率带宽区分语音和数据信号，实现高速数据传输。XDSL 接入模块（DSLAMS）被放入本地交换中心或者接入节点传输和接收数据信号。然而，XDSL 具有对数据敏感的缺点，随着链接长度的增加，信号质量降低，链接速度下降。如图 1 - 4 所示。

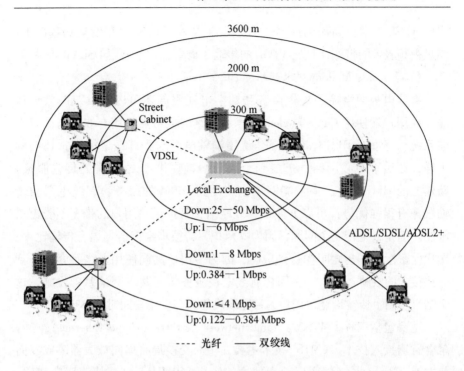

图1-4 XDSL网络结构

XDSL家族有大量不同的技术，主要包括ADSL、SDSL、VDSL和AD-SL2+，表1-3显示了不同技术的传输距离及上传与下载流量。

表1-3   各种接入技术特点

技术	最大上传流量	最大下载流量	最大距离	最大距离的下载流量	频率
ADSL	640Kbps	12Mbps	5.4km	1.5Mbps	1.1MHz
SDSL	3Mbps	3Mbps	2.7km	2Mbps	1.1MHz
ADSL2+	1Mbps	26Mbps	3.6km	4Mbps	2.2MHz
VDSL	16Mbps	52Mbps	1.3km	13Mbps	12MHz

三网融合普遍接入对带宽要求较高，VoD要求至少3Mbps，而HDTV要求大约15Mbps到20Mbps，从表1-3可以看出ADSL和SDSL都不能满足HDTV的需求，仅能提供基本视频服务。然而，VDSL和ADSL2+提供的高带宽可以满足视频要求。但是VDSL只能提供非常短的距离，且需要在靠近用户区域重新配置大量DSLAM模块——街道交换柜（Street Cabi-net），光纤通过此交换柜接入，并传输信号给用户。这种技术推广需要付

出比 ADSL 技术更高昂的成本。ADSL 2 + 技术可以在现有设施的基础上，满足视频服务的带宽，且比 VDSL 的传输距离更远，不需要 DSLAM 模块。

（二）Cable Modem 技术网络结构

有线电视网络除了提供声音和数字电视服务还可以提供双向数据传输。在用户端使用 Cable Modem 技术，网络转换节点使用有线调制调解终端系统，建立了 HFC 标准，混合使用铜轴电缆与光纤，像树形拓扑结构一样，起始于中心网络，扩展到个人用户，提供速度 30M 的传输服务。新建立的 HFC 标准，将来能够提供速度为 100M 的服务。有线电视的传输服务有很强优势：可以方便地扩展网络，且提供给用户的带宽不受距离限制。但是，上传是个问题，因为噪声积累，很难维持恰当语音传输比率；用户保密性和安全性同样受到威胁，因为多用户共同使用网络，容易受到非法接入的威胁；此外，多用户有线电视服务依靠共享网络基础设施，这个结果限制了传输带宽，用户的带宽取决于有多少用户同时共享带宽。

主要包括三种 CMTS⁺、Narad network 和 EttH（Cable Ethernet）三网融合普遍接入技术。CMTS⁺ 技术主要在中心交换局将单向放大器改成双向放大器。Narad 网络使用以前未使用的频率 860MHz，创建快速双向传输。EttH 使用交互性 HFC 网络进行传输，速度超过 10M，最终将达到 100M。

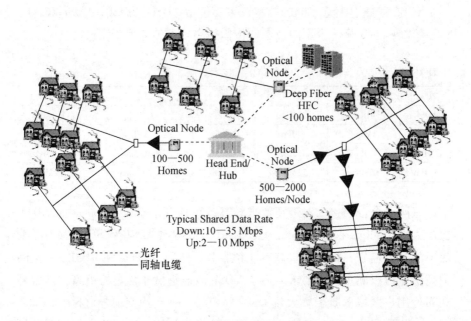

图 1-5　有线电视 HFC 结构

（三）光纤技术网络结构

光纤接入网是最有前景的三网融合普遍接入技术，主要有两种解决方案。一种是光纤以太网（Optical Ethernet）设计传输发生在街道转换箱（见图 1-6）。另一种是 PON（Passive Optical Network），设计传输发生在交换端，主要信号来自本地交换，然后被分离。网络固定成本和交换成本被所有用户共享，这就减少了每个用户的关键成本、网络复杂性和网络成本，刺激提高可靠性（见图 1-7）。PONs 受益于大容量光纤，是一种有效成本的方式，主要包括 APON、BPON、GPON。APON 是第一种商业模式，也是最初的商业应用模式。BPON（Broadband PON）是 APON 的扩展模式，目前被广泛应用。

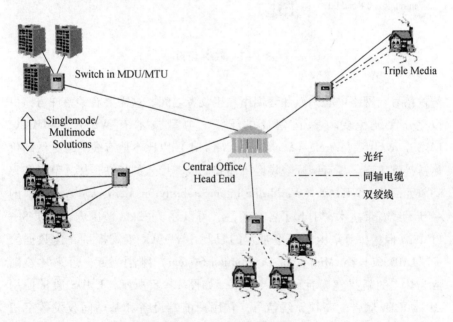

图 1-6　光纤以太网结构

这两种形式发展较为成熟。而 GPON 是 ITU-T 最新标准，仍旧处于开发中，有望为将来发展提供更高的速度。传输速度远远超过 ADSL 与 Cable Modem 技术，可到达 1G。

（四）无线技术网络结构

无线技术相比有线技术具有容易接入和更节约成本的优点。包括两种传输模式：使用无线电传输的无线技术和使用光传输的无线技术。无线电传输技术主要使用点对点或点对多点微波技术，频率范围为 2.5—43GHz，

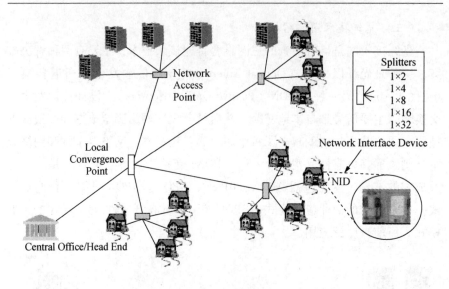

图 1 – 7　PON 结构

传输信号在网络中心站点和终端用户接收者之间。这需要有频率许可，可以充分保证免受其他运营商的干涉。典型技术有 WLAN、WIMAX、LMDS。WLAN（Wireless Local Area Network）以比本地有线网络更低的价格链接到家庭，具有国际规模经济性和低成本接入的特性，接入节点和移动单元简单。WIMAX（Worldwide Interoperability for Microwave Access）的最新无线宽带技术，引起了各方关注，可以在 1—2km 范围内，提供 8—11Mbps 带宽，但是由于频率带宽的限制，WIMAX 很难提供高速数据服务。LMDS（Local Multipoint Distribution System）刚刚兴起，近来才逐渐成为热点的新兴宽带无线接入技术，如图 1 – 8 所示，LMDS 通常使用 20—40GHz 频带的高频无线信号，在用户前端设备和基站间收发数字信号，上/下行传输速率可以达到数兆比特每秒。

其主要优势是几乎无须外部电缆线路，而且安装迅速灵活，但除了频道干扰外还存在雨衰、视距传输等问题，另外设备价格也比较贵。光传输技术使用光或红外线进行传输，主要技术是 FSO 和 HFR。FSO 的短距离应用是指在 1km 范围内建筑物连接或建立骨干网连接。FSO 的可用性依靠本地大气条件和距离。尽管雨对光传输不会有太大影响，但是，雪和大雾会对传输有剧烈影响。在光纤部署特别昂贵的地区，采用 FSO 技术是切实可行的，可在短距离内提供高质量高速传输数据。HFR 是 FSO 技术和

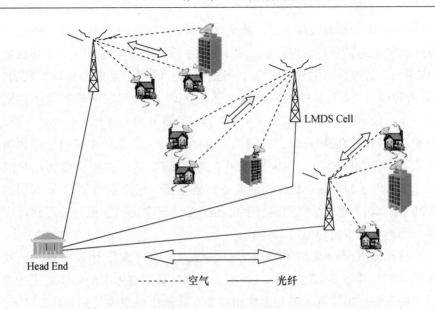

LMDS Cell

Head End

-------- 空气 ———— 光纤

图 1 - 8　LMDS 网络结构

60GHz 毫米波的组合技术，HFR 增加了 FSO 的传输距离，雾和雪对 60GHz 的无线波没有实际影响，且可以提供更远的距离。但是，这两种技术的价格相对高昂。显然，FSO 技术可以较好地突破现有最后一公里的管道接入"瓶颈"，从而，对光电这一宽带网络的新进入者可以与家庭终端用户链接，并进行相关数据、影像等的传输。为广电网与计算机网、电信宽带网融合提供了极好的技术支撑。

三　市场条件

（一）移动互联网市场的发展

在三网融合推动因素中，消费者的需求是一个重要的推动因素。随着信息技术的发展，消费者对各种不同信息的需求也越来越多，这反过来使得运营商有动力开拓新的业务满足消费者日益增长的需求。特别是在电信网和互联网相融合所产生的移动互联网的产生，使得中国的互联网市场迅速发展。

在 2012 年 12 月 27 日召开的全国工业与信息化工作会议上，公布了 2012 年中国移动互联网数据。数据显示，多个领域的市场规模居全球首位。在即时通信、电子商务、社交网站、搜索引擎等市场形成了对国外企业的竞争优势；中国已有 7 家服务提供商进入全球 30 名，收入仅次于美国；腾讯的即时通信用户规模已经超 7 亿，新浪的微博用户超 3.68 亿；与上述相适应的应用软件获得巨大增长，成为全球第二大市场。几乎平均每小时有 55 个新的应用上线。截至 2012 年 11 月，中国 3G 用户突破 2.2 亿，在移动通信领域的渗透率由 2011 年的 13% 攀升至近 20%。全年新增 3G 用户占新增移动用户的 80%。另据中国互联网信息中心提供的数据，截至 2012 年 12 月，中国网民规模达到 5.64 亿，互联网的普及率达到 42.1%，较 2011 年同期增加 3.8 个百分点。普及率的环比增长速度下降。笔记本电脑的网民用户 2.59 亿，手机网民用户 4.2 亿，手机已经稳固第一大上网终端的地位。手机微博用户高达 2.02 亿，占所有微博用户的 65.6%。电子商务在手机终端的业务发展迅猛，用户量为 2011 年同期的 2.36 倍。2012 年，手机团购、手机在线支付与手机网上银行三类移动应用的用户规模增速均超过 80%。

　　移动互联网市场整体呈现增长态势。艾瑞咨询统计数据显示，从 2011 年第一季度至 2012 年第三季度，移动互联网整体市场规模呈现高速增长的态势。2012 年前三季度中国移动互联网市场规模达到 380.9 亿元，同比增长 102.1%，环比增长 16.9%。

　　依据易观国际观察，中国移动互联网主要相关数据用户 3 年（2012—2015 年）中会有如图 1-9 和图 1-10 所示的变化。

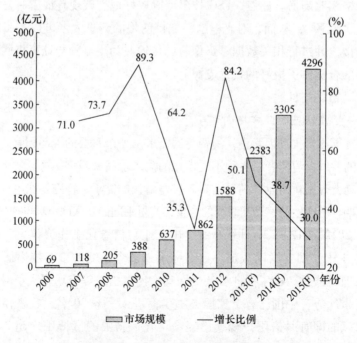

图 1-9　中国移动互联网发展趋势

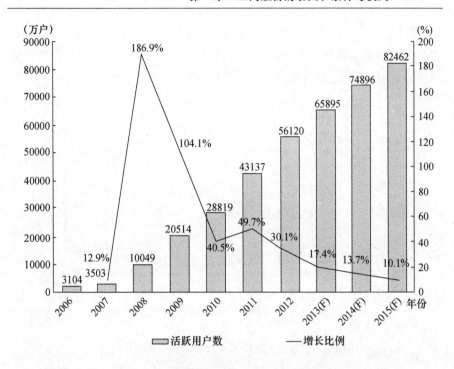

图 1-10 移动互联网活跃用户数发展趋势

另据 DCCI 统计数据，2013 年，中国移动互联网总体市场规模增长迅速，达 1016.6 亿元，相比 2012 年增长 57.2%。未来几年中国移动互联网市场规模将保持高速增长，在 2015 年将达到 2392.4 亿元（见图 1-11）。

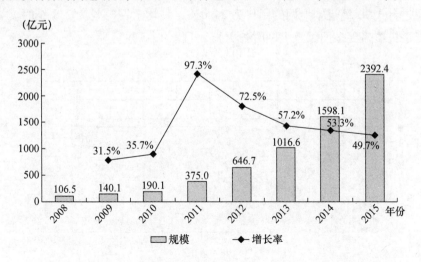

图 1-11 2008—2015 年中国移动互联网市场规模及预测

2013 年，中国移动互联网网民规模已达 6.85 亿人，增速达 18.4%。随着人们对移动数据业务需求增加和移动智能设备的继续普及，移动互联网网民规模继续保持较快增长（见图 1-12）。

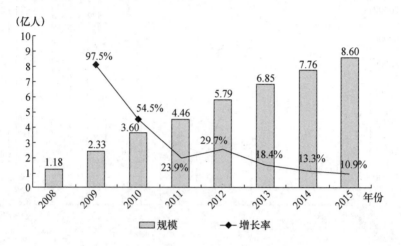

图 1-12 2008—2015 年中国移动互联网网民规模

（二）终端设备普及

中国移动智能设备正以高性价比优势快速向平民大众普及，千元多核大屏手机早已屡见不鲜。2013 年，国内智能手机出货量高达 2.6 亿部。91.2% 的移动互联网用户通过智能手机上网且日均上网时长达 3 小时，而通过台式机/笔记本上网的用户为 84.0%，日均上网时长为 2.8 小时。智能手机覆盖更多网民且上网时长更长（见图 1-13）。

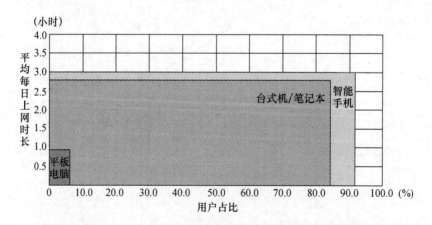

图 1-13 移动互联网用户中智能终端用户比例及日均使用时长

社交聊天、新闻资讯、观看视频成为移动与联网用户最主要的三大移动上网目的，在移动互联网用户中分别占 78.4%、77.5%、73.6%。随着无线网络的发展普及，将移动视频作为主要移动上网目的的用户由 2011 年的 17.4% 猛增至 2014 年的 73.6%。移动视频行业拥有了稳固的用户基础。移动互联网的发展也带动了移动游戏的飞速发展，调研数据显示，已有高达 61.0% 的用户将游戏作为主要移动上网目的。未来，移动网络游戏拥有巨大的发展空间。移动电商的发展同样迅速，以移动购物/预定为主要移动上网目的的用户已由 2011 年的 22.2% 增长到 48.1%，同时，移动支付也高达 49.9%（见图 1–14）。

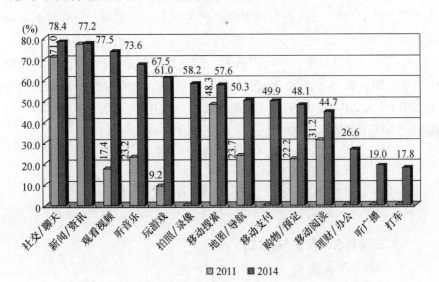

图 1–14　移动互联网用户使用移动设备上网主要目的

（三）资费水平下降

得益于无线网络的普及和 3G 资费的平民化，2014 年，移动互联上网用户对 WiFi 和 3G 网络的使用率分别达到 70.7% 和 72.7%，相比 2013 年的 46.4%（WiFi）和 47.4%（3G）有大幅度提高。调研数据发现：3G 用户与 WiFi 用户重合度较高，67.9% 的 3G 用户使用 WiFi，而在 WiFi 用户中有 69.9% 是 3G 用户。一般 3G 用户在使用大流量应用时会尽量使用 WiFi 网络以节约流量。WiFi 网络与 3G 网络相辅相成，共同支撑着移动互联网的发展。

2013 年被称为移动视频元年。2013 年上半年，超过一半（64.8%）

互联网网民成为手机视频用户；2013 年下半年，手机视频用户更是占互联网网民的 75.4%，平板电脑视频用户也已达互联网网民的 43.9%。移动视频用户的爆发，引得视频网站对移动市场的抢夺愈加激烈：优酷在移动端使用云技术实现了视频观看的跨平台、跨终端；爱奇艺推出手机视频拍摄、编辑和分享应用"啪啪奇"；搜狐视频联手中国联通，鼓励移动端流量包月模式。未来，随着 WiFi、3G 和 4G 网络的进一步普及，移动视频用户将继续增长。

微信等移动应用的出现让社交网络与即时通信、关系网络与兴趣网络相互融合，界限不再清晰。无论用户使用智能手机的功能还是安装移动应用类别，社交/聊天已然成为移动互联网用户第一大需求，是移动互联网的重要入口。

根据公开数据显示：2013 年 8 月，腾讯旗下的微信和手机 QQ 月活跃用户数分别达 2.36 亿和 4.78 亿；2013 年 12 月，新浪微博月活跃用户数为 1.291 亿；2014 年 1 月，有你月活跃用户数达 2000 万；2014 年 2 月，陌陌月活跃用户数达 4000 万。

第四节　三网融合的模式

一　三网融合的层次与模式

（一）三网融合层次

1. 网络融合

电信网具有覆盖面广、管理严密、网络封闭等特点，其网络特点是能在任意两个用户之间实现点对点、双向实时的链接；通常使用电路交换系统和面向链接的通信协议，通信期间每个用户都独占一条通信信道，用户之间可以实时地交换语音、传真或数据等各种信息。其优点是能够保证服务质量；提供 64Kbit/s 的恒定带宽；通信的实时性很好。但是，呼叫成本基于距离和时间；通信资源的利用率很低。随着数据业务的增长，从传统的 56Kbit/s 到窄带拨号到 XDSL 方式，ADSL 非对称数字用户线技术提供一种准宽带接入方式，它无须很大程度改造现有的电信网络链接，只需在用户端接入 ADSL - Modern（猫眼），便可提供准宽带数据服务和传统语音服务，两种业务互不影响。非对称是指用户线的上行速率与下行速率不同，它可以提供上行 1Mb/s，下行 8Mb/s 的速率 3—6 公里的有效传输距离，比较符合现阶段一般用户的互联网接入要求。对于没有综合布线的小区来讲，ADSL 是一种经济便捷的接入途径。而且电信运营商经过长时间发展积累了长期大型网络设计运营经验。

有线电视网普及率高、接入带宽最宽、同时掌握众多的视频资源。但是网络大部分是以单向、树形网络方式锭接到终端用户，用户只能在当时被动选择是否接收此种信息，网络封闭。如果将有线电视网从目前的广播式网络全面改造为双向交互式网络，便可将电视与电信业务集成一体使有线电视网成为一种新的计算机接入网。有线电视网正摆脱单一的广播业务传输网络而朝综合信息网络服务提供商方向发展。

互联网的主要特点是采用分组交换方式和面向无链接的通信协议，适用于传送数据业务，但带宽不定。在互联网中，用户之间的链接可以是一点对一点的，也可以是一点对多点的；用户之间的通信在大多数情况下是非实时的，采用的是存储转发方式；通信方式可以是双向交互式的，也可以是单向的。互联网络的结构比较简单，以前主要依靠电信网或有线电视网传输数据，现在有的经济比较发达的城市开始或已经兴建了独立的以 IP 为主要业务对象的新型骨干传送网。

TCP/IP 协议提供了三网都能接受的通信协议，为没有统一严格设计的传送网之间实现互通提供了有利条件。TCP/IP 协议的普遍采用使得各种以 IP 为基础的业务都能在不同网上实现互通。可以肯定，未来三网将在网络层面上实现互联互通；在业务层面上互相渗透和交叉；在具体的应用层面上，通过统一的 TCP/IP 协议，提供电话、数据和图像等综合业务信息的传输、交换和分配。

由于互联网一开始就与电信网共同发展，三网融合的网络融合主要就是指电信网和广播电视网网络融合。网络融合需要对现有电信和广电网络进行升级改造。

2. 业务融合

在使用 TCP/IP 协议后，语音、数据、图像等任何业务信息都可以统一编码，以 0、1 为信号在网上传输和处理，使不同形式的信息都可以依靠 1 和 0 这两个数字的不同组合来精确表达并通过数字网来传输、交换。这使得电信、广播电视和互联网不同形式的产品或服务（语音、数据和视像）的差异性明显弱化，甚至消失。在信息服务产品数字化基础上，原先不同服务产品的提供方式及途径趋于同一,从而其业务边界开始发生交叉与重叠。技术的融合使业务融合成为可能。这不仅可以实现三大网络运营商充分的竞争。从而促进信息技术的不断创新与发展,也能使消费者在拥有更多的选择来维护自身的利益的同时,拉动内需,促进三网产业的发展。

三网融合的业务融合主要分两种:一种是现有业务的融合,即之前在电信网上可以使用的业务现在在有线电视网上也可以使用,例如,用户可以用有线电视网上网打电话;另一种是融合中产生的新业务,如 IPTV、移动电视、互联网电视等。电信运营商的业务演进路径是:语音业务→语音 + 数据业务→语音 + 数据 + 视频业务,而 IPTV 作为电信运营商在传统业务发展遭遇"瓶颈"的境况下向新领域的拓展业务之一,很好地弥补了一直以来电信运营商在视频业务的空缺,是电信运营商在融合过程中的发力点。广电的业务发展则是按照"广播视频→广播视频 + 数据→广播视频 + 数据 + 语音"的演进路线,数字电视一直都是单向传输的,交互功能是三网融合的基本要求,因此要实现业务融合,双向化改造是其实现三网融合的关键所在,而宽带接入、IP 电话等业务是广电融合的切入点。

3. 终端融合

终端作为业务实现载体,在三网融合的过程中扮演重要的角色。基于电视机,以 IPTV 为主要内容的融合,基于手机的、以手机电视、主流媒体业务为主要内容的融合,基于计算机、以广播电视台提供内容、电信运营商负责传输的合作模式是终端融合的主要形式。在融合的过程中,终端设备逐步趋同,最终可以表现为"三屏合一"。"三屏合一"不是指某一个屏幕取代其他两个屏幕,它是指任意一个屏幕,均可以实现原有三种屏幕的业务。

三网融合终端包括电视屏、PC 屏和手机屏三种类型:(1)电视屏。电视屏包括机顶盒(标清、高清)、电视一体机(IPTV 一体机、互联网电视机)。支持音视频直播、点播、回看、时移。(2)PC 屏。PC 屏包括 PC 软终端和 WebTV,支持音视频直播、点播、上网浏览、即时消息、信息交换与共享。(3)手机屏。手机屏包括手机客户端和 WebTV,支持音视频直播、点播、短信、彩信、电信增值业务。

目前,电视屏、PC 屏和手机屏的技术和商业模式已基本成熟,能够提供视频播放、信息浏览等,但是缺乏标准,功能参差不齐,与业务系统接口不标准，无法互通，终端之间缺乏互联共享。

　　未来的终端发展将呈现以下趋势：（1）通过标准化终端中间件促进固网终端标准化：屏蔽硬件差异，快速实现多种终端对接；提供与业务平台标准接口，实现与平台互通；支持多种能力集成和封装，提供丰富的业务，包括视频直播、点播、时移、录播、下载、信息浏览、游戏、应用、IM 等。（2）手机终端多媒体化：需要支持对多媒体码流的解码能力（如H. 264 等）。需要支持 TCP/UDP/IP、RTSP/RTP/RTCP、HTTP 协议来完成互操作信息的网络传输，以及 IP 数据和视频流媒体数据的接收和处理工作。（3）通过统一客户端实现用户体验一致：PC 客户端。提供即时消息、高清视频通信、会议、短信、邮箱、音乐下载、网上营业厅等服务；手机版客户端、提供手机聊天、短信、手机影视等服务；TV 版客户端。提供视频分享、视频通话、即时消息等服务。（4）通过 DLNA 实现家庭终端共享。数字生活网络联盟（DLNA），旨在解决个人 PC、消费电器、移动设备在内的无线网络和有线网络的互联互通，使得数字媒体和内容服务的无限制的共享和增长成为可能。通过 DLNA 可以实现：终端上录制和下载的视频节目可以被其他终端共享；一个终端可以播放另一个终端上媒体内容；支持用户在观看一个节目时可以同时录制另一个节目；其他共享等。

　　（二）三网融合模式

　　现阶段，我国三网融合主要有三种模式：一是基于电信网的三网融合电信模式；二是基于广电网的三网融合广电模式；三是基于互联网合作的三网融合的互联网模式。

　　1. 电信模式

　　电信模式主要是以电信 IP 网为基础，融合 TV 网和互联网，扩展网络功能，支持视频业务，具有提供语音、视频、数据等多种业务能力，被认为是最完美的三网融合模式。目前主要体现在 IPTV 业务上。

　　三网融合中，电信网与计算机网基本上已经完成融合，IPTV 对于完成真正意义上的三网融合有着巨大的推动作用。IPTV 即交互式网络电视，是一种利用宽带有线电视网，集互联网、多媒体、通信等多种技术于一体，向家庭用户提供包括数字电视在内的多种交互式服务的崭新技术。IPTV 业务具有三个极为明显的特征：其一，采用互联网协议；其二，经宽带数据网络传播；其三，提供数字电视和其他图像业务，以及语音服务、高速互联网接入等数据服务。通过对这些特征进行分析，我们发现，IPTV 业务除了提供数字电视和其他图像业务之外，其他特征均与已有的互联网业务相同。而且，现有的互联网业务伴随着传输带宽的提升和技术的革新，也已经开始提供数字电视和其他图像业务等信息类服务。

从 IPTV 的特征看，IPTV 业务可以称为传统互联网业务的发展和延伸。从 IPTV 的经营模式看，IPTV 业务并不是一个全新的业务，其经营模式与在开放的互联网上各类网站提供的信息服务模式几乎完全一致。

IPTV 业务的演进和发展规律，体现了融合、推动了融合。IPTV 业务面向三网融合这一必然方向，率先提供"广播电视 + 语音 + 数据"服务，因此 IPTV 业务承担了"三网融合突破口"的重任。IPTV 业务的关注点并不仅仅是传统意义上的广播电视，其最终目的是在统一的平台上，以融合的技术，综合提供原先分别由广播电视网、通信网和互联网提供的三大类服务。IPTV 业务的定位，体现了融合的特点，推动融合的进程，用广播电视、语音以及数据业务中的任何一项业务的特征，来定位 IPTV 业务都是以偏概全，都是不全面的。IPTV 是在传统互联网的基础上，吸收了通信网的优势，能够同时提供广播电视、语音、数据业务的融合的信息服务。这一定位，有利于 IPTV 发挥三网融合"突破口"的作用，也有利于团结 IPTV 产业各个参与者，各司其职，为 IPTV 产业的发展贡献力量。

IPTV 作为三网融合的产物，需要由中国电信、中国联通等电信运营商与广播电视行业广泛合作，进行试运营。其商业模式应该借鉴电信、广播电视及互联网商业模式相融合的模式，形成全新的运营模式，最终体现在产业链中的各方合作共赢。对于电信运营商来说，通过与拥有丰富视频节目资源的广播电视行业合作，可以立足于原有电视用户，谋求发展；对于广播电视行业来说，通过与电信运营商的合作，可以变电视节目的单向、被动接受为互动交互和主动获取，增强电视节目的吸引力；对于互联网行业来说，通过将现有业务向原有电视用户渗透，可以将利润达到最大化。

2. 广电模式

广电模式是以数字电视为主，即以发展数字电视为中心，融合互联网扩展网络能力，支持双向数据、视频和音频业务。通过对信息源和网络的数字化双向改造，以数字化和交互性为特色，通过广播电视网、电信网和互联网途径与技术，把传统的电视传播方式和新技术融于一体。

数字电视是电视数字化和网络化后的产物。数字电视是一个系统，是指从电视节目采集、制作、编辑、播出、传输、用户端接收、显示等全过程的数字化，换句话说就是系统所有过程信号全是由 0、1 组成的数字流。数字电视已不仅仅是传统意义上的电视，而是能提供包括图像、数据、语音等全方位的服务，是三网融合的一个典范，是计算机、传输平台、消费电子三个环节的聚焦点。由于数字电视网非常适合承载语音、数据、视频的融合业务，有线电视数字化是广电推进三网融合的基础。

我国下一代广播电视网的基本架构：通过覆盖全国的直播卫星、延展城市的有线网络和面向农村的地面无线网络，提供全方位的固定及移动多媒体接收环境，并通过广电网双向化改造，提供多功能、多业务的交互式网络平台。在这样的布局中，数字电视的内涵与外延还将进一步升级，将成为中国信息化体系中最核心的组成部分。

目前，中国数字电视标准为：（1）信源编码技术标准：中国的数字音视频编解码标准工作组制定了面向数字电视和高清激光视盘播放机的 AVS 标准。该标准与 MPEG－2 标准完全兼容，也可以兼容 MPEG－4AVC/H.264 国际标准基本层，其压缩水平可达 MPEG－2 标准的 2—3倍。（2）信道传输技术标准：卫星数字电视标准采用欧洲 DVB－S 标准，有线数字电视的标准采用欧洲的 DVB－C 标准。

2006 年 8 月 30 日，盼望已久的数字电视地面传输国家标准终于出台，这项将于 2007 年 8 月 1 日正式实施的标准是多方博弈的结果，融合了此前清华大学 DMB－T 标准和上海交大 ADTB－T 标准。该国家标准为我国数字终端产业的发展带来很多机会，进而将推动真正的三网融合，带来电信网、计算机网、广播电视网高层业务应用的融合。

广电媒体传统单向度线性业务传播模式发展空间已经所剩无几，受众希望自主选择节目内容、安排收看时间并且及时进行信息反馈和互动交流。广电媒体为满足受众需求，在有线数字电视的双向网络改造中已取得一定成绩：全国 13 个省市区已实现或基本实现区域内的网络整合，有线电视数字化整体转换已在全国 229 个城市进行，其中 100 多个城市已完成转换。

3. 互联网模式

互联网模式是以移动网与互联网合作为基础的三网融合业务模式，这种模式通过广播电视网现有的丰富电视广播信道，融合互联网技术实现多播广播服务业务，同时，依托电信的通信网络建设手机电视业务平台的各种功能，用以满足手机电视业务的需求。

该融合业务模式主要体现在中国移动和中国联通开发的手机电视业务上，是一种将移动通信和电视广播技术融合在一起，通过手机通信终端收看电视内容的服务方式。手机电视的出现，破解了移动网和广播电视网合作的难题。

手机电视业务，就是利用具有操作系统和视频功能的智能手机观看电视的业务。其实现的方式主要有三种。第一种是利用蜂窝移动网络实现，如美国的 Sprint、我国的中国移动和中国联通公司已经利用这种方式推出了手机电视业务（如联通 CDMA 的"视讯新干线"、移动的 GPRS 网络收看电视等）。第二种是利用卫星广播的方式，韩国的运营商计划采用这种方式。第三种是在手机中安装数字电视的接收模块，直接接收数字电视信号。

手机终端具有既可以播放音视频，又可以显示文本信息；既可以实时播放，又可以有一定的存储功能，而且具备交互的功能等特殊性，集成了迄今为止所有媒体的特征，因而手机电视业务在广播电视网与移动网的合作模式下，可以通过广播电视网络接收电视节目，通过移动网络点播新闻，广播电视网也可通过移动网络实现双向交互。

手机电视业务可以分为两种方式：一是电信网络运营商会将移动通信网自身的技术作为后盾，向用户提供手机电视业务；二是将某种数字广播电视技术作为后盾，向用户提供该种业务。首先，对于第一种方式，由于移动网本身具有较为完善的用户管理及计费机制，因此这种方式很容易实现视频节目的定制和互动等操作，但是存在着频率使用的经济性问题。其次，对于第二种方式，广电运营商可能仅成为电信运营商的内容提供者。

广电是内容提供商，而电信运营商要投资建设移动数字广播电视网络，采用的技术可能要占用现有电视部分视频，因此，这部分必须得到广电总局的批准。目前，电信要做好 3G、4G 的技术演进路线与内容广播的深度结合，这将对手机电视业务提供很大的发展前景。手机电视业务的发展依靠互联网和电信网的技术支持，应该以广电和电信的合作共赢为其发展目标。

当电视节目的制作与传输已经实现数字化以后，数以亿计的手机用户无疑为电视内容产业的再次"拓荒"提供了极具想象空间的新目标。电信企业相继开通的手机电视业务，拉近了电信产业与广电产业间的距离，不但加快了手机电视产业链的建设速度，更有助于有线电视网、互联网、电信网三网融合的进程。

二　三网融合典型案例——乐视案例分析

乐视网成立于2004年，成立时起就坚持走正版长视频的 Hulu 模式。2010年上市后，其购买影视版权的力度加大，截至2013年12月，乐视网已累计拥有超过十万集电视剧、5000多部电影，是行业里最大最全的网络影视版权库，凭借海量正版长视频这张王牌，乐视网以此为核心开发垂直产业链，打造出一条"平台+内容+终端+应用"的完整高价值产业链，并形成"广告收入+内容收入+硬件收入+应用分成"的多重盈利渠道。

（一）乐视商业模式与启示

1. 乐视商业模式

（1）商业模式组成。"平台+内容+终端+应用"这八个字诠释了乐视创新的商业模式，业界也称之为"乐视生态模式"。其具体内容为：①平台。包括云视频平台和电子商务平台。网络视频化是互联网发展的一个大趋势，许多网站都有向网民传输视频的需求，而乐视网打造的全球领先的云视频开放平台，就能满足这一需求。云视频平台让这些网站不需要自己建视频专业开发和技术维护团队，由乐视网提供上传、存储、转码等一整套视频解决方案。②内容。包括三部分：一是外购的正版影视剧、动漫、纪录片及有版权的综艺节目等；二是乐视网兄弟公司乐视影业，每年制作和发行的近30部大片及自制的网络剧、网络栏目等；三是其他如体育、娱乐、综艺、动漫、音乐、风尚、汽车、财经等频道。③硬件终端软件。包括 LeTV UI、乐视互联网电视机顶盒和乐视 TV 超级电视。④应用开放平台，即 LeTV Store。LeTV Store 是乐视专为智能电视打造的一个面向开发者的智能电视应用开放平台。通过 LeTV Store，用户可以一站式下载符合电视屏幕的程序应用，无论是游戏、娱乐还是生活工具都能够快速进入并进行体验。

（2）商业模式的盈利方式。乐视网从2004年起坚持购买正版视频，当时的版权费远低于现在。2008年起行业掀起版权争夺大战，版权价格不断攀升，2011年年初电视剧每集10万—15万元，2013年就已经炒到每集 180 万—200 万元。基于行业最全网络影视版权库，乐视正在这场大战中坐收"版权红利"。通过与优酷土豆、搜狐视频、爱奇艺等进行版权分销，仅 2012 年该业务收入就高达 5.55 亿元，占当年总收入的 47%。

从整体上看，相对于优酷、土豆这样的 UGC 视频网站中大量短、乱、杂视频所造成的用户复杂化，长视频使单个用户广告价值也更高，广告主也在向正版化的网络视频平台靠拢，基于此乐视网吸引了大量广告主的进驻。根据乐视网 2013 年年报显示，其广告业务收入高达 8.34 亿元，约占全年收入的 35%。预计今年广告业务收入可突破 15 亿元。

基于版权分销，乐视还创造性地将广告内置影视剧中，再分销给合作伙伴，以达到"全网贴片"的广告效果。也就是说，投放到乐视网的广告，同时也会投放到购买乐视视频版权的其他视频网站，这种具有价值增值效果的广告投放模式受到众多广告主的青睐。

基于乐视网合法版权的经营理念，使向收看网络版权影视剧的用户收费成为可能，也为网站的持续运用提供保障。通过引入 Netflix 模式，吸引高端客户购买高清、超高清视频节目，乐视网高清视频付费服务的累计人数保持年均 60% 以上的增长速度。而视频收费也成为乐视网盈利的其中一个重要业务。

2. 乐视平台模式的构造启示

（1）提升自有内容价值水平，解决平台的"鸡""蛋"相生问题。除了打造盈利模式以外，要吸引广告商等的加入，自有内容是一个不可缺少的环节，这构成平台的独立价值或者称为成员外部性。乐视强化了其自有内容的生产能力。2008 年以来，视频行业掀起版权争夺大战，高额的版权费使视频网站的收入入不敷出。不仅如此，版权购买使各网站视频内容同质化，失去竞争力。对于电视热播综艺节目的网络独播权的抢夺，除了付出高额独播费，节目结束后用户也随之消失的现象普遍。在这种情况下，内容自制是网络视频网站内容差异化的必由之路。一方面，视频网站自制的内容一定是与网站自身定位相符的节目，吸引受众的同时可以培养用户黏性；另一方面，自制内容的投资比版权费要低得多，但在商业化方面却更宽泛，可以冠名、植入，带来的盈利也更多元化。

当各大网站纷纷踏上筹资拍摄自制剧时，乐视网在 2014 年 3 月并购花儿影视，而花儿影视的核心制作团队正是乐视网精品自制剧制作能力的保证。并且，将花儿影视纳入旗下从战略上看保证乐视网可以从源头上控制内容资源，大幅度降低版权开销。至此，乐视网在优质内容自制上的能力大幅提升，并在一定程度上优于同行。

（2）在纵向边界上不断拓展平台，形成链路拓扑结构。平台的交叉网络外部性体现在平台的各边成功拓展上。乐视网络不仅仅强调其终端用户体验的应用开发，也拓展其硬件业务。对于一个基于互联网的视频网站，现有通常的商业模式就是一个内容批发商加广告商。这一商业模式下的视频网站其实是一个内容消费市场的中间商而不具有真正意义上的平台提供者的特征（Hagiu，2007；2013）。平台的真实含义是用户交易的接入"瓶颈"，用户借助平台而实现交易，平台则对不同用户收取不同的费用，最终实现平台的自网络效应与交叉网络外部性。在解决了平台的"鸡""蛋"互生问题之后，平台的竞争力则来自平台的拓展策略，即不断形成平台各边用户间具有内在价值关联的拓扑结构。而且对广告商而言，广告商为了吸引终端用户眼球，通常采用多平台接入方式，使得视频网站的治理风险难以消除。乐视网络意识到平台商业模式中出现的这些问题，而借助于平台各边之间的价值关联，向产业链下游终端延伸，推出乐视超级电视业务，是乐视推行的垂直产业链的又一创新节点，使乐视网络拥有了除网站平台外又一个市场庞大的终端内容输出平台，从而构成了链球式多边平台型的运营模式。据奥维咨询预计，2014 年智能电视销售规模将超过1500 亿，而走在智能电视前头的乐视在这场激烈的竞争中无疑已经取得一定优势，超级电视所带来的巨大现金流也在推动乐视产业链的纵向深入发展。

（3）不断满足终端用户体验，增强用户安装基础。软硬件结合，打造无缝用户体验。由于乐视网是一家专门做视频的网站，在应用开发上技术明显不足。为了打造一个类似苹果 App Store 一样的 LeTV Store，乐视在超级电视的应用方面与开发者合作的诚意十足。例如软件开发者可以从付费软件下载、免费软件使用、服务提供等方面与乐视按比例分成；也可通过超级电视应用内置这样的授权模式获取回报。超级电视的应用主要集中在商品视频展示、收费点播设置和播放器皮肤定制三方面。这种定制的应用无疑为超级电视带来更多增值空间，这也是产业链纵向垂直关系各节点发挥协同效应的最好体现。

第五节　国外三网融合的经验与启示

一　各国三网融合的历史

国际上纷纷出现三网融合的潮流，将原先独立设计运营的电信网、计算机网和有线电视网通过多种方式相互渗透和融合，并相应推动了业务、市场和行业的融合和重组，推动了信息管理体制和政策的变革。三网融合，已成为未来信息业发展的必然趋势，也是建设在通信和信息技术飞速发展的驱动下，通信和信息正处于巨大的变革时期，通信技术、计算机技术和视频技术相互渗透、相互兼容、相互融合，使传统行业界限正显得越来越模糊，极大扩展了网络新业务的服务范围，并正产生新的协调机制。多媒介承载的多种形式的信息将融合一起向"一揽子"的信息服务，已成为全球一致公认的未来信息通信的发展方向。20 世纪 90 年代以来，特别是 1993 年美国提出 NII 计划以后，加强信息基础设施成为必由之路，纵观国际上三网融合的历史进程，可以提供给我国三网融合的思路。

（一）美国三网融合的历史

1993 年，美国提出 NII 计划（国家信息基础设施行动计划，通称"信息高速公路计划"），作为重整美国经济、提高国际竞争力、加速美国经济和社会向信息化迈进的一项重大战略决策。在美国政府报告中，对于信息高速公路的定义是："国家信息基础设施是一个能给用户提供大量信息的，由通信网络、计算机、数据库以及日用电子产品组成的完备网络"，"能使所有美国人享用信息，并在任何时间和地点，通过声音、数据、图像或影视相互传递信息。"

美国在实施 NII 计划中遇到的主要问题是不同网络间的链接。美国电信法规为了防止垄断，严格限制电话、电脑和电视公司相互进入对方市场，地方电话公司也不能经营长途业务，这些规定曾对发展美国通信信息业起过积极作用，但造成了信息通信网的高度分散，不但造成重复建设和资源浪费，而且给网间互联带来一系列困难，成为建设信息高速公路的主要障碍。因此，NII 计划特别强调解决信息在不同网间的平滑流通问题，提出要建成使用户感觉不到网间有接口障碍的网络，并一度设想建设一个能将所有分散的网络和信息链接起来的"网络的网络"。1996 年美国修订

《电信法》，决定取消长途电话和本地电话互不进入对方市场的限制，取消电信、电视互不进入对方市场的限制。

在美国新电信法刺激下，美国的电信业、电视业和计算机行业均有很大发展。特别是计算机网，由于近期三网融合主要基于 IP 的数据应用平台上提供多媒体服务，计算机网在融合中的优势明显，它与电信网和有线电视网的融合也不成问题。但电信网和有线电视网间的融合却不顺利，虽然法律规定可以互相进入对方市场，但实际上均不很成功。

依据 FCC 的相关统计数据，全美有线电视多系统运营商有 9 家公司在 45 个区内开展业务，考克斯公司向 6 个州提供市内与长途电话业务，开展电信业务的尚有 CATVSYSTEM 公司、康卡斯特公司等，业绩均不理想。如美国时代华纳公司在奥兰多进行全业务网试验，其中包括利用电缆传送话音业务，曾有 4000 多户，经过两年半努力，由于技术和成本等原因，不得不悄悄结束，时代华纳曾向用户做了过高承诺，结果使用户十分失望。该公司以后转变方向，放弃话音业务，只搞数据传输。

电话公司经营电视业务也不成功。美国太平洋贝尔公司利用 HFC 技术将现有网络升级，建设名为 CAN 的网络，计划提供包括电话、广播电视、数字交互式业务、VOD、可视电话、互联网接入、交互式游戏、数据和 ISDN 以及认钱 N 业务等，但由于网络、技术和市场等原因，于 1997 年终止了该项计划。西南贝尔公司也曾在得克萨斯州进行名为 SDV 的类似计划，但最后也决定退出视像业务市场。

电信公司和有线电视公司相互进入对方市场的计划接连受挫，之后美国出现了另一种融合方式大获成功。这就是电信公司（包括长途公司和本地公司）和有线电视公司、计算机公司等通过资产重组和并购，实现技术、资本和市场的互动前进。以 ATT 为例，1998—2000 年就实施了一系列重大兼并活动，其中对美国第二大有线电视公司 TCI 和美国第三大有线电视公司 MediaOne 的收购，使 ATT 在美国有线电视市场占有 48% 的份额。有线电视公司也开展了对电信公司的兼并活动，如 QWEST 并购 LCI。此外，一些大的电信设备制造商也参与了这场兼并浪潮，如北电并购 Bay，朗讯并购 Assend，阿尔卡特并购 Xylan。这些公司通过资产和业务重组，依仗其资金、技术和规模优势，迅速占领市场，从而加速了三网融合进程。

美国的政府管制系统也对推进三网融合起了很大作用。美国是全球最早实现将政策制定、企业运营和行业监管三者分离的国家。联邦通信委员会（FCC）是《电信法》的执行机关，独立行使电信监管职责，不属于政府管辖，它是有关电信监管问题的最后决定者，如有异议，只能通过法庭裁决或修改法律才能解决。FCC 监管内容包括公共电信、专用电信、广播电视、无线频率、互联网，为了适应三网融合发展形势，FCC 决定将内设的公共电信管理局和有线电视管理局合并，成立一个新的"竞争监管局"，以便统一政策、统一管理。

（二）法国三网融合历史

法国电信与广电的关系在历史上并不是完全割裂的，两者存在交叉参与。法国电信公司早就参与法国广播电视业，为其提供网络传输能力。1996 年以前，法国广播电视传输网 60% 以上由法国电信公司提供，甚至法国广播电视商 TDF 曾经就是法国电信（FT）的一部分，只是 TDF 可以建立自己的独立网络，也可以租用法国电信公司的传输网络。1996 年，法国电信公司为应对市场开发的挑战，从股份公司改制为集团公司。集团公司分国外和国内两大部分。国内部分实行母公司和子公司体制。到 1999 年，在法国国内 40 家子公司中，这些子公司按业务分成固定电话、移动电话、互联网和多媒体、CATV 和数据通信四大块，而经营 CATV 和数据通信的子公司就有 10 家之多。由此可知，法国电信集团公司 10 年以前就可以经营有线电视业务，电信与广电在历史上有着不一般的联系。

在法国，支撑三网融合的基本法律有《邮电法》、《电信管制法》、《视听通信法》和《通信自由法》。作为电信根本大法的《邮电法》中的条文规定，公共电信运营商可以"建立和经营广播电视网络"。这里说的广播电视网络应当理解为广播电视传输。《邮电法》在 1996 年和 2006 年两次受到重大修改，并且现在改成《电子通信与邮政法》。后者充分吸纳了欧盟指令基本精神，在市场准入方面，除了无线频率和电话号码需要个别许可证或使用权外，将长期实行电信市场准入许可证制度改为"一般授权"。新的电信提供者无须申请许可证就可以进入电信市场，广播电视业自然包括在其中。为了跟上欧盟 1998 年开放基础电信业务市场承诺而专门出台的监管法律，《电信管制法》要求，所有公共网络运营商"应当客观、透明、无歧视允许……视听业务接入其网络"。这说明，电信法律要求电信网络对视听业务开放。《视听通信法》早在 1982 年就面世了，2004 年对其修订，改称《电子通信及视听通信服务法》，具有浓厚的欧盟指令色彩。这就是说，视听服务市场比以前更开放了，在竞争环境下电信进入视听业不成问题。《通信自由法》是 1986 年颁布的，1996 年及其后多次多处被修改。法律重点针对广播电视业，也同时涉及广电和电信两业的融合。主要内容有：规定开放新的通信业务，发展地面数字电视（TNT）；淡化广电监管机构对频率资源的许可；地方政府或团队可以建立或掌管辖区内的广电网络；电信运营商可以与广电企业合作经营有线电视网；电信运营商在依法获得电信主管部门批准后可以单独经营地方有线电视网。

在市场准入方面，法国电信业和广播电视业彼此不是排斥的。这种环境对于三网融合很有益处。但实际广电进入电信的不多。造成这种情况的原因主要不是行业壁垒，也不是技术原因，而是资金问题。法国广播电视运营商需要投入大量资金建设新网络、开发新业务，无暇进入电信领域。相对而言，电信进入广电的动作大一些，尤其看好数字电视。

法国广播电视管理体制近几十年来一直在演化和变革，其重大的事件是在 1964 年、1982 年和 1986 年进行的公共领域改革。1964 年以前，法国实施以中央政府为主要角色对公共广播电视进行领导的国有公共体制，也就是政府主导下的国有公共体制。法国广播公司（其后更名为法国广播电视公司，简称 RTF）依法垄断法国广播电视，归属法国政府，对政府信息部负责，政府总理任免其负责人，并全面控制其新闻报道和节目安排。这一政府垄断体制在 1964 年结束，随后成立法国公共广播电视机构（ORTF，也称广播电视局），但 ORTF 与法国政府之间依然存在默从关系。

1982 年，法国出台《视听通信法》，随之成立传播视听委员会（HA）。根据新的法律，广播电视与政府关系淡化，政企分开。从此以后，广播电视公司成为社会性企业，开始引入市场竞争。1986 年，《通信自由法》出台，同年成立了"国家自由通信委员会"，也称之为"国家自由传播委员会"（CNCL）。之后，1989 年最高视听委员会（CSA）成立。"国家自由通信委员会"和"最高视听委员会"的成立象征法国公共广播电视体制演变成国有社会公营广播电视体制，实现了由政府主导向独立的国家广播电视行业行政机构主导的历史性转型。目前，最高视听委员会是法国广播电视监管机构，享有政府授予的很大权力，包括人事提名、经费管理、政策提案、市场监督、监督惩处等。CSA 虽然是由政府编列预算作为经费来源，但却是完全独立的。

（三）日本三网融合历史

日本三网融合在业务层面停留在两网融合上，据 2001 年 6 月底统计，全国互联网用户为 4037.5 万户，其中绝大部分是通过电话线路拨号接入和通过手机接入。通过有线电视接入的 96.7 万户，通过 NTT 提供的 XD-SL 接入的 29 万户，所占比例很小，但近一年来发展很快，提供给有线电视上网接入服务的企业已增至 227 家。

与美国公司相比，日本公司在国内较少采用收购兼并方式，主要原因是：电信市场集中在 NTT 等少数运营商手中，大、小公司实力悬殊，缺少同业合作、合并基础；广播电视业管制严格，兼并困难。此外，也考虑收购兼并成本，经济上不合算。

1994 年起，NTT 在宽带网上进行为期两年半的"多媒体通信联合应用试验"。1995 年 6 月宣布建设新型多媒体网络——开放式计算机网络（OCN），于 1996 年 12 月开始提供业务，使日本成为全球互联网第二大国。1997 年，NTT 的电信网络全部实现数字化，同时大力改造用户接入网，构建宽带接入网，到 2010 年全面完成。

日本通信行业监管部门是总务省。总务省是日本中央省厅之一。该省的目的是确保通过行政的基本制度管理及营运能有效及综合地实施行政；实现地方自治的宗旨及确立民主政治的基础；形成自立的地区社会、国家与地方公共团体及地方公共团体之间的相互联络协调；确保及增进资讯以电子形式合理及顺畅地流通；确保及增进电波的公平及有效率地利用，以及确保邮递业务适当且确实地实行等。总务省下设信息通信国际战略局、信息通信行政局和综合通信基础局，具体实施对电信行业的监管。

其中，信息通信国际战略局的职能包括：促进电磁波的规划和发展以及对电磁分布的信息推广全面的政策；研究空间规划和基本政策，起草电磁波的分布、信息有关的开发和利用；其他促进电磁信息分布的发展措施；发展电子通信事业及广播电视业，加强电信业和广播业的国际竞争力，并加强协调；设置频率标准，标准点播的发射及标准时间的通报；设定有线电子通信设备及无线电子通信设备的技术标准；研究和分配信息及电磁波利用技术的发展；与频谱分配有关的事务；利用信息和通信技术，大规模开发空间技术；范围内条约及法律的设定，参与国际关于信息技术及频谱利用的决定，及与其他机构如国际电讯联盟及其下属机构进行联系。

信息通信行政局主要负责管理和使用有线或无线通信设施，有关电磁广播分配安装；为了促进信息技术的发展，推广有线或无线设备；促进日本和其他国家之间国际广播信息的发布；促进系统电磁信息有关的信息发布和沟通工作；管理和促进电磁信息分布；广播业的发展，并加强协调；邮政服务有关的事项。在法律或条约规定的范围内，讨论国际邮件的安排与万国邮政联盟和其他组织的联系。

综合通信基础局的职能主要包括：管理和使用有线或无线的电磁信息的分配和安装；电信业的发展，并加强协调；确保应急通信的重要性；管理无线电频率分配的监督；探索利用设备安装非法和违法无线电台建立和无线电波的质量监督和纠正；防止或减轻损害，无线电设备对其他东西的影响；促进无线电波的发展和利用；与无线电联络与国际监测机构，以及与政府当局和国际电讯联盟和频率的使用和分配的涉外联系。

通过以上三个局的机构设置，我们不难看出，日本已实现了对通信行业的统一管理。日本将政策的制定和执行分别划归三个部门进行，而在部门内又按技术种类的不同对电信、广电以及互联网等的管理进行了纵向划分。这样，既保证了对不同行业均有专门部门进行全面管理，又因为隶属于同一部门而能够进行有效协调，而不会出现顾此失彼的局面。

政策法规方面，日本政府于2001年颁布《广电经营电信业务法》，对广电和电信业务进行统一管理，实现了政策上的融合。同时，日本宽带发展位于世界前列，为了促进互联网与广播电视技术的融合，日本政府出台了《促进开发通信广电融合技术法》。该法的出台大大推进了互联网与广电网的双向准入，为互联网与广电网的技术融合破除了壁垒。

（四）韩国三网融合历史

韩国情况与我国类似，都是实行电信与广播的分业管理，互不准进入。电信行业上，1991年，韩国依据《电信基本法》成立了韩国通信委员会（KCC）。1994年，韩国在原通信部的基础上，成立了信息通信部。2002年，在借鉴了美国FCC的监管经验后，修订了《电信基本法》，提高了KCC的监管权限。韩国的广播电视业在1999年以前实行"三分体制"的模式：节目提供商（PP）、系统运营商（SO）、网络运营商（NO）。这三个运营商是严格分离的，禁止三方中的任何一方兼营其他业务。1999年，基于不同网络之间业务融合的加强，韩国政府成立了韩国广播电视委员会（KBC），放松管制政策，允许节目提供商、系统运营商、网络运营商之间可以业务兼营。2002年韩国实行节目提供商登记制度，进一步简化和放宽了经营有线电视节目内容的资格。

2008年2月29日，韩国解散了广播电视委员会和信息通信部两个分业监管机构，成立类似于美国FCC功能和形态的融合型监管机构——韩国广播通信委员会。该委员会致力解决了一系列长期悬而未决的管制问题。同时，新成立的广播委员会还接过了之前由韩国文化体育观光部管制的广电相关的职能，全力着手制定与融合相关的法律和政策框架，以解决管制领域容易滋生的"上面多头多脑，下面昏头昏脑"问题。韩国广播通信委员会的迫切职责是对当时涌现出来的百花齐放式的宽带网络应用做出有效而具体的管制规定，这些应用包括IPTV、直播电视和视频点播等业务。

2009年2月，韩国广播通信委员会举行全体会议，审议通过了广播通信网提速计划。该计划旨在复杂的环境中，提供有线、无线、电话、互联网、广播电视等融合在一起的多重服务。2010年，韩国广播通信委员会提出的业务计划报告可以说是在广播电视和通信服务相融合的新环境基础上，积极推进媒体和网络协调发展的战略蓝图。报告中最引人注目的是强调开放与竞争的广播领域先进化战略。为应对即将到来的广电通信融合时代，韩国广播通信委员会将扩大交互式网络电视（IPTV）服务、放宽广电限制，并改善广电和通信融合领域的基础设施。

二　国外经验对我国的启示

（一）统一的监管机构

在三网融合的过程中，要真正实现三网融合，政府在管制政策、法律法规上应该先行。国家应该明确信息网络的管制政策，加强立法，修改、合并、废除阻碍三网融合进程的法律法规，明确政府、事业、企业各自职责和运作模式，明确哪些应该控制，哪些应该自由竞争，哪些应该有控制放开。美国、欧盟各国、日本正是有了广电和电信业务的准入政策和法律法规之后，才开始真正实现大融合的第一步。

政府管制和法律法规对三网融合的顺利进行的确起着保障作用。在国家宏观政策、法律、法规指导下，企业的一切行为有章可循，有法可依。但法规是一把"双刃剑"，因为法律有其权威性的一面也有其滞后性的一面，因此要用积极的态度去应对，不能让滞后的法规束缚融合的思路，目光应有前瞻性。

改革原有行业分管体制，建立统一管理三网的独立的监管机构。首先，国家设立了融合管制机构，对网络实行统一监管。这样的代表国家是英国、美国、加拿大、日本等。2003 年，英国依据《2003 年通信法》设立了融合性的监管机构 OFCOM（英国通信管理局），将原电信管理局、无线电通信管理局、独立电视委员会、无线电管理局、播放标准委员会五个机构融合，彻底打破了原来信息领域中存在的各种壁垒，使技术和业务得到进一步融合。在允许广电、电信业务相互准入的进程中，总结各国/地区情况，相互准入可分为两种情况：一种是由单向准入逐步过渡到双向准入，比如英国和美国。1991 年，英国政府发布了《竞争与选择：20 世纪 90 年代的电信政策》白皮书，全面开放英国的国内长途和本地电信业务。根据白皮书的规定，任何符合 FTEL（OFCOM 前身）所规定的接入标准的运营商都允许提供电话服务。另一种是直接允许电信和广电行业互相进入，这样的代表国家主要包括加拿大、新加坡、日本、德国和印度等。日本、加拿大、新加坡通过立法明确规定融合性业务/服务的管理措施。加拿大 1999 年颁布了《新媒体豁免令》，将"新媒体"的定义界定为"利用互联网传播广播电视的媒体"，并规定利用互联网传播广播电视可以不用申请许可证。

我国的电信和广电行业现在仍属于分业监管的模式，这会阻碍我国三网融合的进程。因此如果要切实有效地推进三网融合，需要建立起与电信和广电行业利益无关的监管机构。从韩国的 IPTV 发展可以看到，信息通信部和广播委员会都要求对 IPTV 进行管制。这种监管部门间的利益博弈直接导致 IPTV 发展受阻，这直接影响其他融合业务的发展。因此从国外经验可以看出，在分业监管体制下，通过电信和广电任何一方的监管机构自身的协调都不能解决融合过程中出现的困难和冲突。我国需要设立一个统一的监管机构，类似于美国的 FCC，对电信和广播电视业进行监管。鉴于我国对新闻舆论监管的现实，应该将广电总局承担的新闻舆论规制职责单独剥离，将广电总局其他广播电视网络规制职责和工信部的网络和信息规制职能合一，组建统一的监管部门。

（二）产业政策与其他公共政策的协调

开放是三网融合的必要条件，放开市场准入是关键，特别是电信网与有线电视网的对称接入是三网融合的焦点。

纵观各国三网融合的历程，融合初期伴随着对称进入或者不对称进入，进而达到完全的对称接入，在对称接入的前提下才能促进融合。融合初期保护实力弱小一方的非对称接入只是一厢情愿，非对称接入是为了保护弱小的一方，防止垄断和价格歧视，维护商业机会均等和消费者利益的初衷是美好的，但是出于良性初衷的制度设计未必就是良性的制度，非对称接入并不能够有效和快速地促进三网融合。非对称开放虽然暂时平衡了各方利益，但既不适应世界潮流，也不是真正意义上的三网融合。

当然，对称开放也不是没有瑕疵的方案。对称开放符合国际一般规定，可以促进电信广电的共同发展。但这表面上似乎公平的方案，实际上对广电是不公平的。因为广电要达到电信的质量要求，需要大量的投资与时间，而电信网与互联网进入广电则方便得多。电信企业的管理水平、企业实力远远超过广电企业，对称接入是一场不公平的、不对等的竞争，从利益角度看，有厚此薄彼之嫌。三网融合的主要矛盾是利益之争，这是基于三网融合这一大前提的，如果这个大前提不存在，讨论利益问题就毫无意义，因此必须坚持对称开放。当然，对称开放必须确保国家安全，并由管理部门协调平衡三方利益。在协调平衡的过程中，各方要以国家大局、产业发展、社会进步为重，适当妥协、退让可能的短期利益，尽快推动三网融合，着眼于长期利益与发展。只有这样，才能使各方均有利可图，企业有了利益自然就有了积极性和主动性，保证了各方的利益，三网融合的进程一定会突飞猛进。

另外，可以引入第三方民间资本，直接投资于三网融合的相关业务，三网融合需要更为开放的产业政策。促进广电部门和电信部门的竞争，使得两部门在竞争的生存压力和倒逼机制下加快三网融合的发展步伐。互联网企业、IT 企业等对有线行业的跨界与渗透则取得了重大成功，尤其随着智能终端的出现，包括小米、乐视、PPTV、阿里等纷纷通过 OTT 盒子、智能电视及相关应用等方式将自身原来的业务"嫁接"到电视机这个重要屏幕上。这说明三网融合不仅仅是电信和广电之间双方市场的准入问题，还包括打破广电和电信对各自领域的垄断，允许民营经济进入新的融合业务，形成平等、合作、竞争的网络产业格局。这既能加快我国信息化发展步伐，又能使广电和电信企业从快速发展的市场中受益，最重要的是，整个社会都能从三网融合中获得巨大经济效益和社会福利。

第二章 三网融合中电信产业双边市场特征

第一节 双边市场理论概述

一 双边市场的定义与分类：不同的观点

（一）双边市场的定义

随着现代社会分工的细化，特别是网络技术的发展和服务技术的提高，经济活动中越来越多地出现这样一种市场：该市场中的交易是基于某个平台进行，平台通过向双方的用户提供一定的服务，促成两方用户的交易形成，并由此获取报酬。这样的市场被称为双边市场。

对于双边市场理论的研究是在 2000 年之后才逐渐兴起的。简单地看，双边市场是相对于单边市场来说的，单边市场是指一方直接提供商品或服务给另一方所构成的市场。在双边市场中，一方通过一个平台企业来给另一方提供商品和服务。在双边市场中，各类市场的需求存在相互关系，企业为了盈利，需要协调各市场间的交易量，从而使得利润达到最大化。单边市场和双边市场的关系如图 2-1 所示。

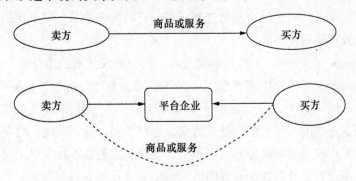

图 2-1 双边市场的基本结构

尽管双边市场的研究受到了国内外学者的重视，但是至今学术界仍然没有一个对双边市场的严格定义。各个学者都根据自己的研究给出了关于双边市场的界定。

最早尝试给出双边市场界定的是 Rochet 和 Tirole，他们（2001）指出，许多具有网络外部性的市场都由不同两边的出现所表征，这两边的最终利润产生于它们在同一平台上的相互作用。这些产业中平台的所有者或资助人必须忙于著名的"鸡蛋相生问题"并且小心地"将双边拉到平台上"。该文虽然没有明确定义双边市场，但它指出了双边市场存在的原因是网络外部性，将网络外部性理论同双边市场的分析联系起来。同时，将双边市场的分析视角从市场两边的经济行为，转到了对双边市场中平台企业的行为和策略的关注。此外，指出了平台企业需要解决的两个主要问题："鸡蛋相生问题"和"将双边拉到平台上"的问题。可以说之后的文献都集中在分析双边市场环境下平台的企业行为，且围绕平台企业如何解决"鸡蛋相生问题"和如何"将双边拉到平台上"的问题而展开。

Rochet 和 Tirole（2004）基于价格视角认为，双边市场是指通过交易平台以及合理的定价策略，使市场的每一端参与者均可有效进入市场并形成互动的市场类型，也就是说，交易平台不仅能够吸引市场的前向用户和后向用户，还能使该平台企业在市场交易中整体上保持盈亏平衡。两位学者对于双边市场的定义表明，对于一个典型的双边市场来说，至少应满足以下三个基本条件：（1）双边市场的基础是存在一个具备中介作用的平台，该平台能将市场两端的用户联系在一起；（2）双边市场中的这一平台具有向双边收取费用的权利，即双向定价的能力；（3）双边市场中平台的定价模式与平台的交易量之间具有一定的对应关系，即不同的定价模式会导致不同的交易量。

Rochet 和 Tirole（2004）同时指出，使市场成为双边市场的一个必要条件是科斯定理不能应用于双边市场两边间关系的分析中。主要原因是，科斯（1960）认为，完全竞争的市场对于效率并不是必需的，如果市场的结果是无效的，则人们会聚集起来，进行协商以达到最优。科斯定理指出，如果产权是清晰确定和可交换的，在没有交易成本且信息是对称的情况下，不论有无外部性，双方间的谈判结果将是帕累托最优的。Parker 和Alstyne（2004）指出，该定理在双边网络效应下失效。当一组用户自身为另一组用户创造价值时，产权、对称信息和零交易成本并不足以保证有效的交易量。即如果市场是双边市场，则科斯定理不适用；但科斯定理不成立，并不说明市场一定是双边市场。因而该定理对于双边市场的识别其实并没有多大作用。Roson（2004）从环境的角度把双边市场定义为一种经济环境，其中商品或服务被销售给两组不同的用户，且每组用户的利润都随着另一组用户数量的增加而上升。Wright（2004）认为，双边市场是指涉及两组或两组以上的不同的用户的市场，并且每组用户都从和同一平台上的相对类型的用户交易中获取价值。Armstrong（2005）基于网络外部性视角将双边市场定义为这样的一类市场，其中两组参与者通过中间层或平台进行交易，而且其中一组参与者（最终用户）加入平台的收益取决于加入该平台的另一组参与者（最终用户）的数量。Armstrong 和Wright（2005）指出，双边市场涉及两组不同的代理商，每一组都从另一组代理商的相互作用中获得价值。在这些市场中，平台以一种允许双边影响他们所获得交叉组外部性程度的方式来协调两边。Roson（2005）认为，所谓的双边市场，就是一个向两组交易参与者分别提供产品或服务的平台，其中的平台为了"将双边交易参与者吸引到平台上"而对每一组参与者设定交易的价格。Rochet 和 Tirole（2006）给出的双边市场的定义更具有学术性：在市场中存在这样一个企业，该企业作为市场交易的"平台"，能够在向市场的一边收取更多费用的同时，使得另一边用户的价格下降同等数量，即通过改变一边的交易价格而改变另一边的交易数量，那么则称该市场是双边的。也就是说，在双边市场中价格结构对平台交易起主要作用，正因为如此，平台企业必须设计合理的价格结构来将双边吸引到平台上。

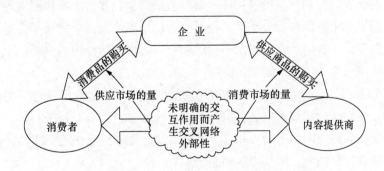

图 2-2 Parker 双边市场模型

考虑价格结构设计在双边市场中的作用，为清晰表达现有双边市场理论关于价格结构设计策略的观点，现将两种代表性观点：Rochet 和 Tirole（2004，2006）、Parker（2004）的理论模型如图 2 - 3 所示。

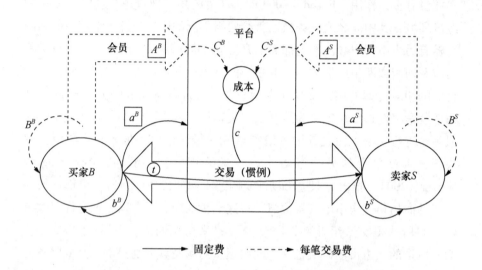

图 2 - 3 Rochet 和 Tirole（2004，2006）的规范模型

注：A 表示应付款项，B 代表利润。大写字母表示决定因素，小写字母代表每笔交易。

（二）双边市场分类

在对双边市场基本含义的讨论中，到目前为止，还没有得到一个广为认可的定义。鉴于此，学者们尝试从具有双边市场一些特征的个案中对双边市场进行规范。这就出现了对双边市场的相关分类。

从现有的文献来看，对双边市场的分类主要基于两种视角：一是从市场角度出发，分别从市场的功能、参与者的数量、收入来源和网络外部性的情况等几个方面进行分类；二是从平台的角度出发，分别从平台竞争的复杂程度、平台的所有权以及平台的功能等方面进行详细的分析。

1. 基于市场视角的分类

Kaiser 和 Wright（2004）从市场功能的角度对双边市场进行了简单的分类。他们认为，双边市场可以分为：目录服务，如分类目录和黄页；配对市场，如就业网站、婚介机构；媒体市场，如杂志、报纸和网络门户；交易站点，如拍卖、B2B 市场和超市。

Rochet 和 Tirole（2004）依据市场参与者的数量将双边市场分为两

类：一类是简单的双边市场，如报纸、无线电视、广播等，它们只有三类参与者组成，买方、卖方和平台服务提供者；另一类是复杂的双边市场，如信用卡系统、电信网络、互联网等，它们往往由三类以上的参与者组成。

依据市场双边间网络效应的正负，可将双边市场大致分为两类：一类是具有正的网络外部性的双边市场，如视频游戏和支付卡系统等，这类市场中一边用户的效用会随着另一边用户规模的增加而增长，因而表现出正的网络外部性；另一类是具有负的网络外部性的双边市场，这类市场中一边用户的数量随着另一边数量的增加而减少，表现出负的网络外部性，如门户网站、电视和广播媒体等。这类市场一般由广告商、媒体和受众组成，因为受众一般对广告持厌恶态，当广告数量增多时，受众的数量一般会减少，表现出负的网络外部性。

2. 基于平台视角的分析

Mark Armstrong（2005）从平台竞争程度将市场分为三类。一是垄断性平台，市场上只有一个可供选择的平台；二是竞争性平台，市场双边都有多个平台可供选择，但双边中的各边仍然是单归属的（single - homing），即每边的参与者只能选择其中一个平台进行交易；三是存在竞争性"瓶颈"的平台，两边参与者都希望加入所有平台，从而形成了"多重通道或多归属（Multi - homing）"的情形。

此外，Evans（2003）对多边市场组织给出了相似的分类：一是对称性平台，几个多边平台在同边上提供具有相互替代性的产品或服务，诸如视频游戏、操作系统和支付卡系统等；二是交叉平台，几个 n 边平台在少于 n 边上提供具有替代性的产品或服务，如既作为操作系统的边又作为因特网门户网站边的浏览器等；三是垄断平台，在任一边上都没有竞争。尽管这在理论上可能成立，但很难找出符合这一事实的产业（可能黄页在某些地方的特定时期内是一个特例）。

Roson（2004）从平台所有权的角度，将双边市场分为独立拥有的平台市场和垂直一体化的平台市场两大类。其中垂直一体化的平台市场，是指不仅中间层拥有平台，销售商或消费者也拥有自己的平台，这类市场又可以细分为开放平台所有权的市场和封闭平台所有权的市场两类；独立拥有的平台市场又被称为垂直分解的平台市场，是指在这类市场中平台的所有权只由加入中间层组织的参与者所有，这种平台市场又可细分为三类：

开放平台所有权、封闭平台所有权和垄断平台所有权。其中，开放平台所有权，是指全体事前相同的潜在中间层顺序进入平台中间层市场，决定哪一个平台摊位，并不存在排他性；封闭平台所有权，是指全体事前相同的潜在中间层顺序进入平台中间层市场，包租并等待开发的平台摊位，但先进入者或者是在位俱乐部成员能够拒绝后来进入者潜在成员的进入；垄断平台所有权，是指所有平台摊位由一个垄断的中间层拥有，不存在竞争性。这种类型的平台市场在理论上是存在的，但在现实中是很难找到的。

3. 从平台的功能进行分类

首先尝试从功能上给平台以定位的是 Rochet 和 Tirole（2004），他们从作用上将平台分为价格调节器、拥有许可权者和竞争治理者三种类型。随后 Evans（2004）也从平台功能的角度将双边市场分为以下三类，这种分类方式得到广泛的支持和应用：

（1）市场创造型。市场创造型对两边用户的交易提供便利，通过平台来提高获取信息的效率和双方实现交易的概率。这样的双面市场两边的用户必须是交易的关系，而平台的作用是使双方交易更加方便。典型的例子是电商平台。电商平台中的卖家和买家是直接交易的关系，电商平台创造出了这样的平台，一边连着卖家，一边连着买家，使得买家能够通过这个平台更加方便地找到所需要的商品或者服务，为两者的交易提供便利（见图 2 - 4）。

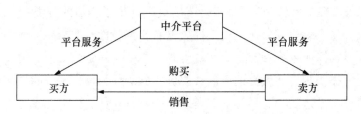

图 2 - 4　市场创造型双边市场

（2）受众创造型。受众创造型的典型是媒体行业，一方面媒体行业通过它的内容吸引大量的观众、读者、网民等受众，借此吸引企业在平台上投放广告。比如说门户网站，门户网站通过网站提供的内容来吸引网民，内容越全面越丰富，就会有更多的网民来访问这个网站，这样就会吸引企业在这个网站上投放广告。网站的盈利就靠着企业投入的广告，它所能吸引的广告越多，其收入就越高，那么反过来又可以提高网站的内容质量（见图 2 - 5）。

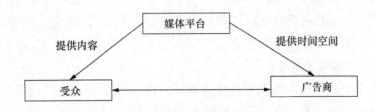

图 2 - 5　受众创造型双边市场

（3）需求协调性。需求协调性双边市场主要是指信息技术（IT）产业、通信产业和银行卡系统。比如 Windows 和 Linux 操作系统，Palm 操作系统、银行卡平台等。以操作系统为例，它一边连接软件开发商，一边连接电脑用户，软件开发商在特定操作系统环境下进行软件开发并提供给电脑用户使用，而电脑用户则对该操作系统环境下可以兼容的各类软件存在需求，两类用户都通过操作系统这个平台来实现各自的需求。两类用户都会对对方产生一定的影响，一方面，操作系统面对的电脑用户规模会影响软件开发商在此操作系统环境下开发软件的动力；另一方面，操作系统兼容的软件数量又会影响使用该操作系统的电脑用户的数量。比较典型的例子是诺基亚的应用商店里面软件数量随着诺基亚用户的减少更新缓慢，这个进一步导致了用户放弃诺基亚手机的应用，转向其他操作系统的手机。

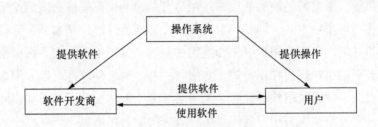

图 2 - 6　需求协调型双边市场

哈佛大学的 Hagiu 教授在 Rochet 和 Tirole（2004）等的基础上，从平台功能的角度将市场分为四种类型：第一类是中介市场，其中平台扮演着双边间匹配者的角色，包括约会服务、B2B 平台和 B2C 平台、拍卖行以及股票交易系统；第二类是受众制造市场，其中平台起到了市场制造者的作用，即把成组的购买者和成组的销售者匹配起来，包括黄页目录、电视、报纸和因特网的门户网站；第三类是共享的投入市场，包括计算机软件、服务器和视频游戏；第四类是基于交易的市场，包括信用卡市场。

二　双边市场特征与来源

（一）双边市场特征

无论属于哪种类型的双边市场模式，这一类市场比照传统的单边市场，具有明显的不同之处，具有属于双边市场的一些基本的特征：

1. 需求互补性

双边市场中的平台企业通过提供某些产品或者服务，将平台两边用户同时吸引到平台上去。如果只有一方有需求或双方均无需求，平台企业提供的产品和服务是没有价值的。只有双边用户同时对平台企业所提供的产品和服务具有需求时，平台企业的产品和服务才具有价值。因此，平台厂商不仅要考虑产品或服务对一边用户的影响，还要考虑其在一边市场上提供的产品或服务对另一边市场产生的影响，并保证两边用户的需求能同时实现。

2. 间接交叉网络外部性

这一概念包括三个可分离的层次：首先是外部性；其次是交叉网络外部性；最后是间接交叉网络外部性。第一层的含义与标准市场没有什么不同；第二层的含义显示了双边市场与单边市场之间的联系与区别。交叉网络外部性同样也是描述的用户效用与规模之间的关系，不同的是它出现在双边市场，考察的是一边的用户效用与另一边的用户规模之间的关系。它是双边市场中特有的，同时一般意义的交叉网络外部性是撇开了可以通过价格传导机制实现的用户规模和效用的关系，也就是说，它是指价格理论不能解释的用户规模和用户效用之间的关系。网络外部性可以分为直接网络外部性、间接网络外部性和交叉网络外部性，尽管其意义不尽相同，但网络外部性均是说明用户规模对用户效应的影响作用。

（1）直接网络外部性。直接网络外部性是指一种产品的消费者能够使同种产品的其他消费者的效用增加，即市场中的消费者能够从更多的同类消费中受益。它体现的是一种产品内消费者需求之间的依赖性。网络外部性的这种特征体现在网络产业，比如电话通信、电子邮箱、即时通讯等，说明的是用户效用与自身用户规模之间的关系。

（2）间接网络外部性。间接网络外部性是指随着某产品的数量增多，它的互补产品数量的增加、价格降低所产生的价值。间接网络外部性的存在需要产品间存在互补性。例如计算机的硬件与操作系统、传统的剃须刀与刀片等。互联网企业的互补品往往存在这样的特征，即一个是基础产品一个是其互补品，这就意味着它们之间的依赖是单向的。间接网络外部性也存在着争议，因为间接网络外部性可以通过价格机制发生作用，因此也可以说不存在外部性。

（3）交叉网络外部性。这一层次的含义才是双边市场区别于单边市场最为本质的方面。间接意味着双方交易的完成要借助于接入设施或平台而实现，一边对另一边施加的外部性是间接的，意味着接入设施或者平台可以对两边进行协调，协调的治理结构就显然不同于标准市场的价格合约，而是平台组织治理对市场交易的一种替代性安排，平台也就具有了最为显著的特征。

在双边市场中，交叉网络外部性是平台企业存在的前提条件。举例来说，电子商务平台上的注册消费者与产品销售商之间存在交叉网络外部性，消费者对电子商务平台的需求取决于有多少销售商到电子商务平台发布产品信息，而产品销售商对电子商务平台的需求取决于平台拥有多少注册用户。如果电子商务平台上的注册消费者与产品销售商之间没有交叉网络外部性，那么销售商不会到电子商务平台上发布产品信息和广告，如果没有众多的销售商带着产品到电子商务平台上去，也就不会有大量消费者注册电子商务平台，如此一来电子商务平台就不复存在。因此，交叉网络外部性是双边市场特有的不同于传统单边市场的显著特征。

上述对单边与双边区别的表述可以列表如表2-1所示。

表2-1 三种网络外部性的定义

外部性形态	用户规模	效用的作用对象	字母含义
直接网络外部性	A	A	A为某一产品
间接网络外部性	A	B	A、B为互补品
交叉网络外部性	A	B	A、B为双边市场的两边产品

3. 价格结构的利润非中性

间接交叉网络外部性只是说明价格歧视的必要性，而没有说明这种内部化外部性的价格策略对双边市场带来的影响。在双边市场中，交易是由平台企业连接着买卖双方最终完成的。假设平台企业收取的总价格为 P，由于上述交叉网络外部性的存在，平台企业不再单纯地根据 $P = MC$ 制定价格，而是要尽可能地同时吸引两边用户，则需要制定合理的价格结构，将总价格分配给平台的两边用户。因此，价格水平可能出现一定的倾斜性，即表现为价格的非中性。这一特性与间接交叉网络外部性一起，成为双边市场区别于单边市场的标识。

（二）双边市场特性的来源

Rochet 和 Tirole（2001）在产业特征视角下，详细分析了实践中价格中性条件不成立的三个原因。

1. 交易成本

"交易成本"是使一边向另一边转移、重新分配费用昂贵的广泛摩擦。通常这类交易成本同个别交易的小份额相联系（当应用于大额交易时可以变得足够大）。这类成本包括签订合同，向另一边做广告以及可能不被允许的执行契约的成本。第二类交易成本同低成本交易系统的缺乏有关。假设一位学者下载另一位学者的 PDF 格式论文，这时转移必须支付的微小数额，可能需要由互联网和服务供应商联合开发的昂贵的第三方结算系统来完成。第三类交易成本对实际交易或相互作用不可能进行监控和记录。在门户网站和媒体的例子中，中性意味着当平台［门户网站，电视网络（TV）、报纸］提高广告价格时，这一提价转变成广告商由于消费者"听广告"而给予的较小数量的货币。但是，"听"并不容易测量。因此，在实践中，观众或读者不能从广告客户那里得到补偿，因而中性是不可能获得的。

2. 对数量不敏感的成本

当至少市场一边产生受平台影响和同平台的交易量不成比例的成本时，中性同样失败。例如，尽管软件开发商发生某些成本，如由游戏开发商支付的与销售量成比例的游戏版税，许多成本仍然是不敏感的且受到平台影响：固定开发成本在软件设计方面受到平台的影响，开发工具包的固定收费也是如此。在用户一边，熟悉平台的用户界面也可能导致一些固定成本。最终用户对交易不敏感的价格和平台的非价格属性影响最终用户或应用软件的数量，但不会直接影响最终用户的交易条款。

3. 平台也可能采取措施限制网络转移的程度

在这点上的一个例子是，由于信用卡协会和营利机构采纳的无歧视原则，商家不得把商业折扣转移给持卡人，所在双边之间只有部分的支付转移。双边市场企业存在着价格的非中性，但倾斜定价的作用和机理与传统企业有很大的不同，而且与传统企业不一样的是：价格的非中性往往能够实现平台企业的利润最大化和总社会福利的最大化。

三 双边市场与传统单边市场的区别

对上述特性与单边市场比较，我们得到表 2 – 2。

表 2 – 2　　　　　　　　传统单边市场与双边市场比较

市场类型	单边市场	双边市场
参与者	买方、卖方	买方、平台企业、卖方
交易对象	实物产品或服务产品	以平台服务产品为主要内容，以实物产品为载体
定价原则	边际成本定价	非对称定价原则
价格形式	P	$P = P_b + P_s$
定价主要影响因素	边际成本、需求弹性、市场势力、产品差异化程度	双边的需求弹性、交叉网络外部性、交易量的可观察性、单归属或异化程度双归属、产品差异化程度
价格现象	价格歧视、掠夺性价格、垄断价格	双边用户间交叉补贴、存在零价格、负价格，不易出现垄断价格
显著特征	规模经济、范围经济、网络外部性	除单边市场特征外，还有交叉网络外部性、双边需求的相互依存性

本书对三网融合后的电信运营商竞争策略设计及相应的公共政策的跟进，就建立在双边市场的三个基本特征基础上。可以说，三个基本特征构成了本书所有的内容分析的出发点，构成本书所有后续章节相关研究的理论基础。

第二节　ICT 技术下三网融合中的电信业态

一　传统电信业务与现有 ICT 技术业务的区别

ICT 这个短语自 20 世纪 80 年代以来开始为学术研究人员所使用，并在丹尼斯·史蒂文森（Dennis Stevenson）于 1997 年向英国政府做的一份报告以及 2000 年英国、威尔士、北爱尔兰的国家课程修订版本里面被使用之后开始流行起来。

ICT 的英文全称为 Information and Communication Technology，直译过来就是信息和通信技术，一般简称"信息通信技术"。如果从字面意思来理解，ICT 主要包含信息技术和通信技术。而实际上，随着科技的发展，ICT 的含义要比传统意义上的这二者之和更加丰富。早些年比较流行"信息技术（IT）"这个名词，我们现在所讲的 ICT 通常被看作扩展的信息技术，但它是一个更具体的术语，用于强调统一通信和电信融合、计算机以及必要的企业软件、中间件、存储和视听系统等这些使用户可以访问、存储、传输和操作信息的作用。

我国学者朱彤曾对 ICT 进行定义，即 ICT 是信息技术和通信技术的统称，主要涉及信息的获取、存储、处理、通信、显示及应用技术，核心是计算机、软件和通信技术，发展重点为微电子和光电子技术、高端计算机技术、计算机网络技术、光纤通信技术、人工智能技术、信息安全技术、卫星遥感技术、磁盘及光盘存储技术、液晶和等离子体技术等。

综上所述，可以认为信息通信技术主要包含三个方面：一是硬件，主要是指数据的存储、处理、传输所使用的终端和网络通信设备；二是软件，主要包括用来处理收集、存储、检索、传输、分析、应用、评估信息的各类软件；三是应用，包括收集、存储、检索、传输、分析、应用、评估各类信息。相对其他技术，ICT 有其独特之处，表现在五个方面：（1）更广泛的适用性和更强的渗透性；（2）高度知识密集，经济和社会效益显著；（3）发展速度更快，更新周期更短；（4）投资大，风险高；（5）增值性。

ICT 产业包括信息技术（IT）产业和通信技术产业，可定义为：从事信息与通信技术的研究、开发和利用，信息通信设备和器件的制造以及为经济发展和公共社会需求提供信息与通信服务的综合性生产活动和基础设施。ICT 产业的核心是计算机、软件和通信技术。ICT 产业的发展，是以计算机发展为起点，以信息技术为手段，以网络化为集中表现形势的发展过程。

二　ICT 下的电信运营商业务

（一）ICT 下电信业务的范围

在电信行业转型背景下，各个电信运营商也开始使用 ICT 直接定义信息化业务。与其他国际电信运营商一样，中国电信的电信运营商将 ICT 定义为"ICT 是信息、通信和技术三个英文字母的首字母缩写，它是信息技术和通信技术相互融合而形成的一个新的概念和新的技术领域"。从它们业务范围的界定上不难发现，电信运营商的 ICT 业务，是指"面向政企客户提供'通信服务'（CT）+'信息化应用'（IT）的完整的、端到端的'一站式'解决方案，具体业务主要涵盖集成服务、外包服务、专业服务、知识服务和其他 IT 服务和应用业务"。从上述运营商的定义可见，ICT 业务的服务对象主要是政企客户，而 ICT 业务本质上是网络通信技术向 IT 领域的延伸和融合，也是 IT 技术向网络通信技术扩展融合的结果。除了传统的语音、宽带、数据业务以及增值业务，电信运营商开展的其他业务都可以列入 ICT 业务的范围。

（二）电信 ICT 业务的特点

ICT 业务是在通信技术与信息技术、通信产业与信息产业、通信服务和信息服务相互融合背景下产生的新业务，使电信业务整体上从简单的语音传递向复杂的信息交换升级，极大地拓展了电信业务范围。这种业务范围的提升主要体现在以下三个方面：

1. 信息产品的扩展

一般电信业务中的信息产品简单分为语音内容和数据内容，主要指文字、图片、视频、音乐等数字化的信息内容。但在电信产业和信息产业融合的背景下，信息产品已经从简单的数据内容过渡到具备集信息收集、存储、处理和传递功能于一体的互联网软件和管理应用软件。

2. 电信服务的升级

电信服务是指语音通信和数据传输服务，但是通信技术的发展带动电信服务的进步，基于电信服务的增值服务已经成为电信服务的重要组成部分，例如，IDC、移动 400、集团 V 网、VPN 专线服务、主机托管等业务已经成为面向集团客户的典型增值业务；基于互联网和物联网技术的服务则代表着电信服务融合的新方向，而基于信息产品的集成服务、外包服务、咨询服务等成为当前中国移动电信服务的最高层次。

3. 信息技术产品的不断渗透

信息技术产品也成为电信产品的重要组成部分。随着电信运营商的产业链控制能力不断增强，运营商能够提供的信息产品可以包含路由器、交换机等网络设备和服务器、终端等系统设备，进一步拓展了电信业务的边界。在此基础上，电信可以针对客户的个性化需求整合信息内容、软件应用和系统设备，为客户的生产运营提供信息系统，诸如客户关系管理系统、供应链管理系统、财务管理系统等，从而极大丰富了电信产品的内涵。

ICT 环境下，电信运营商的业务是根据最终用户的需求，可以合理地使用不同的原始设备商的产品，将硬件（应用系统、网络设备等）、通信网络、数据内容及相应的应用软件经过组合和开发，构成一个完整系统提供给最终用户；同时还提供现场安装、调试、培训和维护，因此，终端客户得到的是整体解决方案，而不再是数字模拟时代电话网结构下的通信。

由上述 ICT 业务的定义可以看出，电信运营商的 ICT 业务具有三点基本内涵：其一，ICT 业务的本质是一种综合性服务；其二，ICT 业务的目标客户运营商具有可选择性；其三，ICT 业务的核心组成是由通信服务、信息内容、技术产品融合产生的应用解决方案。

（三）ICT 业务下的电信市场基本特征

从现阶段中国的各大电信运营商所开展的 ICT 业务来看，可以归纳出以下四点特征。

1. 服务化特征

服务已经成为 ICT 业务的重要组成部分，首先，表现在业务构成要素上，网络通信服务是 ICT 业务解决方案的基本要素；其次，表现在 ICT 业务的形成过程上，ICT 业务解决方案的形成过程是中国移动通过不断与客户进行接触，深入挖掘客户需求，并进行产品组合交付的服务过程。

2. 融合化特征

中国移动 ICT 业务的融合化特征主要是指中国移动对已有的移动语音业务、宽带业务和增值应用，以及第三方企业的信息应用和技术设备进行深度整合，并由中国移动在统一的业务品牌下交付给客户。集团客户只需要向中国移动提供自身的信息化需求，获得包含通信服务、信息内容和信息设备在内的综合解决方案。

3. 专业化特征

ICT 业务的专业化是指该业务在咨询、开发、集成、实施、调试、维护等服务过程都体现了不同专业技术特征，需要不同的专业机构或者组织提供专门服务，最终形成统一的解决方案提供给客户，任何一个单独企业都无法完成全部业务环节。

4. 系统化特征

ICT 业务包含技术、商务和管理等方面，是一项综合性的系统工程。技术是 ICT 业务工作的核心，商务和管理活动是 ICT 业务成功实施的可靠保障。首先，ICT 业务不是简单的设备供货和产品组合，而是技术含量很高的技术行为；其次，ICT 业务是由最适合客户需求而非最好的产品和服务组成，性价比是评价 ICT 业务成功与否的重要标准；最后，ICT 业务的实现必须由中国移动对产品和服务的售前、售中和售后等全过程实施有效的管理。

三　ICT 下电信运营商的双边平台型模式构建

（一）平台构建的基本思路

从 ICT 技术以后电信业务特征变化看到，运营商在进行传统通信与信息融合业务融合中会彻底改变原有电信网络的逻辑层次结构，并且各层次之间的关联形态共同完成具体的某一项电信新业务的开发，需要运营商对位于 ICT 平台上的业务进行综合性管理。对中国三大电信运营商竞争策略的影响是全方位的。相比较原有的管道型商业模式，ICT 下运营商的商业模式更趋于复杂化，信息服务综合提供商的愿景并不是原来价格战时代对其他运营商的客户或者市场进行抢夺，成为通信行业的老大那么诱人，而是一场始料未及的商业模式的脱胎换骨。问题的复杂性程度远远超过了简单的基于管道的电信业务边界的增值业务的拓展或者单纯地从产业链纵向与横向关联上的对电信价值链的整合，而是面临信息通信、计算机通信、电信通信相互融合发生的业态转换中寻求利润的来源。一个可预期的电信业态是从管道为王到内容为王再到应用为王的转变。无论是现在的内容为王还是今后的应用为王，摆在运营商竞争战略设计面前的问题是如何由单边的管道化实现多边商业模式的华丽转身。

"平台"这个术语在当今政府官员与企业高管中越来越流行：很多公司在各自的行业内称"一个"或者"这个"平台。但是，热门的词汇本身并不能够自动保障所有的企业获得商业上的成功。事实上，包括一些基于互联网的中国三大电信运营商企业在内，如何构造出与产业属性及本企业发展战略相吻合的双边或者多边市场的商业模式依然束手无策。

1. 电信运营商由单边转向多边的路径

困扰企业在信息技术变化环境下商业模式变革或成功转型的关键在于缺乏对双边或者多边市场驱动力的思考，即对现有的企业资源如何借助于新要素的引入来完成对现有要素重新聚合以完成一项新的商业模式的构建。这一点对电信这样的由基础电信业务到应用服务转变的运营商而言，由于平台一边的用户已经存在，并且庞大的终端客户群体是运营商巨大的生产要素，转变商业模式并不是另起炉灶，而是对现有客户的服务内容、服务方式、服务过程、服务评价予以全方位重新设计，打造出嵌套型的电信运营商双边市场模式。这一模式有点类似于亚马逊双边平台的设计。在设计一个多边平台时第一步是理解多边平台是做什么的。一个多边平台在于它服务的成分（边）提供便利交流（交易），以至于当另一边成员这样做时这一边的成员更可能加入这个多边平台。

换句话说，多边平台在不同的消费群体中会带来正的间接的网络效应。我们注意到消费群体的概念不同于消费个体的概念。微软游戏机的视频游戏控制台的相关消费群体（或边）是终端用户和与之相依赖的游戏开发者。但是可以区分青年段和刚步入成年段（22—29 岁）的用户边。微软游戏机为这两个段的任何一个用户提供更大价值，为游戏控制台提供更多的游戏。也可能存在直接的网络效应，微软游戏机用户可能关心在同一个客户部门有多少其他用户。

为了创建一个真正的多边平台而不是单边平台（只是体现规模经济），表现出多边平台的要求是绝对必要的，这是电信部门管理者常常抱怨过度竞争的原因。其实，在嵌套型平台中单边业务可以演变为多边业务。例如亚马逊，一个连接提供多种不同产品的商人和用户的平台。亚马逊多归属平台拥有的商人越多（zShops，Merchants@ Amazon. com，Merchants. com），用户认为，亚马逊拥有的电子商务就越综合越吸引人；反之亦然。亚马逊门户不断增加的用户流量对于任何一个个体商人来说都是有价值的。因此，亚马逊的业务显然是双边的。但是，在 2006 年 10 月，公司宣布三个新产品：云计算，它使程序员可以在亚马逊系统上进行租用计算；云储存服务（S3），它提供廉价的在线存储；土耳其机器人，它连接着公司和执行一些很难自动化业务单元。亚马逊已经不再是一个网上零售的中间商，就像 Jeff Bezos 认为的那样，亚马逊是一个使不同类型商家更容易寻求消费者的平台，这是一个很明显的规模经济起作用的例子。对于电信网络而言，与其他网络产品的服务提供商一样，用户规模决定其能否借助于规模经济优势去分摊庞大的基础设施投资。然而，在网络融合的背景下，电信利润的获取方式已经不仅仅是管道，而是内容主导了其获利的能力。原有的规模经济在一个融合的环境下只是构成了吸引获利的一边加入另一边。从现在的趋势看，原有的业务免费或者低于成本已经是大势所趋。因而，获利的运营商必须寻找另一边，即由单边向双边乃至多边扩展。

2. 平台构建的原则

平台与传统中间市场的区别在于间接网络效应的存在。亚马逊的新产品同时展现间接网络效应。除非公司通过亚马逊网站提供它们的商品，从而才能与客户端连接。换句话说，如果云存储服务，土耳其机器人和云计算或者成为亚马逊隶属的商人，间接网络效应是肯定的；否则它们将不会有助于增加亚马逊的客户流量。很显然具有经济规模和网络效应，这也就是为什么亚马逊努力去建造新的基础服务以吸引更多商人的原因。亚马逊的例子告诉我们，如果最有创新的单边平台利用多边平台而形成除了规模经济以外的网络效应，那么它的价值也会大大提升。平台战略设计可以吸引多边用户。战略设计是以平台功能为条件的。苹果模式能够清晰地显示商业模式创新助推 iPhone 的巨大成功。另一个公司创造性地将它的单边业务转变为多边市场的例子是东日本铁路公司（JR East），东京地区最大的铁路运营商，日发送旅客超过千万。2001 年 11 月，JR East 开始在它的交通卡中植入由索尼开发的称为"FeliCa"的非接触式技术，它使得乘客只需简单挥动交通卡便可通过火车站的入闸机。这种称为傻瓜（Suica：超级城市智能卡）的新型交通卡很受欢迎，在 2003 年 6 月持有乘客数达到 650 万。从 2004 年春季开始，JR East 利用在乘客上获得的成功说服位于或接近车站的实体店商人（便利店、咖啡厅、餐厅）安装无线接收器，以使傻瓜卡持有者在那里购物时可以使用它作为预付系统。今天有超过 1500 万傻瓜卡用户和 2500 个支持的商家。

完善的单边厂商的扩张是成为 TSP（以及最终为多边市场）的一种特别有力的方式。其原因在于这种过程避免了面对走向多边市场时固有的先有"鸡"还是先有"蛋"的问题。任何已经尝试引入新的支付系统的人都明白，让商家和消费者在同一时间都接受它是极其困难的：没有另一边就没有这一边参与。一个拥有可利用的和任一方（商家或消费者）紧密相连的关系的贸易处于更好实现的位置。

关键之处在于，找到对已建立单边优势的最佳利用，即确定一个新的边（或新的多边），以和已存在的边产生强大的间接网络效应。一个简单的两步实现这一目标的方法是：①确定一项业务对客户的基本功能；②确定与现有客户进行频繁交易的其他客户群体，对它们来说现有业务可以提高价值或者降低成本。特别是技术大大扩展了创造性手段的范围，单边企业能够扩展到意想不到的方向，这通常带来颠覆性的影响。谷歌被誉为将赞助商与搜索结果相链接的互联网商业模式的开创者。事实上，起初谷歌是单方搜索引擎，但它很快意识到用于用户搜索的技术也能用在降低广告商和用户之间的成本上，因此创建了 AdWord 和 AdSense 项目，使其提供与搜索相关的广告并收取费用。这项发明是提升广告效率的一个飞跃。

（二）苹果 App Store 模式：一个由单边走向多边的成功案例

苹果公司是应用商店的鼻祖，苹果 App Store 于 2008 年 7 月正式上线，也是迄今最为成功的应用商店。对于整个 ICT 行业而言，App Store 最大的成就在于向第三方应用软件开发者提供开放性、高效率的销售平台，一改之前由终端厂商和运营商主导的产业链模式，最大限度地调动了开发人员的潜力和应用创新、开发、测试的积极性，使得终端应用软件无论在数量上，还是质量上都得到较大的提升；在市场竞争中，实现以更低的售价向客户提供更加个性化的服务，进而推动整个产业进入高速发展的轨道。

1. App Store 简介

App Store 是一个由苹果公司为 iPhone 和 iPod Touch 创建的服务，允许用户从 iTunes Store 浏览和下载一些为 iPhone SDK 开发的应用程序。用户可以购买或免费试用，让该应用程序直接下载到 iPhone 或 iPod Touch。其中包括游戏、日历、翻译程序、图库，以及许多实用的软件。即 App Store 是苹果公司基于 iPhone 的软件应用商店，向 iPhone 的用户提供第三方的应用软件服务，这是苹果开创的一个让网络与手机相融合的新型经营模式。

App Store 于 2008 年 7 月发布，上线首月 App Store 里的软件已经超过1000 款，软件下载总量超过 6000 万次，销售收入达 3000 万美元，平均每天 100 万美元。App Store 是 iTunes 重要组成部分，形成 iTunes 中软件应用内容的良好补充。截至 2013 年 6 月，App Store 中已有超过 90 万款应用，累计下载超过 500 亿次。2007 年 1 月 9 日，苹果公司推出的 iPhone 可谓风靡一时，它将创新的移动电话、可触摸宽屏 iPod 以及具有桌面级的电子邮件、网页浏览、搜索和地图功能的突破性因特网通信设备完美地融为一体。有分析人士称，这款革命性的、不可思议的产品，比市场上的其他移动电话整整领先 5 年。

除了 iPhone 巧妙的外观和界面设计，它在功能上所呈现的两大特点也成为 iPhone 受欢迎的主要原因。首先，它是智能手机；其次，它可以与移动互联网相连，这样的组合勾起了用户对手机软件个性化的极大需求。此时，App Store 应需而生。在苹果的应用软件商店——App Store 里面，包含数千款 iPhone 的第三方应用软件，极大地满足不同手机用户对 iPhone 应用软件的多样化需求，同时也为移动市场销售手机软件提供了新型模式，开拓了新的空间。据苹果方面称，截至目前，App Store 中各种应用程序，累计下载次数已突破 20 亿次。同时得益于苹果革命性的互动体验和越来越普及的 3G 上网服务，iPhone 成了最接近电脑的掌上互联设备之一。

2. App Store 商业模式

App Store 事实上就是一个商业平台，是一个服务发布的渠道平台，是一个供全世界有想法的程序员和公司自由地卖出自己产品的平台，这是基于苹果 SDK 开发的应用程序，由于在 App Store 模式之中不存在复杂的商业关系和产权纠纷，并且还能够为第三方软件的提供者提供诱人的销售分成比例，因此吸引了无数第三方软件的提供者参与其中。App Store 模式的意义在于为第三方软件的提供者提供了方便而又高效的一个软件销售平台，使得第三方软件的提供者参与其中的积极性空前高涨，适应了手机用户对个性化软件的需求。App Store 商业模式如图 2-7 所示。

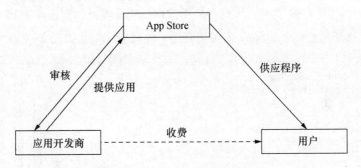

图 2-7　App Store 商业模式

3. App Store 对边间用户、边内用户需求的协调

据第三方统计，截至 2012 年 11 月 19 日，App Store 在线销售应用已经超过 100 万款，付费应用 49.3289 万款，占比接近 50%，其中保持活跃的应用有 73.6247 万款，其中 33.6270 万款为付费应用，约占活跃的应用总数的 45%。截至 2013 年，App Store 累计下载次数已突破 500 亿次。可见，自 2008 年发布 App Store 以来，在这四年多时间内 App Store 保持了高速增长。为了对数据流量进行分析，App Store 对应用进行了分类。App

Store 在应用分类上采用两级分类方式。第一级分类应用软件，分别是书类/商业类/教育类/娱乐类/金融类/游戏类/健康类/生活方式类/医疗类/音乐类/导航类/新闻类/摄影类/生产类/引用类/社交类/运动类/综合类/天气类。第二级别分类暂时只有游戏类应用，具体细类为动作类/冒险类/木板类/纸牌类/博采类/教育类/家庭类/儿童类/音乐类/猜谜类/赛车类/角色扮演类/刺激类/运动类/策略类/小游戏类/单词类等。

在分类基础上，App Store 对所有的应用进行了基于点击数据流量的排行。App Store 设置了五大排行榜：TOP20 免费排行、TOP20 付费排行、最新推荐排行、热点推荐排行、员工推荐排行。排行榜依据苹果网站公开的数据资料产生，帮助开发者了解用户最近的需求，提出指导性建议，指导开发者如何给应用程序定价、调价或是免费。

从应用的分类、数量和定价交集来看，商务、医疗保健、金融理财类应用的价格较高，应用占比较小，销量一般较低；平均价格不到 2 美元的游戏、娱乐类应用的占比非常高，销量非常好，通常占据着 TOP10 排行榜。基于排行榜，App Store 对不同的应用进行了不同的定价，从而形成 App Store 的定价分布：免费及 0.99 美元的软件占比最多；其次为 9.99 美元、4.99 美元以及 1.99 美元；大部分应用定价低于 5 美元；定价高于 10 美元的应用占比非常小。App Store 中付费应用与免费应用对比如图 2−8 所示。

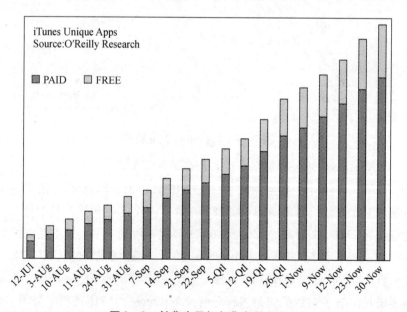

图 2−8　付费应用与免费应用占比

由上图可以看出，App Store 中付费与免费应用所占比例对比：应用数量保持线性增长、免费应用与付费应用的比例基本保持一致；付费软件远多于免费软件，约占总量 85%；在最新的监测中，付费软件占 75%。当然，苹果并没有因为零收入而对免费应用歧视；相反，鼓励开发者选择适当的时期免费吸引用户，制造流行之后调整价格得到更多收益，使应用不会一出生就石沉大海。

对 App Store 应用内容数据进行分析后，我们可以看到 App Store 在应用上具有如下优劣势：优势：凭借 iTunes 和 iPhone 内置达到快速传播；为用户提供大量低价应用；审核准入制度对应用类别进行了准确把控；保持 Apple 一贯的娱乐风格。劣势：应用多偏重娱乐功能，低价策略限制了开发者的创新能力，与 iPhone 自有产品功能交叉的应用被拒绝；LBS 相关产品被限制。

App Store 的支付承袭了 iTunes 的支付渠道：VISA、MasterCard、美国运通卡。

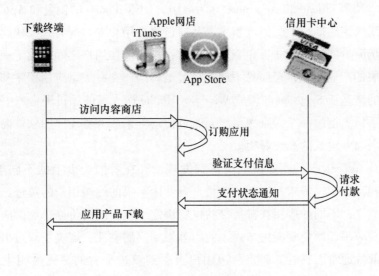

图 2-9 应用支付流程

4. App Store 商业模式的成功对电信运营商双边平台构建的启示

在对 App Store 商业模式分析后可以看出，导致 App Store 成功的主要有两个方面的因素：

（1）从双边市场的成员外部性角度来看。App Store 将所有 iPhone 应用软件集中在一个统一平台上，不仅更加方便用户查询、下载自己所需要的应用程序，同时将互联网的互动性也融入其中——只有那些真正高品质的、消费者所需要的应用软件才能获得更高的下载量以及更好的评价，才能被放在更为明显的位置，使得消费者能够更加容易购买到物有所值的应用程序。因此，从市场角度来看，App Store 为用户提供了最为便捷的手机应用软件获取渠道，用户以更低的成本得到了更为人性化的服务。

（2）从双边市场的交易外部性角度来看。苹果 App Store 打破了传统的软件开发利益格局，在 App Store 中开发者不仅拥有定价的权利，同时还能拿到 70% 的回报，这是以往不敢想象的。也正因为如此，App Store 创造百万富翁的传奇故事一次次重复上演，而与之相对应的则是 App Store 中的软件数量呈几何级数增长，在短短一年的时间内就超过了 65000 个。

因此，App Store 在不同需求用户组之间成功实现了间接交叉网络外部性，利用 iPhone 和 App Store 互为吸引，使得 iPhone 的销量和 App Store 的应用像滚雪球一般，越滚越大。并通过终端用户支付的方式构建起了双边市场流行的盈利模式：免费用户与付费用户。在用户之间形成了一个良性发展的产业业态，轻而易举地击败了虽然同样拥有大量应用程序却极其散乱的诺基亚 Symbian 和微软 Windows Mobile 两大智能手机平台，书写了智能手机史上的一个传奇故事，同时也使得苹果成为移动应用软件商店双边市场商业模式的真正鼻祖。

从 App Store 的商业模式中不难发现：存在着两个以上的不同用户，构成相互依赖性需求；应用的增长来自使用苹果的终端用户的数量，反过来也成立；不同的应用在排行榜的位置决定了其不同的价格，免费应用来自付费应用，而免费应用增强了使用苹果用户的黏性，解决了双边市场成员外部性通常面临的如何将两边用户吸引到双边平台的"鸡蛋相生"的问题；而交易的外部性（用户的软件体验感知价值）又由苹果借助于对终端用户的收取高于边际成本的费用内部化为平台的收益。可以看出，苹果的成功就在于苹果采用了双边市场模式，这一模式也为韩国三星所复制。诺基亚、爱立信、摩托罗拉的失败及小米手机面临的危机，无不反映出，在一个具有一般双边市场特征的产业，其商业模式必须符合其产业特性。

第三节　三网融合下的电信双边市场特征：以移动增值业务为例

对中国电信运营商未来业务的选择方面，我们与其他主张发展移动互联网的人士并无二致，这里要想探讨的是在移动互联网业务中所具有的一些本书关注的主题，即移动互联网业务中表现出的双边或者多边平台的特性。这一特性始终构成本书的主线，包括对电信宽带市场的研究。

一　中国电信运营商业务变动：一个基本的概览

电信主要业务部分为语音通话业务和移动增值业务。随着无线通信技术的发展和应用，三网融合的推进，3G 的推广以及 4G 牌照的发放，语音业务的主导优势呈现下降趋势，移动增值服务业务的重要性逐渐提升。2013 年上半年，中国移动语音业务收入为 1750.72 亿元，相比上年同期的 1771.28 亿元，下降了 1.2%；短彩信业务收入继 2011 年首次下降后，2013 年上半年继续下滑为 209.79 亿元，同比下降 5.5%；2013 年上半年，中国电信 3G 手机上网流量同比增长近两倍，手机上网收入达到 98 亿元，增长近 1 倍；中国移动无线上网业务流量同比增长 129%、收入同比增长 62.2%，达 474.03 亿元，无线上网业务收入占通信服务收入比重达 16.6%；中国联通的移动数据流量同比增长 131%，其中 3G 智能手机月户均数据流量达 278MB。这表明，移动增值业务已经不仅仅是语音业务的补充，其对整体电信产业收入的贡献越来越高，电信行业的重心将逐渐向移动增值业务转移。

传统的语音业务是基于通信网的运营商提供语音服务的业务，传统语音业务的产业链较为简单，运营商和用户之间是直接交易关系。而移动增值业务是在移动通信网承载的基础上开发出来的各种增值电信业务。移动增值业务的产业链较为复杂，其中主要包括网络设备供应商、服务提供商和内容提供商（Content Provider）、运营商和用户。其中，网络设备供应商主要为电信运营商提供软、硬件支持，是整个移动增值业务的基础，如中兴、华为、大唐电信等。服务和内容提供商（简称 SP/CP）主要负责开发数字内容产品，提供数字内容服务，整合信息和业务应用等，是移动增值业务平台上重要的"生产者"，如腾讯、土豆网、网秦、掌门网等。

用户是移动增值业务的使用者，用户通过运营商的通信网络获得 SP/CP 提供的数字化服务。

由此可以看出，移动增值业务是运营商未来一段时间业务发展的主战场。当然，也是三网融合期望达到的目标之一。

二　移动增值业务平台的市场特征

（一）移动增值业务的运营特点

具有了双边市场的一些条件，下面针对移动增值业务来看我国电信业中的双边市场特征。移动增值业务属于增值业务的一种，指在移动通信网承载的基础上开发出来的各种增值电信业务，典型业务如短信、彩铃、MMS、WAP 和 IVR 等。具体如中国移动的彩信、手机报业务，中国电信的爱游戏、爱冲印增值业务等。

现有对移动增值业务的分类形式较为相似。总的来看，移动增值业务可以分为四大类，如表 2-3 所示。

表 2-3　　　　　　　　基于 TP/IP 协议的增值业务分类

分类	具体业务
信息类业务	新闻信息、地理信息、多媒体短信、运动及天气信息
娱乐类业务	手机游戏、移动电视、彩铃、移动聊天室
通信类业务	可视电话、移动电邮客户端、即时消息
移动商务业务	手机支付、在线理财、金融交易、移动办公

移动增值业务的商业模式主要以日本 NTT DoCoMo 公司的 I-mode 模式为代表。在这种商业模式下，电信运营商代 SP/CP 收取相应的费用，并按照一定比例进行分成。例如中国移动的"移动梦网"就使用这种商业模式，由中国移动向用户收费，SP/CP 负责业务的运营，最后对利润进行分成。

2009 年 1 月，三大电信运营商分别获得第三代移动通信（3G）牌照。由此，3G 技术的成熟和业务上的开放，促使电信运营商利用 3G 对现有的业务进行创新，并发展新的业务模式，从而获得更高的收益。为了尽快实现业务模式创新，近几年，电信运营商大力发展移动互联网业务，通过与大批服务和内容提供商合作，达到为平台用户提供更丰富、更专业、更方便服务的目的。目前我国许多服务和内容提供商已经着手在移动互联业务上开展各种创新。3G 发牌意味着电信运营商可以通过各种服务和内容提供商深入挖掘并满足用户需求。从 3G 牌照发放到现在，大量为中国用户提供移动增值业务服务的 SP/CP 正处于快速发展阶段。

在 3G 运营市场上，产业链的情况已经发生改变，运营商不再独自领导产业链，运营商与增值业务提供商的合作，成为发展 3G 增值业务，以及 4G 的使用，在一定范围扩大了移动增值业务的影响力，强化了移动增值业务在电信主营业务中的重要性。2013 年，中国三大电信运营商在移动增值业务上保持着增长的态势。中国移动数据业务收入达 2069 亿元，比上年增长 24.4%，占通信服务收入的比重上升至 35.0%。中国联通服务收入中移动业务占比达到 63.3%，非语音业务占比达到 56.3%。中国电信移动语音业务收入达到 582.17 亿元，增值服务收入达到 362.30 亿元。

随着市场上提供的各类免费应用软件数量的增加，传统的移动增值业务受到明显的冲击。尤其是手机报、彩铃等移动增值业务，面临被免费的阅读软件和音乐软件替代的威胁。在这种情况下，中国三大运营商在移动增值业务上进行了创新，更多地依靠互联网和通信技术，将传统的增值业务进行革新，并通过建立机制更加完善、产品种类和数量更多的平台，达到吸引消费者的目的。例如中国移动的 MM 移动商城，就是一个为用户提供各类软件的平台。在 MM 移动商城中，用户可以根据自己的需求找到适合的软件，其中有免费使用的，也有需要付费使用的。中国移动的这个 App 平台，类似于苹果的 App Store，能够为用户提供更多的方便，使他们享受到移动互联网的便捷与乐趣。

同时，我国移动通信服务和内容提供商数量庞大，致使移动增值业务包含的内容多、范围广。对于某一种类的增值业务来说，不同的服务或内容提供商能研发并向市场推出不同的增值产品，因此具有发展的巨大潜力。以移动阅读产品为例，移动阅读产品是指在移动终端，如手机、平板电脑等能接入互联网的设备上，通过下载并安装移动阅读软件，能阅读新闻、小说、文件的互联网产品。

另外，中国移动增值业务的创新度正在逐步增强。在过去，三大电信运营商主要的移动增值业务集中在短信、彩信、彩铃等。由于移动网络技术的发展，移动增值业务更多集中在数据类业务，即依靠移动流量获得的产品和服务。例如即时通信工具、手机游戏、移动支付等服务，都是通过移动网络实现的。可以想象，未来的移动增值业务将继续呈现快速发展的局面。

（二）移动增值业务平台分析

移动增值业务是依靠电信运营商的移动网络实现的。运营商通过搭建移动增值业务平台，满足了服务和内容提供商及用户的需求。该平台链接着服务和内容提供商两个市场。在这种"平台式"的运作模式中，平台的一边属于"卖方"，包括服务提供商、内容提供商等，另一边则属于"买方"，即指对增值业务的需求方——用户。服务提供和内容提供商通过自身的研发、设计和生产为平台对侧的用户提供各种增值服务，如手机游戏、在线视频、网络新闻和彩铃下载等。用户从平台上获取各种增值业务，满足自身的偏好并获得一定的效用。特别地，平台上SP/CP和用户数量能影响到用户参与到移动增值业务平台的意愿。在中国电信业发展并转型的过程中，这一"平台"模式非常常见。在移动互联网服务中，如中国移动梦网、中国联通在线等都是典型例子。甚至在固网业务中运营商也会采用这种"平台"模式。例如，为了满足用户的需求，并发现其潜在需求，中国电信"号码百事通"业务就通过固网平台聚集了一系列的服务和内容提供商，用户只需要拨打相应的号码，就能通过该电信增值业务平台查询到天气、电话、旅游等相关信息。

双边市场中平台的盈利模式主要来自广告费、平台接入费、销售虚拟产品等。在目前中国的移动增值业务平台上，由于我国的移动通信转售政策还不明确，并且SP/CP的数量众多，大多都是中小企业，在发展的前期阶段，一般会采用价格补贴的方式。因此，除了用户支付的费用外，广告费成为SP/CP的主要利润来源之一。这也是本章将广告费作为研究重点的重要原因。图2-10显示了移动增值业务平台与各参与方之间的关系。其中，三大电信运营商作为平台，连接服务和内容提供商与用户，使得服务与内容提供商能在平台上发布移动增值产品，而用户能从平台上获取其所需的产品。服务和内容提供商是移动增值业务平台的产品提供方，而用户和广告商是移动增值业务平台上产品的适用方。

广告商参与到平台具有显著的意义。广告商通常依附于各种移动互联

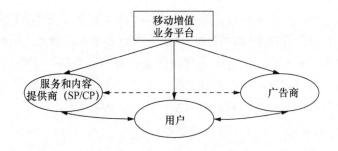

图 2 – 10 移动增值业务平台

网产品推广宣传自己的产品，服务和内容提供商可以通过广告商的广告嵌入自己的产品和服务中，从广告商获得一定的收入。同时，用户是移动增值产品的使用者，在使用的过程中也受到了广告的影响，如果用户在使用移动增值业务的过程中点击了广告，则有可能为广告商带来收益。因此，从该平台的结构特点来看，可以将电信产业中的增值业务平台看作一个复杂的"多边市场"。

从如图 2 – 10 所示的平台结构可以看出，电信业移动增值业务的不同主体之间，在交易的过程中分别具有不同的关系。而这些关系也更证明了移动增值平台是一个典型的双边平台。这几种关系主要表现在以下几点：

其一，服务和内容提供商与用户之间的交互如果平台一边的服务和内容提供商为另一边用户提供高质量的产品和服务，更多用户将愿意参与到该平台上来，因此，在平台上进行消费的用户数可能会增加，服务和内容提供商能获得的收益也越大。产品的提供者也越愿意到平台上为用户提供服务和各类产品。通过这两部分参与者的交互，服务、内容提供商和用户形成移动增值业务的双边市场。

其二，广告商和用户端的交互用户在使用移动增值业务时对广告存在着偏好。根据学者分类，用户对广告的态度主要可以分为广告厌恶型和广告无差异型。因此广告量将影响用户的效用水平，并影响用户是否愿意参与到该平台的意愿。同样，如果平台上的用户越多，广告商投放广告就有更大的可能被用户看到并点击，从而广告商有机会获得更高的收益，这又将激励广告商在平台上投放广告。因此，广告商和用户之间也形成了双边市场。

其三，服务、内容提供商和广告商的交互广告商要投放广告必须依靠移动增值产品。当服务和内容提供商数量增加，用户可获得的产品数量也会增加，这对广告商来说，投放广告将可能获得更高的收益。同时，广告商需要向服务和内容提供商支付费用，这部分收益是和广告费成正比的。因此服务和内容提供商与广告商之间在数量和效用上相互影响。服务和内容提供商和广告商形成"移动业务与广告"的双边市场。

（三）移动增值业务平台的双边市场特征

从上面分析中可以看出中国电信业中的移动增值业务平台是一个双边市场，并且是一个复杂的多边市场。其中涉及服务和内容提供商、用户以及广告商三个部分。作为一个双边市场，中国电信业具有明显的双边市场特征。

1. 网络外部性

1985 年，卡茨和夏皮罗（Katz and Shapiro）在《美国政府评论》（*The American Economic Review*）上发表的学术论文中给出了网络外部性较为正式的定义：一个消费者消费一单位某产品的效用随着消费该产品消费者的数量增加而增加。之后的学者在主流观点基础上进行了一系列研究认为，当一种产品对用户的价值随着采用相同产品或可兼容产品的用户数增加而增大时，就出现了网络外部性。

由于双边市场涉及两个甚至更多的市场，交叉网络外部性指平台一边的消费者获得的效用不仅和这一边消费者数量有关，也与平台另一边消费者数量有关，因此具有"交叉"性质。由于双边市场涉及两个甚至更多的市场，交叉网络外部性表现得更加明显。

移动增值业务平台具有明显的交叉网络外部性。如果服务和内容提供商数量越多，平台另一侧吸引的广告商和用户数量就会随之增加。反之，如果用户数量越多，服务和内容提供商就越有动力提供更多类型的增值服务。同时，当用户数量增加时，用户能为广告商创造利润的概率增大，广告商也更有意愿利用移动增值服务宣传自己的产品。

在移动增值业务平台上，用户的效用随着平台对侧 SP/CP 数量的增加而增加，这表现为正的交叉网络外部性。同时还存在负的交叉网络外部性。例如，大多数用户属于广告厌恶型或广告无差异型（由于广告偏好型用户的数量相对非常少，这里可以忽略），对于大多数用户而言，在使用增值服务或产品的过程中，发现广告的存在，会减少用户获得的效用，这里就表现为负的交叉网络外部性。这样，移动增值业务这一双边市场边与边之间存在着的间接交叉网络外部性有其复杂的一面。其一，反馈效应并不总是正向的。比如在广告支持受众型市场，移动广告的数量与受众效用成反比，作为平台就需要将这部分负的间接网络外部性借助于价格结构内部化。其二，反馈效应并不总是交叉的。市场的一边用户对平台另一边用户具有外部性，而市场的另一边用户加入平台的选择可能并不依赖另一边用户的规模或质量，而仅仅与网络平台的同一边用户的质量或者规模相依赖，具有显著的自网络效应，该边用户的拓展与传统单边市场的规模经济要求相同。比如，基于广告商的手机电子书阅读器用户，这些用户与广告商之间不存在交叉性。其三，反馈效应并不总是对等的。一边对另一边带来的外部性要大于另一边给予该边带来的外部性，外部性大的一边通常得到补贴，带来平台交易数量的上升，由此影响平台利润水平，价格结构具有显著的利润非中性。其四，第一类基础电信业务用户一边的自网络效应与增值业务（应用）另一边的用户的间接交叉网络外部性（自价格需求弹性与交叉需求弹性）正在发生变化，可预期的是，在这样一个嵌套平台，原有用户获得免费的概率越来越大，这样，运营商基础用户的每个用户的平均收益（ARPU）会越来越低。其利润获取的方式就在于终端手机用户为亏损一边，因为这些用户在平台上为那些应用、广告链接带来了外部性，价格结构显著影响利润是双边市场区别于单边市场的主要指标，因而这类用户就会得到低于边际成本的服务。可见，运营商创利能力的讨论其实是运营商是否能够实施商业模式的根本性转换。

2. 需求互补性

在双边市场中，平台两边市场表现出相对独立性。同时，平台两边的市场对平台服务的需求体现出互补性，如果缺少其中一方的参与，另一方的需求也就不会存在。也就是说，在平台上，双边市场的需求是在不断协调和互补中实现的。

例如在银行卡这一典型的双边市场中，持卡人对银行卡的需求来自：在消费时，商户安装了POS机可以提供刷银行卡付款的服务，减少了消费者携带现金的金额；商户对POS机的需求来自持卡人有银行卡，POS机能使持卡人的付费过程便利化。可以说，如果没有银行卡的存在或没有POS机的存在，平台两边的消费者需求不可能单独存在。

对于移动增值业务平台来说，同样也面对两个不同类型的市场，并且这两个市场的需求也是互补的。服务和内容提供商的需求是，通过吸引更多的用户使用增值业务或者购买其提供的产品，达到提升利润的目的。广告商是通过在移动增值业务中植入广告来宣传自己的产品，实现收入增加。而用户的需求是获取最新的增值业务，享受到更好的产品和服务。可以看出，服务和内容提供商、广告商以及用户之间的需求是互补的，电信增值业务平台无法脱离任何一方的需求存在。例如，现有许多互联网产品和服务是免费提供的，如果没有广告商提供的广告费，服务和内容提供商将无法盈利，也就无法在竞争性市场中生存。

要注意的是，双边市场中不同市场对平台需求的互补性，与传统市场中产品之间的互补性是不同的。双边市场中的需求互补性，表现的是不同类型用户的联合需求。电信运营商在为一个市场提供服务的过程中，要充分考虑对另一个市场需求的影响。

3. 价格结构非对称性

在单边市场中，通常可以通过设定合理的价格水平达到生产者和消费者的总效用最大化，即整个市场的效用最大化。然而，在双边市场中，由于同时涉及多个市场，不能单一地追求某一边的收益。通常，双边市场中的目标是实现平台利润最大化或者社会总福利最大化。平台对两边消费者会采取不同的定价策略，并且不采取边际成本定价的方法。在网络经济中，市场占有率通常决定了未来的利润水平，因此平台通常会采取低价甚至免费的策略吸引用户，再通过双边市场的交叉网络外部性作用吸引另一边的用户加入。由于两个市场是相互影响的，平台会综合考虑所有消费者，在平台利润最大化的前提下为两边制定价格。

在移动增值业务平台上，电信运营商需要对服务和内容提供商、广告商及用户制定不同的价格。例如，为了吸引用户参与该平台，电信运营商不断扩大服务提供商和内容提供商的数量，从而增加移动互联网产品，提高服务质量。同时，服务和内容提供商为了在竞争环境中生存，通常会采取让用户免费使用产品的策略。但是，服务和内容提供商需要获得收益来弥补进行研发的大量沉没成本以及推进未来的产品开发，因此，在产品进入市场的前期，广告商的参与能够为 SP/CP 带来收益。针对广告厌恶型用户，服务提供商还可以实施差异化定价，即向用户收取少量的费用，为其提供不含广告的产品。

第三章 电信运营商价格结构设计

第一节 相关文献与本章研究主题

一 研究背景

（一）电信市场是典型的双边市场

依据上章得出的结论，在 ICT 技术推动下的三网融合，电信运营商是个典型的双边市场。在这样一个市场，一边用户数量的增加依赖另一边用户的数量；一边价格的变化会影响另一边的收益变动。因而，交叉网络外部性与价格结构非中性是这一市场的基本特征。一个运营商在进行定价决策选择用户种类或者规模时，既面临一边用户选择受到另一边用户的影响，又面临两边用户对接入平台而与另一边边际用户给予自身带来的边际价值的评估并不一致的问题。不像单边市场，用户的选择只要考虑该用户的价格需求弹性就可以进行极大化利润的定价。问题还不止如此，在双边市场，由于两边或者多边用户之间存在交叉网络外部性，对平台运营商提出了两边协调的问题，即平台一边给予平台另一边带来的间接网络外部性如何为平台内生化的问题。这一问题同样也是运营商定价决策要实现的第二个目标——价值获取。在定价决策的这两个目标之间往往存在顾此失彼的现象：规模扩张需要降低价格，降低价格在用户完全覆盖的背景下，客户选择变成运营商之间的价格战，导致价值获取目标的丢失，最终影响平台的吸引能力，导致进一步为最小有效规模而展开的客户争夺，陷入无休止的恶性循环。笔者认为，以双边市场的眼光来看待福利水平远不是一边的收益最大化而必须是平台收益的最大化，只有平台收益的最大化才能够为接入平台的交易提供具有吸引力的价格水平与服务。也就是说，平台定价必须协调客户选择与价值获取。随着电信网与互联网网络融合的进行，电信运营商已经采取了一些应对的措施，各个运营商都在努力制定三网融合的电信资费套餐。本章工作的目的旨在为运营商提供平衡客户选择与价值获取良性互动而进行定价决策的一种概念性的思维工具，在此基础上运用分析得出的结论为三网融合趋势下的电信运营商提出建议。

（二）相关研究文献

依据双边市场的定义，本章工作围绕价格结构的优化设计而进行。价格结构的讨论最早可以追溯到 20 世纪。Armstong（1998）与 Laffont – Rey – Tirole（1998a）提供了分析电信产业中竞争与互联问题的基本模型。他们的论文运用了标准的 Hotelling 定位模型，但是依然假定消费者同质，而且假定不管一个用户呼叫另一个用户是不是处于同一网络，终端价格应该符合反价格需求弹性规则，每一个网络采用线性定价。Laffont – Rey – Tirole（1998b）依然运用 Hotelling 模型对用户与网络服务产品匹配参数的价格歧视效应继续进行考察认为，经价格歧视而操纵的资费导致网络外部性，消费者加入平台的决策既受到价格的影响也受到用户规模的影响。在网络对称情形与产品替代程度较低背景下的价格歧视能够改进社会福利。Carter 与 Wright（1999a）研究了在非对称性网络环境下客户对商标的忠诚度对网络外部性的影响问题。发现网络外部性在不同的网络之间由于客户的选择问题实际上存在着差别。他的研究很正确地指出了定价决策的客户需求弹性对运营商平衡客户选择与价值获取的影响。Church 等（2003）对用户的平台采纳问题进行研究认为，平台对于两边用户来说处于被动的地位，因而平台不可能对用户收取费用或者将用户的外部性内生化。Rochet 与 Tirole（2005）探讨了平台的最优价格结构设计，并将为平台内生化的网络外部性区分为两类：一类是来自一边用户对另一边用户规模预期而产生的成员外部性；另一类是用户加入平台以后的使用外部性。Rochet 与 Tirole（2006）较早给出了在面临平台生产者竞争与消费者偏好时，具有双边市场特征的平台在为两边用户提供接入服务时理想的价格结构模型。Hagiu（2006）对双边市场平台的定价行为进行了研究，发现平台的信誉对实现定价决策目标有重要的影响。Christos 等（2007）对移动电话中的"水床效应"进行了测算。Armstrong 与 Wright（2008）以英国电信管制为案例，发现在市场基本覆盖情形下不受规制的移动电话终端的资费虽然存在着终端接入价格与使用费之间的"水床效应"，但并不像监管机构认为的那么显著。最近对双边市场运营商定价决策的价格结构设计研究的进展则主要集中在 Angel Lopes 与 Patrick（2008）对接入定价与价

格歧视中的市场关闭效应研究与 Sjaak Hurensand 和 Doh – shin Jeon
（2009）对基于用户需求弹性的非线性定价如何作用于网络间竞争问题的
研究及 Hagiu（2009a，b）对价格结构设计的网络外部性内生化问题研究
的文献中。而与本章研究的方向直接相关的是 Hagiu（2004，2006，
2007，2009a，b）的研究。他在对定价决策的两个目标之间的关系进行了
深入研究后发现，平台运营商的价格结构设计实际面临三个主要问题：首
先是最优的平台结构如何对平台两边存在着的交叉网络外部性进行有效的
信息租金抽取；其次是在两边用户存在的租金来源的甄别问题；最后是受
到平台抽取租金一边的创新激励问题。这些文献为本章研究提供了十分丰
富的资料。当然，现有的工作还是不能够为运营商提供比较全面系统性的
决策参照。大多数研究主要集中在某一平台如何通过价格结构吸引客户与
抽取该平台的信息租金方面。即使考虑到网际竞争，但缺乏一个平台对另
一平台的价格影响传递路径的分析与影响之后对客户选择及由此导致的租
金抽取归属的分析。

二　本章研究主要内容

本章主要沿着 Hagiu（2007，2009a，b）的研究，在导入一些相关变
量与参数设定基础上，对电信运营商定价决策的两个目标即客户选择与价
值获取如何得以实现进行研究。

本章以下部分是这样安排的：第二部分运用标准的 Hotelling 模型在
Hagiu（2009）模型基础上进行一些拓展性建模对价值获取的决定性因
素以及因素之间的关系进行分析。第三部分沿用基本的 Hotelling 模型导
入平台竞争因子与客户需求偏好对电信运营商的客户获取进行分析。最
后部分是若干总结与电信运营商在实践领域进行价格结构设计应用的建
议。研究发现，客户选择决定价值获取的水平与途径。电信运营商在获取
平台两边价值时应结合客户选择的决定性因素作为价格结构设计的基本出
发点。

第二节　价值获取的价格结构设计

一　相关假设

假设平台买方购买 n 中服务的剩余为 $u(n)$，加入平台的接入费记为

p^s，以 u 代表产品服务方向买方收取的费用。消费者横向差异化参数为 $\theta[0, \theta_h]$，θ 具有两次差分累积分布 $F(\theta)$ 与概率密度 $F(\theta)$ 定义 ε_F 为分布为 F 下的弹性 $\varepsilon_F(\theta) \dfrac{\theta f(\theta)}{F(\theta)} > 0$，该消费者的效用为 $u(n) - p^u - \theta(x - x_i^-)$。

同样，对平台的生产者而言，加入平台的费用为 p^s，该生产者生产一个单位 n 要花费的成本为 $c(q) + \varphi$。其中，φ 为进入平台的固定费用。令 $H(\varphi)$ 代表生产者这一边对平台的需求函数，则其利润为：

$$\pi(n)F(\theta) - p^s - \varphi$$

需求函数的价格弹性：

$$\eta_{H(\varphi)} = \frac{\varphi h(\varphi)}{H(\varphi)} > 0, h(\varphi) = H'(\varphi)$$

同时，我们让 $V(n) = \mu(n) + n\pi(n)$ 用于表示每个平台消费者消费 n 中产品的毛剩余。其中，$\mu(n)$ 是严格递增函数，$\pi(n)$ 是严格递减函数；$V(n)$ 是严格递增凹函数。进一步地，为了弄清平台对两边定价的依据，我们还规定：（1）$\eta_{v(n)} = \dfrac{nv'(n)}{V(n)}$，用来度量消费者对产品的偏好程度。$\eta_v$ 的值越高，$v(\cdot)$ 的凹性就越低，一个边中子产品对消费者的边际效用的贡献越高。η_v 同样可以用以表示生产者之间的产品替代程度：η_v 的值越高，意味着产品的差异化程度越高，生产者之间的竞争程度相应也就越低。（2）$\lambda(n) = \dfrac{\pi(n)}{v'(n)}$，用来度量平台两边用户在交易过程中双方的议价能力，作为衡量平台两边用户生产者对消费者的市场势力。λ 的值越高，表明在消费者对产品具有差异化需求时，生产者一边获得的消费者剩余能力也就越高。这一点对于平台的价值获取的价格结构决策关系极大。

上述对 $\eta_{v(n)} = \dfrac{nv'(n)}{V(n)}$ 与 $\lambda(n) = \dfrac{\pi(n)}{v'(n)}$ 的特别规定，显示两个指标之间存在着相关性，尽管两个指标分属于价格结构设计的不同目标：前者与客户选择有关，而后者与价值获取有关。特别地，在每个差异化产品存在竞争时，后者可能下降而前者依然很高。

最后，对博弈时序做出以下规定：阶段 1，平台对消费者用户与生产者用户分别制定不同的固定费 $p^u\pi$ 与 p^s；阶段 2，平台两边用户同时决定是否采用平台；阶段 3，生产者向在阶段 2 已经加入到平台的消费者确定产品的交易价格。

二 模型分析与结论

(一) 模型分析

1. 相关设定

为了分析简单，这里还需对平台两边接入平台的效用作如下规定：生产者与消费者同时决定是否加入平台以及购买（销售）多少 n。消费者 i 的效用函数可以表示为：$G\left(\int_{i=0}^{n} v(q_i)\mathrm{d}i\right)$。

这里，q_i 为消费者 i 消费的数量，$v(0)=0, v'(\cdot)>0, v''(\cdot)<0$；$G'(\cdot)>0, G''(\cdot)<0$。

每个生产者 k 在确定价格 θ 时，将 $G'\left(\int_{i=0}^{n} v(q_i)\mathrm{d}i\right)$ 视为给定，然后决定供给多少种 n。消费者效用极大化意味着从生产者 k 那里获得的每个平台消费者的需求为在价格水平为 p^k 时的 q^k。满足 $p_k = v'(q_k)G'\left(\int_{i=0}^{n} v(q_i)\mathrm{d}i\right)$。因此，阶段 3 在线段区间有 n 种产品提供者之间，它们最终确定的价格应该是对称的：

$$p_n = v'(q_n)G'[nv(q_n)] = arg\max\left\{(p-c)v'^{-1}\frac{p}{G'[nv(q_n)]}\right\} \tag{3.1}$$

$$\pi_n = (p_n - c)q_n$$

$$\mu_n = G[nv(q_n)] - np_nq_n$$

$$V_n = G[nv(q_n)] - ncq_n$$

考虑与 n 产品对应的用户差异性，平台运营商应根据不同用户的平台需求特征，制定不同的注册费，以实现不同用户加入平台信息租金。令 $q(i)$ 代表第 i 种产品或者服务的销售数量，令 $F(\theta)$ 为买方用户的数量，消费者的效用函数为 $V\left(\int_{0}^{n} q(i)\mathrm{d}i\right)$。在均衡状态下，"卖方"的定价为 $V'\left(\int_{0}^{n} q(i)\mathrm{d}i\right)$。卖给 $q_iF(\theta)$ 数量的产品或服务给买方用户。因此，对卖方用户的抽租在一定程度上也就完成了对买方用户的抽租。这里，不考虑平台的两边用户的合谋，假设他们是非合作博弈。这同样也是运营商进行价格歧视的必要条件，即对市场的不同用户能够实施有效的隔离，再令 p 代表平台运营商与卖方用户的分成比例。此时，卖方一边的利润可以表示为：

$$\pi_s = (1-\rho)v'\left(\int_{0}^{n} q(i)\mathrm{d}i\right)qF(\theta) - p^S - \varphi - c(q) \tag{3.2}$$

给定 p^S、ρ、n、v，"卖方"一边的利润一阶极大化条件为：

$$(1-\rho)v'\left(\int_0^n q(i)\,\mathrm{d}i\right)F(\theta)=c'(q) \tag{3.3}$$

在竞争均衡的情况下，所有的"卖方"会选择相同的 q，上式又可以表示为：

$$(1-\rho)v'(nq)F(\theta)=c'(q) \tag{3.4}$$

因此，市场两边用户同时采纳平台的条件为：

$$(1-\rho)\pi(nq)F(\theta)-p^D-nc(q)-H^{-1}(n)=0 \tag{3.5}$$

$$\mu(n)-p^\mu-v=0$$

（3.5）式中的第一个条件是在均衡状态，生产者的利润为零；第二个条件是，边际消费者对加入与不加入的效用相等，即边际收益等于边际成本。条件一决定生产者提供的产品 n 是消费者需求与 p^S 的函数，即 $N(\theta,p^S)$；条件二决定消费者类型的分布。这两个函数互相依赖，即产品 n 的增加会间接影响消费者用户的增加，从而产生交叉网络外部性。

2. 模型分析

我们将 θ 代入第一个条件，得：

$$(1-\rho)\pi(n)F[\mu(n)-p^\mu]-p^S-c(q)nH^{-1}(n)=0 \tag{3.6}$$

（3.6）式表示生产者加入到平台中得到的子收益存在于 $F(\mu(n)-p^B)$ 这一项，也得到负的收益来自 $\pi(n)$ 这一项 $[\pi(n)$ 是严格减函数]。假设 $e(q)=0$，并且 $\rho=0$，在阶段2，那么平台的联合利润可以表示为：

$$\pi_P=p^\mu F(v)+nqv'(nq)F(v)+np^S-nH^{-1}(\pi) \tag{3.7}$$

$$=\rho[v(nq)-\theta]F(\theta)-nH^{-1}(n)$$

这样，可以直接对 n、θ 进行求导，而无须考虑平台两边的注册费 p^B 与 p^S，得：

$$[v(nq)-\theta]f(\theta)-F(\theta)+[nv'(nq)]\frac{\partial q}{\partial\theta}=0 \tag{3.8}$$

$$qv'(nq)F(\theta)-nH^{-1'}(n)-H^{-1}(n)+[nv'(nq)]=0 \tag{3.9}$$

$$qv'(nq)F(\theta)+[nv'(nq)]=nH^{-1'}(n)+H^{-1}(nq) \tag{3.10}$$

（3.8）式又可以表示为：

$$\frac{v(nq)-\theta}{\theta}=\frac{1}{\varepsilon F(\theta)} \tag{3.11}$$

（3.9）式的第三项从运营商角度看是无关的，因为它是在给定消费者效用情况下来确定最优的 p^B 与 p^S，因此，（3.9）式又可以表达为：

$$qv'(nq)F(\theta) = nqH^{-1'}(n_q) + H^{-1}(\pi_q) \tag{3.12}$$

这样，给定最优的 v 和 n，平台对两边收取的注册费也就可以确定了，进入逆向归纳求解的最后一步：

$$\frac{\pi_{p^B}}{\pi_{p^S}} = \frac{n\,\pi(nq)F(\theta) - nH^{-1}(nq)}{[\mu(nq) - \theta]F(\theta)} = \frac{nv'(nq)\left\{\dfrac{\pi(n_q)}{v'(nq)} - 1 + \dfrac{nqH^{-1}(n)}{v'[nq \cdot F(\theta)]}\right\}}{v(nq)\left[1 - \dfrac{\pi(nq)nqv'(nq)}{v'(nq)v(nq)} \cdot \dfrac{\theta}{\pi_{nq}}\right]} \tag{3.13}$$

将 (3.11) 式、(3.12) 式的一阶条件，再运用 $\dfrac{nH^{-1'}(n)}{H^{-1}(n)} = \dfrac{1}{\eta H[H^{-1'}(n)]}$，$\eta v(n) = \dfrac{nv'(n)}{v(n)}$，$\lambda(n) = \dfrac{\pi(n)}{v(n)}$ 代入 (3.13) 式，得：

$$\frac{\pi_{p^B}}{\pi_{p^S}} = \frac{\eta v(1 + \eta F)[1 - (1 - \lambda)(1 + \eta H)]}{(1 + \eta H)[1 - \lambda \eta v(1 + \eta F)]} \tag{3.14}$$

（二）结论与拓展

1. 结论

现在，可以对上式进行价格结构（平台两边注册费结构）优化分析：

如果 $\lambda \leqslant \dfrac{\eta H}{1 + \eta H}$，平台必须向生产者提供补贴，$p^S < 0$；如果 $\dfrac{\eta H}{1 + \eta H} < \lambda < \dfrac{1}{\eta v\,(1 + \eta F)}$，平台会在两边都有利润，但是，生产者一边的利润份额会因为 ηH 减少而比消费者一边加入平台得到的净利润要低；当 ηF、λ 与 ηv 增加时，生产者一边的利润份额会因此增加。特别是，当 λ 值很高，即在平台两边来自消费者用户的交叉网络外部性会因为消费者对产品的强烈偏好而由生产者获得，生产者在与消费者进行交易时就会得到很高的信息租金；当 ηv 很高，说明消费的凹性越低，产品替代程度越低，在总剩余中生产者所获得的份额也就越高。

2. 拓展

为进一步说明平台运营商价值获取的依据，不妨假定 π（·）总是大于零；u（·）是线性的，即 $\mu(n) = n\mu$，当然 $\eta > 0$，在做这样假设以后，$v(n) = \mu(n) + n\pi(n)$ 可以改写为 $v(n) = (\mu + \pi)n$。于是，$\eta v = 1$，$\lambda = \dfrac{\pi}{\mu + \pi}$。因此，给定生产者创造每个消费者剩余 $\mu + \pi$，λ 是被生产者攫取到的一部分消费者剩余，$1 - \lambda = \dfrac{\mu}{\mu + \pi}$ 就是消费者一边留下的剩余，把

(3.14) 式改写为:

$$\frac{\pi_p{}^S}{\pi_p{}^B} = \frac{\dfrac{1}{1+\eta H}-(1-\lambda)}{\dfrac{1}{1+\eta F}-\lambda} \tag{3.15}$$

(3.15) 式隐含着理论分析与直观结果不一致的情形: λ 值越低,消费者的注册(固定费)却为零,甚至为负,比如送话费。这种现象背后是出于平台运营商竞争的压力,还是一项互动性的价格结构设计安排?必须对此给予理论上的回答。

沿用对消费者效用函数单位弹性的假设,有 $v(n)=An^{\beta}$, $\pi(n)=v'(n)$,这时, $\eta v=1$ 与 $\lambda=1$,于是 (3.14) 式价格结构为:

$$\frac{\pi_p{}^S}{\pi_p{}^B} = \frac{\beta(1+\eta F)}{(1+\eta H)[1-p(1+\eta F)]} \tag{3.16}$$

显然, β 越高,向消费者补贴的可能性就越高,因为此时,生产者很有可能对差异偏好强的用户收取较高的价格,尽管总剩余在增加,但生产者获得的份额在上升,平台必须抽走生产者的这部分租金。需要指出的是,考虑到电信网络的消费者用户一般存在着较高的转换成本,多平台接入的可能性很低,因此,呼入一方(上面的买者)相对于呼叫一方而言,在网络外部性的分享上来得小。如果此时不实行价格结构的非中性政策,那么,在呼叫流量并不对等情形下,大多数用户会待在网络规模相对较小的运营商那儿。由此可见,价值获得的价格结构设计能使得不同的网络拥有不同的需求用户。

第三节　用户选择中的价格结构设计

一　若干说明与建模假设

(一) 若干说明

用户选择中的价格结构设计主要考虑因素是竞争环境、消费者需求弹性。在三网融合背景下,原有的纵向垄断"瓶颈"会遇到新出现的链路,在横向或相邻的领域会出现新的信息服务提供者,在侧向领域会出现新的"瓶颈"接入者。吸引众多的用户加入平台以获取强劲的规模经济、范围经济与密度经济优势是运营商竞争的重要攻取目标。近年来,在电信运营商用户规模不断扩大的同时，出现了平均收益下降现象。这就促使我们去思考运营商应该选择哪类用户？通过什么办法来获取此类用户？相互之间的价格消耗战能不能争取到自己想要的客户？什么样的方法可以营造出一个合适的商业模式？本章以下内容将试图从客户获取的价格结构优化视角，提供解决这些问题的思路。

（二）模型假设

假设平台之间的竞争以下列方式模式化：消费者的横向差异化参数 t 服从 Hotelling 分布 $\in [0,1]$，两个竞争性平台位于线段的两个端点，消费者 D_i 位于线段 $[0,1]$ 某一点上均匀分布。规定：

$$\mu_0 + \mu(n_1) - tD_i - p_1^B = \mu_1$$

$$\mu_0 + \mu(n_2) - t(1 - D_i) - p_2^B = \mu_2$$

并记 D_i^u 为消费者对平台 i 的总需求，生产者具有固定的成本；排他性加入平台的生产者利润为：$\pi(n_i)D_i^u - p_i^S - \varphi$。假设此时的生产者在两平台上接入，总利润为：

$$\pi(n_1)D_1^u + \pi(n_2)D_2^u - p_1^S - p_2^S - 2\varphi \tag{3.17}$$

也就是说，给出的两个平台上消费者的需求，每个生产中采用平台1独立于采用平台2决策（双核双卡手机问题）。这里隐含的假设是：对于生产者来说，两个平台之间能够获取的利润是无差异的；对于平台来说，不存在规模经济效应，在稍后的分析中我们将放松这些假设。

二　模型分析与结论

（一）模型分析

对于生产者来说，由于是多平台接入，因而他的平台需求可以模糊地规定为：

$$\pi(n_i)p_i^B - p_i^S - H^{-1}(n_i) = 0 \tag{3.18}$$

这一式子隐含着：如果 $n_1 \geq n_2$，所有生产者都会加入平台2；假设 $n_1 \leq n_2$，所有生产者都会加入平台1，于是设有一个消费者会多平台接入。根据以上假设与做出的相关规定，可以得到平台之间同时进行伯特兰（Betrand）竞争性均衡价格：每个平台排他性地吸引一半消费者用户，所有生产者因此会加入多个平台。如果 $V(n)$ 是线性的，差异化参数足够大，那么平台之间获得的为争夺客户的均衡价格将是唯一的。我们很容易得到：

$$D_1^B + D_2^B = 1 \text{ 以及 } \quad D_1^B = \frac{1}{2} + \frac{\mu_1 - \mu_2}{2t}$$

$$D_2^B = 1 - D_1^B = \frac{1}{2} + \frac{\mu_1 - \mu_2}{2t} \tag{3.19}$$

这里，$V_i = \mu(n_i) - p_i^B$。

平台 n 的利润可以写成：

$$\pi_1^p = (p_1^B - c) D_1^B + p_1^S n_1 = [V(n_1) - \mu_1 - c] \left(\frac{1}{2} + \frac{\mu_1 - \mu_2}{2t} \right) - n_1 H^{-1}(n_1)$$

$$\pi_2^p = (p_2^B - c) D_2^B + p_2^S n_2 = [V(n_2) - \mu_2 - c] \left(\frac{1}{2} + \frac{\mu_2 - \mu_1}{2t} \right) - n_2 H^{-1}(n_2)$$

$$\tag{3.20}$$

在对称均衡下，$\mu_1 = \mu_2$，$D_1^B = D_2^B = \frac{1}{2}$。考虑当维持间接效用函数 $V = u(n_1) - p_1^B$ 不变，平台利润 $\pi_1^p = [v(n_1) - \mu - c] \frac{1}{2} - n_1 H^{-1}(n_1)$，得：

$$\pi(n_1) \cdot \frac{1}{2} - p_1^S = H^{-1}(n_1) \tag{3.21}$$

可以直接优化 n_1 来极大化平台的利润：

$$V'(n_c) \frac{1}{2} = n_c H^{-1}(n_c) + H^{-1}(n_c) \tag{3.22}$$

$$p_c^S = \pi(n_c) \frac{1}{2} - H^{-1}(n_c) \tag{3.23}$$

我们要探讨的是平台的需求，而这与弹性有关。现在考虑当所有其他价格不变，变动 p_1^B 会引致 D_1^B 的变化。前面已经规定，$D_2^B = 1 - D_1^B$，对于平台 1、平台 2 来说，n_1 与 n_2 是严格增长的，相应的，D_2^B 是 D_1^B 的减函数。事实上，要确定每个平台的客户需求，只要使用模糊函数对（3.18）式进行处理：

$$\frac{d\pi_1}{dD_1^B} = \frac{\pi(n_1)}{H^{-1'}(n_1) - \pi'(n_1) D_1^B}$$

$$\frac{d\pi_2}{dD_2^B} = \frac{\pi(n_2)}{H^{-1'}(n_2) - \pi'(n_2) D_2^B} \tag{3.24}$$

然后再把（3.24）式代入 D_1^B 式，这样可以优化 D_1^B。

$$\max_{D_1^u} \{ [v(n_1) - \mu_1 - c] D_1^B - n H^{-1}(n_1) \} \tag{3.25}$$

一阶条件为：

$$v(n_1) - \mu_1 - c + D_1^B \left[v'(n_1) \frac{dn_1}{dD_1^B} - \frac{d\mu_1}{dD_1^B} \right] = \left[n_1 H^{-1'}(n_1) + H^{-1}(n_1) \right] \cdot \frac{dn_1}{dD_1^B}$$

$$(3.26)$$

从 (3.19) 式，我们有：

$$\frac{d\mu_1}{dD_1^B} = 2t - \mu'(n_2) \frac{\pi(n_2)}{H^{-1'}(n) - \pi'(n_2) D_2^B}$$

$$(3.27)$$

将 (3.23) 式代入 (3.27) 式，并考虑 $D_1^B = \frac{1}{2}$，$n_1 = n_2 = n_c$

$$p_c^B = c + t - n_c \pi(n_c) - \frac{\mu'(n_c) \cdot \pi(n_c)}{2H^{-1'}(n_c) - \pi'(n_c)}$$

$$(3.28)$$

（二）结论与拓展

1. 结论

（3.28）式表明，平台对消费者一边的竞争性均衡价格是在标准的 Hotelling 模型基础上两次折扣：第一项折扣 $n_c \pi(n_c)$ 来自平台生产者创造的间接网络外部性；第二项折扣 $\dfrac{\mu'(n_c) \cdot \pi(n_c)}{2H^{-1'}(n_c) - \pi'(n_c)}$ 是平台竞争效应，是平台 1 从竞争对手平台 2 那里争夺来的消费者用户，相应地降低了平台 2 所有消费者的效用 $\dfrac{1}{2}\mu'(n_c) \dfrac{\mu'(n_c) \cdot \pi(n_c)}{2H^{-1'}(n_c) - \pi'(n_c)}$，显然，在消费者单平台接入情况下，对称性均衡价格 (p_c^B, p_c^S, π_c) 必须满足 (3.22) 式、(3.23) 式与 (3.28) 式的规定。这些条件决定了均衡价格结构。下面探讨这些因素。

2. 拓展

不妨回到（3.15）式得出的 $v(n) = An^\beta, \pi(n) = A\lambda\beta n^{\beta-1}, \mu(n) = (1 - \lambda)An\beta$ 的假设条件，生产者对平台的需求弹性 ηH 不变，$H^{-1}(n) = Bn_c^{\frac{1}{H}}$，$\beta$ 与 ηH 接近于 1，差异化参数足够大。这样，由 (3.22) 式、(3.23) 式与 (3.28) 式，得：

$$n_c = \left[\frac{\beta A \eta H}{2B(1 + \eta H)} \right]^{\frac{1}{1 + \eta H - \beta}}$$

$$p_c^S = \left(\lambda - \frac{\eta H}{1 + \eta H} \right) \frac{\beta A n_c^{\beta-1}}{2}$$

$$p_c^B = c + t - \lambda\beta A n_c^\beta \left(1 + \frac{1 - \lambda\beta}{\frac{1}{1 + \eta H} + \lambda(1 - \beta)} \right)$$

$$\frac{\pi_{p^S}}{\pi_{p^B}} = \frac{(\lambda - \frac{\eta H}{1 + \eta H})\beta A n_c^\beta}{t - \lambda\beta A n_c^\beta \left(1 + \frac{1 - \lambda\beta}{\frac{1}{1 + \eta H} + \lambda(1 - \beta)}\right)} \qquad (3.29)$$

比较（3.28）式与（3.29）式可以发现，两者的价格结构有相同的地方：$\lambda \le \frac{\eta H}{1 + \eta H}$，生产者一边就应该得到补贴。但是，也有不同。在（3.29）式里，$\lambda > \frac{\eta H}{1 + \eta H}$ 与 t 足够大，$\pi_{p^S} > 0$，$\pi_{p^B} > 0$。这样，平台的价格结构就只能采取随机游走。考虑到网络安装基础，尽管 $p^B > 0$，平台电信运营商还是向消费者不断提供优惠。对（3.29）式作进一步分析，可以更清楚地说明第二部分提出的为何 λ 的值在下降，平台运营商还是更多地从生产者一边抽租而不是从消费者一边抽租的问题。我们发现，λ 和 β 在两个方面影响着均衡价格结构：首先是式中的 $\left(\lambda - \frac{\eta H}{1 + \eta H}\right)\beta A n_c^\beta$ 项与 $\lambda\beta A n_c^\beta$ 项在竞争性平台情形下，（3.29）式的分母 $\frac{1 - \lambda\beta}{\frac{1}{1 + \eta H} + \lambda(1 - \beta)}$ 在 λ 与 β 增加时，总剩余偏向于消费者一边。对此的理解，平台在考虑用户选择而进行价格结构设计时，就不能仅看消费者或者用户对接入平台的价格需求弹性，而且还要考虑平台的竞争环境。对于平台 1，等式中的这一项是由于 p_1^B 下降的竞争效应。平台 1 价格的削减促使平台 2 的一部分消费者用户转移到平台 1，同时也使一部分生产者离开了平台 2，这反过来诱使更多的消费者从平台 2 来到平台 1，借助于平台 1 的降价竞争的市场份额效应，λ 与 β 倾向于降低来自生产者一边的利润。但是，当 $\lambda > \frac{\eta H}{1 + \eta H}$ 时，$\frac{1 - \lambda\beta}{\frac{1}{1 + \eta H} + \lambda(1 - \beta)}$ 的值就会下降。这说明，生产者会向仍然留下来的那些消费者索要更高的价格。他们发现仍然存在于平台 2 的消费者对自身是有利的，结果是平台 1 的削价动机减弱平台从消费者一边获得的利润会上升。如果考虑把生产者多平台接入而获得的规模经济性反映在平台最优价格结构设计中，问题就会变得更加有意思。假如生产者多平台接入的成本为 $(1 + \gamma) < 0$，这里，$0 \le \gamma < 1$。较低的 γ，意味着生产者在多平台接入中

得到的规模经济就越大。因此，当 γ 很低时，平台在消费者一边的价格削减以使一部分生产者离开竞争对手平台的效应就会降低。λ 与 β 在价格结构设计的意义就非常突出，从而导致来自对于消费者的生产者剩余增加。

考虑一个极端的情形，当 $\gamma = 0$ 时，得到 $\pi(n_0) - 2p^S - H^{-1}(\pi_0) = 0$。不过，当 $\gamma = 1$ 时，平台 1 轻微偏离 (p_1^B, p_1^S)，并不会导致生产者改变多平台接入的决策。于是，$D_1^B = \dfrac{1}{2} + \dfrac{p^B - p_1^B}{2t}$ 与 $\pi(n) - p^S - p_1^S = H^{-1}(n)$。因此，$(p_1^B, p_1^S)$ 会向 (p^B, p^S) 靠近。平台联合利润：

$$\pi_1^p = (p_1^B - c)D_1^B + np_1^S = (p_1^B - c)\left(\frac{1}{2} + \frac{p^B - p_1^B}{2t}\right) + n\,\pi(n) - np^S - \pi\,H^{-1}(n)$$

$$(3.30)$$

在对称均衡下，
$$p^B = c + t$$
$$p^S = \frac{\pi(n_0) + H^{-1}(n_0)}{2}$$

将 p^B、p^S 代入（3.30）式，并将（3.30）式导出的 n_c 代入，再求一阶条件，得：

$$\frac{\pi_{p^S}}{\pi_{p^B}} = \frac{\lambda\beta An_c^\beta\left(1 - \dfrac{2\beta - 1}{1 + \dfrac{\gamma}{\eta H}}\right)}{t} > 0 \tag{3.31}$$

（3.31）式表明，价格比率随 λ 与 β 一同增长。这样回答了在本部分开头提出的问题。因此，对运营商而言，关键是如何借助于平台另一边的差异化产品来提高 λ 值的同时，又能通过价格补贴满足网络最小有效规模需求，而不是单纯地降价促销、送话费或者是眼花缭乱的吸引消费者眼球的套餐，那样只能招徕那些效用函数更凹的用户，补贴就会越多，每个用户的平均收益（ARPU）只能越低。

第四节　呼叫外部性情形下的价格结构设计

一　若干说明

对运营商价值获取与客户选择分别进行了研究，指出价格结构设计的一些决定性因素，这主要是基于运营商对平台两边用户如何定价达到客户选择与价值获取目标的实现，不足以反映运营商之间存在的呼叫外部性在价格结构安排中的影响。本部分主要考虑在面对呼叫外部性的情形下，运营商如何进行有效的价格结构设计。这里不仅要考虑平台两边或多边网络外部性的内生化问题，也要考虑价格决策中的用户选择问题。

在从一个网络到另一个网络呼叫连接中关键的节点是呼叫终端。呼叫终端可视为一个网络完成了从另一个网络用户的呼入服务。在移动电话网络中存在着两种典型的呼叫终端或者称为抵达服务：一个移动运营商为从另一个移动网络发出的呼叫提供链接，定义为移动对移动（MTM）；另一个是为来自固定电话网络的呼叫提供链接，定义为固定对移动（FTM）。这两个呼叫终端的市场结构是有差别的：在 FTM 里，是单边市场结构。由于大量的移动用户只是加入一个移动运营商网络，于是在固定电话网络上的主叫用户必须路经用户选定的网络。这样，移动运营商在这样一个市场上就变成了单边垄断者。同样情形也可以发生在移动用户主叫到固定用户链接的路由上，固话变成了这一市场的单边垄断者。而在 MTM 里，终端价格可以由不同的移动运营商联合制定，市场结构具有双边垄断特征。但是，在这两个呼叫终端里一个呼叫终端的价格结构会波及另一个呼叫终端的价格结构（Amstrong and Wright，2007）。而且，在双向互联里的协定价格是不是可以缓和网际的价格竞争，即终端费用能否低于成本使得小网络具有在客户选择其他因素不变时的网际价格低于网间价格的吸引能力，每一个网络争夺用户的激励因此而减弱？协定价格的条件是什么？呼叫模式发生变化导致呼叫外部性在网际分配变化时价格结构如何设计？

二　模型设计

（一）网际平衡呼叫模式下的价格结构设计

我们的分析建立在拉丰（Laffont，1998b）模型的基础上，导入呼叫外部性参数。首先考虑两个网络，一个标为网络 1，另一个标为网络 2，消费者均匀地分布在 [0，1] 区间内。网络运营商采用三步定价策略，消费者支付的总费用为：

$$T_i(q_{ii}, q_{ij}) = F_i + p_{ii}q_{ii} + p_{ij}q_{ij} \tag{3.32}$$

这里，F_i 是固定费用 p_{ij} 从网络 i 到 j 的呼叫价格。假设消费者拨打电话的效用为 $u(q)$，被叫的效用为 $\bar{u}(q)$。为了简便起见，我们假定：$\bar{u}(q) = \beta u$，这里 $0 < \beta < 1$，β 度量呼叫外部性的强度。进一步地，我们假设 $u' > 0$，$u'' < 0$，$u'(0) < +\infty$。呼叫的间接效用函数可以表示为：

$$V(p) = \max_q \{u(q) - pq\} \tag{3.33}$$

对网内与网间的呼叫需求为：

$$q_{ij} = \arg\max_q \{u(q) - p_{ij}q\}, \ i, j \in [1, 2]$$

设 x_i 与 $x_j = 1 - x_i$ 分别为网络 i 在 Hotelling 线段模型中的市场份额，位于线段 x 的 i 消费者的总剩余为：

$$V_0 + y - \frac{|x - x_i|}{2t} + w_i$$

这里，V_0 为加入网络 i 得到的固定效用；t 为消费者搜寻匹配网络的成本；w_i 为净剩余：

$$w_i = x_i[v(p_{ii}) + \overline{u}(q_{ii})] + x_j[p_{ij} + \overline{u}(q_{ij})] - F_i \tag{3.34}$$

假设这里存在一个边际消费者 $\hat{x}$，网络 i 与 j 给他带来的效用无差异，我们得：

$$w_i - \frac{x_i}{2t} = w_j - \frac{x_j}{2t}$$

$$x_i = \frac{1}{2} + t(w_i - w_j) = \frac{1}{2} + tx_i[v(p_{ii}) - v(p_{ij}) + \overline{u}(q_{ii}) - \overline{u}(q_{ij})] - tx_j[v$$

$$(p_{jj}) - v(p_{ij}) + \overline{u}(q_{jj}) - \overline{u}(q_{ji})] + t[F_j - F_i] \tag{3.35}$$

一个呼出或者接听的成本为 c_0，传输的边际成本为 c_1，于是，为本次呼叫付出的总的边际成本为：$c = 2c_0 + c_1$。假设为本次呼叫会连接的固定成本为 f，收取的单位接入费用为 $a \geq -c_0 - c_1$。可见，不同网络的呼叫是平衡的。

在这些假定下，网络 i 的利润为：

$$\pi_i = x_{ii}(p_{ii} - c)q_{ii} + x_i x_j[(p_{ij} - c)q_{ij} + (a - c_0)(q_{ii} - q_{ij})] + x_i(F_i - f) \tag{3.36}$$

可以微分（3.36）式，得：

$$0 = x_i[v'(p_{ii}) + \overline{w}'(q_{ii}) \cdot q'(p_{ii})] - \frac{\partial F_i}{\partial p_{ii}}$$

依据间接效用函数的定义，（3.36）式一阶条件可以改写成：

$$\frac{\partial F_i}{\partial p_{ii}} = x_i[\overline{\mu}'(q_{ii})q'(p_{ii}) - q_{ii}] \tag{3.37}$$

另外，考虑用 p_{ii} 微分（3.37）式，得：

$$0 = -x_i[q_{ii} + (p_{ii} - c)q'(p_{ii})] - \frac{\partial F_i}{\partial p_{ii}}$$

改写为：

$$\frac{\partial F_i}{\partial p_{ii}} = x_i \left[(c - p_{ii}) q'(p_{ii}) - q_{ii} \right] \tag{3.38}$$

比较（3.37）式与（3.38）式，得：

$c - p_{ii} = \bar{u}'(q_{ii})$ 由于 $\bar{u} = \beta u$，$u'(q_{ii}) = p_{ii}$，进一步得：

$$p_{ii} = \frac{c}{1 + \beta} \tag{3.39}$$

（3.39）式意味着，不管市场份额是多少，网内的价格水平始终低于边际成本。

类似的，可以对（3.35）式进行 p_{ij} 的微分，然后比较 $\frac{\partial F_i}{\partial p_{ij}}$。很容易得到：

$$F_{ij} = \frac{(1 - x_i)(c + a - c_0)}{1 - x_i(1 + \beta)} \tag{3.40}$$

当 $x_i \to \frac{1}{1 + \beta}$ 时，$p_{ij} \to +\infty$。

当两个网络的市场份额相同时，$p_{ii} = \frac{c}{1 + \beta}$，$p_{ij} = \frac{c + a - c_0}{1 - \beta}$。显然，当接入价格 a 在成本以上时，$p_{ii} < p_{ij}$。可见，价格歧视是必然的，网间价格结构的非中性对于两个网络是最优的。

（二）非平衡呼叫模式下的最优价格结构设计

基本假设与平衡呼叫模式下的假设一致，沿用：

$T_i(q_{ii}, q_{ij}) = F_i + p_{ii} q_{ii} + p_{ij} q_{ij}$

我们记 $G(x''|x')$ 为具有 x' 偏好的消费者将会选择呼叫 $x < x'$ 的消费者依赖主叫与被叫是否属于同一个网络。呼叫的频次为 q_{ii} 或者 q_{ij}。$G(x''|x')$ 是 g 连续分布函数，对于所有的 x'，$x'' \in x_0$，一个主叫方与他在 $G(x''|x')$ 分布上有同样偏好的用户，越高的 x' 就会有越少的主叫方与具有低 x'' 偏好特征的用户链接，而倾向于与较高 x'' 特征的消费者链接。这就存在着本地呼叫偏好。这样可以导入对称假设：离网络 1 近的消费者加入网络 1，离网络 2 近的消费者加入网络 2。得：

$G(x''|x') = 1 - G(1 - x''|1 - x')$

这一等式隐含着：$g(x''|x') = g(1 - x|1 - x')$，当 $x = \frac{1}{2}$ 时，就

存在着对称呼叫偏好：

$$g\left(x''\left|\frac{1}{2}\right.\right) = g\left(1 - x'\left|\frac{1}{2}\right.\right), \ G\left(\frac{1}{2}\left|\frac{1}{2}\right.\right) = \frac{1}{2}。$$

为了争夺足够多的用户，每个网络运营商试图让用户与其他网络的用户发生链接。而这取决于价格结构。考虑一个三阶段的子博弈结构：第一阶段，竞争性运营商开始制定一个总的消费来争夺客户；第二阶段，运营商开始确定接入定价；第三阶段，消费者入网并且呼叫。对此博弈的均衡解，采用逆向归纳求解法进行。

第三阶段消费者入网并呼叫，得：

$$V_1(x, \hat{x}) = \mu_1(x, \hat{x}) + v_0 - F_1 - t(x)$$

$$\mu_1(x, \hat{x}) = G(\hat{x}|x)v(p_{11}) + [1 - G(\hat{x}|x)]v(p_{12})$$

相应的，

$$V_2(x, \hat{x}) = \mu_2(x, \hat{x}) + v_0 - F_2 - (1 - t)x$$

$$\mu_2(x, \hat{x}) = G(\hat{x}|x)v(p_{22}) + G(\hat{x}|x)v(p_{21})$$

在博弈的第二阶段，给定$\hat{x}$加入网络1，网络1的利润为：

$$\Pi_1(x, \hat{x}) = G(\hat{x}|x)q(p_{11})(p_{11} - c_{11}) + [1 - G(\hat{x}|x)]q(p_{12})(p_{12} - c_{12}) \tag{3.41}$$

对于给定的$\hat{x}$，运营商的总预期利润为：

$$\overline{\Pi}_1(\hat{x}) = \int_0^{\hat{x}} \Pi_1(x, \hat{x})dH(x) \tag{3.42}$$

我们规定，$x_1 = H(\hat{x})$，$x_2 = 1 - H(\hat{x})$

现在考虑极大化利润的总消费。在这里，引入每分钟通话价格的弹性：$\eta(p) = \dfrac{q'(p)p}{q(p)} > 1$，以及需求满足$q'' < 0$。

给定市场份额，运营商1的固定费由$u_1(\hat{x}, \hat{x}) = \overline{u}$决定：

$$F_1 = \mu_1(\hat{x}, \hat{x}) + v_0 - t - \overline{\mu}$$

将此式代入（3.42）式得：

$$\overline{\Pi}_1(\hat{x}) = \int_0^{\hat{x}} [\Pi_1(x, \hat{x}) + F_1 + R_{12}(x, \hat{x}) - f]dH(x)$$

$$= \int_0^{\hat{x}} [\Pi_1(x, \hat{x}) + \mu_1(\hat{x}, \hat{x})]dH(x) + 常量。 \tag{3.43}$$

这里 $R_{12}(x,\hat{x}) = (a - c_0)q(p_{21}) \cdot \int_{\hat{x}}^{1} \dfrac{g(x \mid x')}{h(x)} x \, dH(x)$

这里，考虑价格结构设计。在分析之前，我们还做如下规定：消费者 x 均匀分布，$h(x) = 1$，对所有的 $x \in X$，具有 $1 - \lambda$ 的概率在 $x \in X$ 上进行呼叫，λ 表示特定呼叫模式，让 $b \in [0, 1]$ 表示呼叫俱乐部（Calling Club）的规模，消费者 $x \in N(x') = \left[x' - \dfrac{b}{2}, x' + \dfrac{b}{2} \right]$，当 $x < \dfrac{b}{2}$ 或者 $x > 1 - \dfrac{b}{2}$ 时消费者以 λ 的概率选择他们的本地呼叫同伴；$x' < \dfrac{b}{2}$ 时，所有消费者以同样的 λ 选择在 $x \in N(x')$ 上的所有同伴；当 $x' > 1 - \dfrac{b}{2}$ 时，以 $1 - \lambda$ 的概率选择 $x \in N(x') = [1 - b, 1]$ 上的任何消费者。做了这些规定后，对网络 i：

$$g(x \mid x') = 1 - \lambda + \frac{\lambda}{b} I_{N(x')}(x) \tag{3.44}$$

而对于网络 j：

$$G(x \mid x') = \left[(1 - \lambda)x + \frac{\lambda}{b} \right] N_{(x)}(x) \tag{3.45}$$

这样，拉丰（1998）在对称网络下定价结论考虑了网际之间非平衡呼叫下的外部性条件，我们有：

$$\frac{p_{ij} - c_{ij}}{p_{ij}} = -\frac{1}{\eta} \cdot \frac{\lambda\left(1 - \dfrac{b}{2}\right)}{1 - \lambda\left(1 - \dfrac{b}{2}\right)} \tag{3.46}$$

$c_{ij} = c_1 + c_0 + a$ 得：

$$\frac{p_{ij} - (c_1 + c_0 + a)}{p_{ij}} = -\frac{1}{\eta} \cdot \frac{\lambda\left(1 - \dfrac{b}{2}\right)}{1 - \lambda\left(1 - \dfrac{b}{2}\right)} \tag{3.47}$$

（3.47）式就是著名的接入价格与使用费关系的"水床效应"。现在讨论网络间为争夺客户而制定的价格结构。用 μ_1 代替 π_1，得到极大化的利润项：

$$\int_{0}^{\hat{x}} \left[G(\hat{x} \mid x) q(p_{11})(p_{11} - c_{11}) \right] + G(\hat{x} \mid \hat{x}) V(p_{11}) \, dH(x) \tag{3.48}$$

让上式对 p_{11} 求一阶导数，得：

$$q'(p_{11})(p_{11} - c_{11})\int_0^{\hat{x}} G(\hat{x}|x)dH(x) + q_{11}\int_0^{\hat{x}}[G(\hat{x}|x) - G(\hat{x}|\hat{x})]dH(x) = 0$$

$$(3.49)$$

$$\frac{p_{11} - c_{11}}{p_{11}} = \frac{1}{\eta(p_{11})}\frac{\int_0^{\hat{x}}[G(\hat{x}|x) - G(\hat{x}|\hat{x})]dH(x)}{\int_0^{\hat{x}} G(\hat{x}|x)dH(x)} \geq 0 \quad (3.50)$$

同样，我们让（3.50）式分别对 p_{12}、p_{22}、p_{21} 求一阶导数，得：

$$\frac{p_{12} - c_{12}}{p_{12}} = \frac{1}{\eta(p_{12})}\frac{\int_0^{\hat{x}}[G(\hat{x}|x) - G(\hat{x}|\hat{x})]dH(x)}{\int_0^{\hat{x}}[1 - G(\hat{x}|x)]dH(x)} \leq 0 \quad (3.51)$$

$$\frac{p_{22} - c_{22}}{p_{22}} = \frac{1}{\eta(p_{22})}\frac{\int_{\hat{x}}^1[G(\hat{x}|x) - G(\hat{x}|\hat{x})]dH(x)}{\int_{\hat{x}}^1[1 - G(\hat{x}|x)]dH(x)} \geq 0 \quad (3.52)$$

$$\frac{p_{21} - c_{21}}{p_{21}} = \frac{1}{\eta(p_{21})}\frac{\int_{\hat{x}}^1[G(\hat{x}|x) - G(\hat{x}|\hat{x})]dH(x)}{\int_{\hat{x}}^1 G(\hat{x}|x)dH(x)} \leq 0 \quad (3.53)$$

当然，上述结论并不证明网内比网间价格高，运营商可以根据网内用户消费者的忠诚、偏好与竞争环境，从而相应地调节接入价格与使用价格之间的比例。

第五节　结论与应用

一　研究结论

本章在借助经典的 Hotelling 模型基础上，导入了价格需求弹性与平台对称程度的竞争环境及呼叫外部性等参数，对处于双边市场中的电信运营商客户选择与价格结构设计定价决策的影响因子进行了分析，其主要结论与应用可以归纳如下：

（一）客户选择与价值获取是定价决策中价格结构设计的两个不可分割的目标

价格结构的设计，一方面是依据平台两边用户的不同价格需求弹性与运营商所面临的具体竞争环境；另一方面，又要考虑在总剩余中平台两边所拥有的不同份额或者说信息租金的大小来决定向平台的哪边用户提供价格补贴又同时在另一边将索要的价格定于边际成本以上。而制定合适的价格结构的主要依据是平台两边用户对接入服务价格需求弹性的差异。并且，交叉网络外部性在一定程度上受客户选择的影响。上述的分析已经表明，当消费者用户的需求弹性小于生产者用户需求弹性时，生产者一边就获得了总剩余中较大的份额，从而意味着价值获取的多少与平台上客户的需求特征直接联系在一起，尽管价值获取与客户选择分属于两个不同的战略目标。因此，在双边市场用户需求弹性较低的一边其支付的价格水平就较低。这一结论与单边市场情形下的反向需求弹性规制并不一致。这一特征主要来自网络外部性：低需求弹性的用户接入平台产生的外部性流向高需求弹性一边，因为后者在交易过程中通常拥有较高的讨价还价能力。作为价值获取的价格结构设计就必须向市场势力较强的用户抽租。

（二）网内价格低于网际价格

双边市场最为明显的特征是价格结构非中性，运营商可以借助价格结构平衡网络流量的建立或者扩大用户安装基础。在竞争性平台条件下，无论是对称性网络还是非对称性网络，终端价格始终是平台竞争的重要筹码。对等原则与互惠接入定价离开网络的对称性而得到的均衡结果只能是一个平台垄断双边市场的这一边而另一个平台垄断双边市场的另一边，而并不能够在同一边形成市场份额分享的均衡。这里的原因在于呼叫外部性。在考虑呼叫外部性的情形下，基于平衡呼叫的网间流量也会存在较大的差异，作为极大化利润的运营商会依据网际流量来选择合适的价格结构。在实施两步定价的价格结构设计中，高的每分钟通话费会与低固定月租费抵消。如果在位运营商将接入价格定于边际成本以上，当网络规模比较小的竞争对手面临较高的呼叫链接成本而制定一个较高的每分钟通话费时，规模大的在位运营商会招致呼叫的净流出，平衡呼叫就会增大间接网络外部性，从而可以由此获得更多的用户，对在位运营商而言就产生了将接入价格定于边际成本以上的激励。因此，本章认为，在"水床效应"作用下，终端服务的价格会使网内的价格低于网间的价格。

二　应用

上述结论在电信运营商进行价格结构设计实践中的应用有：

（一）实施差异化竞争战略，提高用户质量

对于电信运营商其经营的服务产品基本上是同质的，但是这并不意味着来自客户端的需求是同质的。事实上，就同种产品而言，消费者的需求也呈现出差异，一些用户对接入平台的价格需求弹性较低，这些用户构成电信运营商网络安装基础的重要客户来源。对这部分客户，运营商应采用高使用费与低固定费的组合；而另一些用户对接入平台的需求弹性较大，运营商应采用高固定费与低使用费的组合。考虑用户的非平衡呼叫以及双向收费方式放弃的现实，网间结算将会变成运营商之间的现实选择。电信运营商在客户选择时就需对网内与网间的呼叫流量在价格结构设计中给予反应：如果网间呼入流量大于呼出，就应该提高终端接入价格，降低使用费，从而从竞争对手那里获得争夺客户的偷盗效应；如果网间呼出大于呼入流量，就应该降低终端接入价格，提高使用价格。总之，电信运营商要充分考虑用户的不同需求特征与竞争环境中自身所处的位置，设计并不断优化价格结构，使用户的选择与自身的竞争战略相吻合。

（二）综合运用客户选择与价值获取战略

在三网融合的趋势下，电信价值链的横向边界与侧向边界会出现新的业态，在基础业务的基础上会出现众多的延展业务。特别是互联网业务会越来越多地对基础电信业务产生呼叫外部性或使用外部性，使得基础电信业务的消费者会因为与边际互联网业务的链接而得到额外的边际价值。作为价值获取的价格结构设计应对基础电信业务的消费者制定一个较高的终端价格而相应降低互联网业务的价格。现实中看到的是与此相反的做法：互联网业务收取价格而向基础电信业务赠送话费。笔者认为，这一现象是由于一些运营商在垄断"瓶颈"与竞争性部门之间进行交叉补贴所导致的，反映了互联网业务在各个电信运营商之间的非对称性分布。在互联网业务与基础电信业务设计的价格结构套餐上，基本是为了争夺基础电信业务客户，而没有在客户选择与价值获取之间找到一致或者平衡的方法。基础电信用户在互联网业务中得到的外部性，诸如呼叫流量在接入成本增加

情形下没有相应的终端价格来加以平衡，难免出现呼叫终端的网络耽搁问题。这一做法，显然是与价格结构设计目标不相一致的。从某种程度而言，价值获取是价格结构设计的最终归宿。

（三）相机抉择价格承诺策略

本章第二部分对运营商的价值获取定价决策的分析及本章第三部分对用户选择的分析表明，平台两边用户的平台采纳决策对于运营商的定价决策效应影响极大。电信运营商拥有互联网资源仅仅是电信运营商将网络边界在纵向、横向、侧向上进行了拓展，而仅有边界的拓宽或带宽技术的提速不足以吸引平台的消费者用户加入平台，也无法使得运营商选择与差异化战略相符的平台用户。因此，带宽必须与运营商的用户选择战略与价值获取战略匹配进行。考虑三网融合的价格结构设计背景，平台拥有的应用软件种类与规模是保留或者扩大基础电信用户的关键因素。由于应用软件的开发需要一个较长的周期，如果没有足够多的应用软件支持，很容易导致基础电信用户的流失。运营商必须首先吸引应用软件开发商加入平台。事实上，应用软件的生产者总是先于消费者加入平台，如果没有一个合适的价格结构，很容易出现平台耽搁问题。平台的协调就是平台在生产者一边，而对消费者一边平台可以宣布一个价格，并可对软件的版费与固定费进行调整，保证足够多的消费者用户加入平台。由于电信运营商与平台两边用户的博弈是序贯博弈，这里就存在着与软件开发商之间的价格承诺问题。在不同的平台采纳情形下，承诺并不是运营商价值获取的必然选项。软件版费的定价承诺对运营商来说是一个带有相机抉择的问题：在博弈的第二阶段，运营商希望提高软件版费，向消费者显示平台所拥有的应用软件具有很高的内在价值，下载此类软件可以获得众多的内容消费；而在博弈的第一阶段，平台与应用软件开发商博弈是希望获取软件销售产生的剩余，平台就有将软件版费降低的激励，从而依据与消费者敲定的价格获取更多的价值。特别是，当应用软件开发商能够加入平台进行协调，运营商不采取承诺策略就可以避免为了吸引消费者加入平台而不得不降低消费者一边的版费，因而在博弈的第一阶段不采用承诺策略对运营商来说是最优的。而当平台具有竞争性，应用软件的开发商可以多平台接入，而且对各个平台的消费者用户预期对称。在这些情形下，博弈第一阶段的价格承诺是运营商的占优策略。鉴于此，作为相机抉择的安排，运营商对应用软件版费决策可以在与软件开发商博弈时采用承诺而与消费者制定一个免费宽松期但带有高版费相结合的定价策略。

三　本章研究的不足

研究不足：第一，本章没有构架一个完整的理论模型对运营商的客户选择与价值获取的价格结构设计影响因素进行不同目标下可以对照的一致分析，只是考察不同目标获取时需要考虑的因素。第二，本章在导入呼叫外部性时没有具体说明网络之间流量的非对称性在不同业务中的分布，只是就流量在双边垄断情形下呼叫特征分布对价格结构的影响进行了分析，这一点不足以反映双向收费这一不相一致的定价模式。

第四章 电信运营商价格结构定价模式

第一节 本章研究主题与主要结论

一 研究主题

(一) 现实背景

从产业组织理论的传统看，市场结构是产业分析的核心内容，它往往是产业演化的集中体现。在三网融合背景下，中国电信业市场结构出现了从纵向结构转向横向结构、"瓶颈"领域逐步消失、网络外部性和反垄断问题日益凸显等趋势，也出现了一种全新的市场——双边市场：不同的需求诉求可以在同一终端或同一平台上完成。这一市场存在不同需求用户间的交叉网络外部性。这一市场的供给与需求与传统单边市场买卖双方及双方之间的决策目标函数仅依赖自身偏好相比呈现出明显的不同。因而，有必要对用传统经济学理论解释这种新型的产业组织的相关理论予以拓展。

(二) 理论背景

国外对双边市场的研究浩如烟海，归纳起来主要研究集中在双边市场理论、价格结构的策略、平台企业竞争策略、强化交叉网络效应策略和管制政策研究等方面。鉴于双边平台主要特征是间接交叉网络外部性，本章主要探讨电信运营商的价格结构定价模式。

从电信本身所拥有的链接用户特征看双边市场；从电信改革导致的业务发展来看，电信运营商的价值创造拥有双边市场的特征；从电信改革导致的电信运营商平台的结构变化、运营商之间在网间存在主叫与被叫的协调来看，电信产业拥有双边市场的特征。从网络融合来看，不同运营商之间的竞争具有平台竞争的特征；互联网与电信网融合催生出众多与平台链接的企业，平台协调相关企业以保证平台的竞争力是运营商的理性选择。

因此，总的来看，电信市场具有双边市场的众多主要特征，其中关键是价格结构的非中性与交叉网络外部性。因此，运营商的定价模式选择必须考虑其面临的竞争环境——双边市场。陈宏民等探讨了银行卡问题，我们的研究则集中于更具有双边市场特征的电信产业。特别是，竞争政策也必须考虑这一竞争环境。双边市场之所以不可避免地涉及反垄断问题，根源在于其定价策略与传统的单边市场迥然不同。与完全竞争市场的边际成本定价、完全垄断市场边际收益等于边际成本的定价原则有着根本不同，其市场出清时的最优价格与边际成本是不成比例的，可能出现"平台一边的价格低于其边际成本"的在传统市场不可能存在的特殊现象。

二 主要结论

本章首先依据对双边市场理论所进行的文献回顾中得出的双边市场对应于原有传统单边市场的特性及在"三网"融合模式构建下中国电信业的双边市场特征，通过构建双边市场模型，分析了垄断平台和竞争性平台的均衡价格，然后考虑不同收费形式下中国电信业的定价策略，最后分析了其双边市场中反垄断政策的含义。本章的主要结论是：双边市场定价通常对需求价格弹性较小一边的价格加成比较高；网络外部性越强，价格结构越不对称；价格结构与用户数量或平台交易量是动态相互影响的；差异化程度越大，平台对用户的价格加成越大。这对于我国三网融合背景下电信产业市场结构、定价策略和反垄断问题具有一定的借鉴意义。

第二节   双边市场的定价模型

一 基本假设

(一) 平台的定价结构依据

对双边市场的价格结构研究文献近年来随着市场结构的演变而不断涌现。Rochet 等 (2003a)、Wright (2004b)、Chakravorti 等 (2004)、Manenti 等 (2004) 都是针对金融业中大量使用的信用卡产业的理论或实证研究。Mandrews 等 (2008) 运用大量的数理模型对银行卡的定价与费率制定进行了研究。Chakrvaorti 等 (2004) 以"逆向"效应为突破口研究了非对称竞争者间的竞争，认为网络平台下"逆向"效应有利于双边市场中的价格均衡，Ambrus 等（2005）研究了异质性对网络外部性的影响。David（2009）研究了网络外部性的对称程度对租金在平台间转移的影响。这些研究主要偏重于利用实证方法对于某个领域的微观研究，对网络复杂程度提高后整个双边市场的价格结构、定价策略及竞争策略研究较为鲜有。

平台的定价结构是指其对各个市场的用户所制定的不同价格形式，主要包括和用户交互作用无关的接入费和按每次发生交互作用收取的使用费，如图 4-1 所示，两种价格工具可以至少使用其中一种，平台投入在每个市场上的必要成本包括固定成本和变动成本。

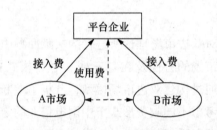

图 4-1　平台企业价格工具

图 4-1 是常见的平台定价行为，其表现形式多种多样，平台的收入主要是与双边用户交互作用无关的接入费。平台企业对接入费这种价格工具使用很广，如商场向厂商收取的通道费，PC 用户购买操作系统的费用等。接下来通过与传统理论中企业定价行为的对比，探讨平台企业的接入费定价机制特征。

（二）不同双边市场构造模式下的定价结构

双边市场的模式构造具有多种形态，依赖双边市场构造的"鸡蛋"协调问题需要解决的方式与双边市场模式构造的基本功能，笔者曾经对双边市场的模式按照双边市场的形态，把双边市场分成两大类型：一是标准模式；二是裂变模式。后者又可以分为中心型、嵌套型、链球节点拓扑型、合并拓展型等。不同模式下，边与边之间的关联不尽相同，由此造成了竞争性平台关系结构的错综复杂。此类研究很复杂，有待另外的课题进行研究。不同双边市场的平台定价行为大致如表 4-1 所示，双边平台的定价方程类型如表 4-2 所示。

表4-1 　　　　　　　　不同双边市场的平台定价行为

平台		边1	边2	举例子
银行卡系统	接入费	商家（N）	持卡人/消费者（Y）	Visa、MasterCard、中银信用卡
	使用费	商家（Y）	持卡人/消费者（N）	
操作系统/浏览器	接入费	软件开发商（Y）	软件用户（Y）	Windows、Palm、Linux
	使用费	软件开发商（N）	软件用户（N）	
房地产经纪人	接入费	出租方/售房者（Y）	居住方/购房者（N）	房地产中介、房地产销售公司
	使用费	出租方/售房者（N）	居住方/购房者（Y）	
搜索网站	接入费	广告商（Y）	网民（N）	Google、Yahoo、百度、搜狐
	使用费	广告商（Y）	网民（N）	
社交聚会	接入费	社会名流（Y）	其他参与人（N）	酒会、沙龙、演讲会
	使用费	社会名流（Y）	其他参与人（N）	
网络游戏	接入费	游戏开发商（Y）	玩家（Y）	Lineage 2、魔兽世界、劲舞团、问道、Xbox
	使用费	游戏开发商（N）	玩家（Y）	
B2B/B2C	接入费	商家/商家（Y）	商家/消费者（N）	eBay、阿里巴巴、淘宝
	使用费	商家/商家（Y）	商家/消费者（Y）	
大卖场	接入费	商家（Y）	消费者（N）	Wal-Mart、7-11、百大超市
	使用费	商家（N）	消费者（N）	
学术期刊	接入费	广告商（N）	读者（Y）	Review、《经济研究》
	使用费	广告商（Y）	读者（N）	
报纸	接入费	广告商（Y）	读者（N）	USA Today、《参考消息》
期货市场	交易手续费	套期保值者（N）	投机者（Y）	纽约证券交易所等

注：表中括号内的"Y"和"N"分别表示支付和不支付相应的费用。

表 4 - 2　　　　　　　　　　双边平台的定价方程类型

情况	边 a	边 b
1. 两边都收取注册费	$p_{sa} = f_a + \dfrac{\lambda_a}{\lambda'_a} - \alpha_b \lambda_b$	$p_{sb} = f_b + \dfrac{\lambda_b}{\lambda'_b} - \alpha_a \lambda_a$
2. 两边都收取交易费	$p_{ta} = c_a + \dfrac{2}{t_a}\left(\dfrac{\lambda_a}{\lambda'_a} - \alpha_b \lambda_b\right)$	$p_{tb} = c_b + \dfrac{2}{t_b}\left(\dfrac{\lambda_b}{\lambda'_b} - \alpha_a \lambda_a\right)$
3. 两边都采取两步收费制	$p_{sa} = f_a + \dfrac{\lambda_a}{\lambda'_a} - \alpha_b \lambda_b - \dfrac{1}{4}\eta t_a\,(p_{ta} - c_a)$	$p_{sb} = f_b + \dfrac{\lambda_b}{\lambda'_b} - \alpha_a \lambda_a - \dfrac{1}{4}\eta t_b\,(p_{tb} - c_b)$
4. 边 a 注册费，边 b 交易费	$p_a = f_a + \dfrac{\lambda_a}{\lambda'_a} - \eta\alpha_b \lambda_b$	$p_a = c_a + \dfrac{2}{t_b}\left(\dfrac{\lambda_b}{\lambda'_b} - \dfrac{\alpha_a \lambda_a}{\eta}\right)$
5. 边 a 注册费，边 b 两步收费	$p_{sa} = f_a + \dfrac{\lambda_a}{\lambda'_a} - \alpha_b \lambda_b$	$p_{sb} = f_b + \dfrac{\lambda_b}{\lambda'_b} - \alpha_a \lambda_a - \dfrac{1}{2}\eta t_b\,(p_{ta} - c_b)$
6. 边 a 交易费，边 b 两步收费	$p_{ta} = c_a + \dfrac{2}{t_a}\left(\dfrac{\lambda_a}{\lambda'_a} - \dfrac{\alpha_b \lambda_b}{\eta}\right)$	$p_{sb} = f_b + \dfrac{\lambda_b}{\lambda'_b} - \alpha_a \lambda_a - \dfrac{1}{2}\eta t_b\,(p_{ta} - c_b)$

资料来源：根据纪汉霖（2006）相关文献整理所得。

二　模型构建

（一）垄断性平台

假设垄断性平台连接两个市场 α 和 β，在 $\alpha(\beta)$ 市场上的用户关心加入平台 $\beta(\alpha)$ 市场上用户的数量。

设 n_α、n_β 分别为平台两边买方和卖方的数量；e_α 用来衡量平台中一方市场 α 用户参与交易平台给 β 市场用户带来的网络外部性，e_β 用来衡量平台中一方市场 β 用户参与交易平台给 α 市场用户带来的网络外部性，市场 α 和 β 双方对这种网络外部性的评价是异质的，假设市场存在正网络外部性（负的类似），即假定 e_α、$e_\beta > 0$。

设 $fe_{l\alpha}$、$fe_{l\beta}$ 分别为平台向 α 和 β 两类市场用户收取的注册费，fe_α、fe_β 分别为平台向两类市场用户按照交易次数收取的平台使用费（交易费），fr_α、fr_β 分别为两类用户在平台上的交易次数，fc_α、fc_β 分别为平台为两个市场用户提供产品或服务的单位固定成本，为 α 和 β 两个用户提供一次交易所带来的成本为 cc_α、cc_β，平台上两个市场的用户数量 n_α、n_β 可以表示为各自效用 u_α、u_β 的函数，具体形式可以设定为：$n_\alpha = U_\alpha(u_\alpha)$、$n_\beta = U_\beta(u_\beta)$，且均为单调增函数。

如果平台对于两类市场的收费模式不同，微观经济学中厂商理论，平台达到利润最大化的平衡状态的市场均衡价格不同，一般平台有对两个市场用户收取注册费、交易费和两步收费三种情况。

1. 平台对两边都收注册费

沿着 Armstrong（2004a）文献的研究思路，在这种情况下，由市场 α 和 β 的两类用户效用函数可以得到注册费用的表达式为：

$$u_\alpha = e_\alpha n_\alpha - fe_{l\alpha} \Rightarrow fe_{l\alpha} = e_\alpha n_\alpha - u_\alpha \tag{4.1}$$

$$u_\beta = e_\beta n_\beta - fe_{l\beta} \Rightarrow fe_{l\beta} = e_\beta n_\beta - u_\beta \tag{4.2}$$

平台的总利润 π 源于两个市场中所有用户的利润之和，用公式可以表示为：

$$\max \pi = n_\alpha (fe_{l\alpha} - fc_\alpha) + n_\beta (fe_{l\beta} - fc_\beta) \tag{4.3}$$

将（4.2）式和（4.1）式代入上式得：

$$\max \pi = U_\alpha(u_\alpha)[e_\alpha U_\beta(u_\beta) - u_\alpha - fc_\alpha] + U_\beta(u_\beta)[e_\beta U_\alpha(u_\alpha) - u_\beta - fc_\beta] \tag{4.4}$$

根据平台总利润最大化条件，总利润对效用的一阶偏导为零，得：

$$\partial \pi / \partial u_\alpha = U_{1,\alpha}(u_\alpha)[e_\alpha U_\beta(u_\beta) - u_\alpha - fc_\alpha] - U_\alpha(u_\alpha) + U_\beta(u_\beta)e_\beta U_{1,\alpha}(u_\alpha)$$
$$= 0 \tag{4.5}$$

$$\partial \pi / \partial u_\alpha = U_\alpha(u_\alpha)e_\alpha U_{1,\beta}(u_\beta) + U_{1,\beta}(u_\beta)[e_\beta U_\alpha(u_\alpha) - u_\beta - fc_\beta] - U_\beta(u_\beta) = 0 \tag{4.6}$$

联立（4.5）式和（4.6）式可得：

$$u_\alpha = (e_\alpha + e_\beta)U_\beta(u_\beta) - fc_\alpha - [U_\alpha(u_\alpha)/U_{1,\alpha}(u_\alpha)] \tag{4.7}$$

$$u_\beta = (e_\alpha + e_\beta)U_\alpha(u_\alpha) - fc_\beta - [U_\beta(u_\beta)/U_{1,\beta}(u_\beta)] \tag{4.8}$$

将（4.7）式和（4.8）式分别代入（4.1）式和（4.2）式得：

$$fe_{l\alpha} = e_\alpha n_\alpha - u_\alpha = e_\alpha n_\alpha - \{(e_\alpha + e_\beta)U_\beta(u_\beta) - fc_\alpha - [U_\alpha(u_\alpha)/U_{1,\alpha}(u_\alpha)]\} = fc_\alpha + n_\alpha/U_{1,\alpha}(u_\alpha) - e_\beta n_\beta \tag{4.9}$$

$$fe_{l\beta} = e_\beta n_\beta - u_\beta = e_\beta n_\beta - \{(e_\alpha + e_\beta)U_\alpha(u_\alpha) - fc_\beta - [U_\beta(u_\beta)/U_{1,\beta}(u_\beta)]\} = fc_\beta + n_\beta/U_{1,\beta}(u_\beta) - e_\alpha n_\alpha \tag{4.10}$$

从模型结论可以看出：

命题 1 对平台上的 α 市场用户而言，当平台收取注册费 $fe_{l\alpha}$ 时，若平台提供产品或服务的固定成本 fc_α 比较低，并且平台另一边的用户数 n_α 比较多，平台一边用户给另一边用户带来的网络外部性参数 e_β 足够大，平台对一边的收费定价 $fe_{l\alpha}$ 可能低于成本，当 n_β 足够大时，就会出现 $fe_{l\alpha}$

小于或等于零的情况。

命题 2　对于垄断性的网络平台用户而言，可能得到较低网络服务的价格，但是，对网络平台上的其他用户如企业收取高额的广告费用，网络平台甚至对平台用户免费。

在中国电信互联网上的新浪、腾讯、网易和搜狐等门户网站，数字信息通信管道为运营商所垄断，各门户网站会刊登大量的广告并对之收取高额费用，而该平台互联网用户却可以低价甚至免费获取服务，由于交叉网络外部性的存在，即便是垄断性平台，为了实现利润最大化，也常常对一边用户免费甚至补贴，以吸引另一边用户到平台进行交易。

2. 平台对两边都收交易费

在平台两边都收交易费情况下，假设市场中用户的搜索匹配概率为 p，α 和 β 市场中用户的搜索频率与 β 和 α 市场中用户数量呈斜率为 p 的线性关系（$fr_\alpha = pn_\beta$，$fr_\beta = pn_\alpha$），则 α 和 β 市场中两类用户的效用可以表示为：

$$u_\alpha = e_\alpha n_\beta - fe_\alpha \cdot fr_\alpha \Rightarrow fe_\alpha = (e_\alpha n_\beta - u_\alpha)/fr_\alpha = (e_\alpha n_\beta - u_\alpha)/pn_\beta \qquad (4.11)$$

$$u_\beta = e_\beta n_\alpha - fe_\beta \cdot fr_\beta \Rightarrow fe_\beta = (e_\beta n_\alpha - u_\beta)/fr_\beta = (e_\beta n_\alpha - u_\beta)/pn_\alpha \qquad (4.12)$$

平台的利润函数为：

$$\max \pi = (fe_\alpha - cc_\alpha)pn_\beta n_\alpha + (fe_\beta - cc_\beta)pn_\alpha n_\beta \qquad (4.13)$$

忽略平台一次收费的沉淀成本 fe_α、fe_β，将（4.11）式和（4.12）式代入（4.13）式得：

$$\max \pi = (e_\alpha n_\beta - u_\alpha)n_\alpha - cc_\alpha pn_\beta n_\alpha + (e_\beta n_\alpha - u_\beta)n_\beta - cc_\beta pn_\alpha n_\beta \qquad (4.14)$$

根据平台总利润最大化条件：总利润对效用的一阶偏导为零，得：

$$\partial \pi / \partial u_\alpha = (e_\alpha n_\beta + e_\beta n_\beta - u_\alpha - cc_\alpha pn_\beta - cc_\beta pn_\beta)U_{1,\alpha}(u_\alpha) - U_\alpha(u_\alpha) \quad (4.15)$$

$$\partial \pi / \partial u_\beta = (e_\beta n_\alpha + e_\alpha n_\alpha - u_\beta - cc_\beta pn_\alpha - cc_\alpha pn_\alpha)U_{1,\beta}(u_\beta) - U_\beta(u_\beta) \quad (4.16)$$

求得利润最大化时最优定价的效用值：

$$u_\alpha = [e_\alpha + e_\beta - p(cc_\alpha + cc_\beta)]U_\beta(u_\beta) - U_\alpha(u_\alpha)/U_{1,\alpha}(u_\alpha) \qquad (4.17)$$

$$u_\beta = [e_\alpha + e_\beta - p(cc_\alpha + cc_\beta)]U_\alpha(u_\alpha) - U_\beta(u_\beta)/U_{1,\beta}(u_\alpha) \qquad (4.18)$$

将（4.17）式和（4.18）式分别代入（4.11）式和（4.12）式，得：

$$fe_\alpha = cc_\alpha + cc_\beta + n_\alpha/fr_\alpha U_{1,\alpha}(u_\alpha) - e_\beta/p \qquad (4.19)$$

$$fe_\beta = cc_\alpha + cc_\beta + n_\beta/fr_\beta U_{1,\beta}(u_\beta) - e_\alpha/p \qquad (4.20)$$

从以上分析可以得出：

命题3　在垄断平台两边均收取交易费情形下，如果平台一边的网络外部性足够强，平台对一边收取的交易费甚至会低于平台进行一次交易的成本 $c_\alpha + c_\beta$。这正体现了双边市场中不对称定价的机理。

命题4　在结论3的基础上，伴随交易次数的增加，平台收取的交易费呈下降趋势，并逐渐趋于交易边际成本。然而平台匹配技术（p）的提高将使平台收取更高的交易费，所以即便是垄断性平台，为了获取更大利润，也要积极提高平台的匹配技术。

可见，厂商之间网络外部性的强度差异将显著影响市场的竞争格局。当网络外部性都较强时，市场上仍然能够存在两家厂商的竞争，平台对一边用户收取的交易费低于平台进行一次交易所需的成本来吸引用户，在用户数量增加的情况下足以"对冲"这种成本的增加。

3. 平台对两边两部收费

两部收费由两部分组成：其一是消费者为获得某种商品或服务的使用权而支付的固定费用，这部分费用与消费数量无关；其二是与消费数量直接相关的使用费。对厂商来说，就面临一个抉择问题：是制定一个高固定费和低使用费的定价模式，还是相反；怎样做才能获得更多的消费者剩余。两步收费一方面使边际成本定价下厂商亏损额由使用者来承担；另一方面使更多消费者可以按等于边际成本的价格使用厂商提供的商品或服务。

此时，α 和 β 市场中两类用户的效用则可以表示为：

$$u_\alpha = e_\alpha n_\beta - fe_{l_\alpha} - fe_\alpha \cdot fr_\alpha \Rightarrow fe_\alpha = (e_\alpha n_\beta - u_\alpha - fe_{l_\alpha})/fr_\alpha = (e_\alpha n_\beta - u_\alpha - fe_{l_\alpha})/pn_\beta \tag{4.21}$$

$$u_\beta = e_\beta n_\alpha - fe_{l\beta} - fe_\beta \cdot fr_\beta \Rightarrow fe_\beta = (e_\beta n_\alpha - u_\beta - fe_{l\beta})/fr_\beta = (e_\beta n_\alpha - u_\beta - fe_{l\beta})/pn_\alpha \tag{4.22}$$

平台总利润为：

$$\pi = (fe_{l_\alpha} - fc_\alpha)n_\alpha + (fe_{l\beta} - fc_\beta)n_\beta + (fe_\alpha - cc_\alpha)fr_\alpha \cdot n_\alpha + (fe_\beta - cc_\beta)fr_\beta \cdot n_\beta \tag{4.23}$$

由于 $fr_\alpha = pn_\beta$，$fr_\beta = pn_\alpha$，将（4.21）式和（4.22）式代入（4.23）式做必要的化简，再根据平台总利润最大化条件（总利润对效用的一阶偏导为零）可得：

$$\partial \pi/\partial u_\alpha = [e_\alpha n_\beta + e_\beta n_\beta - (cc_\alpha + cc_\beta)pn_\beta - fe_\alpha - u_\alpha]U_{1,\alpha}(u_\alpha) - n_\alpha = 0 \tag{4.24}$$

$$\partial \pi / \partial u_\beta = [e_\beta n_\alpha + e_\alpha n_\alpha - (cc_\beta + cc_\alpha)pn_\alpha - fe_\beta - u_\alpha]U_{1,\beta}(u_\beta) - n_\beta = 0$$

$$(4.25)$$

联立求解得：

$$u_\alpha = \{[e_\alpha + e_\beta - p(cc_\alpha + cc_\beta)] \cdot U_\beta(u_\beta) - fc_\alpha\} \cdot U_{1,\alpha}(u_\alpha) - U_\alpha(u_\alpha)/$$
$$U_{1,\alpha}(u_\alpha) \qquad (4.26)$$

$$u_\beta = \{[e_\alpha + e_\beta - p(cc_\alpha + cc_\beta)] \cdot U_\alpha(u_\alpha) - fc_\beta\} \cdot U_{1,\alpha}(u_\alpha) - U_\beta(u_\beta)/$$
$$U_{1,\beta}(u_\beta) \qquad (4.27)$$

代入（4.21）式和（4.22）式可得：

$$fe_\alpha = n_\alpha/fr_\alpha U_{1,\alpha}(u_\alpha) + (fc_\alpha - fe_{l\alpha})/fr_\alpha + (cc_\alpha \cdot p + cc_\beta \cdot p - e_\beta)/p$$

$$(4.28)$$

$$fe_\beta = n_\beta/fr_\beta U_{1,\beta}(u_\beta) + (fc_\beta - fe_{l\beta})/fr_\beta + (cc_\alpha \cdot p + cc_\beta \cdot p - e_\alpha)/p \quad (4.29)$$

从上式可以看出：

命题5　采用两部收费的垄断平台与两边都收交易费类似（4.11）式和（4.12）式，p 越大，意味着搜索匹配技术越成熟，相应成本越低，会导致平台交易费用 fe_α、fe_β 下降；而 fr_α 越大意味着交易次数越频繁，则会导致平台交易费用 fe_α、fe_β 的提高。

命题6　在平台均衡点，平台收取较低的交易费 fe_α、fe_β 的两个条件分别是：（1）平台提高的产品或服务的固定成本 fc_α、fc_β 较低。（2）平台的准入门槛（收取的注册费 $fe_{l\alpha}$、$fe_{l\beta}$）较高；反之亦然。平台针对不同用户通过注册费与交易费间的动态转化的定价模式均可实现利润最大化。

综上所述，对于垄断性平台有以下结论：（1）无论平台采取何种价格结构，均可实现利润最大化；（2）在匹配交易型的市场中匹配交易技术是平台盈利的关键；（3）无论采取何种价格结构，平台一边市场的定价与另一边市场的网络外部性强度系数负相关。

（二）竞争性平台

如果市场中存在两个以上的提供同种或类似产品或服务的平台，那么平台的最优定价策略是与垄断性平台不同的，Hotelling 模型正好分析了此类情况。

对于双边市场的对称定价策略，首先，假设两个平台采用对称收费模式，通过霍特林模型着重研究在对称均衡状态下两个竞争平台在收取注册费、交易费和两步收费三种收费模式下竞争性平台的最优价格结构。

假设某双边市场上有相互竞争的交易平台Ⅰ和平台Ⅱ上的单归属用户

数量分别为 $n_\alpha^{\mathrm{I}} + n_\beta^{\mathrm{I}}$ 和 $n_\alpha^{\mathrm{II}} + n_\beta^{\mathrm{II}}$，且 $n_\alpha^{\mathrm{I}} + n_\alpha^{\mathrm{II}} = 1$ 和 $n_\beta^{\mathrm{I}} + n_\beta^{\mathrm{II}} = 1$。交易次数为 $fr_\alpha^{\mathrm{I}} + fr_\beta^{\mathrm{I}}$ 和 $fr_\alpha^{\mathrm{II}} + fr_\beta^{\mathrm{II}}$，注册费为 $fe_{l\alpha}^{\mathrm{I}} + fe_{l\beta}^{\mathrm{I}}$ 和 $fe_{l\alpha}^{\mathrm{II}} + fe_{l\beta}^{\mathrm{II}}$，交易费为 $fe_\alpha^{\mathrm{I}} + fe_\beta^{\mathrm{I}}$ 和 $fe_\alpha^{\mathrm{II}} + fe_\beta^{\mathrm{II}}$，效用为 $u_\alpha^{\mathrm{I}} + u_\beta^{\mathrm{I}}$ 和 $u_\alpha^{\mathrm{II}} + u_\beta^{\mathrm{II}}$，产品或服务的差异化程度 $c_i > 0$（$i = \mathrm{I}$，II）由此决定竞争性平台的市场格局。

单归属交易平台 I 上的单归属用户数量为：

$$n_i^{\mathrm{I}} = n_\alpha^{\mathrm{I}} + n_\beta^{\mathrm{I}} = \left[1/2 + (u_\alpha^{\mathrm{I}} - u_\alpha^{\mathrm{II}})/2c_{\mathrm{I}} \right] + \left[1/2 + (u_\beta^{\mathrm{I}} - u_\beta^{\mathrm{II}})/2c_{\mathrm{II}} \right]$$

$$(4.30)$$

单归属交易平台 II 上的单归属用户数量为：

$$n_i^{\mathrm{II}} = n_\alpha^{\mathrm{II}} + n_\beta^{\mathrm{II}} = \left[1/2 + (u_\alpha^{\mathrm{II}} - u_\alpha^{\mathrm{I}})/2c_{\mathrm{I}} \right] + \left[1/2 + (u_\beta^{\mathrm{II}} - u_\beta^{\mathrm{I}})/2c_{\mathrm{II}} \right]$$

$$(4.31)$$

双归属交易平台 I 上的单归属用户效用为：

$$u_i^{\mathrm{I}} = u_\alpha^{\mathrm{I}} + u_\beta^{\mathrm{I}} = (e_\alpha n_\beta^{\mathrm{I}} - fe_{l\alpha}^{\mathrm{I}}) + (e_\beta n_\alpha^{\mathrm{I}} - fe_{l\beta}^{\mathrm{I}}) \qquad (4.32)$$

双归属交易平台 II 上的单归属用户效用为：

$$u_i^{\mathrm{II}} = u_\alpha^{\mathrm{II}} + u_\beta^{\mathrm{II}} = (e_\alpha n_\beta^{\mathrm{II}} - fe_{l\alpha}^{\mathrm{II}}) + (e_\beta n_\alpha^{\mathrm{II}} - fe_{l\beta}^{\mathrm{II}}) \qquad (4.33)$$

可以将（4.32）式和（4.33）式分别代入（4.30）式和（4.31）式得到两个平台上用户总数 n_i^{I} 和 n_i^{II}，再代入两个平台的总利润函数中得：

$$\pi_i = \pi^{\mathrm{I}} + \pi^{\mathrm{II}} = \left[(fe_{l\alpha} - fc_\alpha) n_\alpha^{\mathrm{I}} + (fe_{l\beta} - fc_\beta) n_\beta^{\mathrm{I}} \right] + (fe_{l\alpha} - fc_\alpha) n_\alpha^{\mathrm{II}} + (fe_{l\beta} - fc_\beta) n_\beta^{\mathrm{II}}$$

$$(4.34)$$

总利润函数对注册费求一阶偏导，得：

$$\partial \pi_i / \partial fe_{l\alpha}^{\mathrm{I}} = \varphi(fe_{l\alpha}^{\mathrm{I}}, fe_{l\alpha}^{\mathrm{II}}, c_{\mathrm{I}}, c_{\mathrm{II}}, e_{\mathrm{I}}, e_{\mathrm{II}}, fc_{\mathrm{I}}, fc_{\mathrm{II}}) = \varphi(\underbrace{fe_{l\beta}^{\mathrm{II}} - fe_{l\beta}^{\mathrm{I}}}_{+},$$

$$\underbrace{fe_{l\alpha}^{\mathrm{II}} - fe_{l\alpha}^{\mathrm{I}}}_{+}, \underbrace{c_{\mathrm{I}} c_{\mathrm{II}} - e_{\mathrm{I}} e_{\mathrm{II}}}_{+}, \underbrace{fe_{l\alpha}^{\mathrm{I}} - fc_{\mathrm{I}}}_{-}, \underbrace{fe_{l\beta}^{\mathrm{I}} - fc_{\mathrm{II}}}_{-}, \underbrace{e_{\mathrm{I}}, e_{\mathrm{II}}}_{+ \ -}) = 0 \qquad (4.35)$$

$$\partial \pi_i / \partial fe_{l\beta}^{\mathrm{I}} = \varphi(fe_{l\alpha}^{\mathrm{I}}, fe_{l\alpha}^{\mathrm{II}}, c_{\mathrm{I}}, c_{\mathrm{II}}, e_{\mathrm{I}}, e_{\mathrm{II}}, fc_{\mathrm{I}}, fc_{\mathrm{II}}) = \partial \pi_i / \partial fe_{l\alpha}^{\mathrm{I}} = \varphi$$

$$(\underbrace{fe_{l\beta}^{\mathrm{II}} - fe_{l\beta}^{\mathrm{I}}}_{+}, \underbrace{fe_{l\alpha}^{\mathrm{II}} - fe_{l\alpha}^{\mathrm{I}}}_{+}, \underbrace{c_{\mathrm{I}} c_{\mathrm{II}} - e_{\mathrm{I}} e_{\mathrm{II}}}_{+}, \underbrace{fe_{l\alpha}^{\mathrm{I}} - fc_{\mathrm{I}}}_{+}, \underbrace{fe_{l\beta}^{\mathrm{I}} - fc_{\mathrm{II}}}_{+}, \underbrace{e_{\mathrm{I}}, e_{\mathrm{II}}}_{+ \ -}) = 0 \qquad (4.36)$$

上式只给出了一阶偏导函数与各变量间的关系，函数式中变量下的（+）代表正相关，（-）代表负相关。霍特林模型认为，稳定的纳什均衡是对称均衡，因此可以有：$fe_{l\alpha}^{\mathrm{I}} = fe_{l\alpha}^{\mathrm{II}}$，$fe_{l\beta}^{\mathrm{I}} = fe_{l\beta}^{\mathrm{II}}$，$n_\alpha^{\mathrm{I}} = n_\alpha^{\mathrm{II}} = n_\beta^{\mathrm{I}} = n_\beta^{\mathrm{II}} = 1/2$，代入（4.35）式和（4.36）式，可得均衡状态下两个平台的定价公式为：

$$fe_{l\alpha}^{\mathrm{I}} = fc_\alpha + c_{\mathrm{I}} - e_{\mathrm{II}} \qquad (4.37)$$

$$fe_{l\beta}^{I} = fc_{\beta} + c_{II} - e_{I} \tag{4.38}$$

此时，双归属交易平台 I 的利润为：

$$\pi_{I} = (fe_{l\alpha} - fc_{\alpha})n_{\alpha}^{I} + (fe_{l\beta} - fc_{\beta})n_{\beta}^{I} = (c_{I} + c_{II} - e_{I} - e_{II})/2 \tag{4.39}$$

由以上模型分析可见：

命题 7　在对称均衡状态下平台 I 和平台 II 两边网络外部性强度的提高，即（$e_{I} + e_{II}$）的变大会降低平台的利润 π，如果一边的网络外部性足够强，即 e_{I}、e_{II}，其中一个足够大，平台会对一边免费甚至补贴。

命题 8　而平台差异化程度的提高，即 c_{I}、c_{II} 的变大会提升平台定价增加平台利润 π，所以收取注册费的平台在竞争时会选择产品或服务的差异化策略即选取（$c_{I} + c_{II}$）足够大的，或（$e_{I} + e_{II}$）足够小的部分进行定价。

两平台两边都收交易费。和垄断性平台一样我们假定竞争性平台的匹配率为 p，平台两边的交易次数为 $fr_{\alpha}^{I} = p \cdot n_{\beta}^{I}$，$fr_{\beta}^{I} = p \cdot n_{\alpha}^{I}$，$fr_{\alpha}^{II} = p \cdot n_{\beta}^{II}$，$fr_{\beta}^{II} = p \cdot n_{\alpha}^{II}$，平台用户的效用为 $u_{\alpha}^{I} = e_{\alpha}n_{\beta}^{I}$，$-pn_{\beta}^{I}fe_{\alpha}^{I}$，$u_{\beta}^{I} = e_{\beta}n_{\alpha}^{I}$，$-pn_{\alpha}^{I}fe_{\beta}^{I}$，$u_{\alpha}^{II} = e_{\alpha}n_{\beta}^{II}$，$-pn_{\beta}^{II}fe_{\alpha}^{II}$，$u_{\beta}^{II} = e_{\beta}n_{\alpha}^{II}$，$-pn_{\alpha}^{II}fe_{\beta}^{II}$，将标准化条件 $u_{\alpha}^{I} + u_{\alpha}^{II} = 1$、$u_{\beta}^{I} + u_{\beta}^{II} = 1$ 代入以上四式得到 n_{α}^{I}、n_{β}^{I} 的表达式。平台 I 的利润函数为：

$$\pi^{I} = (fe_{\alpha}^{I} - cc_{\alpha})pn_{\beta}^{I}n_{\alpha}^{I} + (fe_{\beta}^{I} - cc_{\beta})pn_{\alpha}^{I}n_{\beta}^{I} \tag{4.40}$$

利润函数对交易费用求一阶偏导数，得：

$$\partial \pi^{I}/\partial fe_{\alpha}^{I} = pn_{\alpha}^{I}n_{\beta}^{I} + (fe_{\alpha}^{I} + fe_{\beta}^{I} - cc_{\alpha} - cc_{\beta})p(\partial n_{\beta}^{I}/\partial fe_{\alpha}^{I})n_{\alpha}^{I} + (fe_{\alpha}^{I} + fe_{\beta}^{I} - cc_{\alpha} - cc_{\beta})p(\partial n_{\alpha}^{I}/\partial fe_{\beta}^{I})n_{\beta}^{I} = 0 \tag{4.41}$$

$$\partial \pi^{I}/\partial fe_{\beta}^{I} = pn_{\alpha}^{I}n_{\beta}^{I} + (fe_{\alpha}^{I} + fe_{\beta}^{I} - cc_{\alpha} - cc_{\beta})p(\partial n_{\beta}^{I}/\partial fe_{\alpha}^{I})n_{\alpha}^{I} + (fe_{\alpha}^{I} + fe_{\beta}^{I} - cc_{\alpha} - cc_{\beta})p(\partial n_{\alpha}^{I}/\partial fe_{\beta}^{I})n_{\beta}^{I} = 0 \tag{4.42}$$

其中，（$\partial n_{\beta}^{I}/\partial fe_{\alpha}$）$= \nu$（$fe_{\alpha}^{I}$, fe_{α}^{II}, c_{I}, c_{II}, e_{I}, e_{II}, fc_{I}, fc_{II}, p），

（$\partial n_{\alpha}^{I}/\partial fe_{\beta}$）$= \nu'$（$fe_{\alpha}^{I}$, fe_{α}^{II}, c_{I}, c_{II}, e_{I}, e_{II}, fc_{I}, fc_{II}, p），将两个市场的均衡条件 $fe_{\alpha}^{I} = fe_{\alpha}^{II}$、$fe_{\beta}^{II} = fe_{\beta}^{II}$ 代入上述一阶偏导函数中，得：

$$fe_{\alpha}^{I} = (cc_{\alpha} + cc_{\beta})/2 + (c_{I} - e_{\beta})/p \tag{4.43}$$

$$fe_{\beta}^{I} = (cc_{\alpha} + cc_{\beta})/2 + (c_{II} - e_{\alpha})/p \tag{4.44}$$

此时，平台 I 的利润为：

$$\pi_{I} = (c_{I} + c_{II})/4 - (e_{\alpha} + e_{\beta})/4 \tag{4.45}$$

上述（4.45）式意味着：

命题9　在两个竞争平台 I（或平台 II）均收交易费的均衡状态下，如果一边的网络外部性 e_α（或 e_β）足够强，平台对该边的定价甚至低于边际成本（c_I 或 c_{II}）而进行补贴。网络外部性增强将降低平台利润 π_I，平台差异化程度的提高（p 的下降）将增加平台利润 π_I，因此收取交易费的平台 I 在竞争时会倾向选择差异化。

也可讨论"两平台 I 和平台 II 都采用两部收费"情况下的市场均衡，此时的利润函数为：

$$\pi_I = (c_I + c_{II})/4 - (e_\alpha + e_\beta)/4 \tag{4.46}$$

可以得到以下三个命题：

命题10　与平台两边仅收交易费类似，网络外部性增强（即 e_α 或 e_β 的增大）将降低平台利润 π_I，而平台差异化程度（即意味着 c_I 或 c_{II} 的增大）将增加平台利润 π_I。

命题11　平台可以通过在收取注册费和交易费之间合理调节来保持足够的利润，若平台一边收取的注册费用 $fe_{l\alpha}$（或 $fe_{l\beta}$）大于单位固定成本 c_I（或 c_{II}），平台会通过交易价格（$fe_i^k, i = \alpha, \beta; k = I, II$）的降低来吸引客户；反之，注册费用 $fe_{l\alpha}$（或 $fe_{l\beta}$）小于单位成本（c_I 或 c_{II}）或为零时，平台会通过交易价格的提高来抵消这部分成本获利。

命题12　针对不同用户需求，平台采用不同的收费模式，不论哪种收费模式，平台都会采用相应的收费方法来实现盈利。

第三节　序贯博弈结构下的双边平台定价结构策略设计

这一节运用双边竞争平台的两期均衡模型分析涉及价格弹性、用户多归属性等转移成本问题。在两阶段的 Hotelling 动态竞争模型分析中引入转移成本参数 ω，来研究双寡头竞争双边市场中用户锁定和多平台间竞争策略设计。

一　模型假设

（一）平台假设

假设平台 I、平台 II 位于标准化后的 [0，1] 区间为争取用户数量进行价格竞争，分别提供不兼容的替代性服务或产品，平台对双边用户收取固定接入费用。把模型的分析周期分为两个时期，在第一期，普通理性平台因预期该平台上 a 用户在第二期因考虑转移成本和网络外部性等因素，要实现当期利润与第二期期望利润现值之和的最大化而实现总用最大化。

(二) 边 a 用户假设与边 b 用户假设

1. 边 a 用户假设

边 a 用户在标准化后的 [0, 1] 区间呈均匀分布，所有另一边（边 b）用户在每一期都具有单归属行为。第 t_1 期，边 a 用户以自己的位置偏好原则分别选择接入两个竞争性平台 I 或平台 II，因此，位于 $x \in (0, 1)$ 上的边 a 标准用户的效用函数分别为：

$$U^T = \lambda^T + \alpha^T m_{ia}^{PE} - p_{ia}^T + t^T x (i-2) - t^T (1-x)(i-1), i=1,2 \Leftrightarrow i = I, II$$

$$(4.47)$$

其中，λ^T 为边 a 用户的保留效应，$m_{1,a}^{PE}$、$m_{2,a}^{PE}$ 分别表示边 a 用户对平台 I、平台 II 上边 a 用户的市场份额的预期，$m_{1,a}^{PE} + m_{2,a}^{PE} = 1$，经过第 t_1 期的接入，平台 I、平台 II 在另一边（边 b）用户市场所占的份额分别为 S_{I1}^S 和 S_{II1}^S。

在 t_2 期，基于边 a 用户第 t_1 期与第 t_2 期偏好相互独立的假设，占总用户数 ρ 的边 a 用户在 [0, 1] 上将重新选择平台，但在竞争性的双边市场上转移成本和网络外部性将干扰边 a 用户的平台选择决策行为。在两期均衡的动态模型中，假设上一期接入边 a 用户本期所在平台的边 b 用户数量会影响边 a 用户的网络外部性收益，该边 a 用户的净效用函数为：

若其 t_1 时期接入平台 I：

$$U_{t1}^T = \lambda^T + \alpha^T m_{ia}^{PE} - p_{ib}^T + t^T x (i-2) - t^T (1-x)(i-1) + \omega (5-1), i=1,2 \Leftrightarrow i = I, II$$

$$(4.48)$$

若其 t_2 时期接入平台 II：

$$U_{t2}^T = \lambda^T + \alpha^T m_{ia}^{PE} - p_{ib}^T - t^T x (i-2) - t^T (1-x)(i-1) + \omega (i-2), i=1,2 \Leftrightarrow i = I, II$$

$$(4.49)$$

其中，ω 表示边 a 用户在两个平台 I、平台 II 间的转移成本，令 $\omega \in (0, 1)$，显然至少有一定数量的消费者愿意付出转移成本根据偏好改变其接入的平台 I、平台 II。另外，比例为 β 的边 a 用户在第 t_1 期结束第 t_2 期开始时被等数量的新进消费者所取代，新进消费者的效用是与平台 I 上的边 b 用户数量有关，与比例 ρ 的边 a 用户的区别在于其接入任一平台

Ⅰ、平台Ⅱ时都不会产生转移成本。这部分边 a 用户的净效用函数为：

$$U_a^T = \lambda^T + \alpha^T m_{ia}^{PE} - p_{ib}^T + t^T x(i-2) - t^T(1-x)(i-1),\ i = 1, 2 \Leftrightarrow i = \text{I}, \text{II}$$

(4.50)

若 $\lambda^T + \alpha^T m_{\text{I}a}^P - p_{\text{I}b}^T - m_{\text{I}a}^T t = \lambda^T + \alpha^T m_{\text{II}a}^P - p_{\text{II}b}^T - m_{\text{II}a}^T t$，平台 I 余下占用户总数比例为 $(1-\beta-\rho)$ 的边 a 用户在第 t_1 期与第 t_2 期保持不变。这部分边 a 用户的净效用等于新进入边 a 用户的净效用，均可表示为：

$$U_a^T = \lambda^T + \alpha^T m_{ia}^{PE} - p_{ib}^T + t^T x(i-2) - t^T(1-x)(i-1) + \omega(t-1),\ i = 1, 2 \Leftrightarrow i = \text{I}, \text{II}$$

(4.51)

2. 边 b 用户假设

假定所有用户在每一期平台选择上都具有单归属行为，但平台 a、b 两边用户数量具有不对称性，假设在第 t_1 期中，所有边 b 用户数量不变继续留在市场，并可以无任何转移成本地在平台之间自由转移。同样基于网络外部性原则，假设边 b 用户在第 t_2 期的网络外部性收益也与第 t_1 期的边 a 用户接入数量有关，那么边 b 用户在第 t_1 期和第 t_2 期的效用函数分别为：

第 t_1 期的净效用为：

$$U_{t1}^P = \lambda^P + \alpha^P m_{ia}^{TE} - p_{ia}^P + t^P x(i-2) - t^P(1-x)(i-1),\ i = 1, 2 \Leftrightarrow i = \text{I}, \text{II}$$

(4.52)

第 t_2 期的净效用为：

$$U_{t2}^T = \lambda^P + \alpha^P m_{ia}^{TE} - p_{ib}^P + t^P x(i-2) - t^P(1-x)(i-1),\ i = 1, 2 \Leftrightarrow i = \text{I},$$

II

(4.53)

由于竞争性平台 I、平台 II 之间为追求利益最大化进行的是两阶段的市场竞争博弈，采用从后期向前期"逆向追踪"方法，首先求出第 t_2 期的市场均衡条件，其次根据第 t_2 期均衡推导出第 t_1 期平台 I、平台 II 应该采取的最优定价策略，最后得到两阶段平台 I、平台 II 最优定价策略。

二　模型第二期的均衡分析

(一) 模型的二期分析

1. 模型分析

本部分采用逆向归纳子博弈精炼均衡方法。我们规定，在二期 ρ 比例的边 a 用户在第 t_2 期的平台位置偏好独立于第 t_1 期，因此在第 t_2 期边 a 用户的市场份额在 $[0, 1]$ 区间上重新均匀分布。其中第 t_1 期接入一边平台（平台 I）的原用户（用户 a）在第 t_2 期接平台 I 或平台 II 的数量可以通过求解由（4.49）式和（4.50）式联立方程组在满足以下条件（4.52）式和（4.53）式时，得（4.54）式：

$$\lambda^T \geqslant \left[t^T + \omega - \alpha^T (m_{Ia}^P + m_{IIa}^P) + (p_{IIb}^T + p_{Ib}^T) \right] / 2$$

$$\mid \omega + \alpha^T (m_{Ia}^P - m_{IIa}^P) + (p_{IIb}^T - p_{Ib}^T) \mid \leqslant t^T \tag{4.54}$$

$$m_{i2b}^{Tp1} = \rho m_{I1a}^T \left[t^T + \omega + \alpha^T (m_{IIa}^P - m_{I1a}^P)(i-1) + \alpha^T (m_{I1a}^P - m_{I1a}^P)(i-2) + (p_{i2b}^T - p_{i2b}^T) \right], i = I, II \tag{4.55}$$

其中，方程 $\lambda^T \geqslant \left[t^T + \omega - \alpha^T (m_{I1a}^P + m_{IIa}^P) + (p_{II2b}^T + p_{I2b}^T) \right] / 2$ 能够保证一边平台（平台 I）的这部分用户 a 至少会接入平台 I、平台 II 中的一个，方程 $\mid \omega + \alpha^T (m_{Ia}^P - m_{IIa}^P) + (p_{IIb}^T - p_{Ib}^T) \mid \leqslant t^T$ 则保证了这部分用户不会全部接入同一个平台。m_{Ib}^{Tp1} 为 ρ 比例的一边平台（平台 I）用户 a 在第 t_1 期接入该边平台且在第 t_2 期继续接入该平台的用户数量；m_{IIb}^{Tp1} 为 ρ 比例的边 a 用户在第 t_1 期接入平台 I，第 t_2 期退出该边平台（平台 I），接入另一边平台（平台 II）的用户数量。

那么，第 t_1 期接入平台 II 的边 a 用户在第 t_2 期接入平台 I 或平台 II 的用户数量可以通过求解（4.49）式得到，同时满足以下两个方程：$\lambda^T \geqslant \left[t^T + \omega - \alpha^T (m_{Ia}^P + m_{IIa}^P) + (p_{IIb}^T + p_{Ib}^T) \right] / 2$ 和 $\mid \omega + \alpha^T (m_{Ia}^P - m_{IIa}^P) + (p_{IIb}^T - p_{Ib}^T) \mid \leqslant t^T$，则有：

$$m_{ib}^{Tp1} = \rho m_{Ia}^T \left[t^T + \omega + \alpha^T (m_{1a}^P - m_{2a}^P)(i-1) + \alpha^T (m_{1a}^P - m_{2a}^P)(i-2) + (p_{ib}^T - p_{ib}^T) \right], i = I, II \tag{4.56}$$

$(1 - \beta - \rho)$ 比例的一边平台（平台 I）用户数量在第 t_1、t_2 两期的平台归属选择不变，若方程 $\lambda^T + \alpha^T m_{ia}^P - m_{ia}^T - m_{ia}^T = 0, i = I、II$ 时，$m_{ib}^{T(1-\beta-\rho)} = (1 - \beta - \rho) m_{ia}^T, i = I, II$，若满足不等式 $\lambda^T \geqslant \left[t^T + \omega - \alpha^T (m_{Ia}^P + m_{IIa}^P) + (p_{IIb}^T + p_{Ib}^T) \right] / 2$ 和 $\mid \omega + \alpha^T (m_{Ia}^P - m_{IIa}^P) + (p_{IIb}^T - p_{Ib}^T) \mid \leqslant t^T$，且 $t^T > \omega$，可以得到一边平台（平台 I）用户在第 t_2 期对两个平台 I、平台 II 的用户数量需求分别为：

$$m_{ib}^T = m_{ib}^T + m_{ib}^{Tp} + m_{ib}^{T(1-\beta-\rho)} = (1 - \beta - \rho) m_{ia}^T + \frac{t^2 \rho \omega}{2} \left[(m_{IIa}^T - m_{Ia}^T)(i-2) - \right.$$

$$(m_{Ia}^T - m_{IIa}^T)(i-1) \right] + (\beta + \rho) \left\{ t^T + \alpha^T \left[(m_{IIb}^P - m_{Ib}^P)(i-2) - (m_{Ib}^P - \right. \right.$$

$$\left. m_{IIb}^P)(i-1) \right] + (p_{IIb}^P - p_{Ib}^P)(i-2) - (p_{Ib}^P - p_{IIb}^P)(i-1) \right\}, i = I, II \tag{4.57}$$

对于边 b（平台 I）用户而言，第 t_2 期在两个平台 I、平台 II 上无任

何转移成本地转移选择合适的平台，根据用户无差异原则，求解方程 (4.6)，且满足不等式：$\lambda^T \geq [t^T + \omega - \alpha^T(m_{Ia}^P + m_{IIa}^P) + (p_{IIb}^T + p_{Ib}^T)]/2$ 和 $|\omega + \alpha^T(m_{Ia}^P - m_{IIa}^P) + (p_{IIb}^T - p_{Ib}^T)| \leq t^T$ (4.58)

会有如下等式存在：

$$m_{ib}^P = \frac{1}{2} + \frac{\alpha^S[(m_{IIb}^P - m_{Ib}^P)(i-2) - (n_{Ib}^P - n_{IIb}^P)(i-1)] + \alpha^P[(m_{IIb}^P - m_{Ib}^P)}{2t^P}$$

$$\frac{(i-2) - (m_{Ib}^P - m_{IIb}^P)(i-1)]}{}, i = I, II \quad (4.59)$$

命题13　第 t_1 期时，若平台 I 在边 a 用户的市场份额大于50%，在第 t_2 期时，平台 I 在边 a 用户的市场份额 n_{12}^S 会随着平台转移成本的升高而增多。

通过平台双边用户 a、b 对于各个平台 I、平台 II 的需求函数，第 t_2 期时每边用户的需求都与两个平台对双边用户的一期定价有关。至于转移成本对于平台第 t_2 期需求的影响则需分析平台在第 t_1 期的市场份额。对平台 I 而言，如果第一期在边 a 的市场份额大于50%时，在第 t_2 期，平台 I 在边 a 的市场份额会随着转移成本的升高而增多。

2. 竞争性平台的二期均衡策略设计

依照给出的两期竞争性平台边用户行为分析所得出的上述结论，竞争性平台 I、平台 II 的两期均衡策略设计分析如下：

假设平台 I、平台 II 的利润函数为：

$$\prod_{Ib} = (p_{I,b} - f^T)m_{Ib}^T + (f^T - p_{Ib})m_{Ib}^T \quad (4.60)$$

平台 I 和平台 II 的利润最大化时的一阶条件为：

$$\partial \prod_{i,b} / \partial p_{i,b}^T = m_{i,b}^T - (\beta + \rho)(p_{i,b}^T - f^T)/2t^T = 0, i = I, II \quad (4.61)$$

$$\partial \prod_{i,b} / \partial p_{i,b}^P = m_{i,b}^P - (p_{i,b}^P - f^P)/2t^P = 0, i = I, II \quad (4.62)$$

联立三个方程，得：

$$p_{I,a}^T + p_{II,b}^T - 2f^T = 2t^T/(\beta + \rho) \quad (4.63)$$

将 (4.63) 式代入 (4.60) 式，得到第 t_2 期时平台 I 对边 a 用户所设定的均衡价格为：

$$p_{i,b}^{T*} = \frac{t^T}{3} + \left(\frac{1}{3}\alpha^T + \frac{\rho\omega}{\beta + \rho}\right)[(m_{II,a}^P - m_{I,a}^P)(i-2) - (m_{I,a}^P - m_{II,a}^P)(i-$$

$$1)] + \frac{2t^T(1 - \beta - \rho)m_{i1}^T + 2t^T}{\beta + \rho}\} + f^T, i = I, II \quad (4.64)$$

命题 14　在第 t_1 期双边市场份额占有率较高（较低）的平台企业会在下一期（第 t_2 期）对边 a 用户采取较高（较低）价格。

根据平台一边（边 a）用户的均衡价格，在第 t_1 期另一边（边 b）用户在平台 I 上的接入量与平台 II 上的接入量之差$(m_{I,a}^P - m_{II,a}^P > 0)$越大，平台 I 在第 t_2 期对该边（边 a）用户所设定的接入价格就越高，若差值为正，则其值越大，平台 I 在第 t_2 期对该边（边 a）用户所设定的接入价格就越低，即如果平台 I 上第 t_1 期该边（边 a）的市场占有率高于平台 II，那么平台 I 理性预期到若其提高平台接入价格第 t_2 期将有更多的另一边（边 b）用户将接入平台 II，ρ 值增加则平台接入价格也随之上升，若 $m_{I,a}^P - m_{II,a}^P > 0$，第 t_1 期在平台 I 上的该边（边 a）用户数量越多，那么在第 t_2 期愿意接入平台 I 的另一边（边 b）用户因理性预期（精确推断出边 a 用户加入平台的数量），其加入平台的激励就会增强，相应的，边 b 用户的数量增加。

$$p_{I,b}^P + p_{II,b}^P - 2f^P = 2t^P \tag{4.65}$$

将（4.65）式代入（4.60）式得第 t_2 期平台 I 对另一边（边 b）用户所设定的均衡价格为：

$$p_{ib}^{P*} = \frac{1}{3}\left[3t^P + \alpha^P (m_{IIa}^T - m_{Ia}^T)(i-2) - (m_{IIa}^T - m_{Ia}^T)(i-1) \right] + f^P,$$
$$i = I, II \tag{4.66}$$

命题 15　在第 t_1 期一边（边 a）上占有较高（较低）市场份额的平台企业会在第 t_2 期对该平台上的另一边（边 b）用户采取较高（较低）的价格策略，以期获得更高利润。

从边 b 用户的接入均衡价格公式可看出，第 t_1 期边 a 用户在平台 I 上的接入量比平台 II 上的接入量越大，即$(m_{Ia}^T - m_{IIa}^T > 0)$，平台 I 在第 t_2 期针对边 b 用户所设定的接入价格越高，即第 t_1 期若平台 I 在边 a 的市场占有率以绝对优势高于平台 II 时，平台 I 理性预期认为，第 t_2 期时，考虑网络外部性影响，将会有更多的另一边（边 b）用户在第 t_2 期将接入到平台 II，即使平台在第 t_2 期提高了价格也不会影响此类边（边 b）用户对第 t_2 期的预期（其效用与第 t_1 期边 a 用户的接入数量有关）。

进一步将（4.63）式代入（4.56）式，发现平台 I 在一边（边 a）用户的第 t_2 期市场占有率与第 t_1 期双边用户接入数量有关，即：

$$m_{ib}^T = \frac{(\beta+\rho)}{2} + \left\{ \alpha^T (\beta+\rho)\left[(m_{IIa}^P - m_{Ia}^P)(2i-3) \right] + \left[\beta\omega - 2t^T (1-\beta-\rho) \right] \cdot \right.$$

$$\left[\left(m_{\mathrm{II}a}^{T}-m_{\mathrm{I}a}^{T}\right)(2i-3)\right]+(1-\beta-\rho)m_{ia}^{T}\}/6t^{B}+(1-\beta-\rho)m_{ia}^{T},i=\mathrm{I},\mathrm{II}$$

$$(4.67)$$

由（4.67）式得到下列命题：

命题 16   第 t_1 期市场占有率较高的一边用户和市场占有率较低的一边用户市场份额的平台，在第 t_2 期的前一期占有率较高的平台其用户市场占有份额与第 t_1 期相比将呈下降趋势。

即在 $m_{\mathrm{I}1}^{T}>m_{\mathrm{II}1}^{T}$、$m_{\mathrm{I}1}^{P}<m_{\mathrm{II}1}^{P}$ 时，有 $m_{\mathrm{I}2}^{B}<m_{\mathrm{I}1}^{B}$ 即在第 t_1 期双边市场会出现市场占有率较高一边用户和较低一边用户市场份额同时存在的平台，在第 t_2 期的前一期占有率较高的平台其用户市场份额和第 t_1 期相比将有下降。

同时，将（4.65）式代入（4.67）式，可以得到一边平台（平台 I）在另一边（边 b）的第 t_2 期市场占有率与第 t_1 期边 a 用户接入数量关系为：

$$m_{ib}^{P}=1/2+\alpha^{P}\left(m_{\mathrm{I}a}^{T}-m_{\mathrm{II}a}^{T}\right)(2i-3)/6t^{P},i=1,2 \qquad (4.68)$$

将进一步的方程代数变化得到的（4.67）式和（4.68）式分别代入第 t_2 期平台 I 的利润函数（4.60）式中，可以得到平台 I 和平台 II 在第 t_2 期的利润与其第 t_1 期时在双边用户所获得的市场份额的关系分别是：

$$\prod_{ib}=\frac{1}{3}\left[t^{T}+\alpha^{T}(2m_{ia}^{P}-1)+\frac{2t(1-\beta-\rho)m_{ia}^{T}+\rho\omega(2m_{ia}^{P}-1)+2t^{T}}{\beta+\rho}\right]\cdot$$

$$\left[\frac{\beta+\rho}{2}+\frac{\alpha^{T}(\beta+\rho)(2m_{ia}^{P}-1)+\rho\omega(2m_{ia}^{P}-1)-2t^{T}(1-\beta-\rho)(2m_{ia}^{T}-1)}{6t^{T}}+\right.$$

$$\left.(1-\beta-\rho)m_{ia}^{T}\right]+\frac{t^{T}}{2}+\frac{\alpha^{P}m_{ia}^{T}}{3}-\frac{\alpha^{P}}{6}+\left(\frac{t^{P}}{2}+\frac{\alpha^{P}m_{ia}^{T}}{3}-\frac{\alpha^{P}}{6}\right)\frac{\alpha^{P}(m_{ia}^{T}-1)}{3t^{P}},i=\mathrm{I},\mathrm{II}$$

$$(4.69)$$

对于平台 I 而言，平台 I 在第 t_1 期的市场占有率大于平台 II，即 $m_{11}^{P}>m_{21}^{P}$，由于存在转移成本 ω，$\omega\in(0,1)$，该双边市场达到对称均衡时，一边（边 a）用户价格 P_a、总价格 P 和平台上收益 $\prod_{ia}$ 都要高于无转移成本 ω 的双边市场。因为转移成本 ω 削弱了该边（边 a）用户在不同平台间的流动性，使平台提供商可以高价获取被锁定在平台上的边 a 用户业务收益，并通过低价拉拢更多的另一边（边 b）用户来尽力提高该平台（平台 I）的利润。在两阶段博弈模型中，平台 I 和平台 II 在第 t_2 期不必考虑将来市场份额竞争，所以其最佳定价策略就是通过尽量充分使用现有的资源——被锁定在自己平台上的边 a 用户来获取利润，显然这种策略符合双边市场的一般规律。

（二）模型的第一期均衡分析

1. 一期用户行为

在第 t_1 期，平台边 a 用户在不存在转移成本 ω 时，一般平台在当期的接入价格竞争中要同时考虑其设定的接入价格 P_a 所带来的本期利润 $\prod_{ia}$ 及该价格水平对未来利润的影响程度，以便制定一个两期最优的接入价格策略。

假设 θ 为远期利润的折现因子，则平台 I 在第 t_1 期的目标函数为：

$$\max \prod_{\mathrm{I}}[\,m_{\mathrm{I}a}^{T}(p_{\mathrm{I}a}^{T},p_{\mathrm{II}a}^{T},m_{\mathrm{I}a}^{PE})\,,n_{\mathrm{I}1a}^{P}(p_{\mathrm{I}a}^{P},p_{\mathrm{II}a}^{P},m_{\mathrm{I}a}^{TE})\,,m_{\mathrm{I}b}^{T}(p_{\mathrm{I}b}^{T},p_{\mathrm{II}b}^{T},m_{\mathrm{I}a}^{P})\,,m_{\mathrm{I}b}^{P}(p_{\mathrm{I}b}^{P},p_{\mathrm{II}b}^{P},$$

$$m_{\mathrm{I}a}^{T})\,]=\max[\,\prod_{\mathrm{I}a}(p_{\mathrm{I}a}^{T},p_{\mathrm{II}a}^{T},p_{\mathrm{I}a}^{P},p_{\mathrm{II}a}^{P})+\theta\prod_{\mathrm{I}b}(m_{\mathrm{I}a}^{T},m_{\mathrm{II}a}^{T},m_{\mathrm{I}b}^{P},m_{\mathrm{II}b}^{P})\,] \tag{4.70}$$

平台 I 第 t_1 期利润和第 t_2 期折现利润之和最大化时的一阶条件有：

$$\partial\prod_{\mathrm{II}}/\partial p_{\mathrm{I}a}^{T}=\partial\prod_{\mathrm{I}a}/\partial p_{\mathrm{I}a}^{T}+\theta[\,\partial\prod_{\mathrm{I}}/\partial m_{\mathrm{I}a}^{T}+(\partial\prod_{\mathrm{I}}/\partial m_{\mathrm{I}a}^{T})(\partial m_{\mathrm{I}}/$$

$$\partial m_{\mathrm{I}a}^{T})\,](\partial m_{\mathrm{I}a}^{T}/\partial p_{\mathrm{I}a}^{T})=0 \tag{4.71}$$

在（4.70）式中，由于 $(\partial m_{\mathrm{I}a}^{T}/\partial p_{\mathrm{I}a}^{T})<0$ 且 $\partial\prod_{\mathrm{I}}/\partial m_{\mathrm{I}a}^{T}+(\partial\prod_{\mathrm{I}}/\partial m_{\mathrm{I}a}^{T})$ $(\partial m_{\mathrm{I}}/\partial m_{\mathrm{I}a}^{T})>0$，那么 $\partial m_{\mathrm{I}a}^{T}/\partial p_{\mathrm{I}a}^{T}>0$，即边 a 用户数量随其价格上涨而增加，平台一边（边 a）用户的最优价格会低于最大化第 t_1 期收益的该边（边 a）用户价格。因为市场份额在未来通过提高规模可以为平台带来收益，所以每个平台商都会在第 t_1 期采取进攻性价格策略，争夺该边用户市场份额，以确保下一期的利润总和不被侵蚀。

2. 平台的竞争均衡策略设计

平台 I 第 t_1 期的利润为：

$$\prod_{\mathrm{I}a}=(p_{\mathrm{I}a}^{T}-f^{T})m_{\mathrm{I}a}^{T}+(p_{\mathrm{I}a}^{P}-f^{P})m_{\mathrm{I}a}^{P} \tag{4.72}$$

平台 I 第 t_1 期的总期望利润为：

$$\prod_{\mathrm{I}}=\prod_{\mathrm{I}a}+\delta\prod_{\mathrm{I}b} \tag{4.73}$$

对（4.72）式进行一阶求导后可得：

$$\partial\prod_{\mathrm{I}}/\partial p_{\mathrm{I}a}^{T}=m_{\mathrm{I}a}^{T}+(p_{\mathrm{I}a}^{T}-f^{T})(\partial m_{\mathrm{I}a}^{T}/\partial p_{\mathrm{I}a}^{T})+(p_{\mathrm{II}a}^{P}-f^{P})(\partial m_{\mathrm{I}a}^{P}/\partial p_{\mathrm{I}a}^{P})+$$

$$\delta[\,(\partial\prod_{\mathrm{I}b}/\partial m_{\mathrm{I}a}^{T})(\partial m_{\mathrm{I}a}^{T}/\partial p_{\mathrm{I}a}^{T})+(\partial\prod_{\mathrm{I}b}/\partial m_{\mathrm{I}a}^{P})(\partial m_{\mathrm{I}a}^{P}/\partial p_{\mathrm{I}a}^{T})\,]=0 \tag{4.74}$$

$$\partial\prod_{\mathrm{I}}/\partial p_{\mathrm{I}a}^{T}=m_{\mathrm{I}a}^{T}+(p_{\mathrm{I}a}^{T}-f^{T})(\partial_{1}m_{\mathrm{I}a}^{T}/\partial p_{\mathrm{I}a}^{T})+(p_{\mathrm{I}a}^{P}-f^{P})(\partial m_{\mathrm{I}a}^{P}/\partial p_{\mathrm{I}a}^{T})+$$

$$\theta\left[\left(\partial\prod_{\mathrm{Ib}}/\partial m_{\mathrm{I}a}^T\right)\left(\partial m_{\mathrm{I}a}^T/\partial p_{\mathrm{I}a}^T\right)+\left(\partial\prod_{\mathrm{Ib}}/\partial m_{\mathrm{I}a}^P\right)\left(\partial_1 m_{\mathrm{I}a}^P/\partial p_{\mathrm{I}a}^T\right)\right]=0 \qquad (4.75)$$

解 (4.74) 式和 (4.75) 式可以得到第 t_1 期两个平台在同一双边用户设定的对称性均衡价格为:

$$p_{\mathrm{I}a}^T=p_{\mathrm{II}a}^T=\alpha^P A_3(1+A_4)/\left[t^P-A_4\alpha^P\left(t^P A_2-\alpha^P A_1\right)\right]-\theta A_5+f^T \qquad (4.76)$$

$$p_{\mathrm{I}a}^P=p_{\mathrm{II}a}^P=A_3 A_4\left(\alpha^P A_1-A_2 t^P+t^P\right)/\left[t^P-A_4\alpha^P\left(A_2 t^P-A_1\alpha^T\right)\right]+2\theta\alpha^T/3+f^P$$
$$(4.77)$$

其中, A_1、A_2、A_3、A_4、A_5 均为常系数。

由 (4.76) 式与 (4.77) 式,分别得到命题如下:

命题 17 平台面对 "一般理性" 边 a 用户与面对 "非一般理性" 边 a 用户时,相比设定的一边 (边 a) 用户接入价格更高,而另一边 (边 b) 用户接入价格更低。

命题 18 当 $\beta+\rho=1$ 时,转移成本 ω 的存在会使平台在第 t_1 期的情况变坏。

第 t_1 期重新选择的边 a 用户比例提高会使一边 (边 a) 用户接入价格上升,另一边 (边 b) 用户接入价格下降,即 $\partial p_{\mathrm{I}1}^T/\partial\rho=\partial p_{\mathrm{II}1}^T/\partial\rho>0$,$\partial p_{\mathrm{I}1}^P/\partial\rho=\partial p_{\mathrm{II}1}^P/\partial\rho<0$,结果所有的第 t_1 期该边 (边 a) 用户在第 t_2 期都会进行重新选择 ($\beta+\rho=1$, $\rho>0$),可以证明以下等式成立:

$p_{\mathrm{I}1}^T=p_{\mathrm{II}1}^T<t^T+f^T$, $p_{\mathrm{I}1}^P=p_{\mathrm{II}1}^P<t^P+f^P$ 和 $p_{\mathrm{I}1}^T+p_{\mathrm{I}1}^P=p_{\mathrm{II}1}^T+p_{\mathrm{II}1}^P<t^T+f^T$ $+t^P+f^P$,这意味着转移成本 ω 的存在使平台在第 t_1 期的情况变坏(价格)。上述不等式得到在不同参数值取值范围下的不同命题:

命题 19 当 $\beta>0.79$ 时,平台接入转移成本 ω 的存在会使该平台在第 t_2 期的情况保持不变的情况下,第 t_1 期的情况变得更好。

如果参数 $\beta>0.79$,所有参与平台两期接入的活动一边(边 a)用户在第 t_2 期的选择保持不变,即 $\rho=0$,可以证明当 $\beta>0.79$ 时,有 $p_{\mathrm{II}}^T=p_{\mathrm{III}}^T>$ t^T+f^T, $p_{\mathrm{I}1}^P=p_{\mathrm{II}1}^P>t^P+f^P$。

$p_{\mathrm{I}1}^T+p_{\mathrm{I}1}^P=p_{\mathrm{II}1}^T+p_{\mathrm{II}1}^P>t^T+f^T+t^P+f^P$,意味着结论 19 的结果,即一边 (边 a) 用户对平台接入转移成本 ω 的影响预期,会使其在需求缺乏弹性 (ρ 接近于零) 平台上第 t_1 期缺乏降低接入价格的动机。进一步推论得:存在平台接入转移成本 ω 的双边市场在两期都比没有平台接入转移成本 ω 的市场更缺少形成竞争性市场的内在激励。但是,当 $\beta>0.79$ 时,情况则相反。因为有太多的第 t_1 期一边 (边 a) 用户会在第 t_1 期结束后离开市场，一边（边 a）用户对未来理性预期的影响将进一步减弱，从而比较接近于非理性一边（边 a）用户的行为。

命题 20 $\beta = \rho = 0$，表明双边市场一边（边 a）的所有用户在第 t_2 期时都不会改变其平台接入选择，则有 $m_{I12}^T = m_{I11}^T$，$m_{II2}^T = m_{II1}^T$，这和传统的定价方法相同，平台 I 将会获得一边（边 a）用户的所有剩余。平台为了追求第 t_1 期的高市场份额，将为第 t_2 期带来更高额的利润，激励其在第 t_1 期尽可能降低对边 a 用户所设定的平台接入价格，同时还会降低对另一边（边 b）用户设定的平台接入价格。

命题 21 $\beta = 0$，$\rho = 1$，双边市场一边（边 a）的部分用户都将受第 t_1 期平台接入定价结果影响，实质会放大转移成本 ω 的影响，进而削弱平台 I、平台 II 之间的市场竞争程度；反之，会强化平台 I、平台 II 之间的竞争。由于普通理性的平台一边（边 a）用户会预期下一期第 t_2 期平台转移成本 ω 对于平台接入价格结构的影响，在第 t_1 期所做的是一个两期的最优选择策略，平台 I、平台 II 则需要考虑这些"理性"一边（边 a）用户的理性预期，将在第 t_1 期就制定出两期的最优定价策略，以实现该平台在两期的利润总和最大化的最终目标。

第四节　结论与建议

一　标记性结论

通过对双边市场中垄断交易平台和竞争性交易平台的三种典型定价策略研究发现，双边市场和传统单边市场的定价方式迥然不同，由于在双边市场中存在价格弹性差异和网络外部性等因素，其定价策略的核心在于将用户的外部性内部化，平台为扩大网络外部性会争取更多的用户，用户间的网络外部性削弱了交易平台运用市场垄断势力进行价格加成获取超额利润的能力。根据以上模型分析可以看出，影响双边市场交易平台的定价策略的因素主要有两边的需求价格弹性、网络外部性、用户数量或平台交易量和产品差异化等。我们得到以下结论：

（一）动态分析是互联网等高新技术行业进行产业组织分析的基本要求

以往文献多集中于静态分析，而在信息产业领域，能够使用的双边平台的定价模型往往是动态变化的。如互联网的信息中介平台刚进入市场时，对用户免费开放。当用户数量达到一定规模时开始收费，或根据质量差异采取差异化收费，平台相应的定价方式策略也会发生改变，以往的静态分析理论已不再适用。

（二）用户安装基础的自网络效应，即双边市场的成员外部性是平台存在的基础

双边市场的关键在于吸引两边用户加入平台。而两边用户之间又建立在各自对对方加入平台信念的基础上。由于存在转移成本，竞争性平台将通过在第一期提供接入价格低的平台吸引用户，通过锁定用户来提高其市场份额。通过两期的 Hotelling 竞争模型研究分析平台接入转移成本和网络外部性因素对于平台两期定价均衡的影响。结果表明，在第一期占有较高（较低）边 a 市场份额的平台商会在第二期对另一边 b 用户采取较高（较低）的价格。平台面对"理性"一边 a 用户与面对另一边 b"非理性"用户时，边 a 设定的用户接入价格更高而边 b 设定的用户接入价格更低；但当所有两期边 a 用户都重新选择时，转移成本使平台的总利润在第一期的情况反而减少。在三网融合过程中，这是常见的现象，在三网融合的过程中，各电信营运商通过在第一期提供接入价格低的平台吸引用户，通过锁定用户来提高其市场份额，然后在下一期利用平台的规模优势（能够显著降低成本），根据网络外部性原理再对该平台另一边用户收取较高的接入费用，而不致影响该平台用户规模来获取更多利润。

进一步分析多归属情形下双寡头竞争平台的最优定价策略发现，当用户具有多归属行为时，用户的需求对平台接入价格的敏感程度降低，则用户的需求曲线上移，和用户具有单归属行为相比较，该平台可以对用户设定更高的接入价格以实现两期总利润最大化。通过计算平台兼容时所需支付的兼容成本，我们得出单归属行为的用户比多归属行为的用户更倾向使其所在平台之间的相互兼容。

（三）三网融合有利于提高平台的总利润

对于三网融合背景下的中国电信产业，由于双边市场的特殊性，平台之间的互联互通及竞争行为给消费者带来的效用是两方面的：一是来自本边的收益，平台从互联的另一个平台的同边消费者获得的间接网络外部性的收益；二是平台互联后，平台消费者可以从与互联平台的另一边消费者进行交易获得组间网络外部性收益。根据赖特（Wright，2004）相关理

论，三网融合下的电信网、广播电视网和互联网之间的关系不再是竞争替代关系而是互补关系。

（四）动态看待市场份额是新产业组织分析的又一关键

第一期平台的市场份额较为重要，平台间的竞争注重两期总收益。第一期时，如果平台在一边的市场份额大于 1/2，第二期时，平台在该边的市场份额会随着转移成本的上涨而增加。在有转移成本的双边市场达到对称均衡时一边用户价格、总价格和平台上利润都要高于无转移成本的双边市场。一个合理的推断是，尽管用户规模自网络效应构成成员外部性的基础，但是，双边市场最本质的方面是两边用户之间存在着间接网络外部性，即交易外部性。由于交易外部性的存在，平台需要对不同用户之间对另一边的外部性进行协调，以使得平台节约交易成本。因此，平台存在着的自网络规模经济与间接交叉网络外部性，并不会导致人们普遍对互联网所下的判断那样是赢者通吃，而是新进入者或者潜在进入者可以对在位者各个击破。

二　建议

（一）双边市场应该防止单边思维

电信产业链在技术进步的今天已经愈显复杂。运营商、服务提供商与内容提供商各自成为电信生态中的一个环节，共生共赢是基本特征。因而，组建产业联盟、签订排他性的合约、实行市场关闭或先占策略是基于网络边界知识嵌入的考量，同时也是电信运营商治理不确定性的一些具体安排。当然，在此过程中会出现反竞争性的行为，需要跟进相应的管制。

（二）创新管制与反垄断政策

电信产业管制的失灵就是现有的管制与电信网络的产业属性不符而导致的，运用的是单边市场思维逻辑。管制主体、内容、工具必须重新构造方能适应电信产业生态变化的要求。在三网融合背景下，对国内双边市场的规制政策研究十分迫切且很有实践意义，对于具有双边市场特点的产业领域的优化价格结构并制定合理的市场规制政策必不可少。工信部制定了相关的互联互通规范、收费规范、两化融合规范等政策。然而，三网融合意味着数网竞争。在三网竞争环境下，仅仅工信部一家制定部门政策并不能保障三网融合中各竞争主体都可以在公平、公正、有序的市场竞争格局中互相展开真正意义上的"双向进入"，重要的是相应的反垄断政策如何在融合出现的双边市场价格结构设计中得到相应的跟进。

第五章 电信运营商内容服务市场的接入定价策略设计

第一节 研究背景

一 现实背景

借助数字和宽带技术，现在大量的内容传输是以数字包而非字节进行的。信息包的传输使得提供接入服务的网络运营商无法甄别哪些是按照字节，哪些是按信息包提供的上传或下载服务。内容提供商通过一个既定的物理与消费者进行链接。同样，一个内容提供商从运营商那里购买既定的带宽就可以完成传输，并不需要与任何另一个内容提供商签订合同条约，面临这样的传输条件，网络运营商在提供接入服务时就遇到了如何向竞争性"瓶颈"的两边收取恰当费率，以实现其尽可能地把它们的剩余以及存在于平台两边的网络外部性内生化为平台自身的收益。按照双边市场通常的做法，平台拥有者可以依据两边用户在形成平台交叉网络外部性中的各自贡献大小，或者依据两边用户对于平台接入的不同价值比率收取不同的价格。网络外部性贡献大的一边用户或者对平台评估价值低的一边用户需要支付给平台的价格就低；反之则相反。总的费率是两边用户向平台支付的总价格与相对价格的一个函数。一般而言，在内容接入市场，由于内容提供者的收益来自大量广告收入，消费者人数的多少在很大程度上决定了广告发布的数量，决定了内容接入市场相关各方最终收益的大小。因此，作为一项提供平台两边用户协调的制度安排，平台拥有者向消费者收取的价格要低于内容提供者接入平台所要支付的费率。同时，内容提供商的收益来自广告收入。按照最优选择，平台拥有者在为内容提供者提供接入服务时就会向内容提供者收取一个大于零的接入价格，而非实行网络中性的接入价格。这样，就可以将至少一部分来自内容提供者对平台价值评估的剩余转化为平台的利润，以达到抽租的目的。比如AT&T在面临图像与数据接入需求增长时就主张对其提供接入的谷歌、雅虎与即时通讯（MSN）收取额外的费用以对它投资的传输网络提供补偿。这一索求背离了以往AT&T提供接入服务时遵循的点对点原则，AT&T或者其他有线电视网络公司可以向内容提供者收取高于边际成本的费率，而且可以以网络边缘原则对不同内容提供商实行价格歧视。

二　理论背景

围绕端点对端点原则与网络边缘原则的不同接入费率安排，内容提供商在获取接入服务时需要向平台支付的价格出现了很大差异。由于互联网有成千上万个链路，每个网络不是按照端点对端点，而是按网络边缘原则对接入收取高于成本的价格，那么一条信息流在传输途径中将会无数次边际化。而且，网络边缘原则很容易形成垄断平台拥有者与一些内容提供商的秘密契约，从而向另一些内容提供商实施市场关闭或者市场圈定策略，内容服务市场的竞争会因此而消退。鉴于此，一些学者主张对内容接入定价实施网络中性管制，即平台向内容提供商提供零接入价格（Economides，2008；Economides and Tag，2009）。但是，有一些经济学家则认为，网络中性的接入定价管制会带来很多问题。赫马林和卡茨（Hermalin and Katz，2007）发现，网络中性相当于只有一个产品与质量需求存在于内容服务市场，产品线的限制效应使低价值的内容提供商或者应用软件开发商被排挤出了内容服务市场。而对接入服务具有中等价值评估的内容提供商在网络中性接入费率安排下则购买到了更高价值或者更有效率的接入服务；对接入服务具有较高价值评估的内容提供商或者其他应用软件开发商则购买到了较低价值或者低效的平台接入服务。也有一些研究者从网络链接拥挤的角度分析了内容接入的不同模式对内容服务市场的影响（Sidak，Gregory，J.，2006；Cheng and Guo，2008）。他们的研究发现，网络非中性的接入价格对于内容接入市场影响是不确定的。他们认为，网络中性的接入定价有利于内容提供商而不利于服务提供商；对内容消费者的影响则是不利的。而且，采取网络非中性的接入价格由市场决定谁获得接入，就可以解决网络拥挤问题。从社会福利的角度来看，实行网络非中性的接入定价则是有利的。而另一些学者则从静态与动态的角度集中研究在网络中性接入定价原则下的内容提供商与服务提供商的创新激励（Jay

Pil Choi，2006；Choi and Kim，2008；Robert W. Hahn and Robert E. Litan，2006）。他们认为，从动态角度看，网络中性对网络运营商的激励方式既可以允许运营商索取较高或者较低的接入价格也可以允许其将接入服务的优先权出售给某个内容提供商而获得。为了改进容量而进行的投资意味着运营商能够向拥有优先权传输的一方索要较低的价格。而在没有网络中性的条件下，扩充容量的激励减弱了。而且，在网络非中性条件下，优先权往往意味着内容提供商以较高价格获得接入。Hagiu（2007，2009[a]，2009[b]）认为，一个开放的平台应该是对每一边都是零接入价格，而来自一边用户需求差异的专属性平台，则需要价格协调。Angel Luis Lopez（2009）沿着 Laffont、Marcus、Rey 和 Tirole（2001，2003）对等互惠接入定价原则思路对在网络传输市场非对称性接入定价进行了研究发现，网络运营商可以对来自不同的网络的接入服务收取不同的价格。这一发现为研究内容提供商与消费者多平台归属下平台拥有者如何针对平台两边用户的效用函数或需求特征进行有效的定价提供了有益的思路。

本章主要针对接入服务提供者对平台两边需求的协调所需要的相关定价规则的安排，不考虑网间基于不同呼叫转移模式费率结算问题。限于篇幅与本部分主题，这里只是简单提及对本章进行讨论提供的必要文献背景。Evans（2003）研究了平台的价格结构对平台网络外部性的影响。他认为，大多数平台都会将平台两边的用户区分开来进行不同的战略性定价实践，其中的一边是利润中心而另一边则是亏损中心。Wright（2004）对在双边市场格局下的定价特征作了分析，正式把双边市场的分析框架与传统的单边市场予以了区分。Chakravorti 和 Roson（2006）、Guthrie 和 Wright（2007）建立了费率模型研究双边市场；Caillaud 和 Jullien（2003）、Amstrong（2006）、Rochet 和 Tirole（2006）、Amstrong 和 Wright（2007）建立了关系模型研究双边市场。赫马林和卡茨（2006）研究了战略性博弈结构的路径规则决定了一些集团的平台选择。Wilko Bolt 和 Kimmo Soramäki（2008）用讨价还价能力对接入价格进行了研究。Weyl（2008）探讨了价格结构有效性的若干条件。他证实，竞争性结构在很大程度上取决于从平台的一边向平台另一边进行交叉补贴的比率。Attila Ambrus 和 Rossella Argenziano（2008）研究了非对称性网络均衡路径问题。他们发现，不同规模的平台在同一个市场的好多地方可以并处，两个网络可以针对不同的目标市场。

第二节　垄断平台条件下的接入定价：基本模型

一　模型建立

作为内容接入服务的电信运营商多边市场平台，一边是其他网络接入服务提供商（ISP），一边是内容提供商，而平台的另一边连接着内容消费者。每边都要通过与平台的接入才可完成匹配性交易：内容提供商支付平台 P_S 以获取接入服务；消费者向平台支付一个非负价格来获得相关内容。在对平台为两边用户提供接入时的定价策略作更为符合现实情形的分析之前，不妨首先对对象进行一些理论界定。假设一，平台是一个垄断者，并且只提供线性价格合约，不实行两步收费；假设二，为每一个消费者提供接入的成本为 c；假设三，不考虑其他 ISP。

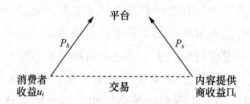

图 5-1　垄断平台价格结构

（一）消费者

消费者接入平台，是对平台提供的搜索引擎、在线商店、在线拍卖、在线视听、在线新闻或者广告以及另外一些内容。消费者对于接入平台的偏好有差异。经典的 Hotelling 模型用线性城市模型分析了消费者差异下的厂商竞争问题。该模型对消费者的差异以他们在线性区间所处的位置来衡量。通常假设一个消费者 i 位于 x_i，表示消费者对平台的偏好，该指标越低就表示对平台提供的接入服务越满意。消费者所处的位置与平台的距离或者说他们之间的匹配成本为 t。消费者在线性区间位于 $[0, 1]$ 之间，而平台位于 0 处。根据以上假设，一个消费者接入平台得到的效用可以作如下刻画：

$$\mu_i = v + bn_{cp} - tx_i - p \tag{5.1}$$

在（5.1）式，μ_i 为 i 个消费者接入平台的效用；v 代表内容本身的内在价值；b 是代表消费者 i 在平台上一个额外的内容提供商给他带来的边际价值；n_{cp} 代表平台上的内容提供商数量，假设每一个提供商提供一个质量单位的内容。

（二）内容提供者

内容提供者依赖广告收益，而广告商愿意发布广告是因为内容提供商的内容为消费者青睐，即来自消费者对内容的点击率。点击率越高，内容提供商与广告商之间的讨价还价能力就越强，内容提供商的广告收益也就越高。可见，决定内容提供商收益的衣食父母是内容消费者。当然，内容提供商收益越高，就越有动力提供消费者需要的内容，广告也就越多。在这样一个正向反馈机制里，消费者给予内容提供商以额外提供内容的边际价值。为了分析的需要，我们对内容提供商做出一些在基本模型中的假设以便保证对这些假设进行放松以后模型分析的逻辑一贯性。假设一，内容提供商均匀地分布在一个单位间隔区域并拥有一个单位质量的内容。假设二，每个内容提供商独立地与平台链接提供内容，相互之间不存在竞争，每个内容提供商的收益为 an_c。其中，n_c 为链接到平台的消费者数量；a 为内容提供商在平台上链接到的额外消费者提供的边际价值。假设三，每个内容提供商具有不同的固定成本 fy_i。其中，y_i 是内容提供商在单位区间间隔上所处的位置。假设四，每个内容提供商链接到平台需要支付给平台的费率为 p_s。由以上假设条件，可以得到内容提供商接入平台而获得的利润为：

$$\pi_j = an_c - s - fy_i \tag{5.2}$$

（三）平台总需求

在这一双边市场，内容提供商与消费者之间存在着交叉网络外部性：消费者在估计内容提供商接入平台的数量为 n_{cp}^e，内容提供商估计接入平台的消费者人数为 n_c^e。两边都在对另一边接入平台的数量进行预测的基础上，然后再决定是否加入平台。其中，有一个消费者 x_i 对是否加入平台所获得的效用无差异。这一消费者的效用可由（5.3）式给出：

$$x_i = h_c = \frac{v + bn_{cp}^e - p}{t} \tag{5.3}$$

同样，

$$y_j = n_{cp} = \frac{an_c^e - ps}{f} \tag{5.4}$$

由于平台的每一边影响平台另一边，因此，（5.5）式成立：

$$n_c^e = n_c, n_{cp}^e = n_{cp} \tag{5.5}$$

因此，

$$n_c(p_b, p_s) = \frac{f(v-p) - bp_s}{ft - ab} \tag{5.6}$$

$$n_{cp} = (p_b, p_s) = \frac{a(v-p) - tp_s}{ft - ab} \tag{5.7}$$

二　模型分析

(一) 平台总利润

平台对消费者与内容提供商分别索要 p_b 与 p_s 的接入价格。这样，平台面临的基本问题是：

$$\pi(p_b, p_s) = (p-c)n_c(p_b, p_s) + sn_{cp}(p_b, p_s) \tag{5.8}$$

由于平台两边用户具有互补联合性质，即 p_b 与 p_s 之间交叉需求价格弹性存在着显著负相关关系。平台拥有者发现，p_b 越高，p_s 应该越低。因为 p_s 的上升限制了一些低保留价值用户加入平台，内容提供商对加入平台的消费者人数的预期因此降低。预期获取的利润水平因为广告发布数量的下降及内容提供商与广告商讨价还价能力的下降，而降低了内容提供商加入平台的激励，平台向内容提供商索要的价格 p_s 也因此而下降，平台拥有者的利润随之下降。平台厂商对两边用户定价时，两边价格的上述显著的负相关关系是双边市场定价策略中的最为主要的特征。两边价格的协调与否决定了平台厂商定价策略决定平台厂商以及整个平台获利能力或者平台之间拥有的竞争力水平。因此，作为一个具有双边市场特征的平台厂商，其价格结构显然要依据两边用户对平台的保留价值差异而进行有效的价格结构设计。价格结构的变化导致用户规模与由此带给平台厂商的利润差异，价格结构显然是非中性的。因此，作为平台的电信运营商，实施有效的价格歧视是其必然的理性选择。所以，电信运营商利润极大化问题的关键就是将利润对各个变量求导数，并且令其一阶条件等于零，二阶条件小于零。于是有：

$$\frac{\partial \pi(p_b, p_s)}{\partial p_b} = 0 \tag{5.9}$$

$$p_b(p_s) = \frac{f(v+c) - (a+b)p_s}{2f} \tag{5.10}$$

同样，

$$\frac{\partial \pi(p_s, p_b)}{\partial p_s} = 0 \tag{5.11}$$

解上述两个式子，得到平台向两边用户收取的价格分别为：

$$p_b^m = \frac{(2ft - ab)(v + t) - b^2c - a^2b}{4ft - (a + b)^2} \tag{5.12}$$

$$p_s^m = \frac{(a - b)f(v - c)}{4ft - (a + b)^2} \tag{5.13}$$

$$n_c^m = \frac{2f(v - c)}{4ft - (a + b)^2} \tag{5.14}$$

$$n_{cp}^m = \frac{(a + b)(v - c)}{4ft - (a + b)^2} \tag{5.15}$$

$$\pi^m = \frac{f(v - c)^2}{4ft - (a + b)^2} \tag{5.16}$$

（二）模型结论

在上式中，当且仅当 $\frac{a}{b} > 1$ 时，$p_s > 0$。因为 $\frac{a}{b} > 1$ 时意味着如果内容提供商得到在平台上一个额外的消费者给他带来的边际价值比一个消费者在平台上得到的另一个额外内容提供商带来的边际价值高时，垄断平台拥有者将会对内容提供商收取链接平台大于零的接入价格。同样，当 $\frac{a}{b} < 1$ 时，平台厂商向内容提供商索要的价格 $p_s < 0$，即平台厂商为了让内容提供商有动力加入平台需要给予补贴。上述分析可以得到基本的有关垄断平台拥有者对平台两边用户进行定价的逻辑或者命题：依据两边用户的保留价值，平台厂商对两边进行价格协调是保障平台利润最大化的有效途径。直观来理解，视窗应用软件开发商对视窗的保留效用要比消费者来得低，操作系统通常要给应用软件开发商进行补贴。同样的理由，当内容消费者对平台的保留效用低于内容提供商保留效用时，电信运营商可以对内容消费者进行补贴，或者赠送话费，或者将不同业务，如彩信、彩铃与其他应用软件包括网络视频进行捆绑销售。

第三节　用户多归属下的电信运营商接入定价

本部分将上述的垄断运营商平台模型进行拓展，考虑在平台两边用户多归属情形下的电信运营商内容接入定价问题。首先，考虑在平台两边用户多归属下的静态最优价格的确定。然后，从平台与平台的相互作用背景看电信运营商的价格确定，以此使得在基本模型构建上的分析一步步迫近电信运营商所面临的内容服务市场的接入定价。

一 内容服务市场用户

（一）消费者

这里，两个平台的消费者位于线段 $[0，1]$ 区间，与前面的模型假设一致，平台 1 位于 $x=0$ 处，平台 2 位于 $x=1$ 处；我们假定每个平台给消费者提供具有相同内在价值的内容服务；给定每个平台 k 预期加入平台的内容提供商的数量为 n_{cp}^e；边际消费者 x_i 对加入与不加入平台获得效用相同。这样，很容易得到：

$$v + bn_{cp1}^e - tx_1 - p_b^1 = v + bn_{cp2}^e - tx_2 - p_b^2 \tag{5.17}$$

$$hc_1 = \frac{1}{2} - \frac{b[n_{cp2}^e - nc_{p1}^e - (p_b^2 - p_b^1)]}{2t}, hc_2 = 1 - hc_1 \tag{5.18}$$

（二）内容提供者

内容提供者预期在每个平台上的消费者接入平台的人数是 n_{ck}^e。如果内容提供者在两个平台都购买接入服务，即实行多平台归属，目的是为了争取更多的内容消费者，以便从广告主那里获取更多的收益，而且，多平台归属也可以让其与平台的讨价还价能力得以提高，从而获取较低的接入价格。每一个内容提供者的总收益为 an_{ck}^e。在这里，a 是接入平台的额外消费者给内容提供者带来的边际价值。平台 k 从每个链接消费者的内容提供商那里选择 ps_k，内容提供商从平台销售内容而得到的利润就为：

$$\pi_{jk} = an_{ck}^e - ps_k - fy_j \tag{5.19}$$

每一个内容提供商的个人理性约束是保证利润为非负。假设有一个边际内容提供商加入与不加入平台的效用是无差异的，这样，

$$nc_{pk} = \frac{an_{ck}^e - ps_k}{f}, k \in \{1,2\} \tag{5.20}$$

由于两个平台给消费者带来的价值是一样的，消费者通常只加入一个平台。因而，内容提供商要想覆盖所有市场就必须同时加入两个平台。

（三）平台总需求

如果平台的每一边理性地预期到平台另一边的人数，参与平台的内容提供商与消费者人数将由下式给出：

$$nc_1 = \frac{1}{2} + \frac{b(p_s^2 - p_s^1) + f(p_b^2 - p_b^1)}{2(ft - ab)} \tag{5.21}$$

$$nc_2 = 1 - nc_1 = \frac{1}{2} - \frac{b(p_s^2 - p_s^1) + f(p_b^2 - p_b^1)}{2(ft - ab)} \tag{5.22}$$

$$nc_{p1} = \frac{a[b(p_s^2 + p_s^1) + f(t - p_b^2 - p_b^1)] - (a^2 b + 2ftp_s^1)}{2f(ft - ab)} \tag{5.23}$$

$$nc_{p2} = \frac{a[b(p_s^2 + p_s^1) + f(t - p_b^1 - p_b^2)] - (a^2 b + 2ftp_s^2)}{2f(ft - ab)} \tag{5.24}$$

二 寡头垄断电信运营商平台动态定价

(一) 寡头垄断运营商问题

$$\pi_k(p_b^1, p_b^2, p_s^1, p_s^2) = (p_k - c)nc_k + p_s^k n_{ck}^p \tag{5.25}$$

依据假设，两个寡头对称，按照伯特兰竞争，其价格水平为：

$$p_1 = p_2 = t + c - \frac{a^2 + 3ab}{4f} \tag{5.26}$$

$$p_s^1 = p_s^2 = \frac{a - b}{4} \tag{5.27}$$

由 (5.21) 式到 (5.27) 式，有：

$$\pi_1^D = \pi_2^D = \frac{4ft - (a + b)^2 + 4(ft - ab)}{16f} \tag{5.28}$$

(二) 动态背景下的电信运营商平台定价

竞争型平台确定价格 p_b^k 与 p_s^k 以实现平台利润最大化。而作为平台两边的用户都希望以一个比较低的价格接入平台。这样，在竞争性平台之间为争夺用户就会进行削价竞争。这是伯特兰模型进行分析的基础。现在的问题是，在用户异质背景下会不会导致伯特兰竞争结果？会不会导致以牙还牙的报复性竞争而偏离均衡价格水平？或者平台之间的竞争导致双方都亏损？我们认为，回答上述问题需要考虑在平台上的各方的讨价还价能力的分布。本章规定讨价还价能力的分布为 ∈ [0, 1]，如果为 0，表示平台内容提供商一边拥有完全的讨价还价能力；如果为 1，表示消费者一边拥有完全的讨价还价能力。实际的内容市场需求受到内容提供商与消费者之间讨价还价能力分布的影响，进而影响平台的价格竞争以及由此而产生的结果。为了说明消费者或者内容提供商对接入平台需求的改变是如何作用于平台竞争对手价格制定的，我们首先给出平台 k 的需求，规定为 n_{ck} 与 n_{cpk}:

$$D^k(p_b^k, p_s^k), k, i = 1, 2, k \neq j \tag{5.29}$$

$$\pi^k(p_b^k, p_s^k) = (p_b^k + p_s^k - c)D^k(p_b^k, p_s^k) \tag{5.30}$$

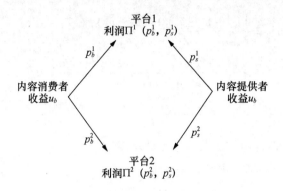

图 5 - 2 竞争性平台的价格结构

为了分析价格削减策略对平台收益的影响，如图 5 - 3 和图 5 - 4 所示。

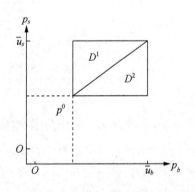

图 5 - 3 初始状态下的平台 用户需求分布

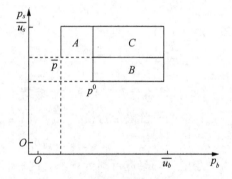

图 5 - 4 价格偏离初始状态下的 用户需求分布

开始时，两个平台对两边用户收取相同的价格 p_b^0 与 p_s^0，在消费者与内容提供商在线段区间都服从均匀分布的前提下，两个平台的初始接入数量相等：

$$D_1(p_b^0, p_s^0) = D_2(p_b^0, p_s^0) = \frac{1}{2} \frac{(\mu_b - p_b^0)(\mu_s - p_s^0)}{\mu_b \mu_s} \tag{5.31}$$

现在假定，平台 1 率先偏离初始状态的价格水平并使得偏离后的消费者价格水平低于偏离前，而内容提供商的接入价格则高于偏离前，结果自然是消费者都希望到该平台，内容提供商得到的收益为 μ_s，平台 2 仍然以初始的价格分别向平台两边用户收取。平台 1 的削价会在多大程度对平台

2产生不利影响，或者平台1在多大程度吸引包括平台2的消费者，就出现了消费者与内容提供商的讨价还价能力的分布问题。假如，消费者拥有完全的讨价还价能力，对平台1的需求为：

$$D^1(\tilde{p},p^0) = \frac{(\bar{\mu}_s - \tilde{p}_s)(p_b^0 - \tilde{p}_b) + (\bar{\mu}_b - p_b^0)(\bar{\mu}_s - \tilde{p}_s)}{\bar{\mu}_b \cdot \bar{\mu}_s} = \frac{(\bar{\mu}_s - \tilde{p}_s)(\bar{\mu}_b - \tilde{p}_b)}{\bar{\mu}_b \cdot \bar{\mu}_s}$$

(5.32)

平台2确定价格为p^2，得加入到其平台的需求为：

$$p^2(p^0,\tilde{p}) = \frac{(\bar{\mu}_b - p_b^0)(\tilde{p}_s - p_s^0)}{\bar{\mu}_b \cdot \bar{\mu}_s}$$

(5.33)

给定平台1的价格在平台2的超平面上，平台k确定它的价格p^k也是在平台2的超平面上，来极大化平台k的收益。对此，我们可以由最优化价格动态反应的方法进行分析以此获得一方偏离以后的竞争性价格水平及其均衡的路径。如果两个平台的价格能够处在各自的反应曲线上，那么两个平台能够在平台2的超平面上选择一个价格p_b与另一个价格p_s来实现各自利润的最大化。在开始对均衡价格实现路径分析前，严格假定$p_k^i \in [0, \mu_i]$之间，保证平台的价格是非负的。然后，再放松此假设，容许平台向另一边用户收取负的价格。与上面假设两个平台开始时的定价情形相一致，两个平台在开始时均匀分割整个市场。这里，还要引入在垄断情形下的平台价格p_b^m。分两种情形来讨论：

情形1　$p_b^0 > p_b^m$。在平台1的价格为p_b^0，另一家寡头最优反应的动态定价应为p_b^m。这样内容消费者就会被吸引到价格低的平台上。不考虑对内容提供者的定价，该平台能够得到整个市场的需求。结果是该平台获取垄断利润。显然，p_b^m不可能成为纯战略的纳什均衡，动态的价格水平调整将会发生。

情形2　$p_b^0 < p_b^m$。在平台消费者一边的价格水平上减去一个小量，使得$p_b^0 < p_b^m$。由于消费者拥有完全的讨价还价能力，最优策略是在双边市场的消费者一边边际性地削减一个非负小量。尽管在价格水平上是一个很轻微的下降，但在内容同质的假设下它会带来消费者需求的强劲增加。给定对手削价，该平台可以在平台另一边，即内容提供商一边来确定最优价格水平。这样，触发性的价格边际与需求会互相抵消。因而，给定初始价格，平台1极大化利润：

$$\max_{h}(p_0 + h - c) \frac{(\bar{\mu}_s - p_0)(\bar{\mu}_b - h)}{\bar{\mu}_b \cdot \bar{\mu}_s} \qquad (5.34)$$

s. t.　$p_b < p_b^0$

这里，$h(p_0) = \dfrac{(\bar{\mu}_s - p_0 + c)}{2}$

由于在消费价格下降时带来了更多消费者，同时，也有可能是更多的内容提供商，平台利润因此得以增加。因此，在电信垄断平台双边市场，运营商的最优定价为在初始价格水平上进行削减。当运营商在降低平台一边的用户价格时，通常依据相互作用，会抬高平台另一边的价格，这就是"河床效应"。原因在于消费者人数的增加，意味着消费者保留效用的增大，在平台上一个边际消费者给内容提供商带来的边际就会增加，这会吸引更多的内容提供商接入电信运营商平台。但是，假如开始时，平台给内容提供商的价格就很高，那么，由于较低的内容提供商的平台接入需求，平台利润就接近零。此时，电信运营商平台就会产生在内容消费者一边的价格跳跃到右上方 p_b^j 的激励，$p_b^j > p_b^m$，$p_s^j < p_s^m$。尽管这么做会使平台失去一部分价格敏感型消费者，但是由于同时制定了一个比较低的内容提供商接入价格，损失会得到补偿。这时候的平台问题为：

$$\max_{p_b^j, p_s^j}(p_b^j + p_s^j - c) \frac{(\bar{\mu}_b - p_b^j)(p_s^0 - p_s^j)}{\bar{\mu}_b \cdot \bar{\mu}_s},$$

s. t.　$p_b^j > p_s^0, p_s^j < p_s^0$ $\qquad (5.35)$

因此，电信运营商平台的最优反应定价为：

$$BR(p^0) = \begin{cases} (p_b^0 - \varepsilon, h(p_b^0 - \varepsilon)), p_s^0 \leqslant g(p_b^0) \\ p^j(p_s^0), p_s^0 > g(p_b^0) \end{cases} \qquad (5.36)$$

上面的价格跳跃会变成一个垄断价格。因为随着削减过程持续沿着 $p_s = h(p_b)$ 的路径进行，直到消费者价格会触及零底线，而内容提供商的接入价格会逐渐跳跃到 $h(0) = \mu_s \dfrac{c}{2}$。因而，对于另一个平台来说，当它的竞争对手把消费者的价格不断降低，而另一边的接入价格为 $h(0)$ 时，该平台如何对此做出最优反应？与竞争平台收取同样的价格（p_b，p_s），还是仅仅向消费者收取零价格，还是向内容提供商收取另外一个非负价格？或者是偏离初始价格的平台一起跳跃，即通过增加消费者价格来降低内容提供商的接入价格来与对手竞争？上述选项的确定依赖于其成本水平与在内容消费者和内容提供商之间的联合分布的参数。其选择结果是：如果成本足够小，我们能够找寻到其中的一个平台确定一个较高的内容提供商的接入价格水平和另一个平台，则制定一个较低的价格水平的非对称性价格均衡。在该博弈均衡里，两个平台都对消费者收取一个较低的价格 p_b。

三　动态最优反应的价格均衡

（一）模型分析拓展

我们对上面的一些结论给出更加规范的分析以使模型具有拓展性。给定 $p^2 = [0, h(0)]$，平台 1 可以在当消费者一边的价格为零时，选择一个较低的内容提供商接入价格。平台 1 这样做，会增加它的总需求。它的极大化问题为：

$$\max_{L_s}(L_s - c)\left(\frac{\overline{\mu}_s - h(0)}{2\overline{\mu}_s} + \frac{h(0) - L_s}{\overline{\mu}_s}\right)$$

$$\text{s. t.}\quad L_s < h(0) \tag{5.37}$$

同样地，给定平台 2 在保持向消费者收取的价格不变而向内容提供商索要价格降低时，平台 1 存在着提高内容接入价格水平的激励，同时保持另一边用户价格不变。平台这么做会减少内容提供商的平台接入需求。但是，存在着消费者一边边际的提高，最优的抵消规定为：

$$\max_{h_s}(h_s - c)\frac{\overline{\mu}_s - h_s}{2\overline{\mu}_s}$$

$$\text{s. t.}\quad h_s \geqslant L_s^* \tag{5.38}$$

因此，价格水平由 p_s^0 跳跃到 $p^j(h_s)$ 不会带来比两个平台分别制定 p^h 或者 p^l 时所带来的利润水平高。动态最优反应价格为：

$$p^h = (0, h_s^*) = \left(0, \frac{\overline{\mu}_s + c}{2}\right); p^L = (0, L_s^*) = \left(0, \frac{3\overline{\mu}_s + 5c}{8}\right) \tag{5.39}$$

（二）均衡路径

上述反应轨迹的演绎取决于每个平台的成本门槛是否低于最优成本水平。在这场博弈中，每个平台的策略空间有两个：或者是高价或者是低价。确定低价的策略是对于竞争对手退出的最优反应。不过，当两个平台在同时制定低价时，最终结果是两个平台都会受到损失；当两个平台制定高价格时，也没有任何一方的收益因此而得到改善。因此，作为一个纯战略的纳什均衡应该是：一个平台收取较高的内容提供商接入价格，服务一个较小的市场，得到较低的收益；而另一个平台则是制定一个较低的价格，从而获得一个较大的市场份额与得到较高的收益。这一博弈结果与传统的伯特兰竞争结果并不一致。在那里，价格竞争会使价格水平最终趋向于边际成本。而在双边市场，一方服务价格水平可以降低到或者提高到边际成本水平以上，只要价格结构非中性就会出现这种定价模式。而且，在给定另一平台索要低价格，平台 k 索要高价格会使平台的需求减少。但是，这种减少效应比由价格非负而给平台带来的收益边际增加效应要小。这也是为什么当一个平台在降价而价格还是处于原来较高水平平台的需求下降只是收益变化净差的一半，原因在于价格偏离的变化效应要在两个平台之间分享，而不仅仅只是给一个平台带来负的影响。很自然，只要竞争对手制定了一个非负的价格水平，平台对此做出低于边际成本价格的决策就从来不可能是给定对手策略选择下的最优反应。相反，当对手高价而自身制定低价时会出现货币丢失效应，即低的价格边际没有带来额外需求。而且利润随着价格削减沿着 $p_s = h(p_b)$ 的路径持续会使得利润在这条路径中消失。因此，平台定价合理的结果只能是在这条路径中必然存在着一个价格削减断点，由此导致价格变化的非连续性跳跃：即低的内容提供商接入价格与高的消费者价格的组合点 (p^h, p^l) 或者 (p^l, p^h) 的存在，从动态的最优反应路径，重新实现纯策略性的子博弈精炼纳什均衡。形成价格跳跃的断点的位置是由一个给定的初始价格 $p^0 > (p_b^0, p_s^0)$，$p_b^0 \leq 0$ 和平台的 $p^j(p_s^0)$ 及收益 π_j^l 共同给定时确定。换言之，给定 $p^0 = (p_b^0, p_s^0)$，削减价格 $p_b^l < p_b^0$ 是沿着 $p_s^l = h(p_b^l)$ 与利润 $\pi \mu^l(p_b^0)$ 路径进行的。需要指出的是，当 $p_b^l < p_b^0 \leq 0$ 时，消费者的需求完全被覆盖。等式 $\pi^l(p_s^0) = \pi \mu^l(p_b^0)$ 收益的非线性与 $p_s = \tilde{g}(p_b^0)$ 相联系，对于 $p_s^0 > g(p_b^0)$，平台的最优是将价格跳跃到 $p_j(p_s^0)$ 而不是削减 $[p_b^0 - \varepsilon, h(p_b^0 - \varepsilon)]$。$p_s = \tilde{g}(p_b^0)$ 与 $p_s = h(p_b)$ 的交点确定了断点 (p_b^{**}, p_s^{**})。当竞争性平台的价格到达 $p_b^k = p_b^{**} < 0$ 时，平台作为对此的最优反应是将内容消费者的价格提升到 $p_b^j(p_s^{**})$，价格竞争的艾奇渥斯循环就开始了。即：

$$p^h(p_b^c) = \{[p_b^c, h(p_b^c)], p^l(p_b^c) = [p_b^l, l(p_b^c)]\}$$

$$\pi^l[p^l(p_b^c), p^h(p_b^c)] > \pi^l[p^h(p_b^c), p^l(p_b^c)]$$

$$\pi^l[p^h(p_b^c), p^l(p_b^c)] > \pi^l[p^l(p_b^c), p^h(p_b^c)]$$

为清楚起见，上述价格削减的均衡路径可如图 5-5 所示。

图 5 - 5 显示，唯一可能实现的市场均衡是一个电信运营商平台制定高内容提供商接入价格，而另一个电信运营商平台则制定低的内容提供商接入价格。

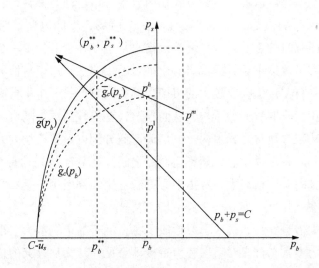

图 5 - 5　竞争性双边市场一边价格削减导致的平台价格均衡路径

第四节　非对称性网络平台条件下的运营商接入定价

一　相关假设与若干说明

（一）相关假设

1. 关键假设

上面的分析基于两个寡头电信运营商平台对称性的假设，其模型构建的思路是循着伯特兰模型的一些主张进行的。现在，为了给现实中的电信运营商在内容服务市场的接入定价策略提供理论分析的向导，我们要将上述假设进行放松，即假设两个电信运营商垄断平台的接入服务成本不同；两个运营商的网络用户基数存在着差异，其他假设同上。在这样的双边市场格局里，作为平台拥有者的电信运营商如何依据双边市场定价的价格结构非中性原理进行接入服务定价，以最大化其收益与增强其在内容服务市场的竞争力。

由于在电信网络中存在正网络外部性，如果每个平台接入需求者同时加入同一个平台，每个平台的需求者效用最大化目标就得以实现。但事实上，多个网络提供内容接入的方式在内容服务市场同时并存，它们都是竞争性"瓶颈"的供给者。而且，在同一个市场，不同电信网络运营商在提供接入服务时的定价过程、终端价格水平也存在着差异。一个典型的市场架构具有了双边市场特征：当一个平台的用户在一边以较低的价格获得接入而使平台在该边拥有较大的市场份额的同时，另一个平台则在平台的另一边向用户收取较低的价格，从而在该边获得较高的市场份额。这种市场格局的构架，通常意味着两个电信运营商分别以对手市场的另一边作为其利润中心或者亏损中心，两家运营商之间存在着奇妙的对偶关系。在这种损益安排的奇妙格局中，亏损中心都起着聚集网络用户基数的作用，使大量用户在此扎堆，形成一个势市场，甚至于有"场"没"市"；而平台的另一边则借势发力，两股合力形成了各自拥有的市场势力。很显然，这种市场势力通常与许多对市场势力持批评意见并认为从社会的角度必须加以限制的主张不相吻合：这种势力通常意味着两个网络在相安无事的同时，各司其职的市场一边达到了用户的完全覆盖，而不是批评者所认为的是高价格与低水平的产出组合导致的社会福利的净损失。该结论包含着低价竞争并没有导致一家通吃或者价格边际化的零利润结果。

2. 辅佐假设

以下进行的分析需在上述基本假设的基础上再给出一些辅助性假设。假设在同一个市场，两个网络平台运营商有其自身的目标客户；网络平台运营商的平台定价策略实行动态的二阶段扩展子博弈逆向归纳求解法。在阶段一，首先建立与特定目标客户群体相一致的网络；在阶段二，网络平台运营商宣布接入网络的注册费；在阶段三，消费者再根据自身对网络外部性给自身带来的价值进行决策是否加入网络平台，或最终有哪些用户注册了平台的一边，而又有哪些用户注册了平台的另一边；在阶段四，网络平台运营商依据注册的特征信息确定最优的平台接入价格。其中的第一个辅助性假设确保了两个网络平台的同时存在而无须对其施加一些带限制性的条件。因为在同质消费者条件下，把消费者分配到多个网络的做法会使一些消费者剩余受到损失，这同时带来了垄断利润的下降。在同质条件下仅有早先存在于市场的网络才是均衡的充分必要条件，或者两个网络对称。

（二）若干说明

与第一个假设相联系，一个垄断平台提供者试图建立两个甚至更多的网络。比如，原中国电信，建立固话与移动两个网络、早期的中国联通经营固话与移动业务，还有铁通等也是试图建立两个网络。全业务的运营格局可以说是运营商内在要求的结果。其目的是将所有的消费者剩余均能得以实现而不招致无谓损失，也不因为一些消费者被拒之门外而带来垄断利润的下降。不过，假如消费者人数相对较少，垄断平台拥有者又只能在一个平台上提供服务，它就会向消费者索要一个相对较高的价格。这方面的情形，可以在原中国联通早期经营的 CDMA 网络中的定价找到经验支持。原中国联通为了在平台的一边索取较高价格，就在 GSM 网络用户那里索要比中国移动相对低的价格。这一方面，可以吸引 GSM 网络的潜在用户；另一方面，又能够从原中国移动那里抢夺一些具有低保留价值的用户。在现有的阻碍三网融合因素里，其中也存在着广电系统在现有的有线电视网与新建的电信网之间如何有效分配平台两边用户的问题。如果垄断提供者对两边用户的分配可以在两个网络进行，垄断者就可以在向一个平台的一边用户提供低价格服务时而向另一个平台的另一边用户收取低价格。这样，在一个网络提供商经营两个网络的情形下可以将所有的具有较高保留价值的用户都吸引到该网络中。价格歧视借助内生化的产品差异路径使均衡价格得以实现。上述情形也可以发生在有不同网络垄断供应的非对称性网络条件下。在这里，不同的网络吸引着不同的消费者。

二　定价过程描述

（一）同质消费者

1. 同质消费者的接入特征

我们进一步假定，有两个平台提供者，在两个平台同一边的消费者具有相同的保留效用：μ^1 表示边 1 的效用，μ^2 表示边 2 的效用。如果所有消费者在两个平台同边具有上述特征，那么在寡头市场存在两个相关者的完美均衡：所有消费者加入同一个网络 k，定价为 $p_k^1 = -p_k^2$；两个网络在两边精确地覆盖一半用户：$p_1^1 = p_2^1 = -p_1^2 = -p_2^2$。

2. 运营商接入定价

这里，再次回到了经典伯特兰模型的主题：零利润导致对称的伯川德寡头博弈。这里的直觉是在平台两边轻微地价格削减导致平台获得整个市场需求。但是，在一个外部性可以内生化的市场，平台可以向市场的一边消费者提供补贴，而另一边向平台支付等同于补贴前者的数额，这时的平台利润恰好为零。

（二）异质消费者

1. 异质消费者接入特征与定价

现在假定当平台的一边价格为非负时，在同一时刻并不是所有消费者加入该网络平台。于是，另一个网络平台能够通过轻微地降低两边的价格而获利，而且保证包含非负价格在内的一边的消费者也加入到该平台。看上去两个网络平台的定价存在着冲突，但是，这样一种定价实践并不妨碍均衡的存在。进一步说，如果 $\mu^i < -\mu^j$，z 在一个相关者完美均衡中，一些消费者加入平台 k，平台 k 的定价策略就是 $p_k^i[-\mu^{-j}, \mu^i - \mu^{-j}]$。

2. 定价结果的原因

这一定价结果来自分离均衡。如果对低保留价值平台一边用户索取一个非负价格，相对于该平台同边定价便宜的另一平台就可以将这些消费者吸引到它的平台上。然后，该平台可以对保留价值较高的用户索取一个较高价格以便使其外部性以及存在剩余变为平台内生化的收益。这一均衡是垄断平台下对两边用户进行定价模型的拓展性应用。当然，两个模型之间的差别还是存在的：在垄断平台与寡头垄断平台之间存在的平台协调功能的内涵是不一样的。相同的只是在两种平台结构下，某个网络平台对市场两边的用户都收取较低的价格，因为所有的消费者都愿意加入价格低于自身保留价值的那个平台。但是，在垄断平台结构中，它不可能去建立两个网络然后定价相同。而在寡头垄断平台结构下，这里不可能保证正利润与两个网络相同定价的网络结构中存在相关者完美均衡。只有这样一种可能性，两个平台用户的差异化程度足够高而且在两个平台的同一边的低价值用户与高价值用户的比率至少构成某一边的门槛；否则，两个平台难以共同存在。

第五节　结论与若干应用

本章借助在基本模型基础上对内容服务市场电信运营商网络平台定价进行了拓展分析，其主要结论与应用可以归纳如下：

一　结论

(一) 网络非中性是平台定价的基本特征

本章中拓展出一个在内容服务市场上的双边市场模型,试图分析出网络非中性条件对于电信运营商网络平台、内容提供商与内容消费者各自收益产生的不同影响与对网络接入价值预期的影响。本章首先构造了一个垄断平台条件下的内容服务接入市场,然后放松了消费者同质与垄断的假设,构建起对内容服务市场进行分析的更为一般性理论框架——寡头垄断平台下的内容服务接入市场来分析电信运营商的接入定价问题。接着,又放松了两个电信运营商的对称性平台假设而引进了非对称性概念,分析在网络平台非对称性条件下的平台接入定价及其均衡价格实现路径。在上述模型中,我们都借助了霍特林模型以及伯特兰模型来考察电信运营商的最优接入定价与对内容服务市场各相关主体的影响。尽管前后模型考察的对象有所不同,但是,基于模型的主题以及得出的结论是相同的:平台两边用户的网络非中性接入服务定价将有助于改变网络拥挤与内容服务过度(如垃圾信息)问题;有助于改进内容提供商的内容质量以及有助于社会福利水平的提高。

(二) 平台之间的非对称性同样可以得到均衡结果,平台一边的削价并不必然引起价格战

我们的模型拓展了同质寡头垄断电信运营商为争取用户基数而进行价格竞争的双边市场模型。这一模型与在一个受到管制的单边市场上的伯川德模型相似。在伯川德竞争下,价格的削减导致价格最终等于边际成本。而在我们的模型里,尽管也发生了与平台交易一边的削减现象,而另一边的价格却提高了或者保持不变,虽然总的价格水平降低,但是,价格结构的变化并不表现为价格作用于平台总需求的变化与之向相反或者同一方向。而且,平台两边的用户之间存在着互补性质,当平台一边价格下降时,平台另一边的价格会提高。更为有趣的是,价格的削减并没有导致伯川德的价格边际化,也没有在不同的垄断平台之间出现价格战,导致全行业的过度竞争。在动态最优反应路径中,出现了价格削减路径中的断点。在该断点,不同平台制定其最优的反应价格,分离均衡存在于非对称性的网络环境中。

(三) 平台两边用户的差异化参数值决定了网络接入定价模式的选择

分析表明:如果平台两边用户的差异化参数相对较小,网络平台的非

中性接入定价策略应该是网络非中性或者是价格结构非中性，即对平台上的两边用户实施价格歧视的定价策略。这一策略有助于社会总剩余的提高。而且，在消费者一边的差异化参数 t 值足够小时，意味着消费者在网络平台上因链接一个额外内容而得到的边际价值 b 就低。平台为了保持足够多的消费者加入，可行办法就是降低平台向消费者索要的价格 p。自然地，作为利润最大化的平台厂商就会向内容提供商索要其为了链接内容提供商而支付的边际成本以上的价格。还需要指出的是，当内容提供商的差异化参数值 f 变小时，意味着固定成本或者为提高内容信息而进行的努力成本或者投资激励的削减。在内容服务市场就表现为多个内容提供商发布同一条信息，即内容市场出现同质化倾向，这使得广告商的激励受到不良影响，内容提供商就会进行不恰当的争夺消费者的竞争。可以说，在电信产业广告联盟中出现的一些问题也与电信运营商接入定价的模式选取不当有关。

二　应用

上述结论在电信运营商提供内容接入定价实践中的应用大致有：

（一）运用网络非中性增强平台外部性内生化的能力

在实践中，垄断平台的电信运营商的定价应该充分利用平台两边提供的现金流量的两个池子。两个池子可以由价格结构非中性与网络非中性的把手来加以调节，保证两个池子产生的现金流量在动态上处于相互溢出的状态。即电信网络平台运营商可以将一个池子作为利润中心，而另一个池子作为亏损中心或者精确一点说是亏损领先中心。所谓亏损领先包含着该池子在短期内处于亏损，但是，在长期内它也将因为另一个池子的现金流量的溢出而处在溢出的状态。原因在于一边用户价值的提高会反馈给另一边，导致另一边用户的价值提升，剩余的增加为提价或者进行更多流量包的捆绑提供了可能。

（二）提高接入内容的内在价值

从结论里看到，由于存在着多个网络垄断平台提供商，消费者与内容提供商可以进行多平台的归属。垄断平台的定价受到平台两边用户讨价还价能力分布的影响。可以想见在我们模型分析结论中的应用主张之一：如果消费者对平台的讨价还价能力高于内容提供商对平台的讨价还价能力，或者消费者对于链接到平台而得到的一个边际内容提供者的内容边际价值低于一个内容提供商在链接到平台以后得到的边际消费者提供的价值，此时，作为平台两个池子的协调，平台拥有者就应该把两个把手拧向消费者一边，即以较高的内容提供商的接入价格来显示内容提供商内容的内在价值信息，防止一些低价值的内容提供商得到具有较高便利的接入服务。在该接入模式下，保证竞争性的"瓶颈"能够使租金得以抽租。在内容提供市场形成充分的竞争，让仅仅复制其他媒体内容信息或者其他带强制性的应用软件的提供商离开便利连接管道，以此留住平台另一边具有较高保留价值的消费者，防止内容接入服务市场的低水平陷阱，保证在价格跳跃断点上不同平台的最优反应价格处于同一曲线上。

（三）采用纵向合约治理，防止逆向选择

当内容提供商面临网络非中性的价格歧视而须向竞争性"瓶颈"——电信网络运营商支付一个正的价格时，内容提供商就会与电信网络运营商订立一项预付契约，以获得网络接入的优先权。电信运营商在这项对等互惠的契约安排中，运营商只是根据平台两边用户出价高先到达的原则来为平台两边用户提供接入服务，而不是在网络中性条件下按照端点对端点的原则提供接入服务。网络非中性的定价原则很容易让运营商对内容提供商的内容质量信息、交易成本信息、内容提供商对网络接入的真实需求信息（内容提供商之间的非对称性导致的非均衡的价格水平）等与接入定价相关信息的了解处于相对于内容提供商而言的非对称状态。而且，在契约期间，由于内容信息传输采用了数据包的形式，电信运营商也很难借助对等互惠安排观察到内容提供商与广告商、广告主及信息服务提供商之间发生的关系，对等互惠制度容易出现隐藏信息与隐藏行动的逆向选择。前一段时期在电信广告产业联盟中出现的一些不健康内容信息以及内容提供商之间与应用软件开发商之间的不正当竞争，如360与腾讯及百度与谷歌之争，就与提供接入的电信运营商对内容提供商的真实接入需求缺乏必要甄别有关。最终将电信运营商推到了公众审判台面前。毫无疑问，这样一种广告产业联盟与内容接入对内容市场的多边都是不利的。现在解决这项定价安排中出现的问题，往往还是事后的校正办法。电信运营商的被动地位可见一斑。因此，在面临信息传输技术发生变化、运营商需要协调平台两边的背景下，电信运营商应对内容服务市场处于产业链下游的内容提供商进行有效的纵向关系治理。在面临内容提供商多平台归属的条件下与内容提供商签订长期合约，并且合约是可置信的，以此形成对内容提供商的有效约束；同时也要考虑内容提供商的个体理性约束，形成激励约束相容机制，防止机会主义；电信运营商也可以给予内容提供商一个收入转移支付，以此减少内容提供商对广告商收益分享的依赖；也可以与内容提供商签订分成合约。定价制度设计的用意是尽可能对内容提供商一边进行必要的信息租金抽取，同时考虑内容提供商的激励。

（四）发挥多平台优势，实施分离均衡

在三网融合的大平台上，运营商的定价策略应依据各自的用户基数与用户接入平台需求特征。广电与电信的双向进入，并不意味着在不同平台的同一边其用户需求是无差异的，也并不表明同一边的用户是处于同一现金流量的池子里。相反，一个平台的损失领先池子往往是另一个平台的利润中心。两个平台可以为各自的目标市场提供网络非中性的价格结构，即在平台一边制定高于边际成本的价格水平以保证另一边拥有足够的网络用户规模。广电在内容提供市场具有足够多的用户，广电可以在这一边作为其损失领先中心，而在其双向进入的电信业务市场则可以作为其利润中心。而电信运营商拥有足够多的基础电信业务的目标客户，电信运营商可以将此边的价格定于边际成本以下，而对内容提供商的接入则可以收取高于其接入边际成本的价格。

第六章　用户预期形态下的运营商竞争策略设计

第一节　用户预期管理：竞争策略设计的核心

一　研究意义

电信网络运营商的移动互联网业务平台存在着显著的网络效应与间接交叉网络外部性。交叉外部性取决于平台各边对另一边的信念。在两边信念形成中，通常提供产品或服务的一边给定平台支付，能够计算出所提供产品的响应能力，由此形成对平台支付的响应性预期，而用户尽管在很多消费场合享受低价与补贴，但用户并不能准确地计算由市场同一边或另一边用户采用的价格产生的影响。因此，用户在形成对开发商一边的预期时可能不需要将所有价格考虑进去。而平台作为用户接入"瓶颈"的含义是，即使平台的参与者都知道所有的价格，两边或者多边用户仍不能拥有总需求的充分信息，总需求是由平台根据两边或者多边的每个可累加性的用户需求对价格变化的响应能力计算得出。平台对两边或者多边用户（群）的需求协调的程度，反映出平台成员外部性（用户组内价值，下文称之为独立价值）与交易外部性（用户组间价值，下文称之为间接交叉网络外部性）的水平，即两边或者多边平台的一边用户对平台另一边用户加入平台预期形态决定了平台规模或竞争市场均衡结果的配置。随着互联网与基于互联网产业的竞争越来越激烈，用户对平台产品价格信息的关注也不断提升，决定相关平台运营商的竞争位势的用户边的预期因素的作用日益明显。成功经营的平台往往在于其用户的预期管理能够与它所处的竞争环境保持高度相关性。最近几年，作为三网融合中的电信运营商的市场竞争环境发生了明显改变，而对用户预期的管理还没有跳出运营商定价用户消费垄断模式，导致平均每个用户的收益水平下降，同时又面对着越来越多的互联网运营商与潜在进入者的竞争威胁。

二　相关研究与本书的区别

用户预期管理在双边市场竞争策略设计中的意义为理论界高度关注。双边市场理论的源脉之一就是网络效应理论，网络效应理论的关注焦点就是用户预期。网络经济被称为眼球经济的理由也在这里。本书与 Griva 和 Vettas（2011）的研究工作着重于研究消费者预期形成对市场竞争结果配置的影响一样，只不过本书主要讨论双边市场情形。我们定义两边为"用户"和"开发商"（例如，手机操作系统、电子游戏控制台）。为了方便起见，我们假设开发商拥有完全的价格信息和考虑用户参与形成响应性响应预期。与之对应，我们认为用户没有掌握开发商的价格，并且分析用户的形成机制与预期形态的累积分布对市场竞争均衡（即所有的用户预期均在均衡中实现）结果的配置可能产生的影响。

（一）基于双边市场视角的用户预期分类

本书将作如下规定：若用户被告知开发商价格，并且将这种价格信息作为考虑因素形成用户对有关开发商采用平台的预期，此时用户形成响应性预期（正如开发商所做的那样）；相反，若用户无法得到开发商的价格信息，无法调整有关开发商采用平台的预期以响应任何的平台价格改变，此时他们形成被动响应性预期。无论如何，用户总会依据被收费的价格来改变他们个人的对应策略。一般而言，用户缺乏开发商的相关价格信息，其实这一点是基于双边市场角度考虑用户预期的题中应有之义。正是用户与开发商之间协调的问题才导致中间平台组织形态的出现，平台自身构成了用户的接入"瓶颈"。在通常的情形下，终端用户与开发商比起来，信息处于劣势。由此，终端用户形成的预期通常是被动响应性预期。在极端的响应性与被动预期之间，用户的预期形态会出现一些亚类状态。特别地，我们考虑一种包括响应性预期、被动预期以及适应性预期用户的混合市场。若用户不观测开发商价格，便无法依靠平台对开发商的收费来调整他们的预期。然而，他们依据观察平台向用户索取的历史价格信息来调整他们对平台另一边开发商的预期。特别地，假定用户期望平台能从其自身角度出发，以被观察到的用户收费为条件，对开发商收取最合适的费用。依照这些事后的信息，终端用户能够大致推测开发商提供产品的价格。这种预期形态被称为谨慎性预期或者随机混合预期，类似于卢卡斯的适应性预期。这一研究设计，显然，使得本书不同于现有的基于单边市场与双边市场迄今为止对用户预期的研究（Griva and Vettas，2011；Hurkens and Lopez，2012；Bruno Jullien and Alessandro Pavan，2013；Gabszewicz and Wauthy，2014；Ito Koichiro，2014）。

（二）关于不同用户预期形态形成机制的研究

通过对这些不同预期形成机制的研究，我们能更好地理解不同预期是如何影响市场均衡结果的配置。我们主要关注用户的预期对平台竞争均衡结果配置可能产生的影响。特别地，我们发现，当所有用户均为响应性预期时，垄断平台的利润达到最大化；当用户均为被动预期时，垄断平台的利润最小化；当用户预期是谨慎预期或混合预期的情形下，垄断平台的利润介于两者之间。与之相比，有固定用户市场规模的对称双寡头垄断市场的平台利润的排列情况则完全相反。在被动预期下，平台的均衡利润达到最大，而响应性预期的平台利润为最小。在用户预期混合（部分用户是响应预期，其他为被动预期）情形之下，垄断平台的利润随响应性预期用户的数量增多而增多，而双寡头垄断市场利润则减少。上述关于用户预期形成的机制会得到一个更有趣的平台用户预期管理的倾向性特征：有市场支配力的平台会选择更高响应的预期而不是低响应的预期，这也可以理解为一种对掌握更多信息用户的偏爱。相比之下，在激烈的竞争环境中存在着相反的偏爱：用户获得信息更少时，他们获得的均衡利润更高。主要原因是，更积极的响应性预期（或者更多的价格和需求结构的信息）放大了价格下降对竞争性市场均衡结果配置的影响。这一研究方法比照 H. Halaburda 和 Y. Yehezkel（2013）与 Gabszewicz 和 Wauthy（2014）的研究，能够使用户预期形态对竞争性均衡结果配置影响更为直接。而且，这一研究可以在 Bruno Jullien 和 Alessandro Pavan（2013）研究发现的用户平台价值的信息分布影响竞争均衡的理论基础更贴近不具有完全价格、产品质量信息情形下的平台消费者平台竞争均衡路径与结果配置。这一研究可以历史性地追溯到马斯金（Masking，1984）对不完全信息下对垄断竞争市场的分析，以及 Wyel（2010）在不完全信息下的双边市场定价展开的分析，并将它们之间展示出的理论研究深化的脉络予以恰当的反映。本书与上述研究的不同之处只是在于本书是在用户预期的视角去显示平台的定价机制，而不简单采用现有的双边市场关于用户之间的外部性对平台竞争均衡的影响。

（三）对预期类型影响下均衡结果配置的研究

本书采用了 Griva 和 Vettas（2011）与 Hurkens 和 Lopez（2012）的研究方法。但是，本书与 Griva 和 Vettas（2011）、Hurkens 和 Lopez（2012）文章比较起来存在以下三个不同：第一，所有的文章都以单边市场网络效应为基础，而本章则以双边市场的网络效应为基础。第二，他们只关注双寡头市场，而我们感兴趣的是垄断市场和双寡头垄断市场不同预期的比较。这种分析关注的一个关键点是预期形成机制与市场结构之间的交互影响。第三，Griva 和 Vettas（2011）、Hurkens 和 Lopez（2012）只考虑了两种极端情况的预期——所有用户都是被动预期和所有用户都是响应性预期。与此相反，我们建立的预期建立机制是处于两种极端之中：混合了被动与响应性的预期和谨慎预期。这样，我们就可以研究用户期望很小的变动对市场均衡价格和厂商利润的影响。整篇文章在探讨预期对市场均衡结果配置影响时规定：响应性预期是用户对博弈时序平台所宣布价格水平的反应。表现为其实现交易的数量与价格的变化程度与平台价格水平变动一致。此预期在不同市场结构下对均衡产出与均衡价格水平的影响是不相同的：在垄断的市场结构下，响应性预期用户数量的增长在平台正向外部性作用下，对平台的获利能力影响取决于两边用户的一边给予另一边带来的外部性大小，因而响应性预期对市场均衡结果配置的影响是不确定的。而在竞争的市场结构下，响应性用户规模的扩张则加剧了平台的价格竞争，由此减弱平台的创利能力；适应性或者被动性预期是用户受平台的价格水平变化而导致的平台另一边用户平台决策变化预测能力的限制而导致的特定博弈时期交易规模不变，而在另一个博弈时期修正其对平台另一边预期的情形。此预期对均衡产出与均衡价格水平的影响在不同市场结构下同样存在符号相反的情形。表现为：在竞争垄断型的市场结构下，适应性或被动性预期用户规模的扩张，增强了平台的创利能力，从而维持或者修复了平台的垄断地位，增强了平台的动态竞争优势。而在竞争性市场结构下，被动性预期用户规模的扩张则减弱了平台的创利能力；谨慎性或混合性预期则规定为，平台用户对平台在博弈时序第一阶段宣布的价格水平并不会立即改变其平台的参与决策与交易规模，而是部分调整其加入平台的决策，在观察到其交易效用曲线发生变化以后再次形成对平台另一边用户的预期。

（四）关于不同用户预期竞争性均衡路径的研究

本书的所有类型预期都是理性的，即所有的平台参与者的需求在均衡中实现。这一研究可以确保竞争性均衡解释是唯一的，从而避免现有双边市场需求函数估计中的"鸡""蛋"问题。用户预期对均衡的影响其关键性的差异在于用户的不同预期类型对偏离均衡的价格反应不同：响应性预期用户的反应在其当期选择平台的决策中，而被动性预期用户对偏离的反应则体现在未来收益的现值的实现中。这些差异类似于在垂直合约文献的上下游对对手的信任研究中的对称性信仰与非对称性信仰的区别。在垂直合约中，若 D 收到意外合约，而 D 会根据这份合约预测 U 也优化调整了对 D 竞争对手的合约，那么就称 D 为谨慎信任。在本书中，若用户不观察双边市场平台对开发商收取的价格，当其收到报价 q_u 时，会根据 p_u 来推测平台的价格 p_d 最大化平台的利润，那就称此用户为谨慎预期。事实上，谨慎预期概念直接源自 McAfee 和 Schwartz（1994）与 Rey 和 Verge（2004）对谨慎信任的研究。

第二节　预期模型中的平台竞争性结果配置

一　研究假设

假设一：网络效应严格为正。此假设保证在不同用户预期能力非一致情形下，预期形态对竞争均衡结果的影响符号为正，使模型计算更为精准与简便。

假设二：博弈时序最终的平台基于用户预期的平台价格水平对用户预期形态的形成有显著正影响。此假设保证了用户预期对平台竞争均衡对结果配置集存在连续性与避免角解。

假设三：用户信息非对称性分布。此假设基于对平台两边用户预期能力的直观判断，即消费者用户相对于产品或者服务提供者通常不具有完美产品价格信息与质量的信息。

假设四：部分用户单归属，部分用户平台多归属。此假设同样基于大多数具有双边市场特征的平台两边用户平台决策的经验事实。一般而言，产品或服务的提供商为了产品或服务的抽租而采用多平台接触，消费者用户则在考虑自有独立价值与产品可替代性下采用单平台接入。

假设五：用户偏好相同，效用函数可加，更多考虑交易外部性。此假设的含义是，平台一边用户对平台另一边用户参与平台的预期建立在基于自有价值信息基础上的对平台另一边预期能力的基础之上，即推己及人。

假设六：平台两边用户的独立价值不变，以此保证对价格反应的一致性与连续性。

假设七：与 Tirole（2003，2006）模型一样，假定平台不存在对两边用户的价格歧视。以此保证用户预期的改变对平台均衡价格所发生的显著影响。

假设八：平台知道两边用户的偏好。此假设保证给定平台的价格，平台一边用户能够精确地预测到平台另一边用户加入平台的决策。这一假设，规定了用户的预测与平台的预测是一致的。隐含着这里忽略用户对同一产品或服务的不同偏好这一在很多网络经济下普遍具有的特征（Bruno Jullien and Alessandro Pavan，2013）。潜含着对用户预期形态今后需要进一步进行研究的方向。

假设九：这里用户预期反应仅仅作为平台价格信号的函数，而不包括平台产品的质量信息。此假设源自本章对研究主题的关切在于观察用户预期类型的分布对平台竞争均衡结果配置的影响。

二　基本模型：响应性预期与被动性预期

（一）基本释义

依据卢卡斯等理性预期理论，本章从响应性预期与被动预期两种形态进行，考虑到某种垄断双边市场的情况：基于移动互联电信网络，它链接了普通电话用户和游戏开发商。仿照 Rochet 和 Tirole（2003）与 Armstrong（2006）的建模思路，假设双边的线性需求为：

$$n_u = 1 + \alpha_u n_d^e(p_u) - p_u; n_d = \alpha_d n_u - p_d \tag{6.1}$$

因此，每一方的需求都积极地取决于对另一方参与的预期。用户期望 n_d^e 数量的开发商参与而开发商期望 n_u^e 数量的用户参与。用户从开发商参与那里而得到的外部性为 $\alpha_u > 0$，同时开发商从用户参与那里获得的外部性为 $\alpha_d > 0$。设定如下条件始终成立，并可以保证所有的最大化垄断问题有解：

$$\alpha_u + \alpha_d < 2$$

（6.1）式的右边，列出平台两边用户加入平台决策的差异：平台对每位用户的独立价值都标准化，设为 1，但开发商无独立价值。独立价值与我们的结果无关，因此我们认为只有用户方（u）有正的独立价值，得出方程可能的最简单形式。这也和要给予关注的移动互联网业务平台的实际相符：移动互联网平台可能为用户提供第一手的游戏、网页浏览和流媒体电影，但为一个没有用户的移动互联网平台编写游戏程序，这对开发商来说是毫无价值的。因此，不妨对移动互联网平台的开发商一边的预期作出如下特征性的刻画：在整本书中我们均假设所有的开发商对用户参与都持有响应预期。换言之，它们完全了解用户价格 p_u，且对于用户参与的期望也总是符合用户参与的实际情况：

$n_u^e = n_u$ 适合所有给定价格组合(p_u, p_d)

而用户则不了解开发商的价格，并且持有不同类型的响应性预期。在本章中我们特别比较此两极情况：

（1）用户持有响应预期。在该情形下，平台用户一边对开发商提供信息的产品价格变动具有足够的信息支持用户加入平台并进行交易的决策。

（2）用户持有被动预期。在该情形下，用户加入平台并进行交易的规模通常依据原有的习惯，并不因为开发商一边的价格变动而对预期进行相应调整。

后一预期是我们要关注的重点。部分原因是用户和开发商之间的价格信息不对称是现实存在的。游戏开发商通常知晓移动互联网平台价格，并且较好懂得用户需求。另外，大部分用户对移动互联网平台和游戏开发商之间的版权合同了解、理解有限。移动互联网用户最有可能依据外来信息（比如新闻文章、外界传闻）形成对开发商参与的预期，而且并不会因平台实际收取的价格来调整这些预期。另外，在三网融合的竞争环境下，运营商在面临平台构造的开发商一边的信息租金因为互联网其他运营商形成的先动者优势，运营商在打造双边或者多边平台时遇到了平台设计中一个普遍的鸡蛋相生问题。这就是大量移动互联网用户普遍感觉到流量要收费与下载应用端也要收费的问题。为了既保留客户又能获得收益，运营商制定了一系列资费套餐以供用户选择。这种名目繁多的资费套餐是为了在竞争环境中形成用户的被动性预期。

最后，本书的所有类型预期都是理性的，即所有的平台参与者的需求在均衡中实现。其关键性差异在于用户的不同预期类型对偏离均衡的价格反应不同：响应性预期用户的反应在其当期选择平台的决策中，而被动性预期用户对偏离的反应则体现在未来收益现值的实现中。正是这种类似性，在我们对用户预期的研究中，考虑了平台信誉对竞争性均衡结果配置的影响。

（二）模型与分析

1. 垄断情形

响应预期的用户。在此情形下，所有的消费者用户都会观察开发商价格 p_d 并相应地调整他们的期望。所以，平台选择的每一对价格 (p_u, p_d) 都会有 n_d^e 符合开发商实际的参与期望 n_u^e。因此，（6.1）式中双边需求可以被写为：

$$n_u = 1 + \alpha_u n_d - p_u \text{ 和 } n_d = \alpha_d n_u - p_d$$

这一两边用户需求刻画是大部分研究双边市场最优定价文献中都会用到的方程。它仅为解决如下两个 (n_u, n_d) 关于 (p_u, p_d) 函数方程：

$$n_u = \frac{1 - \alpha_u p_d - p_u}{1 - \alpha_u \alpha_d} \text{ 和 } n_d = \frac{\alpha_d - p_d - \alpha_d p_u}{1 - \alpha_u \alpha_d}$$

可以直接通过 (p_u, p_d) 来计算平台的利润 $p_u n_u + p_d n_d$，得到如下最大化利润的价格和需求：

$$p_u^* = \frac{2 - \alpha_d(\alpha_d + \alpha_u)}{4 - (\alpha_d + \alpha_u)^2} \quad p_d^* = \frac{\alpha_d - \alpha_u}{4 - (\alpha_d + \alpha_u)^2} \tag{6.2}$$

$$n_u^* = \frac{2}{4 - (\alpha_d + \alpha_u)^2} \quad n_d^* = \frac{\alpha_d + \alpha_u}{4 - (\alpha_d - \alpha_u)^2} \tag{6.3}$$

由此推出平台最佳利润：

$$\Pi_M^*(\text{响应}) = \frac{1}{4 - (\alpha_d + \alpha_u)^2} \tag{6.4}$$

被动预期的用户。在此情况下，消费者用户不观察开发商价格，因此无法调整关于开发商参与 n_d^e 的预期，以响应任何平台价格的改变（p_d 或 p_u）。预期在均衡中实现。反过来说，当平台设置好价格后，只能认定用户的被动预期 n_d^e 是固定的。从建模角度来看，被动响应等价于假设平台设置价格 (p_u, p_d) 之前用户就已形成固定的有关开发商参与的响应性预期 n_d^e。因此从平台角度看，双边实际需求现在不仅取决于价格，还取决于用户（固定的）被动响应 n_d^e，本章采用绝大多数双边市场文献均衡研究的流行算式：

$$n_u = 1 + \alpha_u n_d^e - p_u \text{ 和 } n_d = \alpha_d + \alpha_u \alpha_d n_d^e - p_d - \alpha_d p_u$$

可以通过 (p_u, p_d) 来计算平台的利润 $p_u n_u + p_d n_d$，得到价格和实际需求 $p_u^*(n_d^e), p_d^*(n_d^e), n_u^*(n_d^e)$ 和 $n_d^*(n_d^e)$，而它们都取决于 n_d^e。仅当响应性条件 $n_d^*(n_d^e) = n_d^e$ 成立时，才能获得最后的均衡。它直接得到以下最优价格和需求：

$$p_u^* = \frac{2 - \alpha_d^2}{4 - (\alpha_u + \alpha_d)\alpha_d} \quad p_d^* = \frac{\alpha_d}{4 - (\alpha_u + \alpha_d)\alpha_d} \tag{6.5}$$

$$n_u^* = \frac{2}{4 - (\alpha_u + \alpha_d)\alpha_d} \quad n_d^* = \frac{\alpha_d}{4 - (\alpha_u + \alpha_d)\alpha_d} \tag{6.6}$$

得到的最优平台利润：

$$\Pi_M^*(被动) = \frac{4 - \alpha_d^2}{[4 - (\alpha_u + \alpha_d)\alpha_d]^2} \tag{6.7}$$

我们感兴趣的是确定用户预期形态对竞争性结果配置的影响效果。为此，对比（6.4）式与（6.7）式不难推知：

命题 1　相比被动预期，用户为响应预期时垄断平台可以获得更高的利润。

此结果的解释如下：被动预期用户不会因价格变动而调整他们的预期，因此他们对价格变化反应很小（双方均是如此）。这意味着，如果起初为响应预期均衡，然后将所有用户从响应转变为被动，那么平台将会有意修改一个或两个价格，以此最大限度地利用用户响应能力的缺乏。但是用户事先在形成响应性预期时考虑到了这种行为，反过来会减少平台可以获取的利润。事实上，另一种解释这个结果的方式是，回想起被动预期用户在建立他们预期时肯定忽略了平台价格的变化，因此相对于价格影响用户预期时的响应性预期情况，用户被动性预期下平台利润也会降低。这一结果对分析当前中国电信运营商的资费套餐设计的种类对运营商平均每个用户收益的下降具有十分重要的意义。

事实可以证明，一般情况下，无须考虑需求函数形状中响应预期实现了垄断平台利润的最大化。此时，最优的市场结构就是垄断平台形态。

命题 2　当双边双方所有用户为响应预期时，垄断型双边平台在响应性预期均衡下实现最大化利润。

推出命题 2 的逻辑是显而易见的。因为预期实现均衡，在双方都为响应预期时平台可以复制任何响应性预期市场配置。然而，相反的结论却不正确：如果预期不充分响应，那么一些响应性预期市场配置可能不会实现，这限制了平台达到最优结果的能力。

命题 1 和命题 2 的结果有很重要的含义。只要可行，垄断双边平台倾向于通知所有用户开发商的价格和开发商需求响应价格变动的方式。我们将要在下一节中看到，在竞争平台中相反情况是成立的。

2. 竞争情形

现在我们讨论两个对称平台之间竞争的情况。用户以密度为 1 按照 Hotelling 线段模型均匀分布于 [0, 1] 处，交通成本 $t > 1$。他们最多只能加入一个平台。从开发商角度来看，这两个平台是相同的，而开发商可以加入多个平台，也就是说可以同时加入两个平台。加入不同平台的区别在于开发商承担的固定成本。无论开发商加入一个还是两个平台，每个平台的固定成本都是相同的，即加入多个平台时不存在范围经济。

用户对平台 1 的需求为：

$$n_{u1} = \frac{1}{2} + \frac{\alpha_u (n_{d1}^e - n_{d2}^e) + p_{u2} - p_{u1}}{2t} \tag{6.8}$$

用户对平台 2 的需求为：

$$n_{u2} = 1 - n_{u1} \tag{6.9}$$

其中，n_{d1}^e、n_{d2}^e 分别为开发商参加各个平台时用户的预期。

开发商对平台 1 的需求为：

$$n_{d1} = \alpha_d n_{u1}^e - p_{d1}; \tag{6.10}$$

开发商对平台 2 的需求为：

$$n_{d2} = \alpha_d n_{u2}^e - p_{d2} \tag{6.11}$$

为了保证所有的竞争平台最优化问题为有解，这里设 $t > \alpha_u \alpha_d$。

用户为响应预期。对于任何平台采取的价格，所有用户都会调整他们的预期 n_{d1}^e，以符合开发商实际的参与 n_{d1}（$i = 1, 2$）。

那么双边市场需求为：

$$n_{u1} = \frac{1}{2} + \frac{\alpha_u (n_{d1} - n_{d2}) + p_{u2} - p_{u1}}{2t} \quad n_{d1} = \alpha_d n_{u1} - p_d 1$$

$$n_{u2} = 1 - n_{u1}$$

$$n_{d2} = \alpha_d n_{u2} - p_{d2} \tag{6.12}$$

以价格函数可直接解得用户需求为：

$$n_{u1} = \frac{1}{2} + \frac{p_{u2} - p_{u1} + \alpha_u (p_{d2} - p_{d1})}{2(t - \alpha_u \alpha_d)}$$

两个平台同时选取价格至最大利润，$i = 1$，2 时，$p_{ui}n_{ui} + p_{di}n_{di}$ 为计算对称均衡，对平台 i 的利润表达式中的 p_{ui} 和 p_{di} 一阶求导，可得如下均衡价格和需求：

$$p_u^* = t - \frac{3\alpha_d\alpha_u}{4} - \frac{\alpha_d^2}{4} \quad \text{和} \quad p_d^* = \frac{\alpha_d - \alpha_u}{4}$$

$$n_u^* = \frac{1}{2}$$

$$n_d^* = \frac{\alpha_d + \alpha_u}{4} \tag{6.13}$$

均衡利润为：

$$\Pi_C^*（响应） = \frac{t}{2} - \frac{6\alpha_d\alpha_u + \alpha_u^2}{16} - \frac{\alpha_d^2}{16} \tag{6.14}$$

用户为被动预期。在此情况下，用户不会因平台价格的任何变动而调整他们的预期 n_{di}^e。平台 1 的利润简化为：

$$p_{u1}n_{u1} + p_{d1}n_{d1} = (p_{u1} + \alpha_d p_{d1})\left[\frac{1}{2} + \frac{\alpha_u(n_{d1}^e - n_{d2}^e) + p_{u2} - p_{u1}}{2t} \right] - p_{d1}^2 \tag{6.15}$$

视 (n_{d1}^e, n_{d2}^e) 为定值，对 (p_{u1}, p_{d1}) 取一阶求导，并设均衡对称条件 $n_{u1} = n_{u2} = \frac{1}{2}$ 和响应性预期条件 $n_{d1} = n_{d2} = n_{d1}^3 = n_{d2}^3$，可得如下均衡价格和需求：

$$p_u^* = t - \frac{\alpha_d^2}{4} \quad p_d^* = \frac{\alpha_d}{4}$$

$$n_u^* = \frac{1}{2}$$

$$n_d^* = \frac{\alpha_d}{4} \tag{6.16}$$

得出均衡利润：

$$\Pi_C^*（被动） = \frac{t}{2} - \frac{\alpha_d^2}{16} \tag{6.17}$$

对比均衡利润表达式（6.14）式和（6.17）式可得出：

命题 3　对于伴随着固定用户 Hotelling 竞争的对称双寡头垄断均衡，与所有用户为响应预期相比，所有用户为被动预期时平台的利润更高。

值得注意的是，这是相对于垄断平台情况相反的结果（转引自命题 1），在该情况下平台在响应预期利润更高。其原因如下，当平台在至少一方争夺市场固定份额时，若用户为响应预期，则每个平台降低价格的诱因最强。事实上，这样的用户在两个方面响应价格降低：他们调整自己的需求，以及他们对开发商需求的预期——两者都会上调，这就产生了激烈的价格竞争。用户为被动预期时，价格竞争较缓和，这是因为用户方面的价格削减的有效性更低。事实上，被动预期的用户只会考虑低价对自己参与的影响而忽略增加的参与用户对开发商参与的影响。

Griva 和 Vettas（2011）在单边市场框架的研究中得到了相似的结论：他们证明，在有单边网络效应的双寡头垄断市场中，从被动预期转向响应预期往往会导致更激烈的竞争。

命题 3 意味着当用户对开发商价格不知情时，在至少一方市场规模固定的竞争平台状况更好——这与垄断平台的含义正好相反（命题 1 和命题 2）。那么有人可能会想到，在更一般的平台竞争模型中，当且仅当对用户的竞争足够激烈时，被动期望下的均衡利润应该会更高。

对此可以考虑一个双寡头垄断模型。在该模型中，用户市场由三部分组成：上方的 Hotelling 段和"腹地"两个对称段——每个平台各对应一个——在这对称段中用户的需求和 3 节中垄断平台的需求是相同的。Hotelling 段密度为 x，"腹地"垄断段密度为 $(1-x)$，$x \in [0,1]$。开发商需求的结构保持不变，即每个平台都有面对面开发商垄断者一样的行为。因此，对平台 1 的需求为：

$$n_{u1} = x\left[\frac{1}{2} + \frac{\alpha_u(n_{d1}^e - n_{d2}^e) + p_{u2} - p_{u1}}{2t}\right] + (1-x)\left[1 + \alpha_u n_{d1}^e - p_{u1}\right] \quad (6.18)$$

$$n_{d1} = \alpha_d n_{u1} - p_{d1}$$

对平台 2 的需求是对称的，消费者用户为响应预期时 $n_{d1}^e = n_{d1}$ 和 $n_{d2}^e = n_{d2}$。

参数 x 用来衡量两平台之间对用户竞争的激烈程度。实际上，可以将 x 解释为每个平台需要竞争用户的概率。当 $x = 0$ 时，每个平台就像公式（6.1）中的垄断者情形的结果一样。当 $x = 1$ 时，就与有固定市场份额的竞争的情况即（6.8）式一样了。

3. 结果比较

为了清楚起见，给出两个竞争性平台在消费者用户不同预期情形下（响应预期和被动预期）的平台均衡利润关于 x 的函数图像。在该函数图像里，消费者用户两种预期情形下的平台利润曲线都正如预料随着 x 下降，并在 $[0, 1]$ 内相交于 x_0。当且仅当 x 小于交点 x_0 时，响应预期的利润更高。这进一步证明了消费者用户的响应性预期会导致平台之间更严重的价格竞争。

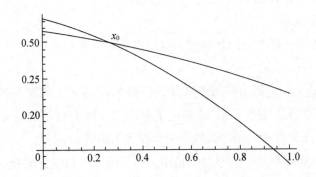

图 6 - 1 响应预期和被动预期下的平台均衡利润

注：都是 x 的函数，令参数 $t = 0.5$，$\alpha_u = 0.4$，$\alpha_d = 0.6$。

此分析证实，当且仅当对用户的竞争十分激烈时，被动预期下的均衡利润更高。上述分析可以得出这样一个基本的观点：预期的形成机制对平台利润的影响方向取决于平台面临的市场结构。在竞争情形下，平台并不喜欢用户的响应性预期。与此结论相关的文献对竞争环境下的平台用户的预期管理已经做出了基于用户转换成本的分析及提供了一些增加用户黏性与在线时长的基本策略。

（三）模型拓展 I——谨慎预期

除了对上述两个极端的被动预期和响应预期的研究之外，用户可能会有很多种形成响应性预期的方式。本节关注谨慎预期。谨慎预期的概念直接改编自垂直合约文献（McAfee and Schwartz, 1994；Rey amd Verge, 2004）中的谨慎信任。对于不观察开发商价格的用户，如果对于任何非均衡的价格 p_u，用户假设平台也会对开发商的价格进行调整以实现最大化利润 p_u，那么该用户为谨慎预期。这导致用户基于观察到的价格 n_d^e（p_u）来形成对开发商参与平台的预期。

如同被动预期，用户为谨慎预期时，假设他们对开发商价格不知情。其不同之处在于，用户为谨慎预期时，他们试图通过他们了解的可用信息（即 p_u）来尽可能推测出开发商价格。因此，从某种意义上说，谨慎预期介于完全响应预期和完全被动预期这两个极端预期之间以响应平台价格。还可以将谨慎预期看作是用户信息或复杂度处于中间水平。出于这个原因，研究谨慎预期可以更好地了解在预期形成中的不同程度的信息对竞争均衡结果（价格和利润）配置的不同影响。

1. 垄断情形

当所有用户都为谨慎预期时，双边市场需求为：

$$n_u = 1 + \alpha_u n_d^e(p_u) - p_u \quad n_d = \alpha_d n_u - p_d$$

其中 $n_d^e(p_u)$ 是用户关于开发商参与数量而建立的谨慎预期。不同于被动预期的地方是，现在 n_d^e 响应于对用户收取的价格的变动。计算 $n_d^e(p_u)$ 时，考虑到 p_u，用户会假设平台设置了最佳的 p_u。

谨慎预期用户参与的平台价格用 $p_d^e(p_u)$ 表示。因此，替换 p 的最大化利润 $p_u n_u + p_d n_d$ 决定了 $p_d^e(p_u)$ 和 $n_d^e(p_u)$（视 p 和 n 由外部给定），并设 $n_d = n_d^e$。但是他们的那些预期是响应性的，即平台假设的优化性导致开发商需求必须与用户的预期一致。

平台利润可被表示为：

$$p_u n_u + p_d n_d = (p_u + \alpha_d p_d)\left[1 + \alpha_u n_d^e - p_u\right] - p_d^2 \qquad (6.19)$$

对 p_d 一阶求导并令 $n_d = n_d^e$，得到：

$$n_d^e(p_u) = p_d^e(p_u) = \frac{\alpha_d(1 - p_u)}{2 - \alpha_u \alpha_d} \qquad (6.20)$$

因此，用户预期的开发商参与水平随观察到的用户价格 p_u 下降，因为用户明白开发商需求随用户参与增大，进而导致向用户收取的价格下降。更有趣的是，用户期望平台收取开发商的价格 $p_d^e(p_u)$ 也随 p_u 下降。有了用户谨慎预期的表达式，可以得出平台实际的最优化利润：

$$p_u n_u + p_d n_d = \frac{2(p_u + \alpha_d p_d)(1 - p_u)}{2 - \alpha_u \alpha_d} - p_d^2 \qquad (6.21)$$

该平台（p_u, p_d）最大化。容易得出：

$$p_u^* = \frac{2 - \alpha_u \alpha_d - \alpha_d^2}{4 - 2\alpha_u \alpha_d - \alpha_d^2} \quad p_d^* = \frac{\alpha_d}{4 - 2\alpha_u \alpha_d - \alpha_d^2}$$

$$n_u^* = \frac{2}{4 - 2\alpha_u \alpha_d - \alpha_d^2} \quad n_d^* = \frac{\alpha_d}{4 - 2\alpha_u \alpha_d - \alpha_d^2} \qquad (6.22)$$

特别注意到 $n_d^* = n_d^e(p_u^*)$，即谨慎预期是响应性的。由此得到的平台利润是：

$$\Pi_M^*(\text{谨慎}) = \frac{1}{4 - 2\alpha_u \alpha_d - \alpha_d^2} \qquad (6.23)$$

将（6.14）式与（6.17）式和（6.23）式的垄断情形下的利润对比，很容易得到以下命题：

命题4　所有用户为谨慎预期时的垄断利润低于所有用户为响应预期时的垄断利润，而高于所有用户为被动预期时的垄断利润。

因此，用户为谨慎预期时的垄断利润介于响应预期和被动预期之间。这个结果可以这样理解：注意到谨慎预期比被动预期更有响应性（形成预期时谨慎用户将价格考虑在内），但他们当然不如完全响应预期更有响应性。结果证实了第三节中关于用户预期对垄断平台利润的影响的直觉推断，即垄断平台比竞争性平台更喜欢用户持有更多的响应预期，因为他们倾向于扩大响应性预期下的市场分配，这种预期是垄断者可以实现的。

注意到均衡双边市场价格不同于前面三个预期机制下的价格，并且和比较经济静态分析下的模型参数有些不同。双边市场平台通常重新调整他们的二维定价结构以响应外部环境的变化。需要指出的是，在本书中，我们只是考虑比较静态下的用户预期对平台竞争均衡结果的影响而忽略动态分析。对于所有这三种预期，它们各自的均衡需求（6.3）式、（6.6）式和（6.23）式都随着两个网络效应因子 α_u 和 α_d 而增高，这正如预计的一样。另外，对含有 α_u 和 α_d 的均衡价格（6.2）式、（6.5）式和（6.22）式的比较经济静态分析两个因子对均衡价格的影响则显得不那么明显。其总结见表 6 − 1。

表 6 − 1　　　　预期形态下不同比较静态分析均衡价格结果配置

预期形态	用户均衡价格 p_u^*	开发商均衡价格 p_d^*
响应预期	如果 $2 < \alpha_d(\alpha_d + \alpha_u)$ 则为负 若 $4\alpha_u > \alpha_d(\alpha_d + \alpha_u)^2$ 与 α_u 同方向变动 若 $4\alpha_d > \alpha_u(\alpha_d + \alpha_u)^2$ 与 α_d 反方向变动	如果 $\alpha_d < \alpha_u$ 则为负 若 $(3\alpha_u - \alpha_d)(\alpha_u + \alpha_d) < 4$ 与 α_d 同方向变动 若 $(3\alpha_d - \alpha_u)(\alpha_u + \alpha_d) < 4$ 与 α_u 反方向变动
被动预期	如果 $2 < \alpha_d^2$ 则为负 如果 $2 > \alpha_d^2$ 与 α_u 同方向变动 如果 $4\alpha_d > \alpha_u(2 + \alpha_d^2)$ 与 α_d 反方向变动	永远为负 与 α_d 同方向变动 与 α_u 同方向变动

预期形态	用户均衡价格 p_u^*	开发商均衡价格 p_d^*
谨慎预期	如果 $2 < \alpha_d(\alpha_d + \alpha_u)$ 则为负	永远为正
	与 α_u 反方向变动	与 α_d 同方向变动
	与 α_d 反方向变动	与 α_u 同方向变动

这些不同有重要的实证意义。例如，面对谨慎预期用户的垄断双边市场平台绝不会补贴开发商，但面对响应预期（当 $\alpha_u > \alpha_d$）用户时可能会这样做。此外，对不同（α_u，α_d）的比较静态分析表明，不同预期形成机制下的网络效应参数的改变使均衡价格有不同的响应。因此，如果基于观察价格估计网络效应参数，其结果可能因不同预期类型而不同。加入预期因子以后，使得我们同样基于外部性对均衡价格的定价水平得出了与 Rochet 和 Tirole（2003）、Armstrong（2006）不一致的结论。

2. 竞争情形

考虑对移动互联网竞争市场格局下的均衡结果在不同运营商（包括互联网企业与电信三大运营商）之间的配置情形，现在转而关注 Hotelling 双寡头垄断下的用户预期形态对均衡结果配置的影响。正如在第三章第一节第二部分所做的研究一样，只不过现在用户为谨慎预期。特别地，用户假设两个平台开发商价格 p_{d1} 和 p_{d2} 依照 (p_{u1}, p_{u2}) 和 (n_{d1}^e, n_{d2}^e) 最优化（纳什均衡）而形成谨慎预期 n_{d1}^e 和 n_{d2}^e。基于 p_{u1} 和 p_{u2} 的预期 n_{d1}^e 和 n_{d2}^e，平台 1 的利润 p_{d1} 表达如下：

$$p_{u1} n_{u1} + p_{d1} n_{d1} = (p_{u1} + \alpha_d p_{d1}) \left[\frac{1}{2} + \frac{\alpha_n(n_{d1}^e - n_{d2}^e) + p_{u2} - p_{u1}}{2t} \right] - p_{d1}^2$$

$$(6.24)$$

对 p_{d1} 取一阶条件（这是用户产生假设时的平台最优化问题）得出：

$$p_{d1}^e = \frac{\alpha_d}{4} + \frac{\alpha_u \alpha_d(n_{d1}^e - n_{d2}^e) + \alpha_d(p_{u2} - p_{u1})}{4t} \qquad (6.25)$$

平台 2 的 p_{d2} 同理。

在这些价格下，

$$n_{d1} - n_{d2} = \alpha_d(n_{u1} - n_{u2}) - (p_{d1}^e - p_{d2}^e) = \frac{\alpha_d \alpha_u(n_{d1}^e - n_{d2}^e) + \alpha_d(p_{u2} - p_{u1})}{2t}$$

$$(6.26)$$

最后，若响应性条件 $n_{d1} = n_{d1}^e$ 和 $n_{d2} = n_{d2}^e$ 成立，我们得到：

$$n_{d1}^e - n_{d2}^e = p_{d1}^e - p_{d2}^e = \frac{\alpha_d(p_{u2} - p_{u1})}{2t - \alpha_d \alpha_u} \tag{6.27}$$

因此，如同垄断情形下的分析结果那样，用户期望的两个平台开发商价格之间的不同随着相应的用户价格之间的不同而降低。这是因为固定用户期望 n_{d1}^e 和 n_{d2}^e 下的每个平台的价格 p_{ui} 和 $p_{di}(i=1,2)$ 是战略性替换的。

应用（6.27）式，我们可以将用户需求表达为只与价格相关的函数：

$$n_{u1} = \frac{1}{2} + \frac{p_{u2} - p_{u1}}{2t - \alpha_u \alpha_d}$$

现在可以将平台 1 的利润写为：

$$p_{u1}n_{u1} + p_{d1}n_{d1} = (p_{u1} + \alpha_d p_{d1})\left(\frac{1}{2} + \frac{p_{u2} - p_{u1}}{2t - \alpha_u \alpha_d}\right) - p_{d1}^2 \tag{6.28}$$

对 p_{u1} 和 p_{u2} 取一阶条件，并使对称平衡条件成立，我们得出：

$$p_u^* = t - \frac{\alpha_d \alpha_u}{2} - \frac{d_a^2}{4} \text{ 和 } p_d^* = \frac{\alpha_d}{4},$$

$$n_u^* = \frac{1}{2} \text{ 和 } n_d^* = \frac{\alpha_d}{4}$$

得出均衡利润：

$$\Pi_C^*(\text{谨慎}) = \frac{t}{2} - \frac{\alpha_d \alpha_u}{4} - \frac{\alpha_d^2}{16} \tag{6.29}$$

对比（6.29）式与（6.17）式和（6.23）式得出：

命题 5 在 Hotelling 双寡头垄断中，所有用户为谨慎预期时的均衡利润低于所有用户为被动预期时的利润，而高于所有用户为响应预期时的利润：

$$\Pi_C^*(\text{被动}) > \Pi_C^*(\text{谨慎}) > \Pi_C^*(\text{响应})$$

正如对垄断的情况分析的那样，谨慎预期下的双寡头垄断均衡利润介于响应预期和被动预期的均衡利润之间，只是其顺序相反。其解释很相似：谨慎预期下的价格竞争激烈度落在响应和被动的两极端情况之间。如垄断情况表现出的那样，消费者用户的不同预期对均衡价格和这些价格的网络效应参数影响在比较经济静态分析上是十分不同的。特别地，

$$P_u^*(\text{被动}) > P_u^*(\text{谨慎}) > P_u^*(\text{响应}) \quad P_d^*(\text{被动}) = P_d^*(\text{谨慎}) > P_d^*(\text{响应})$$

表 6-2　　　　　　　　比较静态分析的竞争性均衡配置结果差异

预期类型	用户均衡价格 p_u^*
响应预期	如果 $t < (3\alpha_d\alpha_u + \alpha_d^2)/4$　则为负， 与 α_u、α_d 反方向变动
被动预期	如果 $t < \alpha_d^2/4$ 则为负 与 α_d 反方向变动，α_u 下不变
谨慎预期	如果 $t < (2\alpha_d\alpha_u + \alpha_d^2)/4$　则为负， 与 α_d 反方向变动，α_u 下不变

比较静态结果的分析再一次为我们观察到的被动和谨慎预期下的开发商一方不会得到补贴，但响应预期（$\alpha_u > \alpha_d$）时可能会得到补贴这一基本的事实判断提供了实证意义。这些发现为双边市场的定价理论提供了基于预期形态下的考量，而不只是仅仅依赖边用户的外部性大小而制定倾斜的价格结构。在分析中，如果平台一边的开发商为响应预期，尽管用户的网络效应大于开发商的网络效应，开发商也会得到补贴。

（四）模型拓展 II——响应和被动混合的预期

建立介于完全被动和完全响应之间的响应性用户预期的另一种不同方式是考虑混合情况，在这种情况下有些用户为被动预期，而另一些用户为响应预期。事实上，目前只考虑了"纯"形式的用户期望，即所有用户均为相同类型预期。而现实情况比这一单纯进行的用户预期归集要复杂得多。而且，基于本书与卢卡斯理性预期理论与梯诺尔双边市场定价理论的可追踪性，我们试图观察平台均衡利润如何响应某种用户期望类型中的微小改变，也可以看作为用户掌握的信息水平及其对平台另一边用户预测能力的微笑曲线的改变对移动互联网市场竞争结果配置的影响。

此部分设响应预期用户为 λ，剩余被动预期用户为 $1-\lambda$，所有的开发商为响应预期。

1. 垄断情形

先考虑垄断平台的问题。双边市场实际需求 (n_u, n_d) 为：

$$n_d = \alpha_d n_u - p_d$$
$$n_u = \lambda(1 + \alpha_u n_d - p_u) + (1-\lambda)(1 + \alpha_u n_d^e - p_u) \tag{6.30}$$

其中，$(1 + \alpha_u n_d - p_u)$ 是响应预期用户的需求部分，$(1 + \alpha_u n_d^e - p_u)$

是被动预期用户的需求部分。实际需求可以表示为价格和被动预期的函数：

$$n_u = \frac{1 + (1-\lambda)\alpha_u n_d^e - p_u - \lambda\alpha_u p_d}{1 - \lambda\alpha_u\alpha_d} \text{和} \ n_d = \frac{\alpha_d + (1-\lambda)\alpha_u\alpha_d n_d^e - p_d - \alpha_d p_u}{1 - \lambda\alpha_u\alpha_d}$$

$$(6.31)$$

可以使用这些表达式来最优化平台利润 $\prod = p_u n_u + p_d n_d$，得到价格和实际需求 $p_u^*(n_d^e), p_d^*(n_d^e), n_u^*(n_d^e)$ 和 $n_d^*(n_d^e)$，而这些都取决于 n_d^e。设响应性条件 $n_d^*(n_d^e) = n_d^e$ 可得出最后均衡的最优价格和双边市场需求：

$$p_u^*(\lambda) = \frac{2 - \alpha_d(\alpha_d + \lambda\alpha_u)}{4 - (\alpha_d + \alpha_u)(\alpha_d + \lambda\alpha_u)} \text{和} \ p_d^*(\lambda) = \frac{\alpha_d - \lambda\alpha_u}{4 - (\alpha_d + \alpha_u)(\alpha_d + \lambda\alpha_u)}$$

$$(6.32)$$

$$n_u^*(\lambda) = \frac{2}{4 - (\alpha_d + \alpha_u)(\alpha_d + \lambda\alpha_u)} \text{和} \ n_d^*(\lambda) = \frac{\alpha_d + \lambda\alpha_u}{4 - (\alpha_d + \alpha_u)(\alpha_d + \lambda\alpha_u)}$$

$$(6.33)$$

得出最优化平台利润：

$$\prod{}_M^*(\lambda) = \frac{4 - (\alpha_d + \lambda\alpha_u)^2}{[4 - (\alpha_d + \alpha_u)(\alpha_d + \lambda\alpha_u)]^2}$$

$$(6.34)$$

推出下述命题：

命题6　若响应预期用户为 λ 而被动预期用户为 $1-\lambda$，垄断平台最优利润和实际需求随 λ 增加。

因此，垄断平台的经济状况总是当较多用户为响应预期、较少用户为被动预期时比较好。这个结果进一步证实了在对比 $\lambda = 0$（被动预期）和 $\lambda = 1$（响应预期）的极端情况产生的直觉推理。

λ 对平台最优价格的影响是微妙的。相比被动预期用户，响应预期用户对价格降低响应更多，这是因为后者不仅考虑价格下降对自己需求的影响，还考虑开发商的需求。因此在某种意义上，λ 增加类似用户需求弹性增加，所以有人可能认为最优化价格应该更低。这种直觉在双边市场是站不住脚的。其原因在于，平台可以重新调整价格结构：降低一边的价格而增加另一边的价格。事实上：

·若 $\alpha_u > \alpha_d$，那么 $p_u^*(\lambda)$ 增加，$p_d^*(\lambda)$ 减小；

·若 $\alpha_u < \alpha_d$ 而 $\alpha_d(\alpha_u + \alpha_d) > 2$，那么结果相反：$p_u^*(\lambda)$ 减小而 $p_d^*(\lambda)$ 增加；

· 若 $\alpha_u < \alpha_d$ 而 $\alpha_d(\alpha_u + \alpha_d) < 2$，那么 $p_u^*(\lambda)$ 和 $p_d^*(\lambda)$ 都减小。

进一步考虑每个用户与开发商相互作用的平均获利能力来观察用户预期对均衡结果配置的影响：

$$\frac{p_u^*(\lambda)n_u^*(\lambda) + p_d^*(\lambda)n_d^*(\lambda)}{n_u^*(\lambda)n_d^*(\lambda)} = \frac{4 - (\alpha_d + \lambda\alpha_u)^2}{2(\alpha_d + \lambda\alpha_u)}$$

上式中，左手边的分子是开发商的获利水平；分母是用户与开发商的基于正向网络外部性下交叉网络效应。显然，每一个用户的开发商平均获利能力随 λ 的增大而降低。这一结果对市场结构与市场绩效的产业组织的解释给出了非常有意思的结论：垄断的市场结构通常并不会导致哈伯三角，即社会福利的净损失。在具有用户的预期调整对价格变动敏感响应的情形下，价格通常会由此而下降，垄断平台可以扩大因价格下降带来的业务基础。这一结论与经典的拉姆齐定价高度一致。

2. 竞争情形

现在我们转向固定规模用户市场中的两个对称平台之间的 Hotelling 竞争——类似于第（二）部分中的竞争情形中的竞争，不过用户预期为混合结构。平台 1 的用户需求现在表示为：

$$n_{u1} = \lambda\left[\frac{1}{2} + \frac{\alpha_u(n_{d1} - n_{d2}) + p_{u2} - p_{u1}}{2t}\right] + (1-\lambda)\left[\frac{1}{2} + \frac{\alpha_u(n_{d1}^e - n_{d2}^e) + p_{u2} - p_{u1}}{2t}\right]$$

$$(6.35)$$

平台 2 的用户需求 n_{u2} 为 $1 - n_{u1}$。

开发商需求为：$n_{d1} = \alpha_d n_{u1} - p_{d1}$，$n_{d2} = \alpha_d n_{u2} - p_{d2}$。

接着以价格 $(p_{u1}, p_{d1}, p_{u2}, p_{d2})$ 和固定预期 (n_{d1}^e, n_{d2}^e) 的函数求解竞争性平台两边用户 $(n_{u1}, n_{d1}, n_{u2}, n_{d2})$ 最优规模就很容易了。给定 (n_{d1}^e, n_{d2}^e)，平台同时选择得到最大化利润的价格。最终均衡可以用假设响应性预期均衡条件 $n_{d1}^e = n_{d1}$ 和 $n_{d2}^e = n_{d2}$ 表示，得出对称均衡的特征为下列价格和需求：

$$p_u^*(\lambda) = t - \frac{3\alpha_d\alpha_u\lambda}{4} - \frac{\alpha_d^2}{4} \text{ 和 } p_d^*(\lambda) = \frac{\alpha_d - \alpha_u\lambda}{4}$$

$$n_u^*(\lambda) = \frac{1}{2} \quad n_d^*(\lambda) = \frac{\alpha_d + \alpha_u\lambda}{4}$$

均衡利润：

$$\Pi_C^*(\lambda) = \frac{t}{2} - \frac{\alpha_d^2}{16} - \frac{6\alpha_d\alpha_u\lambda + \alpha_u^2\lambda^2}{16}$$

$$(6.36)$$

由此推出：

命题7　若响应预期用户为 λ 而剩余被动预期用户为 $1-\lambda$，固定用户市场规模下的对称竞争均衡平台利润随 λ 增大而严格减小。

这一结果又一次与垄断情形下的均衡配置结构相反，在那里平台利润随 λ 增加。这进一步推广了第三章第一节第二部分分析所得出的结论，其中的解释是相似的。如果平台竞争一边的市场份额固定，当更多的用户为响应预期时，出于获取均衡结果最优配置位势考虑，个体降低价格的倾向性更强，这是因为这些用户对价格降低更有响应性。这就带来更强烈的价格竞争，又因用户市场不会扩大，导致更低的均衡平台利润。同时，我们还要注意到两边的均衡价格都随 λ 减小，这一点不像垄断情况，垄断情况下其中一边的价格可能会增加。这一命题可在中国电信网络竞争融合下平均每单位用户收益（ARPU）下降中得到经验性的支持。

考虑之前的结果，很自然期望在更一般的平台竞争模型中均衡利润可能不随 λ 单调变化。我们在第三章第二节中用有"腹地"图形的 Hotelling 竞争模型确认并解释了这一观点。不同之处在于，现在的用户期望混合了。因此，平台1的用户需求可以写为：

$$n_{u1} = \lambda \left\{ x \left[\frac{1}{2} + \frac{\alpha_u (n_{d1} - n_{d2}) - (p_{u1} - p_{u2})}{2t} \right] + (1-x)(1 + \alpha_u n_{d1} - p_{u1}) \right\} +$$

$$(1-\lambda) \left\{ x \left[\frac{1}{2} + \frac{\alpha_u (n_{d1}^e - n_{d2}^e) - (p_{u1} - p_{u2})}{2t} \right] + (1-x)(1 + \alpha_u n_{d1}^e - p_{u1}) \right\}$$

$$(6.37)$$

开发商需求为：$n_{d1} = \alpha_d n_{u1} - p_{d1}$。

平台2的需求可对称得到。

为了弄清均衡结果的配置结构，在这里简单强调以下几点：当 $x=1$ 时，模型等价于上述固定用户市场规模的竞争情况的研究：均衡平台利润随 λ 减小；当 $x=0$ 时，模型等价于移动与固定两个独立的双边市场垄断情况，所以均衡利润随 λ 增加；当 x 从0到1增加时，均衡利润 $\Pi_C^* (x, \lambda)$ 先上升，然后出现极值，然后再随 λ 减小。

从（6.37）式不难发现，对于 $x \in (0, 1)$，λ 部分用户对平台竞争有两个相矛盾的影响：通过 Hotelling 腹地用户市场扩展倾向于随 λ 增加以满足两个平台的最小有效规模要求或者增加其网络效应，而在 Hotelling 段的内部对用户的可获得性竞争倾向于不令人满意地随 λ 这一参数值的增加而减小（增加了竞争压力）。这一结论在用于观察移动互联网市场竞争时显得非常有意思，即一方面，用户对运营商价格敏感度的提升保持甚至抢夺了来自竞争对手平台的客户。另外，在电信运营商进军互联网市场时，显示出提高用户规模并未给电信三大运营商的创利能力带来正面影响，反而出现了创利能力下降现象。一个可能的解释是移动互联网市场电信运营商垄断地位的变化。

第三节　用户预期影响因素：一个实证

用户的预期管理的基本路径在于识别影响用户预期的一些主要变量。因此变量识别与定义构成本书的逻辑起点。

一　变量识别与定义

（一）变量识别

依据我们的问卷设计，用户预期的潜变量如图 6 - 2 所示。

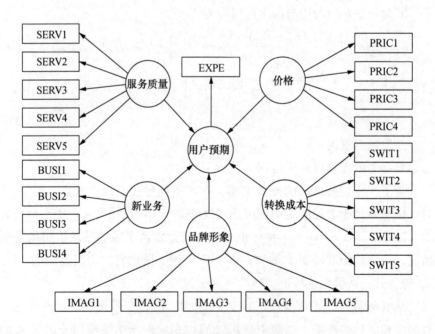

图 6 - 2　用户预期替变量

（二）变量定义

消费者预期。影响消费者选择运营商的因素，包括对服务质量、价格、新业务、品牌形象和转换成本等方面的预期。消费者对运营商的预期程度越好说明消费者越偏向该运营商。

服务质量。消费者选择运营商时对服务质量的预期，即运营商直接提供给消费者满意服务的能力。可以认为消费者易选择服务质量的预期程度较好的运营商。

价格。包括消费者实际的支付能力与对运营商服务性价比的预期，一般认为消费者倾向于选择价格预期程度好的运营商。

新业务。消费者在选择运营商时，对比各个运营商目前以及今后所运营的业务种类与质量而产生的预期。

品牌形象。消费者对运营商品牌的预期，一般认为，口碑越好、品牌影响力越大的运营商容易获得消费者较好的预期。

转换成本。用户从当前运营商向新的运营商转换所需要付出的成本，包括经济成本、时间成本、心理成本等，该因素在消费者做选择时会产生一定的影响。

二　数据生成

（一）数据来源

本书问卷设计分两部分：第一部分为基础信息，表明笔者的身份及研究目的、被调查者的基本信息。第二部分为正文，调查采用网络和书面两种问卷方式。共有 167 人参与了网络问卷，有效问卷 165 份。发放纸质问卷 300 份，收回 226 份，有效问卷 215 份，有效问卷共计 380 份。

问卷数据可以用 3 级指标体系进行统计归集，结果见表 6 - 3：用户预期为一级指标；影响预期的各因素为二级指标，观测变量为三级指标。被调查者根据题目对自己预期的影响情况在"影响非常大"、"影响很大"、"影响一般"、"不确定"、"没有影响"中做出选择。在问卷数据处理中，从"影响非常大"到"没有影响"分别对应赋予 5—1 分的打分。

（二）信效度检验

1. 信度检验

首先对问卷数据进行信度检验。使用 SPSS 19.0 软件，采用学术界普遍采用的 Cronbach's α 系数来分析，检测同一构面下各变量之间的一致性以及量表整体的一致性，Cronbach's α 系数介于 0—1 之间，越大表明

表6-3　　　　　　　　　手机用户预期测评指标体系

一级指标	二级指标	三级指标
用户预期	服务质量	SERV1、SERV2、SERV3、SERV4、SERV5
	价格	PRIC1、PRIC2、PRIC3、PRIC4
	新业务	BUSI1、BUSI2、BUSI3、BUSI4
	品牌形象	IMAG1、IMAG2、IMAG3、IMAG4、IMAG5
	转换成本	SWIT1、SWIT2、SWIT3、SWIT4、SWIT5

各观测变量之间的相关性越好，即内部一致性越高，量表越可信。结果如表6-4所示，各项的数值都达到0.7以上，表明量表有良好的信度。

表6-4　　　　　　　　问卷各部分的 Cronbach's α 值

隐含变量	测量项目数	Cronbach's α 值	总体 Cronbach's α 值
服务质量	5	0.758	
价格	4	0.726	
新业务	4	0.796	0.854
品牌形象	5	0.742	
转换成本	5	0.7165	

2. 效度检验

利用巴特利特球形检验（Bartlett Test of Sphericity）及 KMO（Kaiser - Meyer - Olkin）检验样本是否适合做因子分析。得到结果如表6-5所示。

表6-5　　　　　　　　观测变量的 KMO 和 Bartlett

取样足够多的 K-M-O 度量		0.705
Bartlett 的球形度检验	近似卡方	9060.396
	df	561
	Sig.	0.000

从表6-5中看出，KMO 值为0.705，说明适合做因子分析，Bartlett 的球形度检验 χ^2 值为9060.396，其相伴概率值0.000，显著小于0.001，说明数据适合做因子分析。

三　模型与分析

（一）模型构建

1. 内部模型

内部模型，又称结构模型，描述结构方程模型中潜变量之间的关系。

$$\eta = B\eta + \Gamma\mu + \zeta$$

其中，η 表示内生潜变量组成的向量，如用户预期；μ 表示外源潜变量组成的向量，如服务质量、价格等；B 表示内生潜变量之间的关系；Γ 表示外源潜变量对内生潜变量的关系；ζ 表示内部方程残差项组成的向量，反映潜变量 η 在内部方程中剩下的未能被解释的部分。

2. 外部模型

外部模型，又称测量模型，描述潜变量与测量指标之间的关系。

$$x = \Lambda_x\mu + \delta \quad y = \Lambda_y\eta + \varepsilon$$

其中，x 和 y 分别表示外源指标、内生指标组成的向量，如服务质量、价格等；Λ_x、Λ_y 分别表示外源潜变量与外源指标之间的关系矩阵、内生潜变量与内生指标之间的关系矩阵，又被称为各指标在对应变量上的因子载荷矩阵；μ、η 是外源潜变量组成的向量、内生潜变量组成的向量；δ、ε 表示相应变量的误差项。

（二）模型的参数估计

使用 SmartPLS2.0 路径分析软件，得到表 6-6 和表 6-7 数据，外部模型因子载荷系数表示选取的观测变量是否能反映隐含变量。一般载荷系数大于 0.7 则表示能够较好地反映隐含变量。从表 6-4 结果来看，客服的态度、解决效率及垃圾信息对服务质量的反映程度不够，用户对服务质量更看重随时都在使用的通话质量及上网速度。价格选取的几个观测变量的载荷系数都大于 0.7，表明都能较好地反映价格变量。23 个观测变量有 16 个观测变量的载荷系数大于 0.7，所有观测变量的载荷系数的平均值为 0.7312，大于 0.7 的标准，所以，外部测量模型的测量效果是比较理想的。路径系数在 0.2 左右有意义，表 6-7 显示，5 个潜变量对用户预期均有一定的影响，其中服务质量影响最大，而新业务对用户预期的形成影响最小，接着是品牌形象，说明运营商在提升用户的响应性预期方面的品牌策略做得不够理想，妨碍了用户关于运营商信息利用的效能。相应的，转换成本的显著性并不意味着客户忠诚度的形成，而是运营商服务的可选择性程度低下的一个指标。

表 6 – 6 外部模型因子载荷系数与权重

观测变量	Outer Loading	Outer Weights	观测变量	Outer Loading	Outer Weights	观测变量	Outer Loading	Outer Weights
SERV1	0.7393	0.3151	PRIC4	0.7969	0.3476	IMAG4	0.8463	0.4969
SERV2	0.8398	0.3989	BUSI1	0.6415	0.2266	IMAG5	0.7238	0.1414
SERV3	0.6675	0.2475	BUSI2	0.6827	0.3565	SWIT1	0.8866	0.4403
SERV4	0.6523	0.2119	BUSI3	0.7027	0.4325	SWIT2	0.7272	0.2268
SERV5	0.6363	0.2999	BUSI4	0.7312	0.7408	SWIT3	0.7823	0.1958
PRIC1	0.7501	0.4229	IMAG1	0.6201	0.2070	SWIT4	0.7169	0.1584
PRIC2	0.7376	0.2452	IMAG2	0.6600	0.2106	SWIT5	0.8072	0.3478
PRIC3	0.7098	0.3284	IMAG3	0.7597	0.3776			

表 6 – 7 路径系数

	用户预期
服务质量	0.275
价格	0.216
新业务	0.196
品牌形象	0.202
转换成本	0.226

（三）模型的显著性检验

平均提取方差（AVE）评价外部测量模型，表示测量误差造成的隐含变量及其观察的观测变量中获得解释时的方差总量，可以用于对模型优劣的评价，进而检测隐含变量的可靠性。数值大于 0.5 合理，表明 50% 以上的观测变量的方差得到了利用，AVE 值越大，表明效果越好。表 6 – 8 显示，变量的 AVE 值都大于 0.5，说明隐含变量从对应的观测变量中获得了较高程度的变异信息，整个模型的外部测量模型估计效果比较好。

多元相关平方（R^2）评价内部结构模型应至少大于 0.65，表示结构方程中因变量的大部分变量信息被自变量解释，方程的解释能力比较强，整体显著性良好。表 6 – 8 显示，用户预期回归方程中的 R^2 值为 0.7012，说明用户预期变量总变异中由服务质量、价格、新业务、品牌形象和转换成本解释的比例达到 70.12%，效果处于可以接受的水平。

从结果来看，五个潜变量对最后用户预期都有一定的影响，服务质量、价格与转换成本对用户做决定的影响最大。服务质量、价格与用户预期及用户最后做的是否更换运营商的决定呈明显的正向关系，转换成本与用户预期呈显著性正向关系，与是否更换运营商的决定成负向关系，响应性预期成为运营商提高决策效率包括资费套餐设计效率的关键维度。运营商可在这几个方面做出对策，以增加用户的响应性预期比重。

表 6 – 8　　　　　　　　　　　　平均提出方差和 R^2

	AVE	相关系数	R^2
服务质量	0.6252	0.6945	
价格	0.5754	0.5266	
新业务	0.5346	0.5752	0.7012
品牌形象	0.5204	0.5751	
转换成本	0.6765	0.6127	

第四节　研究结论与应用建议

本章探讨了在有间接网络效应市场中形成预期的各个机制的不同之处及平台定价行为，进而对竞争性平台均衡结果配置及市场结构构造形态的影响。本章分析得出的相关命题主要结论与主张如下：

一　主要结论

（一）用户预期显著影响市场均衡配置结果

依据分析得出的主要命题，从平台的视角表明，用户的预期类型基于市场结构不同而影响特定市场结构下的平台利润。一般来说，有市场支配力的平台喜欢更多的响应预期；而固定市场规模的平台竞争有相反的偏好：用户为较少响应预期时他们可得到更高的利润。主要原因是较多的响应预期放大了价格降低的效应，这对于有市场支配力的平台来说是一个好消息，因为它们可以夺得更多的需求用户而取得更高的利润；对于竞争平台来说，更多的响应预期通常意味着坏消息，因为它们加剧了价格竞争，而更多的被动性预期可以避免平台之间的价格竞争，当对手提高价格时，最优反应也是提高价格而不是降低价格，总的价格水平会因用户被动性预期的概率分布情况而发生调整。依照这一结论，面对来自原有竞争者与由网络融合而新进入竞争者的网络竞争环境，提升电信运营商平台价值获取能力的关键是提高用户对电信产品需求的在线时长或客户对网络的忠诚度。降低产品的可替代性通常意味着运营商提高差异化信息产品，而不是频繁地变换资费套餐方案刻意造就价格信息在平台两边或多边用户之间、用户与平台之间的非对称性。即在网络融合时代，运营商必须提升吸引平台用户的匹配能力，让更多用户在平台上实现交易，以此形成对竞争性环境下所需要的用户的被动性预期，减弱价格竞争的吸引力。

（二）加强用户预期管理是平台竞争优势的关键

这一结论性的应用主张来自命题 1 到命题 7。网络经济的一个显著特征就是需求方的规模经济，用户对平台的需求来自平台为用户所能提供的价值，这一价值除了单独产品本身的自网络效应所拥有的独立价值以外，一个吸引用户最为重要的方面是来自不同产品由于互补而形成的直接或者间接交叉网络外部性。作为消费者用户无法去测度网络外部性的大小，消费者加入平台的预期形态取决于用户掌握的采纳平台并进行交易的信息。在带有网络效应的双边平台，平台厂商的用户预期管理就成为平台商业模式能否获得成功的主要决定性因素。这一管理的具体方式不但取决于平台厂商的风格，也取决于对市场竞争环境的把握或者说是对平台交叉网络外部性的信念。富有攻击性的平台，偏好于市场的激烈性变化以捕获新的发展机遇，用户预期的管理偏重于如何增大被动性预期，这往往对用户规模偏小的平台比较有利；倾向于保守的平台厂商，则偏好于市场的缓慢平稳性变化，以保持在现有竞争性均衡结果配置基础上寻求处于 Hotelling 段的竞争优势，用户的预期管理偏重于相关信息的及时发布，增强用户的响应性预期。一个典型又通常的做法是原有版本的免费升级。本章中的第三部分对用户在不同竞争环境下的不同预期对平台竞争性均衡结果的配置影响研究隐含的一个用户预期管理策略的相机抉择安排，即依赖决定平台获利能力相关主要参数值的设定。在形成有网络效应的市场预期时，存在其他建模方法来表示不同的用户信息和复杂度。我们的目标是明确地走出区分不同机制的第一步，而恰恰是这些机制在经济结果方面形成了平台对用户需求的预期。因此，在具有网络效应的经济中，市场结构的最终特殊形态很大程度是由用户的预期决定的，而用户的预期显然是一种对现有市场信息在需求形成中的一种反映，平台的用户信息管理就成为平台获取最优竞争位势的关键。谷歌等互联网产业的成功就在于充分挖掘用户信息，搜索市场的竞争排名机制，其实就是通过价格信息向终端用户提供加入平台并进行交易的有用信息，以保证用户预期处于响应性预期状态。

（三）在市场规模既定情形下，响应预期的用户规模越大，在竞争性均衡结果配置中的地位越弱

这一结论来自命题7。因而，平台业务能否顺利有效拓展对平台最为关键。平台拓展的关键在于解决平台各业务之间的替代性与互补性问题。新业务的拓展必须依赖与现有的业务战略相互协同，协同程度决定了平台边之间据此获得的网络效应的大小。在多边市场环境下，平台边与边之间的关系错综复杂，与某一边具有正向协同性业务并不必然与其他相关边之间同样具有战略协同性。对于网络融合中的电信运营商进军互联网业务而言，能否获得成功取决于拓展的互联网业务与传统电信业务之间关联是战略性替代还是战略性互补。中国移动的飞信业务之所以未能在即时通信市场与其他场外业务（OTT）获得预期收益，一个根本性问题是飞信业务与现有的增值业务（手机短信）及语音业务之间是替代关系。而腾讯的微信业务与原有的QQ业务则具有战略互补性，或者腾讯的一系列业务都是基于即时通信市场业务而进行的数据挖掘。在后电信时代，互联网、电信网、广电网之间的竞争越来越激烈，基于信息公开的管制也越来越严，免费升级与语言程序共享，消费者用户的响应性预期能力越来越高，因此，相关平台运营商的业务拓展包括相应的商业模式设计显得尤为迫切。

二　建议

（一）强化平台的交易匹配功能，保障平台对用户需求的成功协调

作为具有间接交叉网络外部性平台，一个基本的功能是对具有不同效用价值的边用户需求进行协调，平台作为边用户的接入"瓶颈"源自科斯定理的失效。因此，能否成功协调平台边用户成为双边市场能否成为单边市场替代的关键。本章研究表明，消费者一边的信息源比较有限，消费者加入平台的决策建立在以往交易历史基础上推测平台另一边索要的价格信息。从本章与其他相关文献所给出预期定义看，消费者预期大多为被动性预期，在消费者的效用函数中缺少来自信息源的价值。在平台为消费者提供平台另一边信息的同时，平台对消费者应给予更多的补贴，主要途径是平台的价格结构倾斜，以吸引平台消费者边的加入。但当放松本章关于开发商一边的完全价格信息假设，开发商同样存在多种预期形态，其中也存在不确定性或者风险，在此情形下，移动互联网平台运营商可以考虑方案之一是在平台多边之间建立起业务发展的平行设计系统。在现有的软交

换技术与智能化终端情形下，这一点对电信运营商的意义不言而喻。当然，作为平台的开发商一边同样面临着用户需求的诸多不确定性因素，开发商在用户需求信息或者用户需求类型偏好分布的情形下，对一些新应用的开发缺乏足够的激励。此时，平台可考虑与开发商实现收益分担的分成合约以降低开发商的研发风险。电信网络在网络融合中保持既往的中心角色，能否协同各边用户的需求是关键。

（二）重视平台的声誉与承诺建设

这一建议直接来自命题1。增强用户的黏性是网络效应的基础。用户的黏性来自转换成本，而转换成本取决于用户的价值，用户的价值越高其转换成本就越高，相应的网络黏性就越高。在用户价值维度里，重要的测量值是平台给用户交易的历史信息而不只是当前价格。因此，平台声誉机制的建立可以确保平台在多边竞争情形下采用合适的定价政策。声誉与承诺在双边平台的意义与在所有纵向垂直合约中基于上下游之间的信念一样，决定平台合约关系的稳定性并避免用户的多平台接触，从而影响平台对边用户的成功协调。进一步地，边之间的重复相互作用既是平台交叉网络外部性是否得以持续的重要决定因子，也是平台两边或者多边用户得以形成各种不同预期的决定性因子。对于电信运营商而言，终端消费者用户的资费套餐设计不宜过于复杂与频繁调整。这是引发终端用户对平台服务批评最多的因素。电信运营商通常在与客户签订的合约中存在事前的隐瞒信息的道德风险，而在合约履行中又存在过多的隐藏行动风险，如免费流量与免费短信及免费通话的服务质量偏离消费者在既有的价格信息调整下的预期太远，导致逆向选择。最终使得运营商的资费套餐设计不能有效实现差别定价，反倒成为终端消费者进行流量套现的工具。价格合约履行机制缺损，潜在的政策含义是价格管制应由价格水平或价格结构管制转向为价格承诺管制。

（三）强化用户预期管理

以上研究也可以被理解为描述平台对知情用户有多大程度的偏好。这表明未来的工作可能更内化研究预期的性质（或混合），并使之由平台行为而影响用户的预期，以减少信息偏在情形下用户的错误预期。其政策含义是明显的：互联网等具有网络效应的产业政策关注重点应是市场信息的透明化，开发商有义务向平台另一侧的需求用户发布或预告相关信息，提高平台用户之间的对称性信念水平。

第七章　移动通信技术采用的
竞争策略设计

2009 年，工信部同年向中国移动、中国电信、中国联通发放了 3G 牌照。三大运营商在同年 2 月、4 月、10 月将 3G 网络正式商用且以其为依托的增值业务收入逐渐占据各大运营商营业收入较大份额。然而在 3G 时代刚刚开始为运营商带来回报时，2013 年 12 月 4 日工信部又向中国移动、中国电信和中国联通颁发"第四代数字蜂窝移动通信业务（TD - LTE）"经营许可。技术演进变化之快令业界感到突然。不过，在 3G 转换 4G 过程中，其间还需经历电信新技术带来的新业务与原有电信技术下各项业务对接过程，还有很多问题需要解决。比如，网络资源的升级改造、4G 与原有业务的捆绑定价、合约存续及流量结算等。但是，如何将电信用户吸引到运营商 4G 策略的设计中赢得新的竞争优势，却是摆在每一位运营商发展移动通信业务面前绕不开的难题。是采取攻击性的"饿狼策略"迎难而上主动领跑？还是选择"小狗式"的待时而发？还是"肥猫式"的被动跟随？纵观三大运营商以往的竞争历史版本，它们在互相竞争博弈过程中呈现出轮流领跑的趋势。这一竞争现象背后隐藏着技术标准采用什么样的逻辑？这一问题既是在互联网技术快速变化环境下竞争主体竞争策略设计的关键，也是竞争政策或反垄断政策设计的关键。

第一节　相关研究文献与研究假设

一　相关研究文献

自 Katz 和 Shapiro（1985）开创性研究竞争中的网络效应以来，运用网络效应考察竞争的理论与实证文献浩繁。构成本章相关研究基础性文献也非常丰富（Muller, D. C., 1997；Saloner, G. and Shepard, A., 1995；

Jovanovic，B.，1982，Ricardo J. Caballero，Robert S. Pindyck，1996）。但据笔者所知，国内外对平台竞争的理论研究文献不是很多且目前还集中在比较静态下的定价理论与平台设计或拓展策略的选择方面，而对竞争者之间在考虑用户信念推测与未来竞争环境的不确定性下讨论平台动态竞争的文献还鲜为少见。在定价理论方面，最早是由 Rochet 和 Tirole（2003）的一篇文献给出的。不过他们只讨论了交易外部性问题而没有考虑成员外部性问题。Caillaud 和 Jullien（2001）的文献严格来说讨论的是中间商而不是平台的竞争问题。Caillaud 和 Jullien（2003）也只对平台的成员外部性进行了最初的考察以解决平台的基于科斯定理失效的平台用户协调问题——鸡蛋相生问题。很显然，文章也没有涉及平台之间的动态竞争博弈问题。最早涉及平台动态竞争下定价理论的文献是由 Hagiu（2006）的论文讨论的。直到2010年，定价理论才从静态博弈转向比较动态博弈。这是由 Weyl（2010）在对交易外部性与成员外部性对平台定价的影响论文中完成的。在平台设计与拓展策略方面的动态研究最早是由 Hagiu（2009）提出的。Hagiu 讨论了平台拓展中的动态问题，着重对平台用户（业务）的相互协同性的研究。Markovich（2009）建立了在间接网络效应下寡头垄断厂商之间的动态竞争模型，该模型构成了本章研究模型设计的基础。Caillaud 和 Jullien（2011）从动态竞争的视角讨论了非对称性网络竞争的存在。需要强调的是，国内学者对移动通信技术运用策略的探讨是基于具体业务竞争的讨论（钟尧禹，2012；陈昕，2011；柴雪芳、王丽娜，2009），而未涉及动态竞争下运营商在移动通信市场的技术采用策略的研究。

二 研究关键假设

（一）动态视角中轮流领跑的存在性

考虑一个无限时间内的两个相互竞争的平台，在每个时期，其中的一个平台成为领跑者（赢得整个市场）；用户同质；动态模型中的消费者该时期的行为依赖历史结果的观察，在前一个时期（$t-1$）赢得市场的平台在当前时期（t）成为领跑者，即拥有先动者优势；非领跑者平台为了获得未来的市场优势可能愿意牺牲当前收益；而且，每个平台具有外生给定的服务质量，对每个时期恒定不变。这样，当对手平台看重未来（即较低的未来收入的折现）或者看重当前（较高的折现）时，平台领跑者不会因平台质量而发生交替。

（二）动态均衡结果是轮流领跑

可以考虑内在（固有）均衡的不确定性。尽管成为领跑者是有先动优势，但对一个较小价值的平台调整价格赢得市场的概率还是存在的。如果考虑到先动者对新的技术的采纳态度，技术采用对平台竞争优势是有不确定性或正负双重性。激进式的技术优于平稳式技术是有概率特征的。比如，市场对激进技术的需求不确定：投资一次新的操作系统的成功是有或然性等，如果激进技术失败，非领跑者平台的定价将会低于未来收益的折现，领跑者将获得下周期的领跑优势；如果激进技术成功，非领跑者将会采取攻击性的策略赢得市场。这样，新的领跑者在下一竞争周期将会选择平稳技术，更新的非领跑者将采用激进技术。

对双方而言，偏离均衡技术采用意愿的可能性不存在，领跑者知道假如不让非领跑者在下个竞争周期成为领跑者，非领跑者在当期将采取鱼死网破策略。同样，对非领跑者而言，当原有的领跑者知道在领跑中的优势不会长久时，非领跑者成为领跑者的机会就会非常容易。于是，原有领跑者将偏好于放弃领跑而转为跟随者，而不会采用攻击性的阻止策略。这样，领跑者交替可以缓和价格竞争。

第二节　模型与分析

一　基本模型

（一）相关假设

用户均匀位于 Hotelling 竞争区间上；存在两个相互竞争的网络；策略空间或者领跑或者跟随。领跑的网络效应 $\beta > |V_A - V_B|$，V_A、V_B 分别表示两个相互竞争的网络领跑与跟随的价值。如果 $V_i - P_{it} > V_j - P_{jt} + \beta$，意味着两个相互竞争的网络中的一个会被赶出市场，即市场上所有的消费者加入 $i(A)$ 网络；如果 $|V_A - V_B + P_{Bt} - p_{At}| < \beta$，意味着原有消费者或加入 $i(A)$，或加入 $j(B)$，市场竞争格局即使发生变化，但市场竞争依然存在。我们的分析目标指向是要弄清楚竞争者在给定其对手策略选择情形竞争策略的领跑或者跟随，如果 i 为领跑者，那么我们可以形式化地表示为 $P_i = V_i - V_j + \beta, P_j = 0$。进一步假定：在任何时期，一个满足于斯坦克尔博格的竞争市场都会有领跑者与跟随者。规定：领跑者网络 $f_t \in \{a, b\}, a_t \in \{a,$

$b\}$。基于历史结果观察，用户会构建当期哪个网络会成为赢取市场信念的猜测：$P_P\ (f_t = i \mid a_{t-1}, f_{t-1} \mid)$。

（二）释义

（1）纯战略均衡：$f_t \equiv A$。如果 $P_{At} - P_{Bt} \leq V_A - V_B + \beta \Rightarrow A$ 网络会赢得市场；在动态情形下，领跑者在未来销售服务时的收益为 δV_i^A；在销售服务时的收益为 $P_{it} + \delta V_i^A$；如果 $V_B > V_A + \beta$，则 $P_{Bt} = V_B - V_A - \beta + P_{At}$。

（2）最后赢家：$P_r(f_t = a_{t-1} \mid a_{t-1}, f_{t-1} \mid) = 1$。

上述状态显示，t 时期的赢家与 $t+1$ 时期的赢家并不相同。跟随者将会牺牲眼前可能获取的利益去获取未来成为领跑者的优势。当两个竞争性平台同时展开竞争时，收益函数可形式化为 $P_{it} + \delta\ (V_i^i - V_i^j)$。符号上标为领跑者，下标为竞争性的网络（下同）。进一步地，我们会发现，在当期定位与未来市场结构相互作用下，一个斯坦克尔博格的竞争市场将会出现多重均衡结果：同一个网络有时为领跑者或者是领跑者永远是领跑者。

先考虑第一种情形，即 A 永远是领跑者的条件：$V_B^B = V_B^A = 0$，$P_{Bt} = 0$；A 网络要想成为领跑者可以有两种定价方法：在自身即为领跑者并且市场上不存在一个与之叫板的竞争对手时的定价方程为 $P_A^A = V_A - V_B + \beta$，或者虽然现在 A 网络是市场领跑者，可是其面临来自对手的挑战，要想保持领跑者优势，它的定价为：$P_A^B = V_A - V_B - \beta$。相应的，作为技术采用领跑者的两种情形下的价值函数分别为：

$$V_A^A = V_A - V_B + \beta + \delta V_A^A \ 与 \ V_A^B V_A - V_B - \beta + \delta V_A^A$$

网络 A 的激励相容约束：$V_A^f \geq \delta V_A^B$，$f = A$，B

A 永远成为领跑者条件：$V_A - V_B \geq \beta(1 - 2\delta)$

证明：$V_A^A = \dfrac{V_A - V_B + \beta}{1 - \delta}$；$V_A^B = \dfrac{V_A - V_B}{1 - \delta} + \beta \dfrac{2\delta - 1}{1 - \delta}$

$V_A^A \geq \delta V_A^B, V_A^B \geq \delta V_A^B$

再考虑领跑者永远都是领跑者的情形：

$$V_i^i = \dfrac{P_i^f}{1 - \delta}, V_i^j = 0$$

动态竞争的收益为：$P_{it} + \delta V_i^i$，i 放弃当前的收益为：$-\delta V_i^i$

领跑者的定价问题为：$P_i^i \leq V_i - V_j + \beta - \delta V_j^j$

跟随领跑者的定价为：$P_j^i = -\delta V_j^j$

$$(1 - \delta) V_A^A + \delta V_B^B = V_A - V_B + \beta$$

$$(1 - \delta) V_B^B + \delta V_A^A = V_B - V_A + \beta$$

$$V_A^A = \frac{V_A - V_B}{1 - 2\delta} + \beta$$

$$V_B^B = \frac{V_B - V_A}{1 - 2\delta} + \beta$$

如果 $\beta \mid 1 - 2\delta \mid > \mid V^B - V^A \mid$，意味着在一个斯坦克尔博格竞争市场上领跑者永远是领跑者；如果 $\delta = \frac{1}{2}$，$\beta(1 - 2\delta) < \mid V^B - V^A \mid$，意味着两个相互竞争的网络中有效率的网络会赢得市场；如果 $V_B - V_A > \beta(1 - 2\delta)$，意味着跟随跑变成领跑而且是单一均衡而非多重均衡；如果 δ 足够小 $\left(\delta < \frac{1}{2}\right)$ 或足够大 $\left(\delta > \frac{1}{2}\right)$，那么，竞争就会很复杂，此时的均衡会有多重性，即跟随者或者进入或者不进入。在给定 $\beta > V_B - V_A$ 情形下，另一个平台的最优选择是不进入。如果 $\delta = 1$：$V_A^A = V_B - V_A + \beta$　$V_B^B = V_A - V_B + \beta$。这样，领跑者的价格为：$P_A = 0$；而跟随者的价格为：$P_B < 0 = -(V_A - V_B + \beta)$。

二　模型的拓展

（一）当领跑者概率不为 1 时的竞争情形

消费者加入网络 A 的概率为 x_A；消费者加入网络 B 的概率为 $x_B = 1 - x_A$，$x_A > x_B$。进一步规定：$\varphi(x)$ 为连续递增函数。如果 $x \geqslant \beta$，$\varphi(x) \geqslant [1 - \varphi(-x)]$，$\varphi(x) = 1$；如果 $x < -\beta$，$\varphi(x) = 0$，消费者加入平台 i 的概率为：$\varphi(V_A - V_B + P_B - P_A)$；成为领跑者的优势出现在 $\varphi(x) > 1 - \varphi(-x)$ 中，我们规定：$\bar{\beta} = \min\{x \mid \varphi(x) = 1\} \in [-\beta, \beta]$。

这里，$\varphi(x)$ 为线性函数：

$$\varphi(x) = \min\left\{\frac{x + \beta}{\beta + \beta}, 1\right\}, \bar{\beta} \in (-\beta, \beta)$$

如果 $\bar{\beta} = \beta$，即在市场上没有领跑者，但 $\varphi(x)$ 是非线性函数，即 $0 < \varphi(x) < 1$，$\frac{\varphi'}{\varphi}$ 下降，$\frac{\varphi}{(1 - \varphi)}$ 增加。在这种情形下，如果 A 永远是领跑者：

$$\pi_A = \varphi(V_A - V_B + P_B - P_A) P_A$$

$$\pi_B = [1 - \varphi(V_A - V_B + P_B - P_A)] P_B$$

$$P_B = 0 \Rightarrow P_A = V_A - V_B - \bar{\beta}, x_A = 1$$

如果 $\dfrac{\partial}{\partial P_A} \varphi \ (V_A - V_B - P_A) \ P_A \leqslant 0$，则 $P_A = 0$ $P_B = V_B - V_A - \beta < 0$；

如果 $V_A - V_B < 2\bar{\beta} + \beta$，那么，

$$\left. \begin{aligned} \frac{V_A - V_B + P_B + \beta}{2} = P_A \\ \frac{V_B - V_A + P_A + \bar{\beta}}{2} = P_B \end{aligned} \right\}$$

$$\begin{cases} P_A = \dfrac{V_A - V_B}{3} + \dfrac{\bar{\beta}}{3} + \dfrac{2}{3}\beta \\ P_B = \dfrac{V_B - V_A}{3} + \dfrac{2\bar{\beta}}{3} + \dfrac{1}{3}\beta \end{cases}$$

$$\chi_A = \frac{1}{3} \frac{V_A - V_B + 2\beta + \bar{\beta}}{\bar{\beta} + \beta}$$

按照上述没有领跑者的规定：$\bar{\beta} = \beta$

$$P_A = \frac{V_A - V_B}{3} + \beta$$

$$P_B = \frac{V_B - V_A}{3} + \beta$$

而当 $\bar{\beta} < \beta$ 时，A 能够成为永远领跑者吗？

$$V_B^B = V_B^A = 0 \quad P_{Bt} = 0$$

$$P_A^A = V_A - V_B - \bar{\beta} \Rightarrow A\ 领跑$$

$$P_A^B = V_A - V_B - \beta \Rightarrow B\ 领跑$$

$$V_A^A = V_A - V_B - \bar{\beta} + \delta V_A^A$$

$$V_A^B = V_A - V_B - \beta + \delta V_A^A$$

很明显，当 $-\beta < \bar{\beta} < \beta$ 时，市场竞争双方均存在偏离的激励，或者都是领跑者，或者都是跟随跑者，故市场不存在均衡。如果 $V_A^B \geqslant \delta V_A^B \Rightarrow$ 存在均衡，领跑者在动态竞争情形下，意味着赢得市场的竞争性平台希望下个竞争周期仍然领跑，可以得到加入网络 i 的价值函数为：

$$V_i^i = \frac{P_i^i}{1 - \delta}, V_i^j = 0$$

在给定竞争周期，网络 i 的收益为 $P_{it} + \delta V_i^i$，意味着网络 i 为获得最小未来收益愿意放弃的当前收益为 $-\delta V_i^i$，为获得永远领跑，网络 i 的价

格为：

$$P_i^i \leqslant V_i - V_j - \overline{\beta} - \delta V_j^j$$

$$P_j^i = -\delta V_j^j$$

在上述均衡里，网络 A、B 价值函数分别为：

$$(1-\delta)V_A^A + \delta V_B^B = V_A - V_B - \overline{\beta}$$

$$(1-\delta)V_B^B + \delta V_A^A = V_B - V_A - \overline{\beta}$$

$$V_A^A = \frac{V_A - V_B}{1-2\delta} - \overline{\beta}$$

$$V_B^B = \frac{V_B - V_A}{1-2\delta} - \overline{\beta}$$

我们可以得到在 $\overline{\beta} < \beta$ 时，永远领跑的条件为：

$$-(2\overline{\beta} + \beta) \cdot |1 - 2\delta| \geqslant |V_B - V_A|$$

为解释网络效应、贴现率、技术应用价值三个主要变量对技术采用策略选项安排的影响，不妨证明如下：

$$\frac{V_A - V_B}{1-2\delta} > \max\{\overline{\beta}, 2\overline{\beta} + \beta\} = 2\overline{\beta} + \beta$$

$$\frac{V_B - V_A}{1-2\delta} > \max\{\overline{\beta}, 2\overline{\beta} + \beta\} = 2\overline{\beta} + \beta$$

（二）技术采用成功或然情形下的市场领跑者

假设平稳技术可以百分百提供低价值的服务 $V_L > 0$；激进技术则以 $\gamma < 1$ 的概率提供高价值服务 $V_H > V_L$，每个竞争周期平台决定技术使用，然后平台进行价格竞争，最终消费者依据价格进行加入平台的决策。依然假设，领跑者的历史不决定当前的技术选择。规定：$V_H > \beta + V_L$，$V_L < \beta$ 或 $V_L > \beta$，在后者情形下，意味着网络效应很弱，领跑者没有明显的优势。在静态博弈里，只要领跑者提供低于非领跑者质量的服务，它就会失去市场。而当 $V_L < \beta$ 时，领跑者具有明显的优势，即使提供低质量服务仍然可以保持领跑。

对每个平台，有两种技术选择的策略空间：领跑者选择激进技术，非领跑者选择平稳技术（TD–LTE）。下面将给出动态情形下没有一个平台有偏离上述技术选择均衡激励。对此证明如下：

不妨假定，平台 A 为领跑者，平台 B 为跟随者。如果激进技术采用失败，平台 B 具有服务质量劣势（依据规定），跟随者可以将价格设为零，收益为 $0 + \delta V_B^A$，或者设定为 P_B^A 收益为 $P_B^A + \delta V_B^B$，B 平台设定的最高价格应为：$P_B^A + \delta V_B^B = \delta V_B^A$

如果激进技术转化失败：
$$P_B^A = \delta\ (V_B^A - V_B^B)$$
$$P_A^A = V_L + \beta + P_B^A = V_L + \beta + \delta\ (V_B^A - V_B^B)$$

如果激进技术转化成功：
$$P_A^A = \delta(V_A^B - V_A^A)$$
$$P_B^A = P_A^A + V_H - V_L - \beta = V_H - V_L - \beta + \delta(V_A^B - V_A^A)$$

在考虑技术演进成功的或然性下，设成功的概论为 r，不成功的概率为 $1 - r$，上述表达式重新写为：

$$V_A^A = r\delta V_B^A + (1 - r)\left[V_L + \beta - \delta\ (V_B^B - V_A^B) + \delta V_A^A\right]$$
$$V_B^A = r\left[V_H - V_L - \beta + \delta\ (V_A^B - V_A^A) + \delta V_B^B\right] + (1 - r)\delta V_B^A$$
$$V_B^B = r\delta V_A^B + (1 - r)\left[V_L + \beta - \delta\ (V_A^A - V_A^B) + \delta V_B^B\right]$$
$$V_A^B = r\left[V_H - V_L - \beta + \delta\ (V_B^A - V_B^B) + \delta V_A^A\right] + (1 - r)\delta V_A^B$$
$$V_i^i = \frac{(1 - \delta)\ (V_L + \beta) + r(\delta V_H - V_L - \beta)}{1 - \delta}, i \neq A, B$$

$$V_i^j = \frac{r(V_H - V_L - \beta)}{1 - \delta}, i = A, B, j \neq i$$

只需两个相互竞争的平台不存在偏离上述结果的激励，那么上述就构成两个平台的均衡。为了回答这个问题，考虑给定非领跑者在每个竞争周期选择激进技术，作为市场领跑者的最优反应是同样选择激进技术。领跑者这么做的条件是：

$P_j^i = -\delta \tilde{V}_j^j$，$\tilde{V}_j^j$ 是在无限时间内，给定领跑者放弃领跑的非领跑者的预期收益。

$$P_i^i = P_j^i + \beta = \beta - \delta \tilde{V}_j^j, \tilde{V}_i^i = \beta, \tilde{V}_j^i = 0$$

当 $\tilde{V}_i^i \leqslant V_i^i$ 时，领跑者没有偏离的激励，也就是 $\gamma\beta \leqslant V_L(1 - \delta - \gamma) + \delta\gamma V_H$。这时，对领跑者来说，选择平稳技术是最优的，而对非领跑者永远选择激进技术是最优的。进一步说，规定激进技术平均成功的概率为 $\bar{\gamma}$，当 $\gamma < \bar{\gamma}$，意味着激进技术风险太大；当 $\gamma > \bar{\gamma}$，意味着激进技术有吸引力。假定折现 $\delta > 0$，在作为上述规定后不难发现，对于领跑者而言，采用平稳技术通常比非领跑者采用激进技术更有可能具有优势。而且，一旦激进技术失败，非领跑者的价格将设定为零，而不是 $P_j^i = -\delta V_j^j$，显得不具有明显的侵略性。领跑者选择平稳技术的 V_i^L 永远是正的。同时，当 δ 增大、$\bar{\gamma}$ 增大时，领跑者没有明显理由偏离均衡。当然，在 $\gamma \geqslant \bar{\gamma}$ 下，领跑者采用激进技术，而跟随者采用平稳技术。同时，这里不存在领跑者位置的更替。通常情形下，两个竞争平台不会同时采用平稳技术，因为，给定领跑者采用，非领跑者有激励偏离，而且可以实现各个击破。特别情况下，当 $\bar{\gamma} = 1$、$\delta = 0$、$\beta = 0$ 时，两个竞争性平台各自选择各自的技术。

技术采用策略选择既取决于技术成功概率分布的均值也取决于其与技术价值比较的各种可能结果。当技术采用成功概率高于低技术价值与高技术价值比率时，一个斯坦克尔博格的唯一均衡解与 $\gamma \geqslant \bar{\gamma}$ 的竞争均衡情形一致；如果技术采用的成功率小于低技术价值与高技术价值比率时，领跑者采用平稳技术而非领跑者采用激进技术。因此，在考虑技术采用成功或然性因素后，拓展的斯坦克尔博格模型会有三种可能存在的均衡态：或者双方采用激进技术；或者领跑者采用激进技术；或者随跑者在下一个竞争周期改变自身的策略而采用激进技术从而在网络效应足够大、贴现率不变情形下成为领跑者。基本模型与拓展模型中分析得出的命题与推理也支持了 Mohamed Ben Mimoun（2005，2006）关于技术采用成功率与网络效应（市场份额）之间关系的发现。

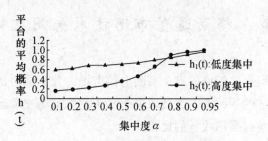

图 7 - 1　集中对技术成功概率的影响

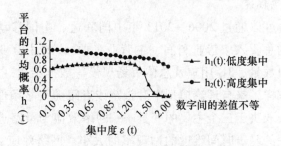

图 7 - 2　集中度对技术成功概率的影响

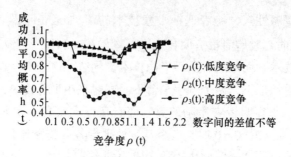

图7-3 竞争度$\rho(t)$对技术成功概率的影响

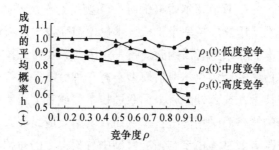

图7-4 竞争度ρ对技术成功概率的影响

第三节 移动通信市场技术采用策略选择

在一个斯坦克尔博格的寡头垄断电信市场,分析谁会是下一代移动通信市场技术标准的领跑者,无疑取决于寡头竞争市场技术运用给各竞争者带来的未来收益与当期收益的比较。

一 数据描述与来源

(一) 数据描述

当期收益可以通过2006—2013年中国联通、中国移动、中国电信三大运营商的总收入、营业利润、主营业务收入/非主营业务收入、运营成本、用户数量、3G用户及总体市场规模等数据给出(见表2-1)。这些数据的取样,来自理论模型中对领跑或者跟随策略条件的设定,即领跑或者跟随取决于三个主要的变量——网络效应与策略选择的价值及与后一项相关的基于时间维度的贴现率的大小。网络效应变量我们选取的是用户规模、市场份额数据;价值变量我们选取的是总收入、营业利润、主营业务收入/非主营业务收入。贴现率则以营业利润/营运成本作近似替代。进行这一比较的目的是弄清楚在考虑了技术采用成功或然性与网络效应及竞争效应之后三大运营商从 2G 到 3G 再到 4G 转化过程中采取的行为差异。

（二）数据生成

2006—2013 年中国三大运营商主要运行数据如表 7 – 1 所示。

表 7 – 1　　　　　2006—2013 年中国三大运营商主要运行数据比较

	年份	2013	2012	2011	2010	2009	2008	2007	2006
联通	总收入（亿元）	3037.27	2489.30	2091.70	1713.00	1539.50	1712.40	995.40	942.90
	营业利润（亿元）	102.90	71.00	55.80	47.73	122.77	100.48	129.55	64.96
	主营业务收入/非主营业务收入	4.29	5.42	7.98	17.41	34.37	33.90	19.31	21.10
	运营成本（亿元）	2223.50	2004.70	2035.70	1678.88	1419.60	1516.16	892.99	856.82
	用户数量（亿户）	2.81	2.39	2.00	1.67	1.48	1.33	1.62	1.42
	3G 用户（亿户）	1.23	0.76	0.40	0.14	0.03			
	市场规模	0.19	0.18	0.16	0.15	0.14	0.17	0.22	0.21
电信	总收入（亿元）	3216	2830.73	2450.68	2198.64	2093.70	1868.01	1808.82	1750.93
	营业利润（亿元）	229.85	211.86	241.27	240.16	226.58	51.45	370.11	385.36
	主营业务收入/非主营业务收入	5.95	7.60	10.51	15.29	15.75	21.85	27.86	34.22
	运营成本（亿元）	2941.16	2618.87	2209.41	1958.48	1867.12	1813.84	1416.45	1370.80
	用户数量（亿户）	4.41	4.14	3.73	3.29	3.50	2.08	2.20	2.23
	3G 用户（亿户）	1.03	0.69	0.36	0.12	0.05			
	市场规模	0.30	0.30	0.31	0.30	0.34	0.26	0.29	0.33
移动	总收入（亿元）	6301.77	5818.35	5279.99	4852.31	4521.03	4118.10	3569.59	2953.58
	营业利润（亿元）	1515.17	1656.16	1622.77	1585.31	1538.44	1495.23	1292.38	9617.60
	主营业务收入/非主营业务收入			1.74	2.21	2.44	2.63	2.89	3.26
	运营成本（亿元）	4,786.60	4162.19	3657.22	3267.00	2982.59	2622.87	2277.21	2293.32
	用户数量（亿户）	7.67	7.10	6.50	5.84	5.22	4.57	3.69	3.01
	3G 用户（亿户）	0.98	0.88	0.47	0.21	0.06			
	市场规模	0.52	0.52	0.53	0.54	0.51	0.57	0.49	0.45

资料来源：三大运营商 2006—2013 年年报。

二　数据特征分析

（一）运营商数据比较

1. 中国移动

从数据上看，中国电信、中国联通的 3G 用户数少于中国移动，中国移动总的用户基数规模庞大，且一直推动 2G 用户向 3G 转移，其 3G 用户多由 2G 用户转化而来，实际增幅并不明显。营业利润自 2008 年以来起伏较小，用户数量增长速度却很快，市场规模（市场份额）保持平稳，获利能力（营业利润）下降。表明中国移动的网络效应大于竞争效应且技术价值曲线下移，领跑者优势变弱。

2. 中国联通

自 2010 年以来，中国联通的获利能力基本上处于下降通道中，且下降趋势明显。这与中国联通的网络资源有关。中国联通虽然获得了南方电信的固网资源，但是固网的技术约束使其必须对固网进行升级改造，成本压力自然产生；在移动业务方面，中国联通的用户规模虽然增长速度明显，但是基数较低，难与中国移动抗衡。在技术演进中，中国联通处于中国移动与中国电信的双重夹击中。其网络效应、技术价值在三大运营商的 Hotelling 竞争中明显不具有竞争优势。但是，观察表中的数据，中国联通 3G 用户的增长速度明显快于中国移动。而且，中国联通 3G 的发展则从前期的"花钱买用户"阶段发展为现今自发式的市场拉动阶段，3G 用户的快速增长已不依赖终端补贴，其 2G 转 3G 的势头正劲，3G 投入也进入了高回报期。这样一种获利能力与我们的分析其实并不矛盾，原因是，目前的 3G 在三大运营商那里各有各的制式，这一市场到目前为止并没有出现永远的领跑者。

3. 中国电信

主营业务收入在总收入中随着技术演进带来的替代性竞争与中国电信业务策略的重新布局而不断下降。市场规模虽低于中国移动，但是远远高于中国联通。表明，中国电信具有较高的网络效应；2007—2009 年这三年的营业利润数据的起伏结合主营业务不断下滑与运营成本不断上升的数据，可以看到，中国电信已经基本完成了互联网业务与移动业务为主要业务的布局。就国内 3G 发展来看，中国电信网络覆盖是其最大优势；另外是终端产业链的完善，目前中国电信 3G 用户是其主要用户群并且具有较高的技术价值。

为了充分了解三大运营商在技术演进中的竞争位势，以便对运营商技术采用的领跑或者跟随策略做出恰当的评估，从而有针对性地提出应对技术变化的竞争策略建议，对上述数据作进一步的诊断。

（二）数据处理后比较竞争优势分析

根据表7－1中的数据，利用Excel软件做出了三大运营商市场份额的趋势图（见图7－5）。

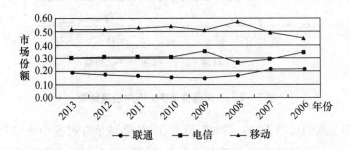

图7－5 三大运营商市场份额比较

可以看出，2006年年初，三大运营商的市场份额相差不大，但是2006—2008年间，中国电信和中国联通的市场份额略有萎缩。2009年3G牌照正式商用以后，中国电信推出的天翼品牌，又为其赢得大量用户，市场份额有所扩大。中国联通也在2009年以后，把握住3G市场，用户数量持续增加，市场份额逐渐扩大，达到现在的19%。

根据表7－1，利用Excel软件，将三大运营商2006—2013年的总收入数据做成市场规模趋势图（见图7－6）。

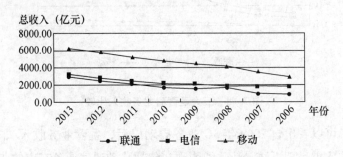

图7－6 三大运营商竞争力比较

从图中，我们可以看出三大运营商的总收入额总体呈现上升状态。2009年3G牌照正式商用以后，中国电信和中国联通的增速有所增加，而中国移动的增速略有放缓。

根据表 7-1 数据,利用 Excel 软件,做出了三大运营商 3G 用户数趋势图(见图 7-7)。

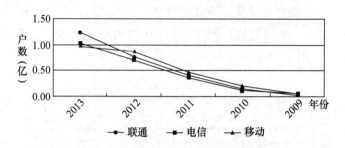

图 7-7 三大运营商 3G 用户规模比较

从图中我们可以看出,三大运营商在 3G 领域争夺过程中势均力敌,增速基本一致。中国移动在 2009 年 3G 业务刚刚起步之时稍有落后,而后稍稍领先,在 2012 年达到顶峰;中国联通特殊的历史禀赋资源,3G 业务的发展呈现出持续上扬,增速稳健,在 2013 年其 3G 用户量突破 1 亿;中国电信虽然在用户量上稍有落后,但其非主营业务收入的增长态势不容小觑。

根据表 7-1 数据,利用 Excel 软件,做出了三大运营商主营业务收入/非主营业务收入历年变化趋势图(见图 7-8)。

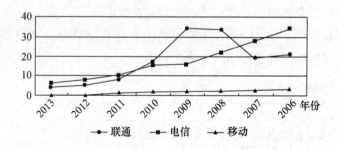

图 7-8 三大运营商业务收入比较

我们可以看出自 2009 年 3G 业务启动以后,主营业务收入/非主营业务收入的比重呈现下降趋势,说明现在包括移动通信业务在内的非主营业务收入在总业务收入中的比重越来越大。

三 运营商技术采用策略比较

数据特征与统计分析显示,中国移动 3G 短板使其再难"一家独大",

中国联通正凭借 WCDMA 的制式优势尽享 3G 丰厚回报，中国电信则抓住了转型时机，国内 3G 市场三足鼎立之势已基本形成。然而，这样一种领跑者概率不为 1 的情形，在一个竞争的斯坦克尔博格市场并不是一种稳定均衡。因而，从动态竞争的视角，偏离这一均衡是必然的策略选择。

尽管 3G 仍然是目前国内移动通信市场的主角，但不可否认的是，3G 市场三足鼎立的格局必将因 4G 时代的到来而发生震荡。

（一）三大运营商对由 3G 演进为 4G 的未来预期存在明显差异

目前 3G 进入高回报期，这对于 3G 优势明显的中国联通和中国电信来说是一大利好。中国联通 3G 用户突破 1 亿，且其作为 3G 时代的领先运营商的地位已明确，因此中国联通对于 4G 的布局并不热心，更倾向于通过 3G 优势占据更大市场。中国电信 3G 渗透率已突破 50%，同样期望利用 3G 扩大自身优势，尽可能地强化 3G 基础，为 4G 大规模商用前的缓冲期做准备。中国移动是推动 4G 的激进派。3G 时代的落后使中国移动无意再向 3G 网络投资，采用激进移动技术对其更为有利。仔细分析差异背后的逻辑发现，理论分析中的网络效应差异决定技术选择的结论完全吻合。

（二）三大运营商各自选择 4G 制式标准

目前，我国三大运营商 3G 制式不同，中国移动承建自主知识产权的 TD–SCDMA、中国联通采用国际上最为成熟的 WCDMA、中国电信运营 CDMA，三张完全不同技术制式的 3G 网络为今后向 4G 演进的制式标准选择埋下诸多变量。中国移动在 4G 制式选择上最明确，极力推动 TD–LTE 标准，近年来也对 TD–LTE 进行了大规模的测试；中国联通则按照既定的 FDD 战略方向做准备；而电信方面则将采用多种制式混合组网，“两手准备” 4G 布局，实现 3G 与 4G 衔接过渡及多网协同。这一差异则与 4G 技术演进概率为 1 相联系。理论分析已经指出，过高的贴现率下，运营商均存在偏离的激励。

（三）三大运营商由 3G 升级为 4G 的应对策略明显不同

中国移动作为 3G 后发者紧急布局 4G，其从 3G 向 4G 演进的制式比较清晰，即由 TD–SCDMA 升级至 TD–LTE。但中国移动可能将继续面临 3G 时代的诸如网速较慢、制式非主流、与终端设备厂商的操作系统无法全面兼容的问题。中国联通则并不情愿 4G 过早到来，其在 3G 上的巨大投资目前正处于收获期，在 3G 成本收回并攻占更大市场份额之前，中国联通对 4G 更倾向于按兵不动。中国电信虽然没有像中国移动那样确定 4G 制式，但对于自身会拿到 TD 牌照还是 FDD 牌照都做了应对的准备。这一现象的背后，同样，来自理论分析部分讨论中得出的一项技术本身的价值高低的预期收益决定运营商策略选择的结论。

第四节　结论与建议

一　结论

（一）领跑者的先动优势依赖当期收益与未来收益贴现值的净值

在其他因素不变情形下，决定技术采用策略空间的选项依赖贴现率的大小。隐含着的命题是"最先进的未必是最好的"这一句古老的格言。从动态竞争视角看，技术的采用依赖历史禀赋与该技术的应用情景。

（二）网络效应对技术选择具有决定性影响

网络效应越高的网络意味着其在 Hotelling 线段中位置越离开其原点而伸向竞争对手的竞争腹地。在一个动态竞争的格局下，会有众多的用户加入该平台。在未来贴现率不变的情形下，该平台选择激进技术成为市场领跑者的可能性就越高。相反，如果网络效应很弱，比如低于低技术价值，采用领跑策略的竞争者其竞争腹地很容易受到竞争对手的攻击，最优的竞争策略选项就是采用平滑技术跟随跑。

（三）领跑者存在交替现象

决定领跑还是跟随策略选择在技术采用成功或然性与贴现率较高而网络效应较弱时，领跑者永远领跑的条件就不存在。最优的斯坦克尔博格均衡是两个竞争性的网络轮流领跑。

（四）与上述结论三相联系，当网络效应与技术价值给定，贴现率或者足够低或者足够高时，两个相互竞争的网络均会在一个斯坦克尔博格竞争市场成为领跑者或者对新技术采用不进入策略，市场会出现多重均衡态

对一个较低的贴现率，动态分析显得并不合适而让位于静态环境下的竞争策略，即给定对手的领跑选择，最优策略选择是不进入。市场竞争均衡未必一定存在。当两个竞争性网络的网络效应位于开区间时，即实际网络效应位于竞争反映曲线的上（下）方，竞争对手的网络效应又小（大）于自身的网络效应，市场竞争就会出现相互绞杀（以牙还牙）或者各自

采用自己的技术，从而形成角解。这一结论在技术成功概率较高，未来贴现率较低，网络效应为零的情形下，两个竞争性网络各自选择自身的技术演进方式。

（五）领跑与跟随存在权变性

在动态竞争情形下，决定领跑者优势的贴现率、用户选择、技术演进方式、对手的反应等均存在诸多变数。因此，永远成为领跑者的条件并不容易得到满足，领跑策略也就具有了权变因素，即有时候是领跑而有时候则跟随跑。

二　相关建议

（一）三大运营商竞争策略设计建议

从上面理论模型与中国移动通信技术演进分析可以看出，三大运营商面临技术采用的策略空间是激进技术还是平稳技术选择时，需要考虑的因素很复杂。可是，本章模型中对领跑还是跟随策略选择分析得出的一些选择条件为运营商的技术选择提供了诸多原则，其中最为关键的是运营商对技术采用的网络效应与技术本身价值的考虑。这两个技术采用的维度并因此而围成的四个区域决定了策略空间选项的几种可能组合：或者是领跑，或者是跟随，或者是既领跑又跟随，或者是既不领跑也不跟随。这些技术演进组合在下一代移动通信技术演进中将会构成三大运营商技术选择的基本参照。具体而言，中国移动选择永远是领跑者的策略，大举进军4G领域；中国电信选择领跑与跟随相结合的策略进军4G领域；中国联通选择跟随跑策略并充分利用现有的3G网络资源，实现多种业务的捆绑或者搭售策略，重新选择客户。

（二）公共政策建议

对于反垄断与管制等公共政策设计机构而言，移动通信市场的技术标准制定因充分考虑各个相关竞争主体的用户规模、用户偏好特征与技术演进的或然性，多采用几种虽然不同但是彼此可以相互操作的标准，而不仅仅只考虑一种标准。进一步地，技术标准的演进必须考虑到新技术推进的速度而不能忽视了技术的平滑过渡，即从用户的角度考虑技术升级转移。从2G到3G的商用化仅仅过去了近5年时间，技术价值的贴现率之高可想而知。按照我们的理论分析在贴现率居高不下时，最优的策略选择是跟随跑，就像今天的中国联通对即将到来的4G的态度那样。毕竟，管制或者反垄断的目的是维护有效市场竞争格局。

第八章 电信运营商语音搜索平台竞争策略设计

第一节 研究背景、方法与结论

一 研究背景

电信行业近十年来快速发展，影响了人们生活的方方面面，近十年来，电信语音搜索业务平台作为电信增值业务的一部分给用户提供了更加便利的服务，在改变人们生活方式的同时，也给电信企业带来了网络营销途径和新的利润增长点。作为 21 世纪产业组织新的研究热点，双边市场理论的出现改变了传统理论观点，对传统单边市场无法解释的经济现象从新的视角进行了合理和科学的解释，对平台企业管理、竞争策略和公共政策都产生了深远影响。语音搜索平台具有独特的双边市场特征，用双边市场理论解释语音搜索平台的竞争策略具有重要的理论和现实意义。

但现有文献对语音搜索平台的系统研究很少，且主要是对"号码百事通"和"12580"等电信业务的简单介绍，对其竞争策略的研究也大多基于商业模式进行讨论，本章基于双边市场理论的角度，系统研究语音搜索服务这一热点问题，为语音搜索平台的发展提供新的依据和视角。

二 研究方法

（一）文献研究法

本章首先运用相关文献分析了语音搜索平台的双边市场特性，发现其是一个典型的具有网络外部性的双边市场，各个电信公司通过语音搜索平台将服务提供商与终端用户联系起来。

（二）模型拓展法

基于语音搜索"号码百事通"和"12580"平台竞争的视角，我们将

Evens（2004）与 Armstrong（2006）关于双边市场的分析框架上进行了拓展，基于 Kong – Pin Chen 等的研究建立在竞争环境下语音搜索平台定价模型，并运用霍特林模型对平台在用户单归属及多归属下的竞争策略进行了研究，探讨了影响语音搜索平台竞争的关键因子。

三 研究发现与建议

（一）研究发现

（1）语音搜索平台匹配技术的提高可以提升定价水平。

（2）实施差异化策略有利于语音搜索平台制定较高的价格。

（3）语音搜索平台可以合理地通过"分享"用户外部性去获得类似于通过价格结构设计减弱用户外部性的效果而取得收入和增加利润。

（4）语音搜索平台有动机去提高多归属用户的定价而在平台另一边实施补贴获得更多的用户，从而占领更多的市场份额。

（二）建议

本章基于双边市场理论为语音搜索业务市场发展提出了一些策略建议，指出了实施差异化策略，"从双边收费转向单边收费"、"线下和线上业务紧密融合"、"本地化智能信息服务 + 本地化深度营销服务"这些将是语音搜索平台未来的优先路径选择。

第二节 语音搜索平台双边市场特征

一 国外语音搜索服务发展状况

语音搜索服务是指通过固定电话或者移动电话手段，进行查询或者业务申请，从而获取服务的一个概念。它由传统的号码查询业务发展而来，是在以搜索为代表的互联网业务蓬勃发展和电信运营商转型的两大背景下顺势出现的。随着竞争环境、客户需求、科学技术等因素的改变，其业务内涵、商业模式、承载手段、接入方式等都有了较大的发展。业务的核心在于通过对企事业单位信息和资源的整合与挖掘，为拨打电话的普通客户提供包括衣、食、住、行等与日常生活相关的各种便民信息服务。

欧洲和美国出现了丰富多彩的语音搜索增值业务，为用户提供了各种选择和方便。以英国为例，根据 Ofcom 2007 年的调查，越来越多的英国电信用户已经知道语音搜索增值业务的好处。在所有增值业务中，最受用户欢迎的是文本回送，即电信公司将客户需要的电话号码用短信发送到用户手机上；另外是呼叫转接，即直接连接到用户所查询的商家号码上；其他增值业务如分类查询、多个号码查询、多语种查询、酒店住宿等，都有了一定的用户群体。下面简单介绍英国电信和法国电信的语音搜索业务情况。

（一）英国电信

英国电信（BT）提供多种语音搜索查询服务，主要包括基于固定电话号码查询（118500 和 118707）、基于移动电话号码查询和非在线电话查询（Phone Book and Phone Disc）三大类。BT 的黄页是英国最大的非在线号码查询工具，吸引了大量商家投放黄页广告，为 BT 带来丰厚的发行收入和广告收入；118707 面向全体用户和企业提供的一种基本语音搜索查询服务，能够帮助客户查询企业电话、国内国际区号、商家信息等，115707 实行固定费率；而 118500 主要是面对商业客户高端产品，它依托BT 建立的英国最大商业信息资源库，结合先进技术和超级服务，可以帮助商家快速便捷找到顾客和供货商，118500 按时长收费，包括电话费和信息连接费。

（二）法国电信

法国电信作为传统的电信运营商，在 2002 年年底提出了业务转型，法国电信拥有 Orange、Walladoo、Equant 等著名品牌，掌握着丰富的电话号码资源，并借此垄断了号码查询市场，目前法国市场上有 7 个现行的查询号码分别是：12、3200、3211、3912、222（SFR）、612（Bouygues）、712（orange），其中法国电信的 12 号码在业务上处于领先地位，为此法国政府对查号业务采取了开放市场，引入竞争的策略，现在法国电信 12号码在传统查号业务市场上仍然处于领先地位，包括语音和黄页，但随着法国语音搜索业务市场的完全放开，法国电信将面临更加激烈的竞争。

（三）国内语音搜索服务发展状况

1. 语音搜索业务发展状况

2006 年，中国电信将传统的 114 查号业务转化为提供各类综合信息查询的服务，率先推出了号码百事通（118114）业务，这项业务被中国电信称为"语音 Google"，成为中国电信完成向综合信息服务提供商转型的重要实践平台，已在全国范围推广号码百事通商旅服务，推出订票、订酒店等系列服务，经过近几年的发展，号码百事通已经成为国内语音搜索市场的领导者，据此前号码百事通公司（号码百事通已于 2012 年 9 月在上海证券交易所借壳上市）披露的信息看，2012 年，号码百事通业务收入预计将达到 130 亿元，是公司成立之初 2007 年的 32 亿元的 4 倍，年均复合增长率超过 30%。其中号百商旅"三订"业务保持快速规模发展，其中订酒店、订机票量综合排名全国第二位（仅次于携程），订餐量名列全国第一。号百商旅公司净资产收益率排名第一（2011 年年报显示：号百商旅 48.4%，携程 16.5%，艺龙 2.5%）。2012 年实现机票预订 1100 万张，酒店预订 900 万间/夜，餐饮订单 850 万张。号百电子商务收入从 1.15 亿元起步，连年年均增长率 100% 以上，2012 年"三订"业务收入目标将突破 7 亿，是成立之初的 6 倍。号百商旅在原有 114\118114 语音平台的基础上大力拓展了移动、互联网接入渠道，做大流量和规模。2012 年综合信息搜索量突破 28 亿次，其中短信全能搜索量连年翻番，达 2 亿次；WAP 门户访问量突破 10 亿次（2011 年 5 亿次）。

2007 年下半年，中国移动将其秘书台业务改版推出了 12580 查询业务，提供生活信息、商旅服务和移动业务代办等服务内容，针对号码百事通的市场领导者地位，中国移动展开了更为浩大的市场宣传推广活动，新一轮的市场竞争已经拉开帷幕。

中国联通于 2008 年 5 月推出了 10191 业务，提供指路导航、订餐等信息服务，加之合并中国网通的 116114 业务，中国联通的语音搜索业务也正在逐渐推广。

面对巨大的电话用户市场，互联网搜索巨头百度和谷歌也分别于 2008 年 3 月和 2008 年 7 月推出了各自的语音搜索业务，旨在全面向该市场进军。

2. 基本服务内容

在当前语音搜索业务中，号码百事通处于领先地位，本章就以号码百事通为例介绍当前语音搜索业务的基本服务内容。其一，行业首查类业务。该类业务是在满足查询者多条件模糊查询需求的基础上，面向被查询客户提供的增值服务，目标客户群是被查询商业客户或单位用户。其二，查询转接类业务。该类业务是在满足公众用户号码查询后，为查询客户提供的多种形式呼叫或信息转接服务。其三，信息发布类业务。信息发布类业务是在用户查询号码时，为查询者提供更多的基于被查号码的信息查询，同时为被查询商户提供信息发布平台。其四，通信助理类业务。该类业务是在满足个性化客户群体多样化号码信息服务需求的基础上，面向特定客户提供的通信助理增值服务。号码百事通成为承接企业和用户之间的双向平台，其资费分前端和后端两部分。收费方式实施阶梯定价，即前向收费标准：按现行 114 资费标准收取，只收取通信费，具体为 0.20 元/前 3 分钟，以后按 0.10 元/分钟收取。对于查询业务，本地转接前向用户采用连续计费方式，不再二次计费，长途转接需二次计费，转接定价参照 IP 价，如果不作二次计费，分公司需能够防止后向用户以转接类业务刻意使用旁路话务（见表 8 – 1）。

表 8 – 1 后向收费标准

按行业细分	2400—行业推荐商企业客户—100000 元/年	
按竞拍价	临时报号商企业客户 365 元/年/号	实名查询商企业客户 1200 元/年/号
行业首查类	品牌查询商企业客户 1800 元/年/号	查询转接商企业客户 1200 元/年
分成模式（预订）	短信报号商企业客户 0.3 元/年	短信详查商企业客户 365 元/年/户
查询转接类	短信冠名商企业客户 1500 元/周/地市，30 秒：600 元/年/户	企业详查商企业客户：60 秒：1200 元/年/户

二　语音搜索平台的双边市场特征

当用户拿起电话拨打 118114 或者 12580 时，语音搜索平台就能为其寻找适合内容，以满足用户的信息查找需求，使客户需求的信息资源得以获取。在此工作原理基础上，语音搜索平台聚集了大量有搜索信息需求的用户，这种信息的便捷收集特点使语音搜索平台逐渐成为人们的信息获取之地。对企业来说，这个平台有巨大潜在购买力，因此，企业通过发布信息方式将语音搜索平台作为进行品牌宣传和产品销售的重要渠道。根据双边市场分类，语音搜索平台具备双边市场媒体平台和信息型平台的特征，并且当用户提出信息需求的时候，平台所提供的信息能够满足客户的需求，因此这个市场具有典型的正的交叉网络外部性特征。具体来说，语音搜索平台的双边市场特征表现在平台性特征、交叉外部性特征和需求互补性特征三个方面。

（一）语音搜索市场主要构成要素

随着新技术的不断发展，尤其是 3G 时代来临之后，语音搜索业务错综复杂，主体众多，并处于不断演变中，其中语音搜索平台、信息发布商家、终端用户三者的互动关系是其重点，而其他一些制作信息商、终端设备制造商、软件开发商作为平台运营的服务者，则起着幕后支撑的作用。

1. 语音搜索平台

电信运营商指拥有电信网络，为终端用户提供各类通信服务的企业。它是网络接入提供商、接入服务提供商，为内容/应用提供商及传统服务提供商提供网络接入、结算平台、技术平台和营销平台。电信运营商在语音搜索业务市场中处于核心地位。决定其核心地位有以下原因：

首先，电信运营商掌握着语音搜索业务当中最重要的电信网络资源，语音搜索业务从开始到完成最终要通过电信网络才能完成。

其次，政府对电信业务经营实施许可证管理制度，从而限制了市场中语音搜索业务参与者数量，客观强化了电信运营商在语音搜索业务市场中的主导地位。经过电信重组，目前也只有中国移动、中国联通和中国电信三家电信运营商，这三家电信运营商拥有范围广泛的基础网络、基数很大的用户群、已经建立起语音搜索业务品牌、详尽的用户号码信息以及完备的计费体系和畅通的经销渠道，这些都是发展新的搜索业务必不可少的资源。

2. 信息提供商（SP）和内容提供商（CP）

信息提供商，是指拥有电信增值业务接入资质，通过电信运营商提供的语音搜索平台为用户提供语音搜索信息的企业。服务提供商不参与搜索平台的运营，而是借助电信运营商的语音搜索平台及业务应用平台提供信息、应用及业务应用整合来吸引终端用户，向终端用户提供最终的语音搜索信息服务。

内容提供商，是指拥有丰富专业的基础信息者，专业为服务提供商提供符合其平台和类型需求的信息，通过业务分成获取利润。

目前来看，人们惯于把服务提供商和内容提供商统称为服务提供商。为叙述方便，本章将二者统称为信息提供商（SP）。

3. 终端用户

平台的发展离不开用户，没有用户就没有利润，语音搜索平台市场也失去了存在的意义。增值业务用户可以分成个人用户、专业用户、企业用户。对于电信运营商而言，最大的市场就是普通个人用户，这也是用户的主体，所有大众化的服务都是以个人用户为中心进行展开。

（二）语音搜索业务双边市场主要特征

1. 语音搜索的平台性特征

语音搜索业务基于一个平台运行，运营模式涉及三个主体，即提供语音搜索业务平台的电信运营商、提供业务内容的服务提供商以及终端用户。电信运营商作为平台企业，一方面联系着数以亿计的终端用户，向终端用户提供信息服务和通信服务；另一方面又联系着众多的服务提供商，服务提供商利用该平台向终端用户提供某项信息服务。电信运营商通过一定的价格策略（对用户收费，与 SP 分成）向交易双方提供服务，并实现交易。

2. 语音搜索的交叉外部性特征

对双边市场的分析中知道，网络外部性是双边市场的一个重要特征。网络外部性是指在一个网络中用户的使用价值与参与使用的用户数量成正比，接入的用户数量越多，每个用户得到的产品使用效用就越大。1985年，Katz 和 Shapiro 对网络外部性做了定义，"随着使用同一产品或服务的用户数量变化，每个用户从消费此产品或服务中所获得的效用的变化。"

在传统网络外部性研究中，Economides 将网络外部性分为直接网络外部性和间接网络外部性。直接网络外部性，指在一物理网络中用户数量的增加会提高每一用户的消费价值，就是传统定义的网络外部性；间接网络外部性更强调利益从一个市场溢出后，又通过影响另一市场的参与量，最终对原来的市场产生促进的作用。具体来说，A 市场的用户规模增加后外部效应向 B 市场溢出，而溢出的效应又吸引了 B 市场参与 A 市场的用户数量增加。这样，A、B 市场相互影响对用户带来的效应是交叉间接的。

语音搜索平台就是典型的以交叉网络外部性为特征的双边市场。语音搜索平台作为中间业务联系平台，两端连接的是搜索用户和信息发布商家，运营原理既是将海量用户数据规模转化为购买力，商家在平台上投放信息后，用户查询信息就能实现平台的盈利。因此，平台上使用搜索的用户越多，越能够吸引商家的加入，同时，出现在语音搜索结果中的信息越能匹配用户的需求，对用户来说越能加强其使用的忠诚度。

3. 语音搜索的需求互补性特征

与传统市场中的功能性需求互补不同，基于双边市场的语音搜索平台对有搜索需求的用户和商家提供服务，这种服务有非功能性互补特性，是出于不同市场的用户安装基础产生的。平台市场的需求来自双方用户的需求，少了任何一方的需求，语音搜索平台都不能体现价值。搜索平台要面对两类用户：一类是以搜索信息为目的的用户，另一类是以商业信息投放为目的的企业，对于终端用户而言，语音搜索平台需要提供有用的搜索信息，搜索平台的目的是通过提高前者的拨打率，来增加对后者发布信息的吸引度。正是由于平台向双方提供的产品或服务对终端用户间的相互作用具有寄生性，如果失去用户和商家之间的相互作用，语音搜索平台将难以得到盈利机会。语音搜索平台的需求是这两类用户需求的联合，因此，平台不仅需要明确对于两类用户自己能够提供什么服务，还要了解两类用户间互相的需求是什么。这样才能进一步激发用户之间的交易效用。

4. 语音搜索平台是典型的双边市场

随着电信新技术的出现，为适应电信业务市场发展要求，传统运营商提出了转型要求，传统电信运营商正在逐步从"提供通信管道"向"提供综合信息服务的平台"转变。在这种"平台式"运作模式下，语音搜索平台的一边聚集了各类信息提供商（SP）、内容提供商（CP）等构成"卖方"；另一边是作为"买方"的终端用户，电信运营商通过这个平台将服务提供商和终端用户连接起来，吸引双边用户到平台上交易，满足终端用户对搜索信息业务的需求。如图 8 –1 所示。

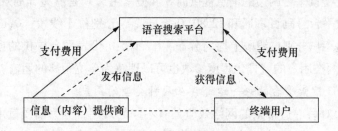

图 8 –1　电信语音搜索市场结构

根据上文的分析以及语音搜索业务的微观市场结构特征，语音搜索业务平台具有典型的双边市场特征。其中，电信运营商作为平台企业，通过一定的价格策略（对用户收费，与 SP 分成）向交易双方提供服务，努力促成它们在平台上实现交易，平台对上述两类交易双方具有相互依赖性。同时，双边用户之间的需求互补、具有很强的交叉网络外部性。根据外部性理论，在语音搜索业务双边市场中，服务提供商和终端用户的效用都会因加入平台的人数的增加而产生正反馈，获得正的外部性，因此语音搜索业务市场是一个典型的双边市场。根据 Evans（2003）的分类依据，电信增值业务市场属于需求协调型双边市场。根据 Rochet 和 Tirole（2003）的分类依据，中国电信的"118114 号码百事通"平台和中国移动的"12580"平台就属于简单双边市场结构。

第三节　电信语音搜索平台竞争模型设计

上一节的分析显示，语音搜索业务具有显著的双边市场特征，因此在建模研究其竞争模型之前，应该充分考虑语音搜索业务平台上双边用户的网络外部性特征。本章从产业组织发展以及平台用户的归属性角度出发构造模型，以号码百事通和 12580 为例，先研究用户单归属下的平台竞争模型，继而扩展到用户多归属下的竞争平台的情况，以此分析此双边市场中影响语音搜索平台（以下简称搜索平台）发展的关键因素。

一　基础模型假设

（一）本模型采用标准的 Hotelling 模型

假定搜索平台两边的信息提供商 S 和搜索用户 C 是有差异的双边用户，两个搜索平台号码百事通和 12580（$i=1$，2）分别位于线段 $[0，1]$ 的两端，双边用户分别在线段上均匀分布，t_1、$t_2 > 0$ 代表平台提供的搜索服务对 S、C 两类用户的差异化程度参数也可以理解为单位距离的运输。

（二）搜索平台的每一边都存在两种类型的用户

一边对另一边带来的网络效应具有不同的效用，分为高质量用户和低质量用户，α_h^s 表示占比为 θ^s 的搜索平台边 1 高质量 S（商家）类用户获得的交叉网络效用，α_l^s 表示占比为 $1-\theta^s$ 的搜索平台边 1 低质量 S 类用户获得的交叉网络效用；同样，α_h^c 和 α_l^c 分别表示边 2 占比为 θ^c 的高质量用户和 $1-\theta^c$ 的低质量 C（搜索用户）类用户的交叉网络效用，且有 $0 < \alpha_l^s < \alpha_h^s < 1$，$0 < \alpha_l^c < \alpha_h^c < 1$，为了方便计算，这里设同边用户的自网络效用为 0，且 $\theta^s = \theta^c = \theta$。并且，这里只考虑用户单归属。

二　模型构建与分析

（一）单归属平台模型分析

信息（内容）提供商和搜索用户都是单归属即各用户只在一个平台

发布和搜索信息时，对于边 1 用户的商家而言，在 θ 的高质量用户中，有 h_1^s 的高质量用户选择平台 1，h_2^s 的高质量用户选择平台 2，同样在 $1-\theta$ 的低质量用户中，l_1^s 和 l_2^s 分别选择平台 1 和平台 2；对于所处边 2 的搜索用户而言，也存在相似情形，这样搜索平台 1 在边 1 的市场占有率为 $n_1^s = \theta h_1^s + (1-\theta)l_1^s$，边 2 的市场占有率为 $n_1^c = \theta h_1^c + (1-\theta)l_1^c$。由搜索平台的对称性假设，可得高低质量的信息提供商在两个搜索平台所获得的净效用分别相等，即：

$$U_{1h}^s = \nu_0 + \alpha_h^s n_1^c - \frac{p_1^s}{\lambda_1} - t_1 x_1 = \nu_0 + \alpha_h^s n_2^c - \frac{p_2^s}{\lambda_1} - t_1(1-x_1) = U_{2h}^s$$

$$U_{1l}^s = \nu_0 + \alpha_l^s n_1^c - \frac{p_1^s}{\lambda_1} - t_1 x_1 = \nu_0 + \alpha_l^s n_2^c - \frac{p_2^s}{\lambda_1} - t_1(1-x_1) = U_{2l}^s \qquad (8.1)$$

同理可得，高低质量的搜索用户在两个搜索平台所获得净效用也分别相等：

$$U_{1h}^c = \nu_1 + \alpha_h^c n_1^s - \frac{p_1^c}{\lambda_2} - t_2 x_2 = \nu_1 + \alpha_h^c n_2^s - \frac{p_2^c}{\lambda_2} - t_2(1-x_2) = U_{2h}^c$$

$$U_{1l}^c = \nu_1 + \alpha_l^c n_1^s - \frac{p_1^c}{\lambda_2} - t_2 x_2 = \nu_1 + \alpha_l^c n_2^s - \frac{p_2^c}{\lambda_2} - t_2(1-x_2) = U_{2l}^c \qquad (8.2)$$

利用 $h_1^s + h_2^s = 1$，$h_1^c + h_2^c = 1$，$l_1^s + l_2^s = 1$，$l_1^c + l_2^c = 1$ 解（8.1）式、（8.2）式得：

$$\begin{cases} n_1^s = \dfrac{1}{2} + \dfrac{\varphi^s(2h_1^c - 1) - \dfrac{1}{\lambda_1}(p_1^s - p_2^s)}{2t_1} ; n_1^c = \dfrac{1}{2} + \dfrac{\varphi^c(2h_1^s - 1) - \dfrac{1}{\lambda_2}(p_1^c - p_2^c)}{2t_2} \\[4mm] n_2^s = \dfrac{1}{2} + \dfrac{\varphi^s(2h_2^c - 1) - \dfrac{1}{\lambda_1}(p_2^s - p_1^s)}{2t_1} ; n_2^c = \dfrac{1}{2} + \dfrac{\varphi^c(2h_2^s - 1) - \dfrac{1}{\lambda_2}(p_2^c - p_1^c)}{2t_2} \end{cases}$$

$$(8.3)$$

其中，$\varphi^s = \theta\alpha_h^s + (1-\theta)\alpha_l^s$，$\varphi^c = \theta\alpha_h^c + (1-\theta)\alpha_l^c$ 分别衡量各边用户的平均交叉网络效应强度值。

命题 1　当平台两边定价不变时，搜索平台边 1 用户的增加将会给边 2 带来 $\dfrac{\varphi^c}{t_2}$ 个增量用户。

从（8.3）式可以观察到当定价结构不变时，两边用户数量之间的关系，与双边用户的交叉网络外部性成正比，与平台竞争差异化程度成反比。

将 $n_1^s + n_2^s = 1$，$n_1^c + n_2^c = 1$ 代入 (8.3) 式，可求得用户市场份额与定价结构关系：

$$
\begin{cases}
n_1^s = \dfrac{1}{2} + \dfrac{1}{2} \cdot \dfrac{\dfrac{\varphi^s}{\lambda_2}(p_2^c - p_1^c) + \dfrac{t_1}{\lambda_1}(p_2^s - p_1^s)}{t_1 t_2 - \varphi^s \varphi^c} \ ; \ n_1^c = \dfrac{1}{2} + \dfrac{1}{2} \cdot \dfrac{\dfrac{\varphi^c}{\lambda_1}(p_2^s - p_1^s) + \dfrac{t_2}{\lambda_2}(p_2^c - p_1^c)}{t_1 t_2 - \varphi^s \varphi^c} \\[4mm]
n_2^s = \dfrac{1}{2} + \dfrac{1}{2} \cdot \dfrac{\dfrac{\varphi^s}{\lambda_2}(p_1^c - p_2^c) + \dfrac{t_1}{\lambda_1}(p_1^s - p_2^s)}{t_1 t_2 - \varphi^s \varphi^c} \ ; \ n_2^c = \dfrac{1}{2} + \dfrac{1}{2} \cdot \dfrac{\dfrac{\varphi^c}{\lambda_1}(p_1^s - p_2^s) + \dfrac{t_2}{\lambda_2}(p_1^c - p_2^c)}{t_1 t_2 - \varphi^s \varphi^c}
\end{cases}
$$

$$(8.4)$$

搜索平台 i 的利润函数：

$$\pi_i = (p_i^s - f^s) n_i^s + (p_i^c - f^c) n_i^c \tag{8.5}$$

令：

$$\frac{\partial \pi_i}{\partial p_i^s} = \frac{\partial \pi_i}{\partial p_i^c} = 0 \tag{8.6}$$

可得：

$$4 t_1 t_2 > (\varphi^s + \varphi^c)^2 \tag{8.7}$$

此时，π_i 有最大值，因为 Hotelling 模型中纳什均衡是对称性均衡，假设 $p_1^s = p_2^s, p_1^c = p_2^c, n_1^s = n_2^s = \dfrac{1}{2}, n_1^c = n_2^c = \dfrac{1}{2}$，通过求解 (8.4) 式可得出下列命题 2。

命题 2 单归属情形下，在 (8.7) 式成立的条件下，竞争平台存在唯一的对称均衡，且两边用户的均衡价格为：

$$
\begin{cases}
p_i^s = \lambda_1 (t_1 - \varphi^c) + f^s \\
p_i^c = \lambda_2 (t_2 - \varphi^s) + f^c
\end{cases}
\tag{8.8}
$$

从命题 2 可知搜索平台定价水平与平台匹配技术 λ 正相关，且平台差异化程度 t_i 的提高有利于定价水平的提升。

命题 3 平台匹配技术与搜索平台定价成正比，匹配技术的提高可以提升平台定价水平。

引理 平台实施差异化策略有利于制定较高的价格，且可以提升该平台定价水平的 λ_i 倍，竞争平台在参与竞争时会倾向于实施差异化策略。

综上所述，号码百事通和 12580 无论在语音搜索基础服务上，还是在延伸出的新产品开发上，都利用自身对市场的理解不断挖掘消费者需求，以差异化产品的形式去回应市场竞争。在各个产品的差异中缓和双寡头在语音搜索平台上的竞争，各自以自有的优势去争取市场份额。

进一步分析会得到作为平台运营商对两边用户进行协调安排时，价格结构起到的作用会与差异化定制对平台利润影响作用方向一致。

将 $\varphi^s = \theta\alpha_h^s + (1-\theta)\alpha_l^s$，$\varphi^c = \theta\alpha_i^s + (1-\theta)\alpha_l^s$ 代入 (8.8) 式可得：

$$\begin{cases} p_i^s = \lambda_1[t_1 - \theta\alpha_h^c - (1-\theta)\alpha_l^c] + f^s \\ p_i^c = \lambda_2[t_2 - \theta\alpha_h^s - (1-\theta)\alpha_l^s] + f^c \end{cases} \tag{8.9}$$

通过 (8.9) 式可以看出高质量用户越多，一边用户产生的交叉网络效应就越强，越不利于制定较高的价格，会导致平台在另一边市场加强竞争。

命题 4　平台两边用户交叉网络外部性越强，不但不利于制定较高的定价，也会加剧搜索平台在另一边市场的竞争，平台有动机减弱两边用户的交叉网络外部性。

在均衡定价结构下，结合 (8.4) 式与 (8.8) 式并通过计算，得平台 i 的利润为：

$$\pi_i = \frac{\lambda_1(t_1 - \varphi^c) + \lambda_2(t_2 - \varphi^s)}{2} \tag{8.10}$$

对命题 3 和命题 4 和引理 1 进行总结，并结合 (8.10) 式则有：

命题 5　平台匹配技术越高，平台差异化程度越大，平台利润会越大；双边用户交叉网络外部性越大则会导致平台利润的降低。

通过上述命题的结论可以看到，两边用户的交叉网络外部性强度是决定搜索平台定价和利润的关键影响因子之一，搜索平台在定价时都会倾向于给网络外部性系数大的一方优惠价格，甚至免费，以达到吸引二者参与该平台发布和搜寻信息。号码百事通和 12580 通过与商家进行信息的注册费和交易费收取和分成，当商家获得的收益越多的时候给号码百事通和 12580 的分成也就会越多，这样就能在一定的程度上降低商家通过外部性获得更多利润而导致搜索平台获利不多的因素，通过商家信息分成，搜索平台获得了更多的利润。在竞争的情况下，正的交叉外部性减少了平台利润。为了能在市场一边进行有效竞争，搜索平台有动机吸引更多另一边用户参与，与没有网络外部性比较，平台面临着定价水平的下降。基于这样的考虑，平台有动机减弱两边用户的交叉网络外部性。但是，两边用户的交叉网络外部性只能减弱而不可能降低到零，因为二者之间如果没有外部性则其本身就不能获得效用，也不会再使用该平台。所以搜索平台也只有尽可能地通过交易分成，合理地通过优化具有不同网络偏好用户的价格结构"分享"用户外部性这样的方式去获得类似于通过价格结构设计减弱外部性的方式而取得收入和增加利润。

（二）多归属平台模型分析

图 8 - 2 假设所有的高质量用户具有多归属行为，即 $h_i^s = 1$，$h_i^c = 1$。所有的低质量用户选择唯一的搜索平台进行发布和获取信息（即在 $\alpha_l^s < t_2$ 和 $\alpha_l^c < t_1$ 的情况下，低质量用户距离平台的运输成本超过另一边用户的网络外部性带给该用户的效用，低质量用户就不会具有多归属行为）。对具有单归属行为的低质量用户，其可以享受所有高质量用户带来的交叉网络外部性，但只能享受占比为 $1 - \theta$ 的另一边低质量用户带来的网络外部效用；而具有多归属行为的高质量用户则可享受两个平台另一边用户的所有网络外部性。用户的市场份额为 $n_i = \theta + (1 - \theta) l_i$。高质量用户接入搜索平台 i 所获得的净效用为：

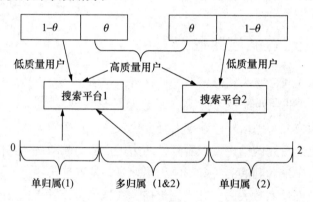

图 8 - 2   用户多归属下搜索平台竞争

$$U_i^s(x_1, \alpha_h^s, \lambda_1) = v_0 + \alpha_h^s - \frac{p_1^s + p_2^s}{\lambda_1} - t_1$$

$$U_i^c(x_2, \alpha_h^c, \lambda_2) = v_1 + \alpha_h^c - \frac{p_1^c + p_2^c}{\lambda_2} - t_2 \tag{8.11}$$

低质量用户接入搜索平台 i 所获得的净效用为：

$$U_i^s(x_1, \alpha_l^s, n_l^c, \lambda_1) = v_0 + \alpha_l^s n_l^c - \frac{p_i^s}{\lambda_1} - t_1(x_1)$$

$$U_i^c(x_2, \alpha_l^c, n_l^s, \lambda_2) = v_1 + \alpha_l^c n_l^s - \frac{p_i^c}{\lambda_2} - t_2(x_2) \tag{8.12}$$

假定低质量用户在两个平台所获得的净效用分别相等，即：

$$v_0 + \alpha_l^s n_1^c - \frac{p_1^s}{\lambda_1} - t_1(x_1) = v_0 + \alpha_l^s n_2^c - \frac{p_2^s}{\lambda_1} - t_1(1-x_1)$$

$$v_1 + \alpha_l^c n_1^s - \frac{p_1^c}{\lambda_2} - t_2 x_2 = v_1 + \alpha_l^c n_2^s - \frac{p_2^c}{\lambda_2} - t_2(1-x_2) \tag{8.13}$$

利用 $l_1^s + l_2^s = 1$，$l_1^c + l_2^c = 1$，求解（8.13）式可得搜索平台每一边的低质量用户为：

$$\begin{cases} l_1^s = \frac{1}{2} + \dfrac{\alpha_l^s(1-\theta)(2l_1^c-1) - \frac{1}{\lambda_1}(p_1^s - p_2^s)}{2t_1} ; l_1^c = \frac{1}{2} + \dfrac{\alpha_l^c(1-\theta)(2l_1^s-1) - \frac{1}{\lambda_2}(p_1^c - p_2^c)}{2t_1} \\[4mm] l_2^s = \frac{1}{2} + \dfrac{\alpha_l^s(1-\theta)(2l_2^c-1) - \frac{1}{\lambda_1}(p_2^s - p_1^s)}{2t_1} ; l_2^c = \frac{1}{2} + \dfrac{\alpha_l^c(1-\theta)(2l_2^s-1) - \frac{1}{\lambda_2}(p_2^c - p_1^c)}{2t_2} \end{cases} \tag{8.14}$$

解（8.14）式，得到两个平台低质量用户的市场份额与平台对两边用户的定价关系为：

$$\begin{cases} l_1^s = \frac{1}{2} + \dfrac{\alpha_l^s(1-\theta)\frac{1}{\lambda_2}(p_2^c - p_1^c) + \frac{t_2}{\lambda_1}(p_2^s - p_1^s)}{t_1 t_2 - \alpha_l^s \alpha_l^c(1-\theta)^2} ; l_1^c = \frac{1}{2} + \dfrac{\alpha_l^c(1-\theta)\frac{1}{\lambda_1}(p_2^s - p_1^s) + \frac{t_1}{\lambda_2}(p_2^c - p_1^c)}{t_1 t_2 - \alpha_l^s \alpha_l^c(1-\theta)^2} \\[4mm] l_2^s = \frac{1}{2} + \dfrac{\alpha_l^s(1-\theta)\frac{1}{\lambda_2}(p_1^c - p_2^c) + \frac{t_2}{\lambda_1}(p_1^s - p_2^s)}{t_1 t_2 - \alpha_l^s \alpha_l^c(1-\theta)^2} ; l_2^c = \frac{1}{2} + \dfrac{\alpha_l^c(1-\theta)\frac{1}{\lambda_1}(p_1^s - p_2^s) + \frac{t_1}{\lambda_2}(p_1^c - p_2^c)}{t_1 t_2 - \alpha_l^s \alpha_l^c(1-\theta)^2} \end{cases} \tag{8.15}$$

将（8.15）式代入等式 $n_i^s = \theta + (1-\theta)l_i^s$，$n_i^c = \theta + (1-\theta)l_i^c$，解得搜索平台两边用户的市场份额为：

$$n_1^s = \frac{1}{2} + \frac{\theta}{2} + \frac{1-\theta}{2}\left[\dfrac{\alpha_l^s(1-\theta)\frac{1}{\lambda_2}(p_2^c - p_1^c) + \frac{t_2}{\lambda_1}(p_2^s - p_1^s)}{t_1 t_2 - \alpha_l^s \alpha_l^c(1-\theta)^2}\right];$$

$$n_1^c = \frac{1}{2} + \frac{\theta}{2} + \frac{1-\theta}{2}\left[\dfrac{\alpha_l^c(1-\theta)\frac{1}{\lambda_1}(p_2^s - p_1^s) + \frac{t_1}{\lambda_2}(p_2^c - p_1^c)}{t_1 t_2 - \alpha_l^s \alpha_l^c(1-\theta)^2}\right];$$

$$n_2^s = \frac{1}{2} + \frac{\theta}{2} + \frac{1-\theta}{2}\left[\dfrac{\alpha_l^s(1-\theta)\frac{1}{\lambda_2}(p_1^c - p_2^c) + \frac{t_2}{\lambda_1}(p_1^s - p_2^s)}{t_1 t_2 - \alpha_l^s \alpha_l^c(1-\theta)^2}\right];$$

$$n_2^c = \frac{1}{2} + \frac{\theta}{2} + \frac{1-\theta}{2}\left[\frac{\alpha_l^c(1-\theta)\frac{1}{\lambda_1}(p_1^s - p_2^s) + \frac{t_1}{\lambda_2}(p_1^c - p_2^c)}{t_1 t_2 - \alpha_l^s \alpha_l^c (1-\theta)^2}\right] \qquad (8.16)$$

平台的利润函数为：

$$\pi_i = (p_i^s - f^s)n_i^s + (p_i^c - f^c)n_i^c \qquad (8.17)$$

把 (8.16) 式代入 (8.17) 式，令 $\frac{\partial \pi_i}{\partial p_i^s} = \frac{\partial \pi_i}{\partial p_i^c} = 0$，进行极值求解在不

等式 $4t_1 t_2 > (\alpha_l^s + \alpha_l^c)(1-\theta)^2$ 成立的情况下解得唯一对称均衡解为：

$$p_i^s = \lambda_1\left[\left(\frac{1+\theta}{1-\theta}\right)t_1 - (1+\theta)\alpha_l^c\right] + f^s; p_i^c = \lambda_2\left[\left(\frac{1+\theta}{1-\theta}\right)t_2 - (1+\theta)\alpha_l^s\right] + f^c$$

$$(8.18)$$

将搜索平台两边用户在单归属和多归属下的定价水平进行比较，(8.18) 式减去 (8.9) 式可得结果如下：

$$\lambda_1\left[\frac{\theta(2t_1 - \alpha_l^c)}{1-\theta} + \theta(\alpha_h^c - \alpha_l^c)\right]; \lambda_2\left[\frac{\theta(2t_2 - \alpha_l^s)}{1-\theta} + \theta(\alpha_h^s - \alpha_l^s)\right] \qquad (8.19)$$

观察 (8.18) 式，当多归属用户所占的比例 θ 越大，搜索平台收取的价格则会越高，则说明了平台的定价随着多归属用户比例的增加而提高，从 (8.19) 式可以看出，当 $\alpha_l^s < \alpha_h^s < t_2$ 和 $\alpha_l^c < \alpha_h^c < t_1$ 时，(8.19) 式都大于零成立，即当搜索用户具有多归属行为时相比其具有单归属行为时有制定更高的价格的激励。

命题6　搜索平台的定价随着多归属用户比例增加而提高；而且当搜索平台两边的用户具有多归属行为时，平台会比其在单归属时制定的价格水平更高。

在均衡条件下用户多归属时每个平台所占的市场份额为 $\frac{1+\theta}{2}$，相比用

户单归属时市场份额多了 $\frac{\theta}{2}$，平台的利润为：

$$\pi_i = \frac{(1+\theta)^2\left[(\lambda_1 t_1 + \lambda_2 t_2) - (1-\theta)(\lambda_1 \alpha_l^c + \lambda_2 \alpha_l^s)\right]}{2(1-\theta)} \qquad (8.20)$$

当平台两边达到对称均衡时平台两边用户的需求价格弹性可以表示为：

$$\begin{cases} \varepsilon_s = -\dfrac{\partial n_i^s p_i^s}{\partial p_i^s n_i^s} = (1-\theta)\dfrac{\dfrac{t_1 t_2}{1-\theta} - t_2 \alpha_i^s + \dfrac{t_2 f^s}{\lambda_1}}{t_1 t_2 - \alpha_i^s \alpha_i^c (1-\theta)^2} \\[4ex] \varepsilon_c = -\dfrac{\partial n_i^c p_i^c}{\partial p_i^c n_i^c} = (1-\theta)\dfrac{\dfrac{t_1 t_2}{1-\theta} - t_1 \alpha_i^s + \dfrac{t_1 f^c}{\lambda_2}}{t_1 t_2 - \alpha_i^s \alpha_i^c (1-\theta)^2} \end{cases} \qquad (8.21)$$

观察（8.21）式中商家和搜索用户的需求价格弹性。在差异化、网络外部性参数一定时可以发现，用户多归属比例 θ 越高，则其需求价格弹性越小。表明在均衡条件下，随着用户多归属比例的增加，其需求曲线将会上移并且对价格的敏感程度下降。这也说明搜索平台会对多归属用户设定较高的价格水平，从而也有利于其在平台另一边实施价格补贴获得更多用户基础。

命题7　搜索平台有动机去提高多归属用户的定价从而在平台另一边实施补贴获得更多的用户，从而占领更多的市场份额。

第四节　竞争策略结论印证与应用

一　结论印证

通过上述给出的数理模型论证，会得到以下结论并以号码百事通和12580为例进行印证：

（一）差异化策略是搜索平台获取竞争优势的关键

这一结论来自引理1和命题5。最大化产品差异可以缓和竞争强度，增加搜索引擎平台的市场势力。同时差异性产品可以弥补市场需求的空缺，满足消费者多样化的需求，从竞争战略角度应对对手分割市场份额从而起到了遏制进入的作用，号码百事通和12580是通过差异化竞争获得市场份额。

2010年广州亚运会，广州号百作为官方热线参与赛事服务工作，在亚运会期间为用户提供中英文信息服务，便于用户查询比赛信息、场馆信息、各国参赛队伍资料、纪念品信息、电视直播信息、比赛规则信息等。

2010年，中国电信号百公司作为上海世博会门票的主要代理商之一，它代理世博票务销售累计达到617万张。同时，号百通过打造"世博

WAP 频道"，提供 3 户世博新闻、场馆、周边吃喝玩乐、交通等生活信息，世博期间用户访问量累计超过 161 万人次。同时，由上海号百运营的 962010 世博信息服务热线在上线期间累计呼入量达到 226.91 万次。

2011 年，西安世界园艺博览会举行，陕西号百紧抓世园会契机，结合号百信息服务平台咨询优势，推出"号码百事通 114 伴您玩转世园会"主题活动。世园会开园以来，日平均接待量约为 7.6 万人，刚刚一个月，入园人数突破 200 万。与这一数字相呼应的是，中国电信号码百事通的信息搜索也节节攀升，不断创下新高：700 余万次的话务量服务，一万余条的世园信息，号百 WAP 世园专题日均访问量 3864 次。

以信息化带动工业化，以现代通信技术助力我国广大中小企业转型发展，更是中国电信号百责无旁贷的使命。企业，特别是中小企业，在建设呼叫中心时常遇到"买不起、用不起、养不起"等"瓶颈"问题，同时，企业也希望能灵活方便地进行座席配置，以适应不同的市场经济环境，而当它们享用到中国电信号百公司提供的有别于传统的托管式呼叫中心服务，即"以租代建"的商业模式时，直呼：大大降低运营成本的"妙招"终于找到了。

对于 12580 来说，其与号码百事通在业务上有许多重叠之处，12580 针对不同的客户群体推出了时尚生活和消费资讯类彩信杂志服务"12580 生活播报"。以随身终端、即时阅读的特点全面覆盖主流消费人群，以彩信、WAP 为主要载体为用户传递时尚、前沿、实用的消费信息和生活方式，搭建消费者和品牌之间互动通道，畅享沟通乐趣。针对人们更加注重营养知识的学习，12580 推出了营养百科业务，提供与生活息息相关的健康营养信息。无论是白领、蓝领、灰领、粉领还是没领，孕妇、儿童、老人还是壮汉，都能从中找到自己所需的日常保健、四季养生等健康资讯，更可通过拨打 12580 语音平台进行身体指数测试（BMI）点播。

（二）平台匹配技术策略是搜索平台实施差异化战略成功的保障

这一结论来自命题 3 和命题 5。提高搜索的匹配程度，也就是当用户进行信息搜索时，增加让商家的信息到达有相关需求的用户的精确度，匹配能力的改善能够加强对商家和用户的吸引力，扩大双边用户使用平台的效用。

规划建设全国号百集约化平台 IT 系统，组织实施全国号百集约化平台 IT 系统建设，不仅是保障号百公司对核心流程进行管控的最主要手段，而且是全国号百组织运营体系建设的重要内容。IT 建设的目标不仅是提高全国号百管理效能和组织运作效率、充分发挥全国号百信息资源的共享和使用；而且能节约投资避免重复开发，使信息在可共享的范围内创造出更大的使用价值。另外，通过从数据存储、业务产品到 IT 平台全面的集约化建设，提升了平台匹配技术，迅速统一了全国号百的业务发展进程，规范了服务流程，提高了服务质量。

中国互联网搜索领域百度是一家成功的公司。作为中国市场上领先的搜索引擎平台，百度为广告主提供在平台上投放关键词广告的服务并致力于通过提高匹配技术来获得广告点击盈利的机会，广告智能匹配技术的能力是运用在相同场景中的 RPM（每千次搜索产生的广告费）为指标，用来衡量搜索引擎平台根据搜索用户行为来匹配相关广告的能力，对于用户和广告商来说，匹配度的提高都能最大化其在搜索平台上获得的效用。表 8 - 2 为百度凤巢的匹配技术特点。

表 8 - 2　　　　　　　　　百度凤巢匹配技术特点

关键词广告分类	百度凤巢
质量度	广告排名决定于关键词的出价和质量度
关键词匹配方式	输入词有错别字，拼音识别能力，自动给你匹配相近的搜索结果
编辑工具	可离线创建编辑广告后更新上传到凤巢后台
自动竞价工具	不提供关键词自动出价工具，但可以自动化获取竞争对手排名
网站分析	利用数据报告和百度统计分析网站流量满足效果评价需求
内容网络优化	匹配网络内容关键词和推广系列关键词

语音搜索平台虽然在平台匹配技术方面不断努力和改进，但如果可以借鉴这些互联网搜索平台的先进匹配技术和成功模式，那么该语音搜索平台就能够更快地扩大市场份额，在 3G 甚至 4G 时代能够更好地面对这些互联网搜索平台的竞争，从而占据有利的竞争地位。

（三）对双边用户交叉网络外部性的内生化是搜索平台成功协调的基础

这一结论来自命题 4 和命题 5。降低平台双边的交叉网络外部性，可以将平台双边用户的需求内化在对搜索平台的使用过程中，提高平台对用户的使用效用。

2007 年 8 月，号百公司就将黄页、电信卡、账单、公话亭、户外大牌等业务统一整合成综合传媒业务。2008 年 4 月，综合传媒业务统一品牌为电信传媒，进行了统一的 VI 设计。2009 年年底，电信传媒业务在全国媒体收入排名第 8 位；电信传媒户外媒体收入在全国户外媒体收入排名第 9 位。2010 年 7 月，电信传媒自有 LED 大屏数量已在全国 LED 媒体运营商中名列第一。

颠覆盈利模式。2010 年 3 月，号百公司完成全国融合支付平台建设，实现了中国电信基于自有账户功能的手机支付应用，电子支付产品正式定名"翼支付"。此前，2008 年 1 月，号百电子支付清结算系统开发并正式投入商用；2009 年 7 月，号百电子支付清结算系统通过安全测评认证，并在人民银行（上海总部）完成第三方清算组织备案；2010 年 1 月，号百向人民银行提请成为中国支付清算协会筹备成立发起人。

突破服务边界。作为引领电信服务业转型与创新的商业模式，号百公司的服务融合展现了非常广阔的天地。由号百网站 www.118114.cn 经全面整合后推出的"百事购商城"，集"百事搜"、"百事购"、"百事付"全面的电子商务功能于一体，带给消费者更加轻松的一站式购物体验，是语音搜索服务、电话购物的延伸和补充。其中订房、订票、订餐、旅游、商品、导医等服务内容，形成针对细分市场的号百信息应用产品系列，由此带动服务行业信息化，推动网上购物、电子支付等新兴信息服务业的发展。

实现商旅和酒店的融合发展。资产重组后的中卫国脉充分依托号码百事通品牌和网络优势，致力于打造全国知名的中档连锁商务酒店集团及全国领先的商旅信息化服务平台，并对中国电信集团内的商旅业务和酒店业务进行集约化运营和管理。一方面，以中档商务连锁实体酒店及酒店管理经验的输出推广为依托，促进商旅预订业务的快速拓展；另一方面，可借助商旅公司高知名度的品牌优势，吸引潜在客户群，为酒店业务的发展带来更快增长。

语音搜索平台的商旅、酒店业务正和互联网商旅垂直服务网站，例如携程、去哪儿网有着激烈的竞争，语音搜索平台的优势在于其身后的各电信公司所拥有的强大客户群，如果能对该电信公司双边用户的交叉网络外部性进行内生化，提高用户的使用黏性，在这种激烈的竞争中也会逐渐掌握主动。

（四）对多归属用户的定价策略是搜索平台协调的基本特征

这一结论来自命题6和命题7。搜索平台会对多归属用户制定更高的价格，利用其拥有的市场势力控制用户的多归属行为，也会利用高价格去补贴平台另一边的用户进而扩大用户基础，提升市场份额。

号码百事通和12580在竞争时参与号码百事通平台的商家在很多地方不能参与12580平台，而在中国市场相对弱势的12580并不设置排他性，合作伙伴商家可以同时选择其他语音搜索平台。在竞争状态下由于强势平台号码百事通对多归属用户定价水平的提高，必然因为价格水平原因增加相对弱势的搜索平台12580的市场份额。所以，号码百事通搜索平台会在高定价带来的收益和低质量用户基础带来的市场份额之间进行合理权衡，在提高多归用户定价的同时，也在平台另一边实施补贴以获得更多的用户，进而通过对多归属和单归属用户的差别定价，阻止用户的多归属行为，控制更多的市场份额。

二　应用建议

以上所得出的结论对于语音搜索平台竞争可以有以下应用：

（一）细分市场，实施差异化策略

电信运营商经营的语音搜索平台提供的产品基本上是同质的，但是这并不意味着来自客户端的需求是同质的。事实上，就同种产品而言，消费者的需求也呈现出差异，一些消费者对单一产品只是简单的号码咨询，而很多消费者可能在咨询的基础上需要更多有针对性的服务，例如机票、酒店的预定和周边设施的查询等；平台也可以针对不同需求设计专业化的套餐，例如交通导航、团购信息等服务。这种差异化竞争不但在语音搜索平台之间，在3G、4G时代面对百度、谷歌等互联网搜索巨头以及商旅服务垂直网站也要实行差异化竞争。总之，电信运营商要充分考虑到用户的不同需求特征与竞争环境中自身所处于的位置，通过对基础语音搜索服务的深度延伸服务，深度介入用户的需求满足链条，设计并不断优化差异化策略，使用户选择与自身竞争战略吻合。

（二）打造品牌战略，提高竞争优势

12580构建的是在"用户细分需求匹配、广告直接促进销售"基础上为客户提供"专家级"的咨询服务；118114业务开始初期定位于"语音Google"，产品开发和业务推广过程中，逐步形成4大类"12+2"项子业务。所以在不同语音搜索平台的一边或者多边或多或少地存在着各自的比较优势或竞争优势。这样一种格局反映在平台的匹配技术服务上，如果客户的需求能够很好地得到满足，将会使得更多的客户拥有固定的消费偏好，通过培育消费者的这种超出功能需要的感性价值，平台的竞争将转移到差异化的品牌传播上来，建立良好的、有独特感性利益的品牌形象，将吸引更多的用户使用该平台。

全面创新"搜索＋服务"信息服务商业模式，例如号码百事通在紧密围绕"衣食住行游"，在保持传统"语音搜索"优势基础上，可以结合电信全业务融合，向手机 WAP、互联网等立体化渠道延伸，构建多渠道融合的前后向一体化商业模式。

（三）提高平台对用户的锁定性，建立强大的需求基础

作为平台型产业，存在着强成员外部性与交易外部性，用户的锁定与需求基础能够解决语音搜索平台的"鸡蛋相生"（Caillaud Jullien，2003）问题，平台也能够吸引新用户以扩大市场份额。对电信运营商而言，由于语音搜索产品基本上是同质的，不同的语音搜索实质上是在相关市场上争夺客户资源。一旦形成需求基础，平台就会产生出对潜在用户的吸引力，这一吸引力是竞争性平台扩大市场份额的基础。因此，对一些新业务的开展初期，平台可以采取低收费或者免费方式补贴该业务的开展，进而通过双边用户的交叉网络外部性使得更多另一边用户加入，造成双边用户对平台的一种"黏性"，更加适应 3G、4G 时代不同业务的竞争，促使语音搜索平台的"线上和线下业务紧密融合"使得用户在平台上聚集得越来越多，形成"网"的强大市场。

（四）创新定价策略，实现价值获取

在语音搜索"本地化"趋势下，语音搜索价值链的横向边界与纵向边界会出现新的业态，在基础业务的基础上会出现众多的延展业务。特别是本地化业务会越来越多地对基础语音搜索业务产生网络外部性或使用外部性，使得基础语音搜索业务的消费者会因为与相关边际业务的链接而得到额外的价值，所以"本地化的智能信息服务和深度营销服务"将会是语音搜索平台的重要选择路径。

互联网、固网与移动网的融合，带来的不仅是服务领域的扩展，而且是服务功能的强化和服务内涵的进一步深化。基于这种认识，2011 年，号百推出"天翼导航"业务，这是一种基于位置服务的移动互联网业务，它的客户端涵盖了 Android、Brew、iPhone 各种手机操作系统。2012 年，

号百进一步开发聚焦本地生活服务与位置功能结合的产品，做好天翼导航（语音版）与号百商旅（含旅游）等集约化平台对接，有效引导商旅消费。2012 年 4 月，中国电信号百公司"基于位置服务（LBS）的手机商家名片项目"成功入围中国电信首批十项创新孵化项目，进入中国电信设在上海的"孵化基地"进行集中孵化，说明号码百事通已经在注重本地化的智能化信息服务和深度营销服务方面进行改进。

　　总之，针对市场趋势作为价值获取的定价策略设计应对基础语音搜索业务的加盟商家和使用者制定一个合理的终端价格而相应对新业务进行优惠；对前向终端用户收取市话费，对后向商家客户实施信息发布与营销服务费的双向收费模式进行创新，变双向收费为单向收费，对终端用户免费必将激励终端用户数量的急剧增加，通过终端用户和商家的交叉网络外部性，也必将促使更多的商家加入语音搜索服务平台，进一步做大语音搜索服务平台；对单归属和多归属的商家分别通过定价等方式进行锁定从而减少商家的多归属行为。这样平台就会实现更大的价值，从某种意义上讲，价值获取是定价策略设计的最终归宿。所以本章认为，实施差异化策略，"从双边收费转向单边收费"、"线下和线上业务紧密融合"、"本地化智能信息服务＋本地化深度营销服务"，将是语音搜索平台未来的优先路径选择。

第九章　非对称性电信网络竞争性均衡的存在性

第一节　研究背景与研究发现

一　研究背景

（一）现实背景

2008 年中国电信业重组以后，电信市场形成了以中国联通、中国电信、中国移动为主导运营商的三寡头垄断的全业务竞争格局。仔细分析这场重组对中国电信市场结构产生的影响后发现，在各自交叉业务的竞争区域或者说相关市场边界得以扩大的同时，三家主导运营商的网络横向差异也比较鲜明。可以说，三家主导运营商构造的电信网络是个非对称性的竞争市场。具体表现为：其一，网络资源、网络用户规模非对称、优势的非对称。中国移动在手机客户端与基站拥有丰富的资源，手机用户超过 4 亿，基站拥有 30 多万个。大致上比其他两家主导运营商加起来的数字还要高出一倍多；而中国联通在固定网络与移动网络都拥有相对优势，而且拥有在三网融合背景下的互联网垄断"瓶颈"资源；中国电信在固定网络拥有比较优势，并且拥有中国南方的互联网资源与 CDMA 网络资源。其二，品牌与技术标准非对称。中国移动的动感地带，中国电信的天翼等，都拥有各自的用户群体。其三，网内与网间流量的分布非对称。主要集中在 MTM、FTM 的流量配置与呼叫模式配置的非对称等方面。这些在网络之间表现出的非对称性在面临全业务经营与三网融合背景下，引发出一些在实践上需要解决、理论上需要说明白的一些问题：非对称网络的竞争性均衡能够存在吗？非互惠的网间接入定价能够让互联互通得以实现吗？非互惠接入价格会有竞争性的均衡价格吗？社会最优的均衡条件在非对称性网络环境下能够存在吗？基于社会最优的非对称性管制是必要的吗？等等。而现有对这些问题给出的答案无论是在实践领域还是在理论分析领域存在截然不同的观点。面临电信重组以后的三网融合，一个更为人们关注的问题是，在主导运营商自身面临三网融合时有无内在激励去推进融合的过程。与此相关的问题是，政府管制如何介入其中？本章的倾向性观点是：其一，非对称性网络的竞争性均衡是存在的；其二，拥有不同竞争优势的网络在具有比较优势的一边拥有自己的目标市场；其三，拥有较大市场份额一边的主导运营商面临从竞争对手网络偷盗客户的机会成本，因而其价格水平不会对边际成本有较大偏离；其四，无论是基于成本双边结算还是对等清零，离开互惠接入价格，其竞争性均衡结果只能是非对称性的。为了证明上述观点，本章借助经典的 LRT1998 与 LMRT2003 模型，导入本章的研究假设变量进行理论分析。发现，终端接入价格与网络安装基础正向变动关系不明显；用户选择偏好与顾客保留价值直接作用于终端价格与零售价格；呼叫模式与网络外部性间接作用于竞争性均衡的结果；市场两边中单边拥有竞争优势的网间竞争的价格水平等于网间成本。这些发现与上述倾向性观点基本一致。依据这些研究结论，本章给出在运营商竞争策略设计与政府管制方面的若干应用建议。

（二）理论背景

本章引用文献构成本研究的基础，有些文献还直接构成本研究的内容。这些文献具有相同的结构：一旦互联为竞争性网络，双方就展开伯特兰式的价格博弈，消费者依据自身在横向差异化 Hotelling 模型中所处的位置来选择加入其中的一个或者两个网络。假设竞争性双方彼此接受互惠接入定价并对消费者实行线性收费，Armstrong 和 Laffont（1998）的研究显示，对称性的本地网络将会制定一个高于接入边际成本的接入价格，以此缓和在每分钟通话费上的价格竞争。运营商通过高的接入价格减弱为争夺市场份额而进行价格战的激励。他们研究还发现，如果一家运营商降低每分钟通话费价格，就会面临呼叫的净流出，给定足够高的接入价格将减少它的利润。因而，高于成本的接入价格会成为竞争性网络运营商的合谋工具。Carter 和 Wright（1999）从品牌忠诚度导致的非对称性网络研究出发，对两个非对称性网络的竞争进行了开创性的独立研究。他们发现，在非对称性网络环境下的两个竞争性的运营商在接入价格领域进行合谋的空间是不存在的。而且，非互惠的接入价格反倒可以用来作为阻止进入的工具。Carter 和 Wright（2003）研究发现，非对称性参数越大，网络通常将接入价格定于边际成本水平，而不是像许多担忧网络差异化参数取得极大值时网络运营商会制定一个远高于边际成本垄断价格研究者所认为的那样。在考虑非线性定价对网络接入价格影响时，不能不提及价格结构中的所谓"水床效应"，这是由拉米（1998a）的研究中发现的命题。

拉米（1998b）运用双边市场理论对此命题继续进行的研究发现，基于网络对称性假设与不考虑呼叫外部性条件下竞争性均衡的接入价格应该位于边际成本处。网络运营商无须关注接入定价水平的高低，固定费与零售市场的每分钟通话费之间的"水床效应"依然存在。Amstrong 和 Wright（2009）对英国电信业中存在的"水床效应"进行了研究。他们发现，在英国电信业中"水床效应"并不是像拉米所认为的是百分之百准确。因而，接入价格对竞争性网络的利润影响并不是中性的。Jullien 研究了移动终端的接入定价问题。他们得出的结论是，MTM（移动到移动的呼叫）的价格水平高于成本会极大化运营商的利润。Harbord 通过对不同接入定价原则的比较得出，清零互不结算能够比基于成本的接入定价更能改进福利。Baranes（2011）研究了事前的移动终端费率管制对零售价格与网络渗透率的影响发现，考虑非对称性弹性的费率管制的放松有利于后进入者为了获得更多用户而降低移动用户的市场零售价格，从而降低整个产业服务价格水平。该研究运用欧盟的数据证实，基于移动终端的费率管制有助于扩大网络的渗透以提高竞争。Hoernig（2011）研究三网融合非对称性带宽接入定价的管制问题。研究发现，持续的接入定价的非对称性管制并不能有效地削弱在位者的市场势力从而有利于其他不受管制的企业，而且在长期管制约束下提供给未受到管制企业的先动优势，受管制企业的客户就会失去，以至于重新出现基础设施垄断，接入管制未必能够行得通。Manne 和 Wright（2011）运用谷歌案例对现有的反垄断执法进行了批评。他们认为，谷歌案例中暴露出在单边市场思维下垄断行为认定的困难，谷歌采用的商业模式是双边市场的理性要求而不是反竞争性行为。Carmelo 等（2013）研究发现，习惯上认为的在网络效应与反馈机制下的赢者通吃现象由于受不同边之间竞争策略的抵消效应事实上并不存在，双边市场的最小有效规模容易建立。López 和 Rey（2012）构建了一个在位者与一个新进入者的模型，在位者实行非线性定价与歧视性定价。研究发现，高接入价格实现市场关闭竞争依赖用户的转换成本是否足够高。国内学者运用双边市场理论对具有交叉网络外部性的行业进行了众多的研究，文献也相应越来越丰富。其中，王昭慧、忻展红（2010）从交叉网络外部性视角对双边市场中的补贴机制进行了研究，得出与双边市场性质一致的竞争行为结论。司马红、程华（2012）则运用具体产业案例，对双边市场的最小有效规模进入条件进行研究发现，双边市场的进入条件并不像单边市场那样苛刻。

　　与本章侧重平台行为对竞争结果构造的研究背景相关文献是由 Rochet 和 Tirole（2003）与 Weyl（2010）给出的。Rochet 和 Tirole 对平台如何通过定价以吸引两边用户加入进行的研究得到价格结构非中性的结论。Weyl 洞悉到在双边市场采用产业政策对垄断行为进行干预时，必须考虑边与边之间的影响。

二　本章的贡献

　　本章的目的就是试图在基本模型里对相关假设进行综合，形成对非对称网络竞争均衡的一致性结论。在笔者看来，对于基于互联网的产业，用户的忠诚度或者考虑转换成本的锁定是网络最小用户基数的关键，在网络用户品牌忠诚度与市场份额之间存在着必然联系，本章第三部分给出了这一方面基于基本模型上的变量导入对非对称性均衡存在性的研究。在网络融合、业务融合、终端融合背景下，运营商的各种业务之间的互补程度决定了运营商商业模式选择成功的决定性因素。考察网络的非对称性均衡的存在性以及它的构造特征不能把网络外部性作为给定的外生性变量而应该作为内生性变量结合市场份额一起加以作为模型变量的设定。这样，可以清楚地显示出边与边之间基于交叉网络外部性的一边的用户规模或者价格变动对相邻市场产生的杠杆效应以及不同边之间交叉弹性的大小。这方面的研究到目前为止还显薄弱。但这个问题对多边平台的电信网络竞争格局的认知与相应的产业政策影响重大。这部分内容是本章的第一个贡献。本章与现有文献不同之处还在于，本章第三部分对存在用户预期偏好下网络外部性问题在非对称性均衡中的影响进行了研究。对电信市场的研究，特别需要考虑到的非对称性本身的构造形态的现实表现是一家电信运营商在平台的某一边具有竞争优势或者说市场势力，而另一家电信运营商在市场的另一边具有比较优势。不同边之间的需求是互补的，存在着交叉网络外部性。这样，在研究非对称性竞争性均衡时必须考虑一边力量向另一边的传递。我们的研究并没有发现拥有终端接入优势的运营商会制定一个高于边际成本的接入价格，更不存在接入端的合谋现象，这一研究结论不同于 Armstrong 与 Laffont 的研究发现。同时，本章与 Weyl 的研究着力于双边平台的定价权研究也存在着显著差异，本章着力于对电信网络非对称竞争性均衡的存在性研究。因此，本书试图证实非对称竞争性均衡是存在的。依据这一核心命题，相应针对非对称性网络的非对称性管制政策，特别是固定到移动，移动到固定的网间非对称性结算政策必须调整。与上述相联系，本章得出的若干主要命题、引理及推论得到了来自中国电信市场全业务经营以后各家主导运营商业务发展或进入的具体数据的支持，说明本章探讨的主题与得出的结论是真实可靠的。

第二节 模型构造与分析

一 本章研究假设

（一）垄断运营商平台追求全业务下的联合利润最大化

这一假设包含两个组成部分：其一是利润最大化。这一组成部分意味着运营商平台的目的是在均衡价格与市场用户规模中实现利润最大化，而不是 Rochet 与 Tirole 文中的非专属性平台；其二是联合利润最大化。这一假定意味着运营商平台对两边用户的不同保留价格可以采取价格歧视，以便对用户进行协调，将网络外部性内部化。

（二）平台两边消费者用户是异质的并且符合 Hotelling 模型的线性均匀连续分布

在我们的模型里，消费者对加入网络的价值、在网络中交易方式（呼叫模式）、服务质量等方面存在差异。并且规定，消费者均匀分布于线段 $[0, 1]$ 区间内。消费者加入网络的决策由其在网络中由消费获得的净效用的高低来决定，消费者采取单平台接入方式，加入网络 A 或者网络 B。

（三）网络平台是非对称的

在本章，基于我们的研究背景所表现出来的各个运营商在业务、网络规模、市场份额等方面存在着的非对称性，这里研究的对象是非对称性网络。从接入各个运营商平台的用户角度，不同平台上的用户也存在着差异，因而网络的非对称性可以体现在用户的呼叫模式（网内与网间流量分布)、外部性、用户的质量信息等方面。非对称性决定了不同网络竞争性均衡中的力量对比。本书后面的部分在关于网络非中立及非对称性电信网络接入两章中再做进一步分析。本章只是给出运营商竞争环境，后面两章内容才真正涉及非对称性网络环境下的相应竞争策略的设计问题。

（四）价格结构与接入定价是非利润中性的

我们的模型采用了价格结构非中性一说。理由是运营商可以在接入价格高于成本时，在零售市场降低对手一边的价格，从而可以获取较大的市场份额。因此在非互惠的接入价格下，接入价格可以通过"水床效应"改变用户在不同网络中的效用结构，并借助网络的外部性显著地作用于运营商的利润。

本章侧重于在伯特兰的价格博弈中对非对称性网络的竞争均衡展开研究。主要目的是解释非对称性网络竞争均衡路径。

二　用户规模非对称网络竞争模型

（一）用户品牌忠诚度下市场份额

模型建立在 LRT 基础上，但考虑基本模型的对称性假设对非对称性电信网络诠释力不足问题，在基本模型构造里导入市场份额在两家运营商之间的配置。考察用户规模非对称的网络竞争性均衡的实现路径。这里存在两个完全覆盖市场的网络，每个网络在提供每分钟呼叫时的成本为 c，总的成本为 $2c$。另外，还需支付固定成本 f。消费者加入一个网络获得到的效用为：$u(q_i) + \theta_i + v_0$。这里，q_i 是呼叫流量；θ_i 度量加入网络 i 而得到的额外收益；v_0 表示消费者与另一个网络上的用户链接而得到的固定剩余，该项的值通常假定非常大以至于每个用户在均衡价格上选择与其他用户链接；以 w_i 表示消费链接网络的净剩余。

对网络间的非对称性模式化。假定消费者均匀分布在 [0，1] 区间内，两个网络位于线段的两端，具有价值 x 得到的链接网络 1 与网络 2 的额外效用分别为：

$$\theta_1 = \frac{1-x}{2\sigma} + \frac{\beta}{2\sigma}, \theta_2 = \frac{x}{2\sigma} \tag{9.1}$$

参数 σ 衡量在网络间的替代程度。低参数的，表明网络拥有者可以制定出比竞争对手高的价格而不会失去市场。当参数 σ 无限大时，制定较低价格的网络会获得整个市场。参数 β 衡量在网络间的非对称性程度。当参数 $\beta > 0$ 时，网络 1 比网络 2 拥有较大市场份额，即便是两个网络的价格相同。当该参数为 $\beta = 1$ 时，网络 2 除非制定一个比网络 1 低得多的价格以此调整消费者的净效用，否则，网络 2 得不到任何消费者；$\beta > 0$ 时，把网络 1 称为在位者，网络 2 称为进入者。参数 β 成为消费者对网络 1 品牌的忠诚度，意味着网络 2 为得到与在位者相同的市场份额不得不与在位者展开低价竞争。

给定用户的边际呼叫意愿相同，网络拥有者进行两部定价是最优的策略选项。每个竞争性网络索要每分钟的通话费 p_i 与线路租费 r_i，让

$$V(p_i) = \max_q \{ u(q) - p_i q \} \tag{9.2}$$

一个消费者链接网络的净剩余为：

$$w_i = V(p_i) - r_i \tag{9.3}$$

假设在 Hotelling 线段内，存在一个边际消费者对加入两个网络得到的效用无差异：

$$w_1 + \frac{\beta}{2\sigma} + \frac{1-x}{2\sigma} = w_2 + \frac{x}{2\sigma}$$

可得，对于边际消费者 x，网络 1 的市场份额为：

$$s_1 = \frac{1}{2} + \frac{\beta}{2} + \sigma(w_1 + w_2)$$

网络 2 得到的市场份额为：

$$s_2 = 1 - s_1 \tag{9.4}$$

依据 LRT（1998）模型，网络 i 的利润函数为：

$$\pi_i = s_i(p_i - 2c)q(p_i) + s_i(r_i - f) + s_i s_j(a - c)[q(p_j) - q(p_i)] \tag{9.5}$$

第一项代表从消费者使用外部性中得到的利润。这里的边际成本为 $2c$，因为假定这一个网络属于平衡呼叫模式，后面的分析将放松这一假设。为了分析简便起见，暂且假定网络在提供服务时的支出成本相同；第二项代表的是路由租用收益；第三项代表的是网络互联得到的净收益。$s_i s_j$ 代表所有的呼叫必须互联，因而我们这里讨论的是网间价格。每个网络的平均呼叫长度取决于每个网络收取的每分钟通话价格。在平衡呼叫模式假定下，每分钟的通话相对价格决定了网络 i 是净呼出还是净呼入从一个网络端点到另一个网络端点的净呼入流量，网络会得到一个接入费，但是同时会产生出一个成本 c，净呼出网络会支付一个 a，但同时节省一个服务成本 c。这样，两个网络的用户品牌忠诚度对网络的市场份额的影响会影响到网络 i 的利润，而每一次的呼叫都与接入价格的支付有关。

（二）网络市场份额非对称性情形下的接入价格

1. 先考虑互惠接入情形

由于市场份额直接受到消费者总效用的影响，因而竞争性网络双方在进行 Bertrand 竞争时，我们可以考虑 p_i 与 w_i 两个变量，也就是让 w_i 这个变量来替代 r_i 这个变量。上述的利润函数可以改写为：

$$\pi_i = s_i(p_i - 2c)q(p_i) + s_i[V(p_i) - w_i - f] + s_i s_j(a - c)[q(p_j) - q(p_i)] \tag{9.6}$$

让 π_i 对 p_i 与 w_i 分别求一阶导数并令其值为零，得：

$$\frac{\partial \pi_i}{\partial p_i} = s_i q(p_i) + s_i(p_i - 2c)q'(p_i) + s_i[V'(p_i) - w_i - f] + s_i s_j(a - c)q(p_i) = 0$$

$$\frac{\partial \pi_i}{\partial w_i} = -s_i + \sigma(p_i - 2c)q(p_i) + [V(p_i) - w_i - f] + (s_j - s_i)(a - c)[q(p_j) - q(p_i)] = 0$$

利用间接效用函数：$V'(p_i) = -q(p_i)$。

考虑 p 的一阶条件均衡价格为：

$$p_i = 2c + s_j(a - c) \tag{9.7}$$

由于小的网络网间呼叫的比例高，因而越是市场份额小的网络，其使用费将取决于互联这一项，价格在网络间的差异就可以反映在不同网络市场份额的不同和双方之间的接入价格以及各自的成本。

$$p_i - p_j = -(s_i - s_j)(a - c) \tag{9.8}$$

如果市场份额大的网络接入价格超过成本，那么零售市场的每分钟通话价格大网就低于小网。原因是大的网络具有较小的网间流出量，对手在大网络拥有的接入收益较低。因此，大的网络偏好于将接入价格定于边际成本以上。相反，如果市场主导运营商同意将接入价格定于边际成本以下，其每分钟通话费就会高于从属运营商。在此情形下，主导运营商就会面临客户转网问题。

依据利润函数对 w_i 的一阶条件以及（9.3）式 w_i 的定义，可以得到均衡的租费 r_i：

$$r_i = f + \frac{s_i}{\sigma} - (p_i - 2c)q_i - (s_i - s_j)(a - c)(q_i - q_j) \tag{9.9}$$

最后一项，对两个竞争性网络是同样的，原因也在于平衡呼叫。进一步地，通过简单的数学技术处理，可以得到下述符号函数：

$$sign(q_i - q_j) = sign(s_i - s_j)(a - c) \tag{9.10}$$

于是，（9.9）式中的最后一项永远是负值。也就是说，呼叫的外部性越大，其租费也就越低。因此，考虑到外部性，固定费与交易费之间的"水床效应"并不会是 LRT 模型里的百分之百。竞争性网络的一方或者双方就存在偏离成本水平的激励。将（9.7）式与（9.9）式插入到利润函数中得到：

$$\pi_i = \frac{s_i^2}{\sigma} - s_i^2 (a - c)(q_i - q_j) \tag{9.11}$$

（9.10）式在（9.11）式中的含义是：对大网来说，其值为正；对小网来说，其值为负。这就得出了当小网偏好于或者高于或者低于边际成本的接入价格时，大网严格偏好于接入价格等于边际成本的结论。不过，当 s_i 非常低时，提高接入价格 a 可以减少 s_i，以使（9.11）式中的利润为非负。由此，可以得到：

命题 1　当竞争性的两个网络市场份额相同时，两个网络对接入价格无差异，否则，大的网络就偏好于接入价格等于边际成本，而小的网络只有其市场份额小于 1/3 时才偏好于接入价格等于边际成本。

这一命题可以来自对（9.7）式与（9.9）式的观察。在"水床效应"作用下，接入价格的提高导致使用费的提高，但是或多或少被固定费的下降而抵消。最终的效应取决于网间互联的支付费用，就是（9.9）式中的最后一项。当两个竞争性的网络各得市场份额的一半时，呼叫的流量在平衡呼叫假定下是平衡的，两个网络之间不存在净支付，减少固定费抵消了由提高使用费而获得的收益，这是 LRT 中对网络接入价格竞争效应所得到的重要命题。当 s_1 大于 1/2 时，接入价格大于边际成本，大网络将会有净的网间呼出流量，这一结果来自（9.10）式。因此，大网将会存在减少接入价格边际的激励。同样，当互惠接入价格小于边际成本时，大的网络将会有净的负网间流量。由于接入价格小于边际成本，给大的网络带来负的收益。综合以上分析，在假定平衡呼叫以及不考虑外部性条件下，拥有市场份额较高的网络运营商偏好将接入价格定于边际成本处，这一方面的结论与 LRT 完全相同。对市场份额小网络的分析结果与上述结论相反。本章考虑到作为网络型产业的用户基数对竞争的影响及相应的政府管制中的非对称性管制培育竞争政策的理论与现实，在 LRT 模型（9.8）式的基础上，导入市场份额临界点的因子，分析讨论非对称性网络竞争性均衡的条件。假定 s_1 小于 2/3，当接入价格高于成本时，大的网络将会使每

分钟通话费 p_i 位于网络 2 以下。因而网络 1 会有高的呼出流量，意味着网络 2 得到净的互联收益。但是同时网络 2 的市场份额会因此而下降。虽然网络 2 也可以降低固定租费，但是不足以抵消网络 1 的价格优势。假定网络 2 拥有超过 1/3 的市场份额，从互联那里得到的收益就会超过因市场份额减少而导致的收益减少，从而网络 2 的利润会因此随着接入价格边际的增加而增加。如果 $s_1 \geqslant \dfrac{2}{3}$，网络 2 市场份额减少的收益就会高于互联的收益。在此情形下，进入者希望降低互联价格。

引理 1　只要两个网络在市场份额方面非对称，基于社会最优的接入价格由拥有较大市场份额的一方决定，即将接入价格定于边际成本。

推论 1　基于传统市场份额的非对称性接入定价管制政策并不能够保证政策功效的获取，在网络外部性形成的消费者选择预期下，在位运营商的市场份额主导地位并不会从根本上消失。特别是在市场残差需求变小的情形下，非对称性的管制政策只会扰乱市场的竞争规则系统。

进一步来看，基于成本的接入价格，（9.4）式的均衡市场份额取决于品牌忠诚。

$$s_1 = \frac{1}{2} + \frac{\beta}{6} \text{ 与 } \quad s_2 = \frac{1}{2} - \frac{\beta}{6}; \frac{2}{3} \leqslant s_1 < 1 \quad 1 \leqslant \beta < 3 \tag{9.12}$$

由此，我们得到命题 2：

命题 2　网络 1 的 2/3 市场份额或者非对称性程度大于 1 构成网络进入者降低价格从竞争对手处争夺市场份额的门槛。当非对称性程度等于 1 时，每一个用户都会加入网络 1，不过网络 2 想方设法降低固定费，让它的市场份额达到 1/3。

2. 非互惠下的非对称性网络均衡接入价格

让每一个运营商独立确定接入价格水平来分析非对称性网络均衡的接入价格。在给定前提下，每一个网络拥有单边激励使接入价格定于边际成本以上或者定于边际成本以下。前一种情形出现在为竞争对手网络用户提供终端接入服务场合，后一种情形出现在对手为其用户提供终端接入服务场合。彼此非互惠的接入很可能导致过高的收益。

利润函数为：

$$\pi_i = s_i(p_i - 2c)q(p_i) + s_i(r_i - f) + s_i s_j [(a_i - c)q(p_j) - (a_j - c)q(p_i)] \tag{9.13}$$

让利润函数对各个变量求导并令一阶条件值为零，得到最优的价格、最优的市场份额与最优的租费及利润分别为：

$$p_i = 2c + s_j(a - c)$$

$$r_i = f + \frac{s_i}{\sigma} - s_j(a_j - c)q_i - (s_j - s_i)[(a_i - c)q_j - (a_j - c)q_i]$$

$$s_i = \frac{1}{2} + \frac{\beta}{\sigma} - \frac{\sigma}{3}[V(p_i) - V(p_j) + s_j(a_j - c)q_i - s_i(a_i - c)q_j]$$

$$\pi_i = \frac{s_i^2}{\sigma} - s_j^2[(a_j - c)q_i - (a_i - c)q_j] \qquad (9.14)$$

微分市场份额函数：

$$\frac{ds_i}{da_i} = \frac{-\sigma s_i^2(a_i - c)\dfrac{\partial q_j}{\partial p_j}}{3 + \sigma\left[s_i(a_i - c)^2\dfrac{\partial q_j}{\partial p_j} + s_j(a_j - c)^2\dfrac{\partial q_i}{\partial p_i}\right]} \qquad (9.15)$$

$$\frac{ds_j}{da_i} = \frac{\sigma s_i^2(a_i - c)\dfrac{\partial q_j}{\partial p_j}}{3 + \sigma\left[s_i(a_i - c)^2\dfrac{\partial q_j}{\partial p_j} + s_j(a_j - c)^2\dfrac{\partial q_i}{\partial p_i}\right]} \qquad (9.16)$$

由（9.15）式与（9.16）式，我们可得到命题3。

命题3 如果网络 i 单方面提高接入价格，它会在竞争对手那里争夺到额外客户，市场份额因此提高。但是，如果是接入价格等于边际成本，即位于市场份额的1/3处，就不存在降低价格的激励。

推论2 考虑2008年以来的电信重组以后全业务竞争市场格局下，一家运营商单方面提高接入价格引起对手同样的提价行为，在网间流量不变的前提下，并不构成其最优的竞争策略选项。

而强制性的基于边际成本的接入定价，则难以形成竞争性的均衡。微分利润函数，得：

$$\frac{d\pi_i}{da_i} = 2s_i\left[\frac{1}{\sigma} + (a_i - c)q_j - (a_j - c)q_i\right]\frac{ds_i}{da_i}$$

$$+ s_i^2\left\{q_i + (a_i - c)\frac{\partial q_j}{\partial p_j}\left[s_i + (a_i - c)\frac{ds_i}{da_i}\right] - (a_j - c)^2\frac{\partial q_i ds_j}{\partial p_i da_i}\right\} \qquad (9.17)$$

隐含着：

$$\frac{d\pi_j}{da_i} = 2s_j\left[\frac{1}{\sigma} + (a_j - c)q_i - (a_i - c)q_j\right]\frac{ds_j}{da_i}$$

$$+ s_j^2 \left\{ -q_j - (a_i - c) \frac{\partial q_j}{\partial p_j} \left[s_i + (a_i - c) \frac{ds_i}{da_i} \right] + (a_j - c)^2 \frac{\partial q_i}{\partial p_i} \frac{ds_j}{da_i} \right\} \qquad (9.18)$$

当 $a = c$ 时，

$$\frac{d\pi_i}{da_i} = s_i^2 q_j > 0, \frac{d\pi_j}{da_i} = -s_j^2 q_j < 0 \qquad (9.19)$$

由此得到命题 4 ：

命题 4　从边际成本为基础的接入定价出发，两个竞争性网络都存在提高接入价格的激励与降低它们各自面临支付接入价格的激励。因此，基于边际成本的接入价格并不构成纳什均衡点。

由此得到引理：

引理 2　从边际成本为基础的接入定价出发，提高大的网络的接入价格与降低小网络的接入价格，可以提高整个产业的利润水平。

引理 3　大的网络与小的网络在终端接入价格上不可能够实行合谋，小的网络更倾向于将接入价格定于边际成本处。

三　用户选择偏好异质的非对称性网络竞争均衡

放松上述模型中将用户偏好设定为给定的变量假设，考察用户选择偏好以及由此实行的非线性定价对接入价格的影响。对此展开的分析也是 LRT 模型 （9.5） 式变量设定未能考虑到的两个方面。这一变量导入主要基于在电信这样的非对称性网络中，用户的选择对非对称性网络的竞争均衡结果的影响巨大。网络产业的竞争目标是用户的选择而非竞争对手，相应的，竞争的手段是用户交易的匹配，特别是在基于数字互联的电信双边市场条件下，分析用户选择对非对称性网络竞争结果的影响尤其重要。

（一）假设

考虑一个存在转换成本 $t > 0$ 的 Hotelling 模型，消费者均匀分布在线段 $[0,1]$ 区间，两个竞争性的网络分别位于线段的两个端点，消费者拥有对网络服务需求的个人信息，消费者类型以两个参数代表 (θ, x)。这里，θ 表示消费者对网络服务的需求偏好；x 表示消费者在线段区间所处的位置。这里的 θ 是交易概率为 $f(\theta)$ 的分布函数 $F(\theta)$。x 均匀地分布在线性区间内，假设竞争型的网络拥有相同的成本结构，与 LRT1998 模型一样，网络拥有每次呼叫的边际成本 c_0 发生在呼叫方与终端接入方，并且具有不变的每次呼叫转换成本为 c_s，每次呼叫的固定成本为 k。这样一次呼叫的总成本为 $c = 2c_0 + c_s + k$。当一个用户拨打电话得到如下效用：$\theta u(q) - T$，这里，$u'(\cdot) > 0, u''(\cdot) < 0$。每一个网络实行非线性定价，标为 $T_i(q)$，$i = A, B$，让

$$V_i(\theta) = \max_q \theta u(q) - T'_i[q(\theta)], \quad i = A, B \tag{9.20}$$

具有 θ 型的消费者极大化其效用，条件是：

$$\theta u'(q) = T'_i[q(\theta)], \quad i = A, B \tag{9.21}$$

不失一般性，假定网络 A 位于 $x = 0$ 处，网络 B 位于 $x = 1$ 处，(θ, x) 型消费者获得净效用为 $V_{A(\theta)} - tx$，或者为 $V_{B(\theta)} - t(1-x)$。

与 Hotelling 模型一样，市场份额仅取决于消费者获得的净效用水平。在偏好参数随机独立并且网络完全覆盖市场情形下，依据（9.4）式，网络 A 在消费者中的市场份额由下式给出：

$$s(\theta) = \frac{1}{2} + \lambda [V_{A(\theta)} - V_{B(\theta)}] \tag{9.22}$$

这里，$\lambda = \dfrac{1}{2t}$

$$m = \int_{\underline{\theta}}^{\bar{\theta}} s(\theta) f(\theta) d\theta \tag{9.23}$$

（二）模型与分析

1. 当网络拥有消费者偏好完全信息时

首先考虑网络运营商拥有消费者偏好的完全信息，但是不知道在线段哪个位置。对此用两阶段博弈模型：在第一阶段，两个网络借助协商确定一个互惠的接入价格；在第二阶段，给定接入价格，两个网络在零售市场展开竞争。分析的主题是寻找竞争的伯特兰均衡，因而我们只是关注博弈的第二阶段，把接入价格只视为参数。让我们分析其中的一个网络，比如 A。为避免总市场份额加总的复杂性，我们分成两个阶段：第一阶段，我们固定网络 A 的市场份额 m，然后我们寻找在给定市场份额下达到最大化利润所需要的价格。网络 A 的利润函数在 m 固定下，给定 $N_B(\theta)$，$q_B(\theta)$ 与接入价格 a，网络 A 的利润函数在市场份额 m 给定下由下式给出：

$$\pi(m) \equiv \max \int_{\underline{\theta}}^{\bar{\theta}} \{s(\theta)[\theta u(q_A(\theta))] - V_A(\theta) - [c + (a - c_0)(1 - m)q_A(\theta) - k] + [1 - s(\theta)](a - c_0)mq_B(\theta)\} f(\theta) d\theta \tag{9.24}$$

让利润函数对 $q(A)$ 与 $V(A)$ 微分，

$$\theta U'(q_A) - [c + (a - c_0)(1 - m)] = 0$$

$$\theta U(q_A) = c + (a - c_0)(1 - m) \tag{9.25}$$

$$\{\sigma[\theta U(q_A) - V_A - cq_A - k] - s\} - \sigma(a - c_0)(1 - m)q_A$$

$$- \sigma(a - c_0)mq_B - \sigma\gamma = 0 \tag{9.26}$$

借助 σ，V_A 的边际增加会带来在 θ 型消费者之间的网络 A 的市场份额的扩张。（9.26）式中的大括号一项表示的是利润的增加，其来自消费者剩余的增加而带来的市场份额的增长；第二项与第三项分别表示接入支付（收益）价格的上升与接入收益（支付）的减少；最后一项表示，在所有的消费者类型之间为了保持既定的市场份额而进行的市场份额的调整给利润带来的变化。结合（9.22）式与（9.26）式，呼叫的最优价格为：

$$p_A = c + (a - c_0)(1 - m)，对所有的 \theta \tag{9.27}$$

$c + (a - c_0)(1 - m)$ 是可以观察到的边际成本，这是网络 A 在给定接入价格时面临的边际成本。第二项代表的是接入价格效应：网络 A 基于竞争对手的市场份额 $1 - m$ 来调整单位价格或者每分钟的通话费。在平衡呼叫模式下，第二项与从自身呼出到对手网络的概率相同。

我们现在考虑最优的市场份额。利用包络定理，一阶条件由下式给出：

$$(a - c_0)\int_{\underline{\theta}}^{\bar{\theta}}\{s(\theta)q_A(\theta) + [1 - s(\theta)q_B(\theta)]\}f(\theta)d\theta + r = 0 \tag{9.28}$$

$q_A(\cdot)$ 是在给定边际价格 p_A 的条件下，每个拥有 θ 型消费者极大化效用的呼叫次数。公式中拉格朗日函数的符号由 $a > c_0$ 或 $a < c_0$ 接入价格边际加成决定。利用（9.26）式与（9.28）式消去拉格朗日乘数 r，得：

$$\theta U(q_A(\theta)) - V_A(\theta) - cq_A(\theta) - k - \frac{s(\theta)}{\sigma} - (a - c_0)(1 - m)q_A(\theta)$$

$$= -(a - c_0)\left\{\int_{\underline{\theta}}^{\bar{\theta}}[s(\tilde{\theta})q_A(\tilde{\theta}) + (1 - s(\tilde{\theta})q_B(\tilde{\theta})]f(\tilde{\theta})d\tilde{\theta} - mq_B(\theta)\right\}$$

$$\tag{9.29}$$

用 V_A 代替 T_A，再代入 $T_A(q_A(\theta)) = p_A \cdot q_A(\theta) + k_A$ 中，网络 A 最优的固定费用由下式给出：

$$k_A(\theta) = k + \frac{s(\theta)}{\sigma} - (a - c_0)\left\{\int_{\underline{\theta}}^{\bar{\theta}}[s(\tilde{\theta})q_A(\tilde{\theta}) + (1 - s(\tilde{\theta})q_B(\tilde{\theta}))]f(\tilde{\theta})d\tilde{\theta} - mq_B(\theta)\right\}$$

$$\tag{9.30}$$

固定费直接由消费者类型 θ 确定。作为对竞争对手最优反应的最优资费是由不变的边际价格与消费者类型的固定费两个部分构成。在网络 A

拥有消费者类型完全信息下，网络可以通过两部定价实现利润的最大化。考虑在不同用户对不同网络偏好情形下的两个网络的竞争性均衡。

$$\pi^I = \int_{\underline{\theta}}^{\bar{\theta}} \{ T[q(\theta)] - cq(\theta) - k \} f(\theta) d\theta$$

$$= \int_{\underline{\theta}}^{\bar{\theta}} \left\{ \left(c + \frac{a - c_0}{2} \right) q(\theta) - (a - c_0) \left[\int_{\underline{\theta}}^{\bar{\theta}} q(\tilde{\theta}) f(\tilde{\theta}) d\tilde{\theta} - \frac{q(\theta)}{2} \right] + \frac{1}{2\sigma} - cq(\theta) \right\}$$

$$f(\theta) d\theta = \frac{1}{2\sigma} \tag{9.31}$$

假如，$a \neq c_0$，固定费在 $a > c_0$ 时增加，而当 $a < c_0$ 时，固定费下降。

命题 5 拥有绝对网络规模的基础电信运营商的接入定格在"水床效应"存在情形下不可能将接入价格定于边际成本以上。

引理 4 推行强制性的低于成本的接入价格管制政策并不能够减少主导运营商的市场势力反而会加剧市场的低价竞争并减弱网络提升用户价值的激励。

直观地理解：当 $a > c_0$ 时，高 θ 型的消费者在平衡呼叫模式下为了支付过高的固定费而减少拨打。$a < c_0$ 时，情况就相反。在给定 $(a - c_0) \left[q(\theta) - \int_{\underline{\theta}}^{\bar{\theta}} q(\tilde{\theta}) f(\tilde{\theta}) d\tilde{\theta} \right] + \frac{1}{2\sigma}$ 的条件下，每个用户的收益也会在 $a > c_0$ 时随 θ 的增加而增加，在 $a < c_0$ 时，随 θ 的增加而减少。反映出对低 θ 类型竞争的强化与高 θ 类型竞争的减弱。上述结果与 LRT 模型分析结果吻合：$a = c_0$。

2. 当网络拥有消费者偏好不完全信息时

在不完全信息下，为了甄别出不同偏好的用户，网络最优费率必须考虑激励约束。由于假定网络完全覆盖市场，不考虑用户的参与约束问题。我们再次运用两阶段博弈求解均衡问题：给定网络 B 的消费者效用与规模，固定网络 A 的市场份额，发现在市场份额给定下的最优价格决策，最后确定网络 A 的市场份额。

将 V_A 与 q_A 作为状态变量，Z 作为控制变量，这里 $Z = q'_A(\theta)$ 二阶段问题的汉密尔顿函数的公式为：

$$\psi(V_A, q_A, Z, \lambda_1, \lambda_2, r, U, m) = \{ s[\theta U(q_A) - v_a - (c + (a - c_0)(1 - m)) q_A - k] + (1 - s)(a - c_0) m q_B - \eta s \} f(\theta) + \lambda_1 U(q_A) + \lambda_z Z + \eta m + \mu_z$$

这里 λ_1、λ_2 是关系状态变量，η、U 是与总市场份额约束与单调约束相关的拉格朗日乘子。下述命题赋予完全分离对称性均衡的非线性定价与相应拨打电话次数的配置特征。

命题6　当 $a \neq c_0$ 时，在任何一个非对称性均衡里，会有：

（1）最优的非线性定价特征由下式给出：

$$\theta U'(q) = \frac{c + \frac{1}{2}(a - c_0)}{1 + \frac{2\lambda_1}{\theta f(\theta)}}$$

（2）临界用户通常面临每分钟通话价格等于可观察到的边际成本；

（3）当 $a > c_0$ 时，所有的均衡内典型消费者面临每分钟呼叫价格高于可观察到的边际成本；而当 $a < c_0$ 时，情况相反。

出现上述拨打电话的配置方式可能给出的解释是：对于 $a > c_0$，在完全信息交易合约下，所有的消费者除了低偏好用户都有激励低估他们的服务需求偏好的倾向，以诱使电信运营商的每分钟通话价格低于他们的实际保留价格。因而，像在单边市场垄断出现的非线性定价一样，运营商可以用降低服务质量的办法来侦测这类用户以达到激励相容。问题解的另外一方面是，当接入价格高于呼叫终端的成本时，每一个网络都有激励在部分低偏好消费者之间拓展它的市场份额。原因是这类用户在基于平衡呼叫模式的高接入价格下为网络运营商带来更多的接入收入。尽管低偏好的用户在呼叫方付费（CPP）下一般倾向于接听，但这类用户数量的扩张会在网络外部性的作用下，吸引平台另一边具有较高偏好的用户加入。因此，一个可以推断的结果是，高于成本的接入价格并不会缓和零售市场的价格竞争程度。这一观点与 Lopez 的观点不一致。围绕市场份额争夺而出现的抵消策略效应会由于呼叫次数或者呼叫步长的下降而带来平均每个用户收益（ARPU）的下降。随之而来的是每一个网络会试图平衡由市场扩展带来的抵消效应。进一步地，在平衡呼叫模式下，当 $a > c_0$ 时，从高偏好类型用户那里抽租的减少大于低偏好的用户租金抽取的减少。在低类型用户成员外部性的作用下，这一策略选择导致低类型用户的呼叫次数减少。但当 $a < c_0$ 时，呼叫情形就刚好与此相反。由此，我们可进一步得出如下命题：

命题7　当接入价格不等于边际成本时，在非互惠接入情形下任何一个分离的非对称性均衡里，总存在网络规模大的偏好，并且每一个网络吸引各自用户。

四 市场一边具有比较优势的非对称性均衡

基于数字互联的电信网络是一个典型的存在成员外部性与交易外部性的双边市场（J. Tirole and J. C. Rochet）。双边市场下的运营商竞争来源不同于单边市场。在双边市场，不同边之间存在交叉网络外部性，单边竞争优势不足以体现整体的优势。考虑到 2008 年重组以后的中国电信市场格局，在分析非对称性电信网络竞争均衡时，单边优势构成这一非对称性重要特征。上述模型分析中，没有考虑在电信运营商平台上的不同边具有比较竞争优势的情形。对此我们在 LRT 模型中加入这个变数，讨论集中LMRT 等式。

（一）相关假设

存在着 $n > 2$ 的完全覆盖的全业务网络运营商，消费者具有 Hotelling 分布，两个网络拥有相同的成本结构，c_0 与 c_T 分别表示呼出端与接入端的成本，因而总成本是它们的相加。这里，所有的消费者都为单平台接入。假设需求价格弹性等于1，p_i 是网络 i 向收到流量的终端一方收取的价格，$\bar{p}_i$ 是网络 i 向流量呼出一端收取的价格。让 a_{ij} 表示由网络 i 到终端 j 网络支付的接入价格；a_{ji} 表示由呼出端 j 向网络 i 收取的价格。

（二）模型分析

假设 LMRT 的下述等式存在：

$$a_{12} = a_{13} = \cdots = a_{1n} = a_{23} = \cdots = a_{2n} = a_{(n-1)n} = a \qquad (9.32)$$

根据假定，竞争性的网络是完全替代的，呼叫模式是平衡的。让 α_i 表示网络 i 的移动用户市场份额；$\bar{\alpha}_i$ 表示的是网络 i 的固定电话用户一边的市场份额，这样网络的利润为：

$$\pi_i = s_i \tilde{s}_i (p_i + \bar{p}_i - c) + s_i \sum_{j=1}^{n} \tilde{s}_j [p_i - (c_T - a_{ij})] + \tilde{s}_i \sum_{j=1}^{n} s_j [\bar{p}_i - (c_0 + a_{ij})]$$

$$\qquad (9.33)$$

假如网络运营商索取同样的价格 $p(\bar{p})$，对任何 $i = 1, 2, n$；$s_i > 0$（$\tilde{s}_i > 0$），博弈的时序为：每一对网络的接入价格 a_{ij} 或者由网络协商决定或者由规制部门确定；网络运营商在价格上进行竞争；第三阶段移动用户与固定电话用户进行入网决策。

网间成本定价原则。假如网络1（移动网）从网络2（固定网）那里争夺了一个移动客户，这一客户从网络2那里接收流量，网络1就会产生终端成本 c_T 与收益 a_{12}，得到 $\bar{\alpha}_2 (a_{12} - c_T)$ 的收益。同样地，这个移动用户消费者从其他网络中接收流量，网络 1 得到 $\sum_{j=3}^{n} \tilde{s}_j(a_{1j} - c_T)$ 的收益。从网络 1 的移动用户流量到网络 2 的移动用户消费者，起始的成本为：$c_0 + a_{12}$，现在变成了网络 1 的成本，它的成本就等于 c_0。因此，网络 1 在这个流量上得到的收益为：$\tilde{s}_1(c_0 + a_{12} - c) = \bar{s}_1(a_{12} - c_T)$。让 c_{ij} 表示网络 i 争夺到的网络消费者的机会成本：

$$c_{ij} = -\left[\tilde{s}_j(a_{ij} - c_T) + \sum_{k \neq i,j}^{n} \tilde{s}_k(s_{ik} - c_T) + \bar{s}_i(a_{ij} - c_T)\right] = c_T - a_{ij}(\tilde{s}_i + \tilde{s}_j) -$$

$$\sum_{k \neq i,j}^{n} a_{ik}\tilde{s}_k \tag{9.34}$$

同样，网络 i 从网络 j 那里争夺到的固定电话用户的机会成本为：

$$\tilde{c}_{ij} = c_0 + a_{ij}(s_i + s_j) + \sum_{k \neq i,j}^{n} a_{ik}s_k \tag{9.35}$$

LMRT 显示，存在均衡状态的网络在 $\tilde{p} = c_0 + a$ 服务于竞争对手网络消费者成本，价格应该等于其机会成本：$p = c_T - a$。

在均衡状态下，一些网络将会被驱逐出市场或至少被驱逐出市场两边的其中一边，某个网络至少可以在市场某一边占有所有市场。但事实上，在市场上照样存在这些网络，而且仍然在网间成本上获取价格。显然，一定存在 LMRT 模型中不存在的要素在发挥作用。

博弈结果——市场关闭。考虑三个网络的情形，假设具有下列接入价格特征：

$$a_{12} > a_{13} > a_{23} \tag{9.36}$$

对此稍作数学处理，得：$a_{12} + a_{13} > a_{12} + a_{23} > a_{13} + a_{23}$

也就是说，在这 i 个网络里存在着如下关系：网络 1 在为移动用户消费者提供终端接入服务上比网络 2 与网络 3 拥有比较优势；网络 3 在固定电话市场的网间成本低于网络 1 和网络 2，因而网络 3 在固定电话市场具有比较优势。根据上述不等式排列结果，可以很容易得到 i 个网络的非对称性竞争均衡结果：在均衡里，网络 1 占有整个移动用户消费者市场，网络 3 占有整个固定电话用户市场，网络 2 则被驱逐出两个市场。这一结果意味着只存在一个互惠接入价格 a_{13}。这也意味着网络 1 和网络 3 会基于网间成本索取价格：

$$p_1 = p_3 = p = c_i - a_{13}; \quad \tilde{p}_1 = \tilde{p}_3 = \tilde{p} = c_0 - a_{13}$$

在上述竞争性均衡中，市场份额是不确定的。现在给定 s_1 与 $\tilde{s}_1$，$s_1 + s_3 = 1$，$\tilde{s}_1 + \tilde{s}_3 = 1$。网络 2 的机会成本为：

$$c_2 \equiv s_1 c_{21} + s_3 c_{23} = c_T - a_{12}\tilde{s}_1 - a_{23}\tilde{s}_3$$

$$\tilde{c}_2 \equiv \tilde{s}_1 \tilde{c}_{21} + \tilde{s}_3 \tilde{c}_{23} = c_0 + a_{12}s_1 + a_{23}s_3$$

假如 $p > c_2$（$\tilde{p} > \tilde{c}_2$），

$$a_{13} > a_{12}\tilde{s}_1 + a_{23}\tilde{s}_3 \tag{9.37}$$

$$a_{13} < a_{12}s_1 + a_{23}s_3 \tag{9.38}$$

合并上述两个不等式，可以得到：

$$\tilde{s}_1 < \frac{a_{13} - a_{23}}{a_{12} - a_{23}} < s_1 \tag{9.39}$$

假如 p 与 $\tilde{p}$，网络 1 与网络 3 各获得市场份额的一半，这样，（9.37）式与（9.38）式是矛盾的。在均衡时，假如 $\tilde{s}_3$ 趋向于 1，（9.37）式条件就存在；而如果 s_1 趋向于 1，（9.33）式存在，这个研究就发现部分证实了我们生活中的直观判断：在均衡状态，网络 1 独占市场的移动用户消费者部分，而网络 3 将占有固定电话市场。由于（9.39）式并不一定存在，因而非对称接入定价存在着不稳定要素。更为一般地得到命题 8。

命题 8　假如 $a_{ik} > a_{ij} > a_{kj}$ $\forall k \neq i \neq j = 1 \cdots n$，如果 $\tilde{s}_i < \frac{a_{ij} - a_{kj}}{a_{ik} - a_{kj}} < s_i$ 存在，一定存在着网络 i 与网络 j 的市场关闭竞争均衡与索取网间成本的价格。在这个均衡里，$s_i > \tilde{s}_i$，$\tilde{s}_j \leqslant s_j$，$\pi_i = \pi_j = 0$。

证明：假如只有网络 i 与网络 j 争夺最终用户，伯特兰式的竞争确保 $p_i = p_j = p = c_T - a_{ij}$ 与 $\tilde{p}_i = \tilde{p}_j = \tilde{p} = c_0 + a_{ij}$，设有一个网络 $k \neq i$，j，会发现降低价格吸引所有的最终消费者是有利可图的。而且，没有一个网络能够吸引所有终端消费者。上述命题告诉我们，如果每个网络都在各自的目标市场，两个网络可以实现竞争关闭。在任何一个伯特兰均衡里，两个网络运营商必须索取与流量流出或流入相同的网间成本。如果网络 1 索取过高的 a_{13}，网络 1 提高从竞争对手那里获取边际用户的机会成本；如果网络 1 索取过低的 a_{13}，网络 3 提高从竞争对手那里获取边际用户的机会成本。

在市场关闭情形下，每个网络获得各自具有比较优势的目标市场。

但如果 $\tilde{s}_i < \frac{a_{ij} - a_{kj}}{a_{ik} - a_{kj}} < s_i$ 不存在，即每一个网络企图在市场的某一边借

助于偏离对称性的接入定价 $p_i = p_j = p$ 与 $\tilde{p}_i = \tilde{p}_j = \tilde{p}$，那么，市场的结构就因此而改变。我们考虑双边偏离的情形。假定一对网络索取同样的接入价格 a，两个网络获取 $a_{ij} < a$。两个网络会在移动用户消费者一边具有比较劣势，而在固定电话用户一边拥有比较优势。

第三节　电信网络非对称性：中国电信市场的数据

2008 年是中国电信业重组后形成寡头垄断的全业务竞争格局的一年。始于 2001 年的三网融合发展策略使得电信网络、有线电视网络和计算机网络的相互渗透趋势加强，技术融合、业务融合、终端融合的网络融合步伐加快。网络平台间的双向进入特征日益明显，中国电信业各种形式的网络平台是一个典型的双边市场，中国联通、中国电信、中国移动三家主导运营商构造的电信网络又是一个非对称性的竞争市场。

本案例旨在通过数据分析这种非对称竞争市场的存在，各大运营商间的横向差异、比较优势和网络外部性是导致中国电信业非对称均衡的原因，以下做具体说明。

一　数据说明与基本释义

（一）数据说明

数据主要源于《中国统计年鉴》、中宏数据库、艾瑞咨询和中国通信网等，通过整理归纳，2004—2007 年数据根据 2008 年各运营商的市场份额将全国业务分解所得，并按照业务增长 10% 的速度计算相关数据。

分析三类业务数据：第一类基础电信业务，第二类网络租售接入服务，第三类 OTT 业务在三大运营商中的分布来说明网络外部性的杠杆效应存在。具体包括：用户规模、通话时长、有效上线时间、业务收入、资费水平、干线公里数、基站、交换机容量、光导纤维长度等。

（二）基本释义

基于网络效应的自增强机制与反馈机制产生的赢者通吃观点应该改变。本研究更多地引入谢林教授的战略冲突观点，在研究过程中发现，基于双边市场的一边对另一边的杠杆效应问题，这也是双边市场间接网络外部性的核心概念。电信是个多边平台，各边用户之间存在着的杠杆效应究竞多大，如何制定针对平台协调的不同边的策略组合，不论是理论上还是在实践上都意义重大。

从目前的电信市场竞争格局来看，非对称性均衡是存在的，平台上两边双向进入发生的可能性是存在的；网络外部性在不同平台的交叉程度或者说同一边在不同平台商业模式中的角色是不同的。所以，同一业务在不同平台的竞争优势与价格水平不同，非对称性均衡存在。

从数据中可得到以下三点电信网络间的横向差异和非对称性比较优势，按照相对比较优势原理，网络间能够双向进入并形成非对称性均衡以最大化利用资源要素，比如，电缆、交换机、基站、3G 网络和软件资源等，最终形成各自竞争优势。

二　三大运营商网络竞争现状分析

（一）网络资源、网络用户规模的非对称

就三大运营商而言，中国电信、中国移动和中国联通表现出快速增长势头，业务总量和业务收入、用户发展迅速。其中，固定电话用户数量大幅下降，移动电话用户进一步上升，数据业务发展迅速。具体见表9－1、表9－2 和表9－3 的数据。考虑 2008 年第四次大规模电信结构重组改变的电信业务竞争版图，本章分立了两张表，分别为表9－2 与表9－3。

表 9 - 1　　　　　　　　　2003—2007 年各大运营商基础业务数据

指标名称	2003 年	2004 年	2005 年	2006 年	2007 年
固定电话长途通话时长（亿分钟）	587.5	741.6	894.2	1742.6	1756.7
中国移动	0	0	0	0	0
中国联通	109.8	159.19	212.96679	450.25527	605.95
中国电信	477.7	582.41	681.23321	1292.3447	1150.75
移动电话通话时长（亿分钟）	6309	9454.7	12507.43	16870.65	23061.3
中国移动	4164	6240.1	8254.9038	11134.629	15220.5
中国联通	1136	1701.8	2251.3374	3036.717	4151.04
中国电信	1009	1512.8	2001.1888	2699.304	3689.81
IP 电话通话时长（亿分钟）	834.2	1149	1340.2	1492.2	1494.88
中国移动	0	0	0	0	0
中国联通	283.6	390.66	455.668	507.348	508.259
中国电信	550.6	758.34	884.532	984.852	986.621

续表

指标名称	2003 年	2004 年	2005 年	2006 年	2007 年
移动短信业务量（亿条）	1386	2170.5	3046.3	4295.36	5945.79
中国移动	915	1432.5	2010.558	2834.9376	3924.22
中国联通	249.5	390.69	548.334	773.1648	1070.24
中国电信	221.8	347.28	487.408	687.2576	951.326
年末移动电话用户（万户）	26995	33482	39340.6	46105.8	54730.6
中国移动	17817	22098	25964.796	30429.828	36122.2
中国联通	4859	6026.8	7081.308	8299.044	9851.51
中国电信	4319	5357.2	6294.496	7376.928	8756.9
固定电话年末用户（万户）	26275	31176	35044.5	36778.56	36563.7
中国移动	0	0	0	0	0
中国联通	8933	10600	11915.13	12504.71	12431.7
中国电信	17341	20576	23129.37	24273.85	24132
长途光缆线路长度（万公里）	59.43	69.53	72.3	72.24	79.22
中国移动	11.89	13.906	14.46	14.448	15.844
中国联通	8.915	10.43	10.845	10.836	11.883
中国电信	38.63	45.195	46.995	46.956	51.493
互联网上网人数（万人）	7950	9400	11100	13700	21000
中国移动	0	0	0	0	0
中国联通	0	0	0	0	0
中国电信	7950	9400	11100	13700	21000

资料来源：根据中宏数据库相关数据，按照 2008 年数据份额推算。

表 9－2　　三大运营商 2008—2012 年运营规模及收入状况 A

指标	基站总数（万个）	客户总数（亿人）	3G 用户数（万人）	固话用户（亿人）	宽带用户数（万人）	营业收入（亿元）
中国移动						
2008 年	30	4.6				4123
2009 年	50 ↑66%	5 ↑8.7%	500			4522 ↑9.68%
2010 年	59 ↑18%	5.6 ↑12%	2000 ↑300%			4852 ↑7.3%
2011 年	90 ↑52	6.5 ↑16%	5100 ↑155%			5280 ↑8.8%
2012 年	107 ↑19	7.1 ↑9.2%	8792.8 ↑72.4%			5604 ↑6.1%

续表

指标	基站总数（万个）	客户总数（亿人）	3G用户数（万人）	固话用户（亿人）	宽带用户数（万人）	营业收入（亿元）
中国联通						
2008 年	15	1.3		1.09	3105.2	1527.6
2009 年	29 ↑93%	1.4 ↑7.7%	274.2	1.03 ↓5.5%	3855 ↑24.1%	1539.5 ↑0.78%
2010 年	45 ↑55%	1.7 ↑21%	1406 ↑412.8%	0.96635 ↓6.2%	4376 ↑13.5%	1713 ↑11.27%
2011 年	61 ↑35%	2 ↑19.3%	4001.9 ↑184.6%	0.9242 ↓4.3%	5565.1 ↑17.8%	2091.5 ↑22.1%
2012 年	74 ↑21%	2.4 ↑20%	7645.6 ↑91%	0.9195 ↓0.5%	6386.9 ↑14.8%	2489.3 ↑19%
中国电信						
2008 年	8.9	0.3063		2.07	4500	1900
2009 年	17 ↑91%	0.5609 ↑83.1%	526.2	1.89 ↓8.7%	5346 ↑18.8%	2082.19 ↑9.59%
2010 年	20 ↑17.6%	0.9052 ↑61.4%	1229 ↑133.56%	1.75 ↓7.4%	6348 ↑18.7%	2198.64 ↑5.59%
2011 年	30 ↑50%	1.26 ↑39.2%	3629 ↑195.28%	1.7 ↓2.86%	7681 ↑21%	2449.43 ↑11.4%
2012 年		1.61 ↑27.8%	6905 ↑90.27%	1.63 ↓4.11%	9021 ↑17.4%	2830.73 ↑15.57%

资料来源：艾瑞咨询和中国通信网。

表 9－3　　　三大运营商 2008—2012 年运营规模及收入状况 B

指标	语音业务收入（亿元）	移动业务收入（亿元）	3G通信收入（亿元）	宽带业务收入（亿元）	通话时长（亿分钟）
中国移动					
2008 年					3547.62
2009 年					29187.12 ↑622.7%
2010 年					
2011 年	3640				38872
2012 年	3680 ↑1.1%				41923 ↑7.84%
中国联通					
2008 年		642.45		209.6	864
2009 年		697.7 ↑8.6%		239.0 ↑14%	790.6 ↓8.5%
2010 年		823.6 ↑18%	115.9	298 ↑24.7%	800.6 ↑1.26%
2011 年		1033 ↑25.4%	327.4 ↑182.3%	352 ↑18.1%	816.3 ↑2.4%
2012 年		1260.4 ↑22%	598 ↑82.65%	393.7 ↑11.8%	832.1 ↑1.94%
中国电信					
2008 年	1785.1	61.54		407.27	

续表

指标	语音业务收入（亿元）	移动业务收入（亿元）	3G 通信收入（亿元）	宽带业务收入（亿元）	通话时长（亿分钟）
中国电信					
2009 年	515.67↑26.6%	356.2↑478.8%		470.61↑15.5%	
2010 年	639.85↑24.1%	539.47↑51.45%	96	541.42↑15.0%	1625.5
2011 年	749.92↑17.2%	827.01↑53.3%		608.01↑12.3%	1622.42↓1.9%
2012 年	876.6↑31.0%	1178.26↑42.47%		667.38↑9,8%	1652.47↑1.8%

资料来源：艾瑞咨询和中国通信网。表中箭头符号分别表示净增加或者净减少。

从 2007—2013 年年报看，中国移动的营业收入和净利润最大，2012 年达到 2802 亿元和 646.5 亿元。中国电信次之，原因在于其 2G 时代良好的投资和业务基础。中国联通拥有 WCDMA 标准，3G 业务增长十分迅速，使其近年来营业收入和净利润的增长速度最快。这种盈利状况也反映了各自的比较优势：中国移动 GSM 的移动通讯业务、中国电信的互联网业务、中国联通的 3G 业务。具体数据见表 9 - 4 和表 9 - 5。

表 9 - 4　　　2007—2012 年三大电信运营商上半年财务指标　　单位：亿元

年份	中国联通		中国移动		中国电信	
	营业收入	净利润	营业收入	净利润	营业收入	净利润
2007	496.29	20.66	1665.8	379.65	869.58	118.16
2008	359.38	52.63	1964.6	549.2	894.96	116.06
2009	784.92	85.78	2129.13	554.51	1025.54	84.12
2010	844.19	24.54	2298.18	578.41	1075.52	88.11
2011	1013.85	26.37	2501	613.7	1202.08	98.08
2012	1224.65	35.5	2802	646.5	1415.4	74.6

资料来源：各运营商统计年报，2012 数据根据半年数据推算而来。

表 9 - 5　　　　　2013 年三大电信运营商全年财务指标　　单位：亿元

运营商	营业收入	营业收入同比增长（%）	净利润	净利润同比增长（%）	客户总数（亿人）	净增 3G 客户（万人）	3G 用户净增客户（万人）
中国联通	2489.3	19	71	68.9	2.4	506.4	256.7
中国移动	5604	6.1	1293	2.7%	7.1	158.6	187.7
中国电信	2830.73	15.5	149.25	-9.5	1.6	103	202

资料来源：各运营商统计年报。

近几年来，电信市场竞争格局在数据领域表现出非对称性杠杆效应。首先，从表9-1的中国基础电信业务收入，增值业务收入，OTT（3G用户数表示）市场收入、通话时长等数据，发现了它们之间的关联，符合了双边市场的成员外部性与交易外部性特征。其次，三大运营商进军OTT业务。联通与微信、电信与易信、移动与飞信各自拥有互联网入口，以争夺互联网市场。考虑到QQ市场份额情形下，三大运营商进军OTT即时通信市场的进入激励的现实依然存在，说明平台利用一边市场份额实施排他性竞争的结果并不存在。其实，在资费整体水平不断向下调整情形下，原有用户难以形成进入障碍的安装基础，新进入者对平台一边用户可能更具吸引力，平台需要的最小有效规模很容易建立。

（二）品牌与技术标准非对称

从目前的3G标准来看，中国电信3G网络采用技术标准CDMA2000，3G网络投资超过1000亿元，是国内涵盖范围最广的3G网络。中国移动3G网络采用技术标准TD-SCDMA，计划总投资1100亿元，力推LTE技术网络，为4G做准备。而中国联通3G网络采用技术标准为WCDMA，185、186中国联通2G和3G投资分配大约为4:6。

截至2011年5月底，我国3G基站总数达到71.4万个。其中，中国移动、中国电信和中国联通的3G基站分别达到21.4万、22.6万和27.4万个。2008年电信重组方案：中国移动 + 铁通 = 中国移动，中国联通（CDMA网）+ 中国电信 = 中国电信，中国联通（GSM网）+ 中国网通 = 中国联通，从而中国电信运营商形成了三足鼎立之势。

表9-6　《2000年国际移动通信计划》（简称IMT—2000）技术标准

	技术内含	带宽	码片速率	中国频段	市场状况
WCDMA	ARTT FDD, 异步 CDMA 系统：无 GPS	5MHz	3.84Mcps	1940MHz—1955MHz（上行）、2130MHz—2145MHz（下行）	欧洲，占全球80%
TD-SCDMA	RTT TDD, 同步 CDMA 系统：有 GPS	1.6MHz	1.28Mcps	1880—1920MHz、2010—2025MHz、2300—2400MHz	中国独立标准，技术不够成熟
CDMA2000	RTT FDD, 同步 CDMA 系统：有 GPS	1.25MHz	1.2288Mcps	1920MHz—1935MHz（上行）、2110MHz—2125MHz（下行）	过渡网络，日韩和北美地区

续表

	技术内含	带宽	码片速率	中国频段	市场状况
WIMAX	全球微波互联接入，即802.16	1.5M至20MHz	70M/传输距离50km	暂无	提供"最后一公里"的宽带无线连接方案，成本较低

资料来源：百度网络。

（三）网内与网间流量的分布非对称

在网络用户规模不对称条件下，由于网间呼叫的成本是不对称的，大网向小网呼叫的成本低于小网向大网呼叫的成本，造成的网间流量的非对称性。只不过固定到移动（FTM）与移动到移动（MTM）的网间结算没有一个完整的机制，固网与移动网的融合（FMC）还有待形成，因而只有中国电信与中国联通的数据（见表9-2）。但是，从营业收入中大致可以看到由于网络规模的非对称导致呼叫流量分布的非对称。考虑3G智能型手机的使用对传统网络"瓶颈"与竞争结果的影响，本书研究使用了智能型手机的应用情况。还发现，不只是第一类基础电信业务呈现出流量分布非对称格局，互联网数据业务也是如此。具体数据见表9-7与表9-8。

表9-7　　　　　　　2008—2012年智能手机及相关网络应用情况

年份	手机用户数（亿人）	智能手机用户数（亿人）	飞信活跃数、用户数（亿人）	飞信收入（亿元）	微信用户数（亿人）
2008	6.41	0.5			
2009	7.2	0.9	0.5348　1.8		
2010	7.4	1.5		4.912	
2011	9.86	1.9	0.8270	6.098	2
2012	11	3	2.7	7.5	3

资料来源：艾瑞咨询和中国通信网。

表9-8　　　　　　　2011年7月三大电信运营商客户资源状况

单位：万户

	中国联通	中国移动	中国电信
净增客户	506.4	158.6	103
3G用户净增客户	256.7	187.7	202
3G用户占比	37.66	32.76	29.58
3G用户	8792	7646	6905
用户渗透率（%）	12	32	42

资料来源：各运营商统计年报。

2011 年 7 月，中国联通、中国移动和中国电信的净增客户比率为 4.91∶1.53∶1，3G 用户净增客户比率为 1.27∶0.929∶1。从 2012 年 12 月底 3G 用户数据可以看出，目前全国的 3G 用户达到 2.33 亿户。其中，中国移动、中国联通和中国电信各占 37.66%、32.76% 和 29.58%。在移动与移动互不结算与移动向电信固网支付网间结算费用体制下，中国移动的飞信流量很大，但迄今为止，该业务并没有形成中移动的商业模式。

三 非对称均衡的存在性

上述数据支持了本书研究得出的四个模型分析中的主要命题与引理。

（一）对称性网络的竞争性均衡是存在的

2008 年中国电信业重组后，中国移动、中国联通和中国电信三大电信运营商各自比较优势不同，中国移动的优势在 GSM 通信领域，中国联通的优势在 3G 领域，中国电信的优势在互联网业务和固话领域，但是中国移动也在进入 3G 通信领域和互联网业务领域，中国联通进入互联网业务领域，中国电信进入 3G 通信领域，业务之间有双向进入特点。

（二）拥有不同竞争优势的网络拥有自己的目标市场

2008—2012 年的中国电信市场竞争格局中的相关业务数据表明，电信网络的非对称性均衡是存在的，反垄断政策与管制没有必要。2008 年以来，从电信运营商的全业务模式来看，每家主导运营商都有自己的比较竞争优势，各自根据自身比较优势设计商业模式。当然，中国移动基于现有的技术条件在竞争日趋激烈的基于争夺互联网入口的后电信时代有点吃亏。业务数据也表明，中国移动在 2008 年以后的增长步伐低于中国联通与中国电信，可以从多边市场的不同边之间的交叉网络外部性去说明。中国移动受制于互联网业务的发展，所以推 LTE，目的是要在平台上解决"鸡蛋相生"问题。基于上述认识可以看到，差异化战略是多边平台的电信网络获取其比较竞争优势的关键。

（三）赢者通吃现象并不存在

拥有较大市场份额一边的主导运营商面临着从竞争对手网络偷盗客户的机会成本，因而其价格水平不会对边际成本有较大的偏离，同时也面临诸多竞争约束，如技术、市场、客户选择等，赢者通吃现象并不存在，进入与替代是可以发生的，非对称竞争性均衡是可以实现的，反垄断与管制不必过度关注市场份额。

（四）接入定价水平来自平台的多边用户协调

无论是基于成本还是对等清零，离开了互惠接入价格，其竞争性的均衡结果只能是非对称性的。而互惠的前提是对称性，在非对称性环境下，接入定价不可能是对称的。同理，也不存在运营商终端接入上的合谋现象。反倒是基于多边平台的不同边具有的规模优势，本章（9.8）式显示的网内与网间的歧视性定价成为其必然选择。笔者的另一研究认为，电信网络在基于三网融合环境下，网络中立有悖于运营商之间的公平竞争。

第四节　结论与应用

一　若干结论

（一）用户安装基础对非对称性 Bertrand 均衡结果影响不明显

这一结论来自命题1至命题5（包括其中的一些引理与推论）。一般而言，用户规模越大，网内流量会高于网间的流量，网络运营商会依据终端服务价格对总收益所产生的正向影响，而向竞争对手网络的用户索取较高的接入价格，降低零售市场价格水平以达到阻止进入的作用，在极端情形下关闭竞争。但我们的分析得到的命题1表明，即使不存在呼叫模式的差异与不考虑网络外部性，终端接入定价产生的正向收益流会或多或少因固定费的降低而抵消。

（二）用户偏好与网络外部性直接影响非对称性均衡结果

这一结论来自命题6。用户偏好体现在对特定网络品牌的忠诚度与呼叫模式上。品牌忠诚度越高，代表着用户的网络锁定性程度越高，相当于用户的转换成本越高。网络可以对此类用户索取高于竞争对手的价格而不会导致客户的流失。网络外部性则在相反的方向上影响均衡价格水平。网络外部性越大的用户，在平台进行价格歧视情形下往往得到补贴。这一定价规则与通常的反向需求价格弹性并不一致。呼叫外部性对流量在网间的配置结构产生直接影响，网络净流入量高的竞争一方其每分钟通话费通常较低。

（三）接入定价机制间接影响均衡结果

这一结论来自命题6与命题7。在我们的分析中显示出当两个网络基于互惠接入与非互惠接入时，接入价格与零售价格在两者之间存在着差异。非互惠的接入价格对竞争双方而言，都存在着将接入价格定于边际成本以上的激励；而互惠接入价格，即使两个网络在用户规模或者网间流量配置结构存在差异，终端的接入价格也存在基于边际成本的可能。我们的结论与直观得到的结论不同，在互惠接入原则下，拥有较大市场份额的网络一般偏好与接入价格等于成本。

（四）产品差异化参数直接影响非对称性均衡的形态

该结论来自命题 8 与命题 9。如果两个网络的差异化参数极大，市场均衡的结果是竞争关闭。每一家网络都在自己拥有竞争优势的一边拥有较低的价格与较高的市场份额，而在两边或者多边都缺乏竞争优势的网络将会被驱逐出市场。市场均衡的价格与规模由拥有竞争优势的网络确定，但是，网间的接入价格则会处于边际成本处。

二 若干应用

（一）提高网络对用户的锁定性，建立强大的安装基础

作为网络型产业，存在着成员外部性与交易外部性，用户的锁定与安装基础就是网络的"鸡"，有了"鸡"，网络就能够吸引新用户以扩大市场份额。对电信运营商而言，由于电信产品基本上是同质的，不同的网络实质是在相关市场争夺客户资源。一旦形成安装基础网络就会产生出对潜在用户的吸引力，这一吸引力是竞争性网络接入定价议价的基础。因此，对一些呼叫模式偏好于接听（收）的低端用户，网络运营商必须在价格上给予优惠。安装基础充足的网络运营商由于其自身拥有最小有效规模所需要的网内流量，因而在与对手博弈中，可以低估互联产生的收益，尽管就其战略目标角度该互联能够为它带来呼叫外部性。在全业务竞争时代，每个网络运营商事实上同时经营两个以上的网络。根据国务院对三网融合模式做出的双向进入规定，网络运营商面临着来自其他网络的分而治之威胁。避免这一威胁的关键在于用户的锁定性与用户安装基础的扩大。2008年重组之后，中国联通尽管让出了 CDMA 网络用户，但是它得到了安装基础更为强大的中国网通，变成了名副其实的中国联合通信公司。拥有了如此强大的网络安装基础，中国联通在有关双向收费问题、接入服务的漫游费问题就再也不受到中国电信与中国移动的蹂躏了。

（二）吸引高质量用户，增强呼叫外部性与网络外部性

网络外部性程度越高，反映在网间流量上就是净流入。这样给定对手的接入价格，拥有净流入量的网络可以提高其在互惠接入定价上的谈判能力。而网络外部性来自呼出一端对呼入一端价值的评价。越高的评价体现出对于互联越高的保留价值。因此，吸引高质量的用户（预付费用户），是接入价格竞争的关键。在全业务竞争时代，决定电信运营商接入价格高低的力量已经不再是产业链纵向垄断"瓶颈"环节，特别是信息技术比如智能型手机终端形成的旁路的应用，改变了电信运营商的商业模式图景。吸引高质量的用户，特别是内容提供商与应用软件开发商的加入，将是今后电信运营商获取网络外部性的主要来源。基于数字化互联的现代电信技术的发展，使得各种新业务的开发与应用成为可能，运营商网络更多具有了双边市场的平台性质。双边市场的商业环境要求运营商的商业模式选择要与此匹配。而作为双边市场最显著的特征就是成员外部性与交易外部性。在网络覆盖基本饱和的情形下，可靠的商业模式就是不断地增强平台的交易外部性。高质量的用户其交易外部性显然高于低质量用户，如何不断地开发出众多的应用将构成非对称性网络竞争优势获取的关键。

（三）实施品牌战略，提高竞争优势

全业务的竞争并不意味着全业务优势，也不意味着在发展模式上实行多元化战略。2008 年电信重组以来，中国通信市场形成了三家主导运营商的寡头市场竞争格局。在不同网络运营商的一边或者多边或多或少存在着各自比较优势或竞争优势。这样一种格局，反映在接入定价上同一运营商在面临不同边业务时，接入定价偏好呈现出相反的倾向性。即在拥有竞争优势一边的业务对手与此的链接发生的终端价格偏好高于其成本，而对不具有竞争优势甚至是比较劣势的一边与对手发生的链接又偏好于接入价格低于成本。因而，在接入价格领域，非对称性的网络非互惠接入机制安排是一种必然的选择。导致的均衡结果是一个网络在市场的一边拥有较低的价格与较大的市场份额，而另一个网络在市场的另一边拥有较低的价格与较大的市场份额。这一结果隐含着在全业务竞争时代，每一网络运营商应该从事自身独有的品牌建设，在差异化基础上实施互联而不是在同样的服务市场展开抢夺。

（四）实施管制手段创新，推动有效竞争格局的形成

管制政策设计考虑到的一个基本背景是，2008 年以后的中国电信市场已经不再是 1994 年中国联通进入所面对的中国电信市场。那时，在位运营商拥有的网络覆盖率还比较低，而伴随信息经济与社会发展所带来的通信需求超过了在位运营商的生产能力。在生产能力受到约束时的 Bertrand 竞争均衡价格水平就存在着向下调整的空间。反观当前的中国通信市场的竞争格局，非对称性的进入管制已经没有多少的残差需求，价格非对称性管制在现有的资费水平上也已经没有太大的回旋余地。特别地，当一个运营商已经建立起用户安装基础并且存在用户对网络的选择偏好而非转换成本及纠错性背景下，也难以让号码异网转带政策在非对称性管制政策中起到弥补进入管制政策不足的作用。网元租售的管制政策在网络融合引发的产业边界模糊的情形下，无疑是非绑定接入政策的具体运用。这一政策取向其实就是鼓励进入的管制政策。然而，一个不容忽视的问题，当今的电信运营商已经不再是一个用户信息沟通的管道，运营商网络是一个需要对各种网络需求服务进行协调并自身提供多种信息产品的双边市场。网络资源在各种电信业务中的配置决定了电信运营商的商业模式选择。笔者认为，决定接入价格的成本不能仅仅考虑边际成本，还必须考虑网络接入服务的机会成本。而且，网络经济是需求方规模经济，用户的选择决定竞争性网络的接入价格决策。作为利润最大化的双边或者多边平台，必须在接入价格上反映用户的参与约束与激励约束，起到协调用户需求的作用。在非对称性网络环境下，接入价格也不可能成为两个网络进行合谋的工具，拥有较大市场份额的一边即使收取较高的每一分钟通话价格，也不会失去市场。因而，接入价格管制最简便的办法就是让市场的主导运营商选择一个接入价格水平，因此形成市场有效竞争。

第十章 双边市场中电信市场势力滥用侦测

第一节 研究背景

一 现实背景

近来，由于垄断行业的暴利与行业之间存在的过高收入差距，反对垄断的呼声甚高，对垄断行业几乎发出了同样一种声音：打破垄断，引入竞争。普遍认为，在原有的垄断行业引入竞争机制，或者直接进行竞争可以降低服务或产品价格，并提高服务质量。经济学的术语是提高配置效率与技术效率。在众多垄断行业中与百姓最直接相关的就是电信行业，因为电信产品在中国垄断产品中使用最普遍也最频繁。从 1982 年美国联邦贸易委员会（FCC）对电信巨头美国电报电话公司（AT&T）垄断案进行调查并在 1984 年对 AT&T 进行强制性分拆而形成 7 个地区性贝尔公司，并将本地电话与长途电话交不同的公司经营，即对垄断地位的运营商 AT&T 既实行横向切割又实行纵向分离。20 世纪 80 年代初英国对电信市场由英国电信公司一家垄断电信业务的市场垄断结构进行了业务分割，即并不简单仿效美国对 AT&T 的市场拆分政策，而是将垄断行业的不同业务实行单独核算，以防止垄断运营商的交叉补贴战略行为。与此同时，英国管制机构根据 1981 年《电信法》，在有线电信市场授予莫克瑞电信运营商经营全国性通信网络的特许权。同时，英国管制部门对两家运营商实行了非对称性的管制政策，以帮助新进入者莫克瑞公司能够与英国电信公司在通信市场展开有效竞争。在移动通信市场，授予塞尔内特和沃特福这两家公司为移动电话通信网络经营者。欧洲国家针对电信垄断市场的结构政策基本上是仿效英国的做法。对照我国对电信垄断行业的结构重组，可以清晰地看出我们对早期的中国电信运营商实行的是美国经验与英国做法的混合。即既实行英国的业务分离（中国电信与中国移动的分离）与中国联通的进入通信网络，又实行美国的纵向与横向切割政策（1998 年的中国电信与中国移动分离，2002 年的中国电信与中国网通分离）。2008 年针对运营商的规模非对称性又将 5 家运营商合为 3 家。但是，这次重组依然没有改变各运营商在市场各边的力量非均衡性，导致原有的对 MTM（移动到移动）、FTM（固定到移动）的网间结算费率与结算方式在全业务竞争以及用户呼叫外部性并不对等情形下的苦乐不均。在面临基础电信用户基本完全覆盖的情形下，网际间的争夺电信用户的价格战愈演愈烈。接入定价也就成为拥有竞争性"瓶颈"运营商的一把"利剑"。中国联通与中国电信在 2008 年重组以后各自拥有南北区域的互联网资源。接入价格可以作为阻止进入的一项策略运用于中国联通与中国电信，当然接入价格同样影响到网内的终端价格水平，保持零售市场价格不变，可以借助固定费加以调整，这就要依赖于市场份额。互联网的价格水平与网际间的接入价格引起了管制部门、运营商与公众的强烈关注。可以说，成为 2008 年新一轮重组以后引发的一个重大问题。面临三网融合与全业务竞争格局，互联网在运营商之间的地位越来越重要，不解决互联网接入价格无疑会影响中国电信市场甚至整个新兴战略性产业的成长。综观对反垄断政策的制定，对市场势力的限制基本围绕着市场份额、终端价格水平、接入定价、定价原则与定价行为这四个主要方面展开。

本章基于双边市场理论主要就电信通信市场势力的形成原因进行分析，以便了解到在电信这样的市场，市场势力为什么存在与市场势力有什么特征以及它对竞争构成了什么妨碍来展开。目的是要为在对电信这样的市场势力进行侦测应该注意什么进而恰当的竞争政策与管制政策该怎么制定。

二 理论背景

最早对市场垄断势力的表现、垄断带来的影响进行研究的是乔·S. 恩（Joe S. Bain，1954）。他基于 19 世纪 20 个产业的产业规模值和产业集中度的数据，研究了规模经济与产业集中度的关系。他指出，在寡头垄断市场、厂商规模经济阻碍潜在竞争者进入，并且大型厂商经常竖起巨大的经济进入门槛，在这种情形下，产业集中度高是普遍存在的，造成的进入壁垒也是很高的。伊丽莎白·E. 贝利（Elizabeth E. Bailey，1982）也在文章中阐述了市场结构中规模经济和范围经济产生的影响，即规模经济和范围经济也构成了潜在进入者的壁垒，促使行业产生市场势力。王生卫（2004）对企业是否滥用市场势力从质和量两个方面进行界定，把优势地位和支配地位企业滥用市场势力行为的内在性质及表现统一起来，从而保证市场竞争公平有序进行。汪贵浦（2007）基于电信等行业数据特征，通过适当变换替代了经济学难以度量的边际成本和实物量，得到一种能直接计算勒纳指数的方法，对电信等行业的市场势力进行了测度。刘珊（2010）阐述了在规模经济和范围经济效应共同作用下，中国电信业出现市场势力失衡的潜在的横向因素和纵向因素，并有针对性地提出了管制措施建议，旨在防止电信市场再次采用剧烈的拆分重组方式，避免资源浪费和失衡—重组—失衡的恶性循环的发生。对电信市场势力大多还是在范围经济与规模经济的范畴内来理解，而这些范畴并没有真正说明在电信市场为什么会形成市场势力，因为规模经济与范围经济是自然垄断的伪命题。基于新古典经济学基础上对市场势力的讨论大多仅仅是市场集中度指标、价格高标度与进入壁垒及与获得市场势力相适应的反竞争性行为，得出的结论大多数是限制一家运营商在相关市场的市场份额拥有量。政策建议是拆分与引入竞争主体。这方面的文献太多，不对此过多评论。而在国外，随着近年双边市场理论研究的兴起，也有一批文献运用双边市场理论对网络型产业中市场势力的滥用问题进行了重新审定，国外对此的研究成果颇为丰富。这一研究的共同特征是，像电信这样的网络型产业市场势力的存在必然出现市场竞争景象，基本的结论是在双边市场不能借助于单边市场的 Ramsen 反向需求定价规则与 HHI 来衡量运营商的市场势力，市场势力之下的竞争行为对竞争的妨碍也不能仅仅依照单边市场逻辑来进行判定。与市场势力相关的反竞争性行为的讨论，主要集中在平台对用户的歧视性定价与对对手的排他性合约两个方面。Armstong（1998）与 Laffont－Rey－Tirole（1998a）提供了分析电信产业中竞争与互联问题的基本模型。他们的论文运用了标准的 Hotelling 定位模型，但是依然假定消费者同质，而且假定不管一个用户呼叫另一个用户是不是处于同一网络，终端价格应该符合反价格需求弹性规则，每一个网络采用线性定价。Laffont－Rey－Tirole（1998b）依然运用 Hotelling 模型对用户与网络服务产品的匹配参数的价格歧视效应进行了考察。笔者认为，经价格歧视而操纵的资费导致了网络外部性，消费者加入平台的决策既受到价格的影响也受到用户规模的影响。在网络对称情形与产品替代程度较低背景下的价格歧视能够改进社会福利。Carter 与 Wright（1999a）研究了在非对称性网络环境下客户对商标的忠诚度对网络外部性的影响问题发现，网络外部性在不同网络之间由于客户的选择问题实际上存在差别。他的研究很正确地指出了定价决策的客户需求弹性对运营商平衡客户选择与价值获取影响。Church 等（2003）对用户的平台采纳问题进行了研究认为，平台对于两边用户来说处于被动的地位，因而平台不可能对用户收取费用或者将用户的外部性内生化。Eavns（2003）依据 Rochet 和 Tirole（2003）对平台的定义发现，双边市场下的反向需求弹性规则与单边市场的定价规则完全不同：在单边市场下，价格取决于成本，而在双边市场下价格水平仅取决于平台两边的需求价格弹性。因而，在双边市场中用勒纳指数来表示市场势力的指标并不具有针对性。J. Wright（2004）依据双边市场定义对双边市场下的单边管制政策提出了八个批评，首先提出了在双边市场不能用像单边市场那样的标准判定企业是否违反竞争。Rochet 和 Tirole（2005）探讨了平台的最优价格结构设计，并将为平台内生化的网络外部性区分为两类：一类来自一边用户对另一边用户规模预期而产生的成员外部性；另一类是用户加入平台以后的使用外部性。Rochet 和 Tirole（2006）较早给出了在面临平台生产者竞争与消费者偏好时，具有双边市场特征的平台在为两边用户提供接入服务时理想的价格结构模型。Hagiu（2006）对双边市场平台的定价行为进行研究发现，平台的信誉对实现定价决策目标有着重要影响。Christos 等（2007）对移动电话中的"水床效应"进行了测算。Armstrong 与 Wright（2008）以英国电信管制为案例，发现在市场基本覆盖情形下不受规制的移动电话终端的资费虽然存在终端接入价格与使用费之间的"水床效应"，但并不像监管机构认为的那么显著。纪汉霖（2006）也通过建立模型研究了三种定价方式对垄断平台、竞争平台的利润和福利的影响，研究发现"不对称定价"现象对于平台企业是普遍和理性的行为，并不是滥用市场势力的行为。陈彦博（2009）就对电信业很强的网络外部性做了研究。试图从产业的特性上去理解电信业市场势力形成的原因。但是，他的研究侧重于微观主体如何定价而没有考量定价模式选项对均衡构造发生影响以后的竞争性运营商或者垄断性运营商的市场势力问题。

第二节 双边市场条件中市场势力侦测

一 市场势力的衡量困惑

（一）市场份额

在很多情形下，尤其是在双边或者多边市场，将市场份额作为市场势力的代名词存在问题，经济学家的研究已经显示出在单边市场，企业之间存在的古诺竞争或者差异化市场的伯特兰竞争的均衡价格取决于市场份额，这一结论已经不适用于对双边市场的分析，市场每一边的定价权力取决于平台多边或者两边的竞争程度。竞争程度强的一边的价格水平就会低于成本，而竞争强度相对较小或者具有竞争优势的一边的价格就会高于成本，市场多平台接入的一边的价格竞争程度就会较激烈。进一步地，网络型产业的基本特点是需求方规模经济，用户对市场的需求建立在用户对现有拥有的市场份额的估计基础上。现有拥有的市场份额越高，用户的效用水平就会越高，从而导致市场份额的相对集中。因此，集中度并不来源于企业的兼并行为或者市场的关闭行为。这一势力并不是由在位或者主导运营商能决定的，市场份额的扩张更多取决于企业自身吸引力。

（二）勒纳指数

价格超过边际成本也是用来衡量市场势力的标准之一。按照这一标准，价格高于边际成本会对资源配置效率不利。潜在隐含着在价格大于边际成本情形下存在着贝恩的进入壁垒，竞争者不能在高价格引导下进入市场，最终实现零利润的均衡。不过，这一衡量市场势力的标准用于多边市场时同样也发生困惑。在双边市场并不存在价格与边际成本的必然联系，事实上，在平台一边价格低于边际成本时，另一边的价格可以超过边际成本。这是平台作为用户协调机制安排中的题中应有之义。平台对两边用户的定价方式与定价水平通常情形下是非对称的，在保持终端服务价格水平不变的前提下，平台拥有者可以根据两边用户的不同需求弹性与不同的网络外部性对两边用户进行不同的收费方式或不同的价格水平。而且，需求弹性在定价水平里表现出来的情形完全不同于传统单边市场中的反向规则。在双边市场下，较低价格需求弹性的用户平台对其收取的价格水平低于平台为此提供服务而需要支付的边际成本，价格弹性高的用户平台则对其收取高于边际成本的价格。因此，传统对价格歧视产生的影响，以及考虑不同弹性的用户对定价模式是单一定价还是非线性定价的癖好结论已经不适用于对双边市场的分析。平台在定价时除了考虑用户的不同需求弹性外，还需要考虑不同边用户在平台网络外部性影响大小来决定对两边收取的价格水平。其基本的考虑就是要将网络外部性收益内部化，即对网络外部性大的用户平台收取较低的价格而对网络外部性较小的用户平台会对其收取较高的价格。一个直观的例子是基础电信需求的用户构成网络的最小有效规模，构成网络用户的安装基础，这部分用户对电信运营商而言，就是不断地降低每分钟的通话费，取消漫游费及月租费等。而同时，对互联网业务与其他电信的增值业务则收取较高的价格。前者作为运营商的亏损中心而后者作为运营商的利润中心。显然，在双边市场价格水平与边际成本没有必然联系。在多种产品定价中出现的成本分担原则虽然也出现在双边市场，但是与价格扭曲没有必然的联系。从这个基本的规定出发，当我们在分析双边市场下的电信运营商的勒纳指数时，我们必须首先要考察总价格水平与边际成本的关系，是不是总价格水平超越了边际成本。假如总价格水平并没有显著地超过联合边际成本，尽管平台的一边的价格水平超过其边际成本我们在推断竞争含义时就必须额外小心。如果我们对市场势力侦测的意图是为了像在其他产业里通常的那样评价竞争的状态以此来判定投资回报率是否正常，那么对多边与双边市场进行的侦测就必须考虑平台两边的联合利润。因此，作为利润最大化的平台，其最优价格水平反映的并不是具体哪一边的利润水平。由此不能简单地从一边的价格高于边际成本去侦测市场的勒纳指数。

（三）进入壁垒

必须区别对待进入壁垒衡量市场势力对进入限制的效应，因为它对于分析市场的定义和市场势力都非常重要。在市场定义方面，进入壁垒与进入者能否进入市场从而对在位运营商施加必要的提价约束有关。作为衡量市场势力的一个指标，进入壁垒决定在位运营商能够排他进而维持超过竞争水平的价格，这涉及在位运营商垄断的可维持性。在双边市场通常存在从反托拉斯观点来看的进入障碍。进入者可能需要投入大量的资本以获得在位运营商的垄断"瓶颈"资源，而作为在位运营商此项成本已经沉淀。从进入者短期看，上述在位运营商的竞争优势是比较明显的。可是，从长期或者一个相对时间跨度来看，在位运营商的"瓶颈"资源未必能够对新进入者带来进入壁垒。很多双边市场成功的企业，一开始都是比较小的，扩张的过程经历了较长时间。因为进入双边市场有很多复杂的经营方面的问题需要进入者解决。另外，后进入者存在序贯下的后发优势，进入者可以在观察在位运营商的价格结构与在位运营商的成功商业模式以后再决定是否进入。这就是说，进入者往往节省了学习成本。比如，苹果电脑进入操作系统可以在微软的操作系统基础上寻找到自己特有的商业模式，这需要发展多边市场带来的潜在的在单边市场里不曾出现的竞争问题：平台的协调问题。面临的一个可能出现的协调问题是：平台一边的用户不愿意离开平台除非他们预期平台另一边的用户也会离开现有的平台。在单边市场，消费者离开他所处的市场完全依赖于他自身的决策而不需要考虑其他的消费者是否离开市场。这样，对于平台来说，就存在对两边用户的协调问题。协调问题类似于在网络型产业中的锁定效应，即消费者不愿意离开现有的平台害怕失去网络外部性的收益。同样，当我们在分析进入壁垒时，必须分析在双边市场下协调的可能性。其一，要弄清协调问题的大小。比如，当微软进入手提电脑产业就面临在位企业苹果，微软必须说服应用软件开发商加入它的平台，当编程相对于现有的平台更有偏好时，应用软件的开发商从现有程序转到新的平台。而且，假定应用软件开发商仅仅只为一个操作平台编程，一个新进入的平台提供给应用软件开发商一个相对于在位平台较小竞争的选项，至少一些开发商愿意接受新进入平台较大一边。平台可以借此形成一边的平台，然后吸引平台另一边用户的加入。这就是在面临在位运营商拥有较高进入壁垒下新进入者的各个击破策略。不像单边市场，在位平台的进入壁垒很难让进入者发现各个击破的实施点，因为那里不存在平台对两边用户的协调问题，产品与服务的价格是购买决策的主要选项。其二，纵然协调不是无价值的，竞争仍然可以发生，在极端情形下我们假设只有在位平台能够对平台两边的用户进行成功的协调，这里仍然存在为市场而产生的竞争而不是在市场，当初始的进入多边市场而发生损失，变成将来一个成功商业模式的平台的潜在收益能够有效地对新进入者进入市场并替代在位者提供很大的激励。假如消费者在很多边拥挤在某一个平台，进入者可以提供更好的产品或者服务使消费者在新平台扎堆。比如苹果一度在电脑领域落伍于一些新进入者，苹果的乔布斯通过创新，生产出了性能更高的 iPhone 4 智能型手机，这一手机可以在多个路由自由选择，智能型手机已经在手机终端市场威胁到中国移动的手机客户端的资源。而中国联通拥有的 3G 技术可以与苹果的 iPhone 终端兼容，中国联通在移动市场的竞争力就会因此强大。其三，协调在用户多平台接触的双边市场通常不是一个问题。因为大多数应用软件开发商愿意在多个平台接入，这样可以最大限度地扩展自己的市场份额，因为平台一边的用户通常只是接入一个平台，潜在的终端消费者对平台另一边的应用开发商同样会做出多平台接触的预期，对平台而言，协调两边用户就是必需的。只要平台一边对终端消费者有吸引力，另一边用户就会加入平台。在进入博弈时序结构下，给定一边用户加入，平台宣布一个价格水平，消费者加入平台，然后另一边加入平台。因此，对于电信这样的网络吸引应用开发商与其他内容提供商加入平台的"鸡"就是基础电信用户的规模。只要进入者具有了最小网络用户规模的基础电信用户，就会吸引平台其他边的用户在预期下加入平台。这里，并不一定存在进入者的成本会高于在位运营商的进入壁垒，尽管在位运营商拥有初始的投资成本。因此，我们看到，双边市场某一边的最小规模用户并没有阻止进入的发生。这一情形，可以从与电信具有同样双边市场特征的银行卡市场的进入得到更为一般的解释，因为那里的放松管制比电信业要强。成功进入的有 Diners Club（1950）、American Express（1958）、Visa（1966）、MasterCard（1966）与 Discover（1985）。当然，在一些特别平台型市场，由于存在终端消费者的转换成本与其他的交易成本可能对一个新进入平台的企业（运营商）在形成最小有效规模的"鸡"时存在一些妨碍，形成了进入壁垒。比如，中国联通最先进入通信市场时的 G 网由于上述原因一度没有达到最小有效规模的用户而不得不沿用技术不怎么先进但是拥有巨大终端用户的 C 网，这样，联通不得不接入中国移动的"瓶颈"。这一壁垒也是需要在双边市场框架下进行分析。仔细地分析，由于用户对另一边的预期而导致用户的转移成本，使得竞争对手基于协调情形下无法吸引到最低数量的用户而导致的壁垒与单边市场的排他性交易与市场一体化合并的市场关闭导致的进入壁垒并不相同。这里，在位的平台并没有上述单边市场的反竞争性的行为。相似的例子出现在微软案件中。政府认为，微软在操作系统里作为竞争性策略应用了进入壁垒。但是，没有证据说明微软的应用进入壁垒是否运用了所有存量。双边市场下的企业在发展用户基数方面的投资来自为平台另一边用户提供的价值，几乎所有的平台包括易趣都是在很低的价格上建立用户基数的。这些投资是预先的竞争，它使得平台产品对很多消费者具有更高的价值。需要指出的是，在协调问题的解决过程中，成功协调的平台会因为两边用户的交叉网络外部性而形成显著的正向反馈机制，使进入者无论是在市场的哪一边都没有办法实行各个击破策略。但是，这样的进入壁垒可以证明的是现有的在位企业对消费者与社会福利都是有好处的。下文将对此作进一步分析。而且，成功协调也并不是总能出现，在成功协调不能出现时，进入壁垒就不存在。在双边市场时常出现的是在位企业被进入者替代。

二　反竞争性行为侦测的困惑

上面讨论了进入壁垒并不来自在位平台的阻止进入的策略性行为而是来自平台的协调特征。这里放松这一假设，考虑在类似反竞争性行为条件下，反垄断机构如何就双边市场进行侦测。

（一）掠夺性定价侦测的困惑

考虑到市场的多边性，认知经营策略与评估经营策略对消费者产生的影响对于掠夺性定价的分析具有重要意义。在市场某一边的价格定于成本以下或许是私人与社会最优的价格。这一结论显然与单边市场低于成本的掠夺性定价不一样。依据上面分析，双边市场定价的水平不是由成本决定，而是由需求弹性与交叉网络外部性决定。在平台一边的价格水平低于平台提供此项服务或者产品边际成本在双边市场中是很常见的一种定价策略。因此，当我们对低于成本的定价是不是掠夺性定价行为进行侦测时就必须将其放在双边市场的框架之下。为了弄清这个问题，反垄断机构需要考虑两个问题：其一，防御进入者的价格低于成本吗？其二，防御进入者遭受到损失了吗？第一个问题的回答很复杂，不仅仅是要侦测防御者的成本是否高于基于恰当衡量的竞争性价格水平，而且，也要考虑定价是基于边际成本，还是平均成本，或者是增量成本？定价的方式是单一定价还是歧视性定价？是线性定价还是非线性定价？在多产品联合生产中的总成本是如何在不同业务中进行分配的？等等。显然，要侦测成本的结构特性本身就是很困难的事，再加上双边市场的定价又不是依照各业务的实际发生的成本来决定价格水平。因此，对双边市场中是否存在掠夺性定价进行侦测本身也是很困难的。进一步地，在双边市场中的价格与成本的关系并没有考虑平台的匹配问题。这一问题是存在为促成交易而发生的不可计算或者加以比较的成本。比如读者可以在网上免费下载 PDF 文档阅读器，该软件拥有者向需要其软件产品的特许用户收取 249 美元，这样把这两种价格放在一起就显然没有什么意义。阅读器招致了成本支出，但是，一边是很低的复制成本而一边是为用户软件的分销成本，两项成本放在一起也没有任何意义。因而我们不能将总价格水平与总增量成本作比较。这一点，在电信多边市场中同样存在。比如全业务的电信运营商在进行定价决策时不仅根据具体某一边的成本决定价格水平，而且要依据不同边之间的交叉需求弹性与交叉网络外部性大小以及在发展战略上"鸡与蛋"的协调问题。就需求弹性而言，基础电信业务显然低于增值业务与互联网业务，但是，基础电信用户的规模是增值业务与互联网业务发展的"鸡"，运营商拥有了基础电信用户就能够为平台建立起足够的用户安装基础。因此，电信运营商平台对不同用户的定价不可能取决于该边的可观测到的实际成本，而是依赖在全业务模式下的利润最大化确定不同边的价格水平。由于基础电信用户一边在平台上扮演的角色，其价格水平通常低于边际成本，有时候是负的价格水平，这也是电信产品的同质性在价格竞争中必然体现的所谓过度性竞争，但是，对此的定价行为分析并不能得出掠夺性定价的判断，然后对此进行反垄断调查与处理。所以，在电信这样的双边市场不能将总价格水平与总增量成本比较。能够进行比较的是来自多边平台非匹配性交易市场的总收益与为提供多产品时发生的总可变成本。总收益要对应全业务下所有的边在运营商平台为终端用户提供产品时发生的边际成本。因而，我们或许能够侦测总的价格水平与成本之间的关系，比较在不同运营商之间的价格偏离成本的幅度，但是，并不能对多边中的任何一边进行两两关系（产品价格、成本、运营商 A、运营商 B）的侦测，来断定哪边的增量成本小于哪边的增量成本。

侦测掠夺性定价是否存在于多边市场的第二个方面，侦测方必须显示出防御者的合理假设，或者依据《中华人民共和国反垄断法》中一方不恰当的经营性行为对竞争对手造成损失的可能性是不是与一方低于成本的定价相关。对多边市场，执法机构需要考虑是否存在损害的可能性防御者会在之后大幅度提价以补偿在进行对竞争对手实施掠夺性定价时遭受到的价格不能够正常补偿初始的投资成本。对双边市场掠夺性定价的侦测需要考虑通过多边市场而不仅仅是平台一边了吸引潜在用户低于成本定价遭受到的损失给予补偿的可能性。

（二）市场关闭策略侦测的困惑

排他性合约与产品捆绑可以用于市场关闭，进而帮助企业使用这些策略来维持或者得到对特定市场的垄断权力。一方面的垄断问题是反托拉斯法没有解决好的领域。当然，本章重点关注在双边市场环境下的市场关闭策略对竞争产生的效应。考虑双边市场的竞争反垄断机构需要考虑多边或者双边市场的一边对市场另一边或者其他边的影响与关闭行为存在时的竞争效应。在市场一边实施成功的关闭能够阻止市场另一边的进入，进而阻止平台的进入。这一观点来自前芝加哥学派对企业捆绑分析所得出的结论。他们认为，一家在位企业生产互补产品来阻止进入或者让竞争对手退出在位企业早先得到的市场。但是，用于对双边市场分析时，这一命题同样存在困惑。原因是双边市场的互补性产品基于不同用户的协调，而单边市场则是产品功能上的互补，并且，单边市场的互补产品之间不存在交叉网络外部性问题。另外一个存在于双边市场与单边市场之间的不同点是在双边市场下的平台另一边为了潜在利润提供排他性合约的激励。芝加哥学派观测到的排他性合约消费者的选择是自由的，并不需要同意排他性的条款。合约的排他性必须反映消费者与企业进行交易的成本收益衡量。在双边市场中，由于存在交叉网络外部性，一边的排他性合约会帮助平台在另一边获得市场势力。消费者在一边接受平台的排他性合约，至少在短期内他们的收益不会考虑市场另一边因竞争减弱而付出的成本。在单边市场，排他性合约需要考虑的，仅仅是假如一个企业可以完全排他或者排他性合约是长期持久的问题。举个例子，处于非排他性合约一边的消费者能够进入竞争性平台，对排他性一边施加了排他性的压力。而且，在一个显著购买方集中的市场，购买者在对平台有可能变成一个市场主导方预期下不会去接受平台的排他性合约，因为在不久的将来平台两边的价格会因此而有可能提升。因此，减少竞争而使消费者收益互相抵消的排他性合约不太会存在于双边市场。经济学家们与反托拉斯学派意识到排他性的交易与捆绑会形成事先的竞争事实，但是，运用双边市场分析时必须考虑双边市场的特征。平台的一个最基本特征是匹配两边用户，平台必须保证可以为一边用户带来另一边用户。排他性的交易合约在用户高转换成本的多平台接触下就成为有效率的一种合约安排。排他性合约的市场关闭因为存在着用户的多平台接触，也就不可能成为平台的一种流行竞争策略选择。捆绑策略也是平台的一项交易策略。许多平台设计出捆绑产品。在电信市场，这一策略得到了广泛的应用，最主要体现在资费套餐的设计与开发。在全业务竞争时代，基础电信业务与互联网业务捆绑，不同网络的基础电信业务捆绑销售，如 e 家等。这种捆绑显然可以为在平台受到市场关闭的一边用户（互联网用户）带来收益，反过来受到市场关闭一边的用户能够使平台通过在不同业务边价格结构的调整内部化外部性，平台因此也就可以提供更多有价值的相关产品与服务包括网络电视与内容服务给予差异化的消费群体。正因为捆绑可以锁住基础电信用户基础上发展更多的平台利润中心，很多电信运营商使用捆绑策略来获得平台所有边的用户，然后通过套餐设计中的资费结构内部化网络外部性。反捆绑销售的公共政策旨在防止垄断的杠杆效应，即防止运营商借助垄断"瓶颈"对竞争性的一边进行不恰当的成本分摊来阻止竞争性的进入与价格扭曲。但是，这一政策应用于双边市场时，必须避免将在不同消费者群体之间的外部性内部化而带来的社会福利改进一边的平台发展挤压。在平台一边的捆绑产品对平台另一边用户会带来收益。这种情形发生在平台 B 边用户得到的价值，既来自自身一边用户规模的增加，也来自平台 A 边用户具有同样的产品集或者相同的技术。在此情形下平台产生的价值就会超越平台内部化的收益。平台 A 边用户支付的捆绑产品价格会显著低于没有捆绑情形下要支付的每一边服务价格之总和。比如，中国联通的技术与苹果智能型手机技术兼容，为苹果手机编程的应用软件就会主动为苹果提供，内容提供商的程序就会与为苹果编程的开发商程序兼容，这样，中国联通将手机业务与互联网业务捆绑就会增加基础电信用户的收益，反过来推动中国联通互联网业务的扩张。如果 A 用户不购买捆绑产品，该用户就既要支付手机的费用又要支付互联网产品的费用。事实上，由于全业务经营与三网融合，未来运营商的业务主要集中在移动互联网业务，将平台不同业务的成功捆绑与否是决定运营商商业模式成功的关键因素。依据移动通信服务提供商 Mavenir Systems 采集到的来自 31 家运营商的数据，有 1/3 的运营商表示，第三方信息服务的出现直接导致通话和短信业务收入的下降，在未来的 5—10 年，由运营商一方所发布的短信、语音、视频通话等业务量或将下降 10%—20%，为与第三方服务提供商进行竞争，国内三大主导运营商均通过硬件内置或与入网用户号码绑定的方式，在定制手机中预装多种增值应用以应对三网融合的多种挑战。中国移动重点捆绑的应用为：无线音乐、12580、手机视频、手机电视、手机支付、手机报刊、手机阅读、号簿管家、手机动漫、手机证券、飞信、139 邮箱、手机游戏、Mobile Market 等。中国电信预装软件则包括互联星空、手机支付、天翼税通、天翼空间、天翼视讯、天翼阅读、翼聊、号簿助手、UIM 卡应用，以及爱音乐、爱游戏、爱动漫、189 邮箱等。中国联通的定制手机，则集成了手机电视、手机音乐、沃商店、沃阅读、手机报、掌上证券，以及手机资讯等多项增值业务。

三 相关市场侦测的困惑

《国务院反垄断委员会关于相关市场界定的指南》指出：相关市场是指经营者就一定的商品或者服务从事竞争的范围或者区域，主要包含商品和地域两个要素。界定相关市场是反垄断执法的关键步骤，直接影响甚至决定着反垄断案件的处理结果。判定一个经营者是否居于垄断地位或者市场支配地位，是否排除、限制市场竞争，都必须以界定相关市场为前提。即使是在单边市场，相关市场的界定也比较模糊，在美国杜邦垄断案例中可以得到说明。在双边市场，由于平台的基本功能之一在于协调平台上的多个不同用户，用户的决策不是像单边市场环境下自主进行而是依赖平台另一边的决策。因而，这里的市场其实是多个市场的综合体，并不能从中分离出单个的原子市场，或许在一边拥有垄断势力，可是在另一边或者其他边并不具有垄断势力。比如，中国移动，作为全业务的电信运营商，其在手机客户端拥有绝对的市场份额，但是，在互联网市场它只是拥有7%的市场份额。而这两个市场对于中国移动来说是不可分的，因为两边存在着交叉网络外部性。而且，在竞争性平台的每一个平台之间的用户存在差异。拿电信网络来说，呼叫的模式在 MTM（移动到移动）与 FTM（固定到移动）中是不一样的，用户的需求也存在很大的差异，平台提供的产品或者其拥有的品牌也各不相同。因而，电信市场在全业务经营格局下是一个非对称性的市场，有的运营商在一边拥有比较优势而有的运营商在另一边拥有比较优势，用相关市场的概念去衡量每一个运营商的市场份额以及价格高标度本身就很困难。

第三节 结论与公共政策设计建议

一 较高的市场集中度是网络型产业一般市场构造的结果

本章第二部分已经指出网络型产业的最小有效规模是网络得以存在的基础，而且一边用户的加入依赖另一边用户的数量，这也是网络型产业的基础，这一点与单边市场的用户购买决策不一致。因此，一旦网络建立起安装基础，潜在用户就会加入该网络平台，用户的扎堆现象就会出现。尤其是在电信这样的网络中，用户价值的高低完全依赖用户加入平台以后与此发生的链接。在位的运营商比进入者拥有更多的市场份额来自网络型产业的基本特性，而与运营商的反竞争性行为获取较大市场份额的经营动机或者行为没有直接的关系。同时一家网络运营商所能拥有的用户规模越大，网络效应就越显著，加入平台的用户获得的外部性收益就越多，平台就更具有对对手网络用户的吸引力。依次来看，针对市场份额的竞争政策与管制政策类似于将会下蛋的鸡先放到案板上。针对市场份额的竞争或管制政策没有区别单边市场的市场集中度与双边市场的市场集中度的不同，"一刀切"的政策没有针对性与现实的可操作性，很容易导致政策干预过度与规模效率下降。

二　多产品生产的成本分担是平台用户协调的基础

平台出现的基本原因来自市场协调的失败，用户必须在具有中介功能的平台方能够完成交易。平台是一个市场缔造者。协调的产生意味着加入平台的用户具有不同需求，平台为此提供服务的成本也存在差异，这样来说，平台实在是一个多产品交易服务的提供者。在多产品交易过程中，成本如何恰当地在不同服务中进行分担，是平台用户协调是否成功的保证。因此，平台的定价决策需要考虑一项服务提供过程里相关服务支出的成本，而不是服务的单一成本。成本转移或者对不同产品进行捆绑打包销售获得各项服务的联合利润的最大化是平台运营商的正当行为。这一点，显然不同于单边市场的多产品生产的成本分担，因为在那不需要考虑分担会影响到平台的交叉网络外部性。在电信网络，随着电信技术的进步，电信运营商变成了一个全业务的运营商，在运营商平台上聚集了众多不同的用户，对这些用户提供服务的成本显然是不相同的。而且，每一边用户在交易中或者入网中产生的外部性也各不相同。作为全业务的运营商就要对到达平台的用户提供相应的匹配技术帮助不同边的用户完成他们的交易。现代信息技术条件下用户对产品的需求不是单一需求而是组合需求，即在一个终端上实现多种交易。用户的多业务需求要求运营商对组合产品之间的成本进行跨产品组合的分担。这与通常意义上在垄断"瓶颈"与竞争性环节之间的交叉补贴以阻止竞争环节的进入不完全一样。

三　一边价格低于或者高于成本是外部性内部化的主要渠道

作为平台协调的基本要求的基本功能，就是平台通过合适的价格结构将平台成员外部性与交易外部性内部化为平台收益，以此平衡平台多边用户的需求，保证用户能够接入竞争性的垄断"瓶颈"，这一问题是单边市场企业不需要加以考虑的问题。对于不同的平台，平台必须选择不同的价格结构。同样的用户在不同的平台，不一样的用户在同一个平台所要支付的价格结构是不一样的。在不同平台的同一边用户可能是平台的利润中心也有可能是平台的亏损中心，这一差异依赖于平台的商业模式选择。当平台的一边用户得到的外部性较大，平台就会将其视为利润中心，其要支付的注册费或者交易费就会高于平台为其提供服务的成本，而平台的另一边则支付低于成本的价格。作为反托拉斯政策设计者，必须很谨慎地区别事先的竞争行为与反竞争性行为。平台将一边价格低于成本是属于平台事先协调性质与平台之间竞争将价格定于成本以下从而达到阻止竞争对手进入的行为并不一致。与此相关的是，价格歧视在双边市场中的反竞争性行为侦测有必要考虑平台的价格结构设计的意图是事先的竞争行为。当然，价格结构设计中没有不正当的竞争性行为。比如，中国联通与中国电信利用互联网接入"瓶颈"，大幅度降低基本通话费与月租费，对不拥有互联网资源的其他运营商会带来损失。但是，只要存在有效的替代性进入，其接入价格不至于达到排斥竞争对手的地步。

四　反向需求弹性定价规则不适用于双边市场

围绕着拉姆齐定价在双边市场的适用性，Rochet 和 Tirole 与 Amstrong 等存在争论。笔者认为，由于网络外部性的存在以及内部化的必然要求，低弹性的用户在平台中获得的链接额外的收益小于高弹性用户。比如，电信基础用户的需求弹性小于电信增值业务用户的需求弹性，基础用户是电信竞争的安装基础，运营商通常给予低于成本的价格，而高弹性增值业务与互联网业务用户，运营商通常收取高于成本的价格。这也是中国联通与中国电信带宽接入价格高于成本的原因。这一点隐含的政策含义是反垄断机构不能仅仅依据价格需求弹性高低来确定社会的最优价格水平。

第十一章 双边市场中电信产业管制失灵

第一节 研究背景

一 现实背景

电信产业的政府管制在技术进步与市场需求变化合力夹击下遇到前所未有的难题：

其一，对交叉补贴管制遇到的难题。以往经验由政府在价格上限管制时对垄断业务亏损直接给予财政补贴，或是建立普遍服务基金，或是对垄断性产业的垄断性业务与竞争性业务进行分拆（王俊豪，2005）。这些管制的共同追求是垄断性产业的最优社会费率，实质是基于公共利益的管制信念。但结果是社会最优费率并未真正确立。就业务分拆而言，也同样存在由政府管制的成本与交叉补贴成本的比较问题。而且，一些产业领域交叉补贴是其理性行为中的一个重要组成部分。

其二，本地市场的开放接入问题。本地市场的开放接入一直是管制关注的核心问题。也采取了一些方法，如转售、网络元素非捆绑（Unbundling Network Elements，UNEs）和基于设施进入三种形式，但本地市场的开放程度一直很低。近来，借助技术进步的无线接入或旁路，本地市场的竞争程度有所提高，但就本地市场原来的路由器接入而言难度依旧。

其三，传统经济性管制工具遇到的难题。传统的经济性管制工具无非就是价格管制与进入管制。按具体不同的做法，前者又可以分成价格上限管制与费率管制。无论是哪一类，成本信息的可观察问题是跳不过的"卡夫丁峡谷"。管制者与被管制者的成本信息显示博弈游戏始终成为管制领域的主基调（陈宏平，2003）。而进入管制的初始意图是防止由过度进入而容易产生的破坏性竞争，在规模经济与竞争活力两者之间保持平衡。但这一管制其逻辑合理性本身就是一个问题。因为，在所有产业中规模经济与竞争活力的矛盾是一个伪命题。规模经济存在内含了竞争活力的缺乏。就企业的性质而言，任何产业的任何一个企业力图获取市场份额是企业对市场替代的题中应有之义。因而，用规模经济与竞争活力的矛盾来为管制寻找理由缺乏逻辑合理性。同时，这一命题也无法区分在不同的产业领域采取不同的政策。在大多数产业领域规模决定其在特定产业中的生态位。

其四，传统电信产业由于技术进步导致的价值链裂变与新兴产业崛起造成的管制真空。在电信产业领域，由于技术进步共享要素的技术链条得以拓展，成本的次可加性在企业中的表现更为明显。产业边界模糊，产业融合改变了企业的生态与传统产业图景（李海舰，2004；周振华，2003）。与此相适应的相关市场按传统产业分类方法很难得到清晰的界定。传统市场供求的单边关系已转变成双边或多边关系。全新的产业组织现象促使经济学家把这些现象整合在同一概念体系中，以便对已有现象或未知现象做出分析或预测。

二　理论背景

21 世纪以来，经济学家对这一领域展开了大量的理论或实证研究（Marc Rysman，2009）。目前，为双边市场研究者接受的定义由 Rochet 和 Tirole（2004）、Armstrong（2004）、Evans（2003，2005）等给出。笔者的定义是：具有截然不同需求的一组用户在同一平台上所获得的效用依赖平台另一组用户的数量的市场，称为双边市场。这一定义的核心是交叉网络外部性，基础是截然不同需求的两组或以上用户，内容是具有满足不同需求的两个或以上截然不同的产品，思想是平台不等于双边市场，双边市场一定是平台，目的是在平台创造更多的产品节省交易费用。这样，就把双边市场与一般中介市场区别开来。购物中心，房地产中介市场、股票交易所、夜总会等不是双边市场。按"价格结构 + 网络效应 = 双边市场"的思路得出的所有市场都是双边市场的命题更是彻底否定双边市场研究意义。

在双边或多边的市场格局中，供求关系是在平台上间接建立起来的。平台定价机制取决于双边或多边的联合需求，简单的反向价格需求弹性规则、成本加成规则已不再起作用（Rochet and Tirole，2003）。平台定价必须具有协调平台两边的功能，非零交易费的安排机制具有这种功能。需要这一现象对零交易费是社会最优的传统观点提出了挑战。进一步看，产业边界的消失相关市场的边界、市场的集中度也不再是传统市场的衡量标准。但一个不容置疑的事实是电信管制政策并未适应这种变化，由此造成管制的失灵。

第二节　管制失灵的基本形态

　　一般而言的有关电信产业管制失灵的描述性文献基本上是出自于利益集团与信息不对称造成的管制俘获理论。管制基础性条件的探讨大多局限在要不要管制的视野内·（德姆塞茨，1962），较少关注由管制的基础性条件（产业性质、产品性质）而导致的管制的错位、缺位与越位及管制政策路径不明问题。笔者认为，后面这些问题直接决定了管制理论能否为管制实践提供正确的向导。

一　管制的错位

　　管制的错位发生在需要进行管制的领域。这属于管了但没管好的问题。错位可以来自主体、对象与工具，或者三者兼而有之。主体的错位大多是由于权限职责或主体归属不明原因造成的。在以往的管制实践中无论是经济性管制还是社会性管制都留下太多的管制失效教训。最为深刻的是，由于技术进步、市场需求的变化而产生的广播电视网、互联网、电信网的融合与分立型管制体制的失配带来了管制的严重滞后，由此引发管制的真空与管制成本的居高不下。在互联网不良信息的社会性管制领域，也同样存在因主体权限或归属不明而给社会造成不可估量的灾难，强化管制的呼声遇到了管制体制不能适应管制需求变化的阻挠。从美国的管制体制变迁中可以看到管制体制与管制环境的匹配对管制绩效具有重大的影响。电信产业开始是由 ICC 对此进行管制，随着电信产业的发展，管制当局发现电信产业与交通运输产业面临的管制差异越来越明显，于是，组成 FCC 对电信产业进行管制。我国的管制体制大多是具有极强行政色彩的政府权力部门，主要职责是维护部门的发展，集运营与监管于一身，而且各部门主管由行政任命，这就很难使灵魂与肉体统一。灵魂与肉体的分离无疑使管制体制的主体确立存在"张冠李戴"问题。权力部门之间的本位主义造成管制政策滞后的同时，也带来权力真空与政策冲突，其直接后果是被管制者的行为歧义，管制绩效的低下也就是再自然不过的事。对象错位的部分原因是主体错位，部分原因是客体错位。就客体错位来说与对客体的基础性条件变化缺乏认知有关。当客体的生产函数、需求函数发生变化后，管制的主体并未相应调整。突出的表现是，管制者与被管制者之间的成本信息显示机制难以建立起激励相容约束管制机制。管制者难以捕获被管制者行为目标，因而也无法对被管制者的行为实施参数调节。管制工具错位来自对管制对象的性质、行为的目标与方式缺乏正确的理解而采用了不当的管制工具。在自然垄断产业领域，习惯的做法是运用价格或进入限制工具。价格工具运用取决于管制者对成本信息的可观察程度。一般情形下，信息偏在是常态，而且信息获取存在着成本，管制者不可能拥有足够的成本信息来制定出合理的成本加成。更为重要的是，生产函数的变动直接取决于被管制者的技术选择。在技术进步条件下，成本存在着下降趋势，价格的上限或价格下限管制失去了意义。基于自然垄断进入管制的错位问题就更严重。既然是垄断，且不管是哪种垄断（陆伟刚，2009），进入的壁垒就存在，不可能发生进入行为。基于外部性的进入管制同样也存在因是由网络效应引起还是由网络外部性引起而发生的管制错位问题，前者应是限制进入，而后者应鼓励进入。如电信网络的重组与管制中出现的分合现象。

二　管制缺位

管制缺位发生在需要管制而没有管制的领域，属于一个该管却没管的问题。这一失灵源于对管制存在的理由和具体由哪个部门管制把握缺乏准度。植草益（1992）对管制存在的领域做了划分：自然垄断的管制、外部性的管制及公共产品的管制。自然垄断的管制由于自然垄断本身含义界定存在的分歧，具体在特定产业中进行管制就有不同主张。自然垄断要不要管制这个问题在20世纪70年代之前是个假问题。那时候的自然垄断企业都是受管制的企业，产业也处在管制约束下。之后，自然垄断产业放松管制甚至取消管制呼声此起彼伏，自然垄断产业要不要管制的问题由假问题变成了个真问题，但对这个真问题探讨所获结论未必真实（陆伟刚，2009）。在自然垄断不可维持性以及国外放松管制的鼓励下，无论在理论领域还是实践领域，取消管制的呼声此起彼伏。笔者注意到受这种取消管制思潮的影响，电信的管制还停留在结构性管制范围，"六合三"体制的本意也是为了网络规模的对称性考虑，着眼点还是市场份额，而不是真正意义上为微观个体提供社会最优的路径指导，在给定管制收益背景下，让微观个体选择极大化其效用的行为。

外部性及产品的公共特性是管制存在的另外两个理由。正外部性的存在意味着该产业或产品具有显著的规模经济特征，进入管制有利于成本的下降。而产品的公共特征就凸显管制的必要，如把公共特征明显的产业放松甚至取消管制势必造成灵魂与肉体的割裂。如电信产业、互联网产业、广播电视产业的网络融合后这些领域管制的缺位问题日趋严重。

这一失灵的另外一个表现是一些管制政策并未在实践中得到落实。这属于在其位而不谋其政问题。在电信分权化的管制体制中，低一级的代理人出于自身利益考虑而对上级委托人的目标进行打折；在集权化管制体制下或是在大部委体制下，管制权限又难以得到明晰界定。这两种情形都导致了管制的失灵。

三　管制越位

管制越位发生在不该管制的领域。这属于不该管瞎管的问题。这一失灵源于对政府体制与市场体制的分野界定不清。传统的政府管制理由就是基于市场解决不了的事由政府去管，政府解决不了的事由市场去解决这一流行的信念。但事实上，出于利益考虑，政府管制者不断拓展管制边界，创立越来越多的需要管制的领域以获取制度租金。这是最为主要的管制越位。当然，在开拓管制边界的同时，管制者也在不断维护着以往的地位。在电信分权管制体制下，管制越位突出表现在委托代理层级权能界定不清，上下都有越俎代庖现象。

四　管制政策路径不明

这一失灵可以视为错位、缺位、越位的综合失灵。一条清晰易辨的政策路径是管制有效的根本性条件，它应具有如下演进结构：

第一步，对管制的基础性条件进行分析，辨别管制存在的合理空间。在整个演进路径链中，这是最为基础的一环。

第二步，依据不同的管制基础性条件，判断适合条件的具体管制政策。这一环直接决定了管制政策的绩效。

第三步，认定企业行为的内在机理与确定企业行为合理的标准。

第四步，企业对政府管制政策的反应程度。

第五步，管制政策的评价以及管制承诺。

第三节　管制失灵的原因

电信管制失灵在双边市场条件下被赋予全新的含义：在单边市场条件下受到管制者精心照顾的领域而在双边市场条件下却成了越位失灵；错位失灵在双边市场条件下表现得尤为明显。双边市场的出现改变了管制失灵的时间与空间版图，明晰管制政策路径遇到前所未有的难题。

一　管制对象身份不明的管制失灵

（一）双边市场中的管制对象

管制对象身份的确定是管制政策路径清晰的前提。现有的电信产业生态具有复杂的市场主体关联结构，比如，电信运营商广告产业联盟。提供内容服务的网站如果要将数据服务提供给手机消费者，必须链接到广告联盟平台上，将消费者定制或者点播的内容通过移动运营商的无线网络发送给手机消费者。也就是说，CP 必须在网站链接，SP 必须通过移动运营商的网络平台把服务销售给手机消费者，平台成了连接多个边的用户的"瓶颈"。在这一结构中，传统市场的基础性条件已经发生了根本性变化：（1）这一市场里的企业或者系统需要面临两方面或者多方面消费者，而不是企业—客户的简单的买卖关系或者企业—零售—客户的纵向关系。（2）企业和系统在价格结构和盈利模式上是有倾斜的，经常出现在一边免费、补贴或者低价，而将收入的主要来源放在另外一边上，这种定价模式突破了传统的勒纳公式束缚。（3）市场的两个边之间是有外部性的，一边消费者对于交易效用的预期往往取决于另外一边的消费者数量的多少。（4）连接两边用户的企业往往扮演着一个中介的角色，会采用种种策略将两个或多个边吸引到中介平台上交易。而且如果没有这些中介，这些服务和产品是不能存在的。

双边市场是全新的产业组织领域，所有的市场主体面对的是一个传统市场不拥有的生存版图。在双边市场条件下，电信网络平台天然具有垄断性质，平台为两边或多边用户提供接入服务，用户必须通过平台方可完成交易。用户的接入使双边市场具有间接网络外部性，平台一边的需求增长吸引另一边更多的用户加入平台。在间接网络外部性作用下，规模经济的最小有效规模不断左移，而市场的需求曲线不断地右移并且覆盖市场全部需求，传统豪太林模型中的竞争效应与网络效应的替代机制不复存在，网络效应强其竞争效应也变大（Bardey, David and Cremer, Helmuth and Lozachmeur, Jean – Marie, 2009），出现所谓"赢者通吃"现象。对这样一种完全不同于传统单边市场的市场结构特征，垄断的结构是其拥有的本质属性。这是双边市场企业身份的特殊性，而不像传统单边市场，垄断的身份不具有与其生存的竞争环境相符的合理性。针对垄断结构的管制在双边市场下必然会出现失灵。

（二）传统对象认定的局限性

针对垄断的传统结构管制，通常运用相关市场概念对主体之间的替代性程度作出评估。相关市场是指经营者在一定时期内就特定商品或者服务（以下统称商品）进行竞争的商品范围和地域范围。相关商品市场，是根据商品的特性、用途及价格等因素，可以相互替代的一组或一类商品所构成的市场，主要指被需求者视为具有紧密替代关系的所有商品的集合。由于这些商品具有紧密替代性，因此具有较强的竞争关系，在反垄断执法中可以作为经营者进行竞争的商品范围。相关地域市场，是指具有紧密替代关系的商品相互竞争的地理区域。相关地域市场范围内的竞争条件基本一致，并明显区别于其他地域市场的竞争条件，在反垄断执法中可以作为经营者进行竞争的地域范围（商务部，2010）。在双边市场，传统相关市场发生了变化。一些在传统市场相关的市场现在不相关了，如三网融合下的电信网、广播电视网、互联网，它们之间的关系不再是竞争替代关系而是互补关系。而一些原来不相关的市场在双边市场里相关了，如支付宝与银行存款市场。特别是，在双边市场，地域市场变成产品市场，产品市场的替代性范围也显著扩大。相关市场的边界移动，导致了企业行为的变异。一些在传统市场下的行为管制对象消失了，而新的行为管制对象出现了。在这样一种时空格局中，现有的管制很难辨别管制对象，出现错位、越位、缺位等管制失灵现象（Wright, 2004）。

二 把正常企业行为视为管制行为的失灵

双边市场下的企业行为有别于传统市场下的企业行为。按新产业组织理论，行为管制是管制的重心，企业的行为直接决定产业组织的绩效。在双边市场条件下，平台企业行为是传统单边市场所不具有的。

（一）交叉补贴与撇奶油竞争策略

在现有的电信产业管制领域，交叉补贴与撇奶油是垄断行为，会损害消费者利益与产业竞争，企业的定价应该遵循边际成本定价原则。高于或低于边际成本都不能保证社会福利最大化，对电信等自然垄断产业结构性分拆管制的目标就是铲除交叉补贴与撇奶油的土壤，使运营商的价格趋向社会最优。而在双边市场，平台的需求取决于平台两边的联合需求，仅有一边的需求不足以形成平台需求。因而，平台定价不完全依据两边的边际成本与两边的价格需求弹性。通常情形下，平台的价格与边际成本无关。平台企业在定价时，除了考虑价格弹性以外，还要考虑平台两边交叉网络外部性。如果平台一边对平台另一边的交叉网络外部性大于另一边，平台对其索要的价格就低；反之则反。双边市场中平台企业对 A 市场定价时，一方面由于 B 市场规模的扩大，A 市场的消费者支付意愿增加，平台企业可以提高定价（网络效应）；然而，价格上涨又会降低 A 市场用户的需求，而这种用户需求的下降，会进一步降低平台企业在 B 市场的盈利能力，所以 A 市场需求增加要求压低价格（竞争效应）。这一定价是为了吸引更多的用户使用平台。在平台撬动期，平台企业往往给先加入平台的用户以更多的优惠，而对后加入用户收取较高的价格，以补贴较早加入的用户。在平台形成至一定规模后，再改变价格结构，对另一边进行补贴，以平衡双边市场的需求，将网络外部性内生化。可以说平台企业在每个市场的价格水平体现的是网络效应和竞争效应两种相反作用的权衡。当网络外部性仅单向存在时，平台企业提供补贴的一边市场具备如下特征：该边市场对另一边市场的外部性贡献高于价格变化的自市场影响。现实中以广告收入为主要利润来源的电信运营商广告产业联盟近似于这类双边市场。因为消费者（B 市场）的规模的大小对广告商（A 市场）来说至关重要，通常流量大的网络伴随的都是高额的广告代收费用，而广告商的利润来源于点击率；然而反过来，消费者对网络的需求几乎不受广告商需求的影响，近似为 0。说明电信网络运营商面对的双边市场中，消费者对广告商的外部性贡献大于这个市场上广告商对广告收费的敏感程度，所以很容易理解为何形成这样的补贴局面，而不是反过来的定价模式，同时也说明广告主追求点击率的必要性和原因；而当交叉网络外部性存在时，受到补贴是其网络外部性大于另一边的一边。比如，广告产业联盟中，终端用户可以免费注册或低于成本注册，而在网络门户网站登广告的广告商必须支付较高的费用。平台厂商对两边不同网络外部性用户的定价偏离边际成本是双边市场平台厂商的基本做法，而非市场垄断势力的衡量标杆。因而，双边市场下不适于用单边市场的管制思路来管制双边市场。这里的关键问题是，平台厂商的定价不像传统单边市场那样，仅取决于边际成本与价格弹性，而且还需要考虑交叉网络外部性。在垄断平台条件下，网络效应大于竞争效应，"赢者通吃"。管制不认识到这点，就无法准确把握被管制者的合理行为标准，从而带来管制失灵。

（二）平台的纵向联盟策略

纵向联盟或纵向限定，一直与违反竞争的排他性竞争行为相联系。这一企业治理合约对社会福利的影响颇受争议。因而出于竞争的角度，这一行为也广受管制。从交易机制的角度来说，纵向一体化是企业内部交易对市场交易的替代（Coase，1937）。平台的合约性质就是内部协调替代市场协调的机制安排。如果平台一般的通过市场手段不足以吸引平台的产品和服务供企业到平台上交易，那么纵向一体化就是很自然的策略了。例如较早的中国移动的梦网模式以及新近的广告联盟商业模式。但是这两种模式也有一些纵向治理中经常出现的道德风险问题。但可以肯定的是，在双边市场中运营商的联盟策略是运营商在 3G 时代的最为有效应对商业环境变化的商业模式。笔者认为，目前对电信运营商广告联盟的管制针对的应是其行为的内容而非这一纵向治理合约。

（三）平台的互联互通与兼容竞争行为策略

互联互通一直是电信产业管制的难题。虽然采用了强制性接入与非绑定等管制措施，但这一问题始终困扰着管制者。双边市场存在着互联互通的问题揭示了其中的答案。市场上处于弱势的平台或者新进入市场的平台希望利用强势的或者在位平台资源，而强势的或者在位平台则一般不愿意和弱势的或者新进入市场的平台进行互联互通。平台互联的一个基本前提是两个平台以及消费者群体之间可以相互兼容，否则，即使互联，平台的消费者也不能和另一个平台的消费者进行跨平台交易，互联也就失去了意义。由于双边市场的特殊性，平台之间的互联互通给消费者带来的效用是两方面的：一是来自本边的收益，平台从互联的另一个平台的同边的消费者获得了间接网络外部性的收益；二是平台互联后，平台消费者可以从与互联平台的另一边的消费者进行交易获得了组间网络外部性的收益。当用户多平台接入时，企业的兼容选择就趋向复杂。这里主要依赖平台用户的交叉网络外部性的大小。当平台一边的低端用户的网络效应为零的时候，平台厂商就不愿意与竞争对手兼容。由于高端用户同时接入两个平台，使整个市场的需求曲线向上移动，平台企业可以收取更高的费用，此时，平台企业也不愿意选择兼容。特别当接入费非零条件下，尽管兼容使得网络效应与社会福利增加，但是，平台企业并不能从兼容中获取额外的收益（Wright，2002）。双边市场上的企业兼容行为意味着强制性的兼容管制策略未必能得到社会最优。

（四）平台的排他性策略

排他性行为也是传统管制的禁止领域，一直对此施于严格的管制，以确保市场的公平竞争。先占、圈定、捆绑等在传统管制理论看来需要加以限制的行为在双边市场大行其道。平台在具有一定的市场势力后，就具备了排他的可能。平台可以利用在一边或者两边拥有的消费者规模优势，对竞争的平台采用排他的行为。一个典型的例子是中国移动的"移动梦网"平台。中国移动是我国移动通信产业的主导厂商，其手机消费者在我国移动消费者中占据60%以上的比例。有了如此庞大的手机消费者群，中国移动对待平台的另外一边——SP的态度非常强硬，中国移动对于SP一般规定如果为中国移动提供内容服务，一般不允许其为竞争对手中国联通提供服务，否则将拒绝SP到"移动梦网"上交易。我国主要的SP，例如新浪、搜狐、网易等，主要为中国移动提供内容服务。可见，基于排他性竞争考虑的管制在双边市场条件下缺乏必要的逻辑基础。三大网络运营商的共建共享遇到的难题也说明了这一现象。

三　管制工具运用不当的失灵

上一章对中国电信网络非对称性竞争均衡的存在性讨论中已经潜含着进入管制或者价格管制的局限性。虽然，并不意味着进入管制的完全退出，但是从现有技术与三网融合背景下的运营商面临的竞争约束来看，进入管制已经大大缩小了它的范围。双边市场条件下的垄断具有自然垄断与网络性垄断及经营性垄断的多重性质（陆伟刚，2009）。然而，电信产业的管制工具是基于成本信息的价格管制与针对市场结构的进入管制。在该领域，主流观点是，自然垄断的一般特征在于它具有巨大的规模经济，但更确切的特征在于它的成本弱增性。由于规模经济与成本弱增性具有密切的联系（这话不正确。规模经济必然有成本弱增性，但没有规模经济同样具有成本弱增性。——引者注）……因此常把自然垄断性理解为巨大的规模性。自然垄断产业需要巨大的投资，其投资专用性强，沉淀成本很大。单位产品的成本会随着产出量的增加而下降，由一家或极少数企业提供特定自然垄断产品或服务能使成本效率极大化。这就要求政府制定限制进入的管制政策。但垄断会存在低效率，应该容许竞争性进入，这就需要放松管制政策。管制政策应兼顾规模经济与竞争活力。有效竞争应该构成进入管制政策的依据，有效竞争可以解决"马歇尔悖论"。为了解决在位厂商与新进入者在市场力量方面的不对等性，为了鼓励进入，管制政策应实行不对称管制，如英国的 Mercury（王俊豪，2007）的管制那样。上述引证的王俊豪教授的观点很明确：对自然垄断的管制应该实行进入管制政策。这种理解的一个潜在性问题是自然垄断和别的垄断没有本质区别，因为任何垄断都有"马歇尔悖论"问题。笔者认为，对自然垄断的管制，包括弱自然垄断情形，不存在进入的问题，因而也不存在规模经济与竞争活力相矛盾的问题。自然地，政府对自然垄断的管制也就无须建立有效竞争的产业组织。如果规模经济要求管制，那不只是自然垄断需要经济性管制，任何垄断都要进行经济性管制。这显然夸大了管制的功能，那样，真的会出现持久性的管制失灵。如同前文对双边市场企业行为特征已作的分析那样，在双边市场条件下价格管制就更不具有存在空间。因为在双边市场，平台的协调功能是基本功能，联合定价不但是可行的也是必需的，此时进行价格管制必然出现成本基础的扩大，管制失灵就必然出现。

四 管制机构主体跟进滞后的失灵

上述研究分析表明，双边市场具有完全不同于传统产业组织的地方，产业组织已经发生了变化。双边市场平台商业行为的复杂性以及产业边界模糊要求，现有的分立管制体制的弊端日渐暴露。特别是三网融合下，现有三部门（广电、电信、互联网）的管制职能分立的机构设置及大部委制与双边市场存在显著的"灵魂"与"肉体"分裂的现象，管制失灵难以避免。

第四节 基本结论与管制政策含义

一 基本结论

（一）管制政策与平台协调的替代性

电信产业具有显著范围经济的多产品联合生产、需求方规模经济、需要协调不同用户在同一网络平台进行的交易等特征。因而，电信网络运营商是典型的平台企业，其行为完全有别于传统的单边市场。

（二）用户协调以及自网络效应与间接交叉网络外部性使得传统垄断侦测指标失效

与结论（一）相一致，电信网络平台的用户规模决定了平台的竞争优势或者作为垄断平台租金的高低。因而，争夺用户基数或提高市场集中度是电信网络平台的内生性需求。集中度并不必然与反竞争联系在一起。加入平台的用户具有不同需求，对于平台的接入价格与网络终端价格具有不同的需求价格弹性。在这一背景下，一个具有理性行为的电信运营商必然会依据不同用户的价格弹性索要不同的价格以便将网络外部性内生化为平台自身的收益。而且，平台的网络外部性又具有交叉特征，从而显著影响交易规模。因此，价格歧视下形成的价格结构就有了显著的非中性。

二　含义

电信产业链在技术进步的今天已经越显复杂。运营商、服务提供商与内容提供商各自成为电信生态中的一个环节，共生共赢是基本特征。因而，组建产业联盟、签订排他性的合约、实行市场关闭或先占策略是基于网络边界知识嵌入的考量，同时也是电信运营商治理不确定性的具体安排。当然，在此过程中会出现反竞争性的行为，需要相应的管制跟进。必须重新构造管制主体、内容、工具，方能适应电信产业生态变化的要求。本书以下章节将对此展开研究。

第十二章　用户异质、网络非中立与公共政策设计

第一节　研究背景、假设与发现

一　研究背景

（一）现实背景

　　网络中立之争始于 2004 年北卡罗来纳州的 Madison River 试图锁住竞争性供给的 VOIP 而最终被美国联邦通信委员会（FCC）罚款一案。这一事件的背后要求回答的问题是，基于点到点的网络中立原则是否应该终结各派出现了分歧。Madison River 判决案例的反对者对网络的界定是网络的边缘原则。这一原则的主张者声称，捆绑应用与一定流量的打包是需要的，也是必要的，其目的是保护宽带高速正确履行它的功能。如果不同种类的应用都集中在同一个骨干网络，网络提供商在服务终端的用户几乎不存在歧视的形式，其隐含的假定是在平台两边用户的类型是同质的。然而，现在的数字互联网络逻辑结构越来越多应用在网络上传输：VOIP、视频会话、在线游戏、远程诊疗与 IPTV 等。这些应用均具有极强的时间敏感度，数据包必须及时地从发出端汇接到接入端，以满足用户的体验。但是，这一切在网络中立下，网络提供商就失去了转播相关节目的激励。为此，英国推出了大不列颠带宽行动计划，以配合伦敦数字奥运。最近几年，网络的智能化已经应用到网络核心层。网络的智能化能够依据内容服务的不同带宽性质要求而自动地将流量在网络的各个层次上进行重新的结构化或打包处理，使得网络的运转更具有效率。特别是网络外壳的互联网，网络流量打包与应用服务锁定在网络的很多场域与层次早已经不是什么新鲜事。苹果的成功就在于苹果的智能化可以将网络流量打包与应用锁

定，使苹果能够依据用户对传输或接入的不同要求，智能化选择网络并对众多应用进行捆绑，使苹果看起来像是一个网上应用销售商。在其他构成物理层基础电信运营商还在受网络中立公共政策的限制时，苹果成功地绕开了网络中立规制与竞争。与此同时，谷歌2011年对摩托罗拉的吸收合并举动与苹果殊途同归。中国2008年对带宽市场整治网络环境与2011年对南北带宽垄断的处罚也反映出网络中立歧义的存在。

（二）理论背景

"网络中立"一词最早是由哥伦比亚大学Tim Wu基于运营商对私人网络用户、无线路由器（WiFi）用户设置结构性限制而招致用户不满提出的（Wu，2003）。但直到2006年，Hahn与Wallsten才把网络中立原则的可操作性内涵进行了界定（Hahn and Wallsten，2006）。持网络中立观点的声称者基本上来自内容提供商（Sydell，2006）。而争论的焦点集中在两个方面：一是关于网络中立的社会福利问题。即实行强制性的网络中立（点到点原则或者接入零价格与零利润原则）公共政策会对社会福利水平与配置结构带来何种影响；二是集中在带宽的投资激励性问题。对上述问题回答的不同答案决定了对ISP公共政策的路径。不过上述文献尽管对网络中立进行了开拓性研究，然而真正对此进行理论层次的研究是由Ecomodies给出的（Ecomodies，2008）。他注意到，在特定的参数值范围内，网络中立的公共政策设计在提高社会福利水平方面优于网络非中立。正是其研究中的特殊参数值范围设定，另外一些研究者对此提出了不同看法，认为，网络中立对社会福利的影响效应是模糊的（K. Hsing et al.，2008；Kevin W. Caves，2010）。

现有文献在关注网络中立公共政策的社会福利或收益配置结构的同时，还注意到对网络投资激励性的影响。持网络中立观点的研究者认为，网络中立不会减弱运营商的带宽投资激励（Ecomodies，2008，2012）。他注意到互联网接入用户需求的差异性，同时注意到了互联网的通信运营商不像传统的电话网结构那样只要安排一个被叫方付费机制就可以消除呼叫外部性，而是要针对ISP平台的两边用户做出收费机制的安排。特别是在寡头市场当内容提供商多平台接触而消费者单平台接触的情形下，施加网络中立的管制政策相对于向内容提供商收取非负价格的寡头竞争市场而言会增加社会福利。虽然，Ecomodies引用了双边市场的概念，但是，结果与双边市场特征显然不符。而对网络中立管制持反对意见的研究者则认为，网络中立管制会带来内容提供商、应用提供商以及消费者的免费乘车现象，最终会减弱 ISP 的网络投资激励（C. Scott Hemphill，2008；John Musacchio et al.，2008；Andren Renda，2008；Jay Pil Cho et al.，2008）。也有研究者运用近 10 多年来兴起的双边市场理论对提供垂直差异产品的 ISP 平台的商业行为进行了研究，结果显示，网络中立的管制类似产品线限制使 ISP 只提供一种服务，从而恶化消费者与内容提供商剩余（Hermalin，B. E. and M. L. Katz.，2006），间接证明了在具有两个以上竞争性内容提供商的博弈结果中显示出的网络非中立原则的宽带配置有利于改进社会福利水平的结论（K. Hsing et al.，2008）。

从国外网络中立争论文献的简单梳理中发现，大多数研究集中在相关参数值的范围内讨论网络中立的合理性。因此，尽管一些研究者借助于双边市场理论的分析框架，但并没有从中得出与双边市场性质吻合的结论。除 Andren Renda（2008）之外，研究网络中立的文献几乎没有从技术经济学的角度对 ISP 的复杂逻辑结构进行流量重新配置机理的研究。

而国内一些学者则从机制设计的角度对电信行业的收费机制进行了研究。如张昕竹（2006）研究了电信双向收费与单向收费的安排问题；顾强、郑世林（2012）从政策配套角度对电信行业的改革绩效进行了研究；黄坤、张昕竹（2011）运用非参数方法探讨了安全港设计规则；陆伟刚、范合君（2011）从多维度利益博弈的视角对管制放松与政策设计规则进行了与上述研究者大致相同的研究；陆伟刚（2012）对电信运营商接入定价的研究则发现，网络的点到点原则并不能保证社会最优规则的实现。与本章研究基础直接相关的文献由 Rocht 和 Tirole（2003）、Amstrong（1998，2009）、Angelluis Lopez（2009）给出。本章的研究直接受到上述国内外研究的影响。本章以下研究集中在：（1）对网络非中立发生机理的研究；（2）与上述研究范畴相关的双边市场视角研究。

二 研究假设与发现

（一）研究假设

为了揭示网络非中立的发生机理，本章做出如下假设并得出此假设背景下的预期结论。

1. 用户异质并且均匀地分布于 Hotelling 线性区间

在本书中，将网络服务需求者对宽带的速度与时效性分成高质量用户 $\bar{\theta}$ 与低质量用户 $\underline{\theta}$ 两类。$F(\theta)$ 分布于 [0, 1] 区间，概率密度函数为 $f(\theta)$。

即平台两边消费者用户是异质的并且符合 Hotelling 模型的线性均匀连续分布。在我们的模型里，消费者对加入网络的价值、在网络中交易方式（呼叫模式）、对宽带的服务质量等方面存在差异；并且规定，消费者均匀分布于线段 [0，1] 区间内。满足这一假设，网络服务提供商（ISP）就需要针对不同需求的用户制定出不同的连接服务，价格歧视与质量歧视可以较好地保障有限的带宽资源配置效率的提高，从而网络应该是非中立的。

2. 网络平台是非对称的

我们这里研究的对象是非对称性网络。网络的非对称性可以体现在网络用户规模、用户的呼叫模式（网内与网间流量分布）、外部性、用户的质量信息等方面。非对称性决定了不同网络竞争性均衡中的力量对比。如果这一假设存在，那么，网间流量分布呈现出差异，基于点到点的互不结算的网间结算安排离开了对称性网络假设并不能保障社会福利最大化。

3. 双边市场

把现有的互联电信网络理解为一个具有复杂逻辑链路结构的双边或多边平台，以显示与一般意义上的电话网络只是具有单一产品规模经济或网络效应的区别。在这样一个多边市场，不同边的用户存在着显著的间接交叉网络外部性。平台可以依据双边或者多边用户的类型而进行需求协调，提高平台的匹配技术，以消除平台两边用户的交易外部性，从而实现分离完美均衡。

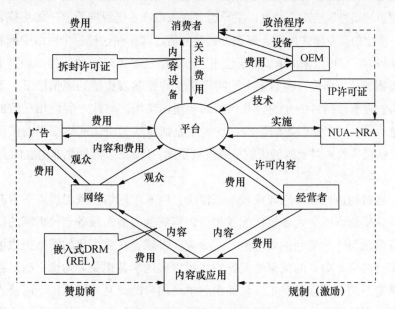

图 12-1　数字化 ISP 平台

图 12 - 1 是基于 IP 协议的数字化 ISP 平台。在这个 ISP 平台上，连接着多边的用户。不仅仅有内容提供者与消费者作为平台的边，还有经营者、广告商、设备提供商以及嵌入式的内容提供商等作为平台的边。这是一个典型的多边市场构造。内容提供商在这一构造体系里是多平台接触用户，消费者加入网络的决策受其在网络中由消费获得的净效用的高低来决定，消费者采取单平台接入方式，或者加入网络 A 或者网络 B。满足上述假设，可以对网络服务提供商结构化服务行为进行分析，考察基于网络边缘原则的结构化合约对整个宽带市场各用户与 ISP 自身带来的结构化效应，以及在给定宽带条件下结构化的网络流量配置的网络资源配置功能。假定这些效应为正，或者福利提高效应严格大于福利下降效应，那么网络非中立存在。如果这一假设存在，那么，将 ISP 置于传统单边市场下的网络中立的公共政策就必须放弃。

4. 网络层次相关性

本假设试图从互联网自身的技术经济学角度去把握网络服务提供商的产业属性。其基本内涵是，网络各个层次具有显著的相关性：一个层次的市场势力会影响到另一个层次。一个基于 TCP/IP 协议的网络至少包括以下的层次结构：由固定网、移动网与其他接入方式接入基础物理层次；以此递进，分别是逻辑链路层次与应用层次及会话层次。在这个层次中，一旦主导运营商控制了基础物理层次，并且，主导运营商采取产业链纵向垂直一体化或者部分一体化的商业模式构造，那么，基础电信运营商在这样一个网络中拥有了市场势力。它可以采取诸如捆绑应用、市场圈定等策略性的行为。如果本假设得到满足，那么，在给定上游物理层受到管制或竞争约束情形下，下游层次的强制性网络中立的公共政策只会扭曲市场。与这一假设相一致的预期结论是，对于互联逻辑结构，点到点原则显然无法让网络提供商借助于下游的接入收入对上游的带宽形成投资激励。ISP 必须是网络非中立的。

（二）发现

通过构造比较静态与比较动态模型，对基于网络服务提供商平台两边用户异质情形下平台各层次配置相应内容流量的接入服务定价机制的网络投资激励与社会福利的效应进行了研究。发现，在数字化的网络提供商平台实行网络非中立的流量带宽配置，可以实现利益相关者均衡，满足在既定带宽下的不同服务需求，从而消除平台用户的交易外部性；不同接入速率敏感度的服务歧视，可以形成内容提供商一边的竞争，从而改善内容质量；网络服务提供商平台层次逻辑结构之间存在的相关性，使网络服务提供商可以利用杠杆效应，对平台的其他层次施加市场势力；在给定物理网络管制情形下，强制性在网络其他层次推行网络中立管制会给平台的最优定价结构带来（Spence）价格扭曲，而且加剧下游的竞争。

第二节 模型与分析

本章分别从比较静态与比较动态的视角进行建模，探讨网络非中立的发生机理。

一 假设与规定

$g_i^j(N) = \mu_i^j \cdot N \, \forall j = 1 、 2; \ i \in [0, 1]$，同时假定 $\mu_i^1 = \mu_i^2 = \bar{\theta}$，$\forall i \in [0, x]$ 以及 $\mu_i^1 = \mu_i^2 = \underline{\theta}$，$\forall i \in [x, 1]$，这里 $\underline{\theta} < \bar{\theta}$ 与 $x \in (0, 1)$。在每一边的消费者 x 拥有保留价值 $\bar{\theta}$，高于 $1-x$ 消费者的保留效用价值，我们把拥有 $\bar{\theta}$ 保留价值的用户称为是对传输时间（速率）具有较高敏感性的高质量类型用户，而把拥有 $\underline{\theta}$ 保留价值的用户称为对传输时间（速率）具有较低敏感性的低质量类型用户。

进一步地，考虑一个能对平台不同边用户之间的协调进行成功实施分离情况下，平台对同一边的不同传输速率用户定价问题。规定以下价格调整的断点：

$$t_1 = 2x - 1; \ t_2 = \frac{x}{2-x} \tag{12.1}$$

注意到如果消费者在该平台的人数 $x \geq \dfrac{1}{2}$，那么，$0 \leq t_1 \leq t_2 \leq 1$；如果 $x \leq \dfrac{1}{2}$，那么，$t_1 \leq 0 \leq t_2 \leq \dfrac{1}{2}$，同时注意到 t_1 与 t_2 是 x 的严格增函数。

二 模型分析

（一）比较静态分析

现在来分析消费者 x 的类型分布是如何作用于平台对同一边不同用户在接入服务提供中定价策略选项的。分成以下四种情形讨论：

情形 1，如果 $\dfrac{\underline{\theta}}{\bar{\theta}} < \max\{0, t_1\}$；那么 $p^1 = p^2 = xh$，只有同一边的高质

量类型用户加入平台。

情形 2，如果 $\frac{\theta}{\bar{\theta}} \in (\max\{0, t_1\}, t_2)$；那么这里一定存在 $j \in \{1, 2\}$，这样 $p^j = xl$，所有 j 类用户加入网络，而当 $p^{-j} = h$，$-j$ 类型的用户（高保留价值用户）加入网络。

情形 3，如果 $\frac{\theta}{\bar{\theta}} < (t_2, 1)$，那么 $p^1 = p^2 = pl$，所有类型的消费者都加入网络。

情形 4，如果 $\frac{\theta}{\bar{\theta}} = t$，这里一定存在情形 1 与情形 2 对不同类型用户实施利益相关者分离的完美均衡。即所有的用户选择他们各自在激励相容约束条件下能极大化其效用的网络，同样，如果 $\frac{l}{h} = t_2$，就一定存在上述情形 2 与情形 3 的利益相关者分离的完美均衡。

利益相关者的完美均衡解通常是唯一的，这一均衡的位置取决于参数值 x，$\underline{\theta}$ 与 θ 的大小。如果 θ 较低（考虑到即时通信的需求）以及消费者人数较高，ISP 的目标就仅仅是市场两边的同一边用户中的那些具有较高保留价值的用户，因而对这些类型的用户平台会索取一个较高的价格水平；如果 $\underline{\theta}$ 相对较高以及消费者人数较高，ISP 的目标就是获得足够多的用户基数以吸引高质量 $\bar{\theta}$ 类型用户的加入；假如 t 相对较高而且消费者 x 数量较小，ISP 的目标是所有两边用户中各自类型的用户，因而通常会制定出一个较低的价格水平，甚至将这些用户视为平台现金流量池子的亏损中心，即 $p < c$；假如 t 值较高而且消费者数量较大，ISP 的目标是在平台一边制定较低的价格以抢夺基础用户，而在平台另一边则制定较高的价格以获取用户的交叉网络外部性；如果 t 值相对较小而且消费者数量较小，ISP 的目标是锁住基础用户的同时提高平台另一边用户的价格，这样总的价格水平高于成本；如果 t 的值居于高与低之间，ISP 的目标就是随机性质，价格就有可能高于成本，也有可能低于成本（如一些免费的服务变收费，收费的服务变免费）。这一点，在很多互联网企业都能看到。比如，阿里巴巴收取通道费，网易免费邮箱及苹果 Ipad 一些应用收费而另一些应用则免费。上述不同情形下的定价方式与本章的相关研究假设中的假设二相一致。ISP 作为一个具有双边市场特征的平台运营商，链接了众

多的客户。而平台的运转需要借助平台如何将两边以上的用户吸引到平台。这是所有的 ISP 必须考虑的鸡与蛋的问题。在双边市场，一边用户的加入依赖对另一边用户加入的预期。如果平台的一边用户预期另一边用户也会加入，加入平台就是最优的。特别是，当一边用户的数量足够大，另一边用户的网络外部性就会因此而增大。因此，解决用户安装基础，获得最小有效规模用户成为 ISP 平台定价决策成功的关键。为了吸引一边用户加入平台，平台运营商往往会将价格定于边际成本以下，而对平台的另一边则收取高于成本的价格。在这里，平台可以在保持价格水平不变前提下，通过对两边用户的价格结构的调整，影响平台的交易数量，从而获得更多的收益。价格结构呈现出显著的利润非中性。这种对两边用户收取不同价格的策略，在 ISP 平台的撬动期得到了广泛的应用。而且在这个阶段，整个市场的用户规模较大，竞争性的 ISP 的最优定价就是将价格定于边际成本以下。上述的分析，我们可以得到如下命题：

命题 1　用户的安装基础决定了竞争性的 ISP 对平台两边用户的不同定价水平，即双边市场的成员外部性与交易外部性在平台的不同阶段呈现出不同的特征。在平台撬动期，成员外部性的获取构成平台定价决策的核心；在平台运营期，交易外部性的获取则构成平台的定价决策核心。

注意到，如果 $x < 1/2$，ISP 在平台的两边索取较高的价格水平就不存在利益相关者完美均衡。ISP 的目标就仅仅是那些高质量类型的用户。在平台一边索取较高的价格就意味着与之相伴随的是在平台的另一边索取较低的价格。这里的原因是，必须在平台的另一边留足足够数量的用户以吸引平台另一边用户加入平台并且愿意为此支付一个较高的价格。这样，ISP 就不可能同时在平台的两边攫取消费者用户的剩余。也就是经平台对两边用户的成功协调并不能在任何的消费者数量的参数范围内实现。

假定 ISP 经营两个以上的网络，这一假定在电信网络重组及网络融合趋势下是个现实假定，在经营两个以上网络的条件下面对平台两边各自具有高类型与低类型用户时，ISP 的定价策略选项对其在满足社会福利目标约束下对利润的影响。以下的研究将显示如下一个命题的存在：

命题 2　在一个特定的参数值 x 范围内，在每一个完美的利益相关者均衡里，ISP 选择经营两个（或以上）的网络，市场同一边的高质量类型用户与低质量类型用户选择不同的网络。规定以下价格竞争策略选取断点以获取最优价格：

$$z_1 \equiv 4x - 1; \quad z_2 \equiv \frac{x(1-2x)}{1-x} \tag{12.2}$$

对（12.2）式的计算发现，如果 $x \in \left[0, 1 - \frac{\sqrt{2}}{2}\right]$，那么 $t_1 \leqslant z_1 \leqslant t_2 \leqslant z_2$，$z_1$、$z_2$ 是 x 的严格增函数；并且结合考虑 $\frac{\bar{\theta}}{\underline{\theta}} \in (\max\{0, Z_1\}, Z_2)$，不难发现，所以平台 j 边的高质量类型用户与所有 $-j$ 一边的低质量类型用户加入网络1，而平台 j 边的所有低质量类型用户与 $-j$ 一边的所有高质量类型用户加入网络2。平台的最优定价为：

$$p_1^j = p_2^{-j} = \bar{\theta}(1-2x) + x\underline{\theta}; \quad p_2^j = p_1^{-j} = x\theta \tag{12.3}$$

（12.3）式中参数 x 价值分割成两部分：一方面是 ISP 经营一个网络时将会覆盖平台两边的所有用户；另一方面是经营一个网络的平台会在平台的一边为高质量类型用户提供网络服务而在平台的另一边则覆盖所有的用户。这时，由于一部分用户没有被网络覆盖，社会福利水平在 $x \in \left[0, 1 - \frac{\sqrt{2}}{2}\right]$ 的范围内受到不利影响。这时，如果 ISP 经营两个以上网络并且对两个网络两边各自具有不同类型的用户借助于二级价格歧视的形式予以甄别并制定不同的网络服务价格，社会福利会因此而得到增进。特别是当高质量类型用户特别少且其保留效用不易被 ISP 观察时，ISP 在平台的一边索取较高的价格而在平台的另一边索取较低的价格，而另一个网络做相反定价操作，就可以将两个网络的不同边各自的高低质量类型用户予以甄别。结果形成低质量类型用户选择相对便宜的网络（此类用户从平台另一边边际用户处而获得的额外收益通常较小，对网络价格的变化敏感度通常较高），高质量类型用户则选择支付价格较贵的网络并形成均衡。这样整个网络也就形成了利益相关者的完美均衡。在上述均衡里，ISP 或许因为对市场两边拥有较高保留价值用户外部性的攫取而牺牲了一部分消费者的毛剩余，但是，如果 $\frac{l}{h} \in (z_1, t_2)$，ISP 在一边制定较高价格而在另一边制定 xl 的价格，第一边通常只有高质量类型用户，而另一边则可以覆盖所有的用户。在这样的情形下，ISP 在两个网络同时经营，高质量类型用户的效用增进的同时低质量类型用户对此无差异，那么帕累托改进因此而存在。

接下来的问题是获得的社会福利最大化的条件而需要对一些接入网络的内容予以排他性的限制的条件是否需要对带宽进行切割以增加或者减少

所传输的内容。带宽约束可以写成：

$$\int_{\underline{\theta}}^{\bar{\theta}} \frac{\chi(\theta)}{T(\theta)} dF(\theta) = B \tag{12.4}$$

如果用户能够调整对带宽的需求，社会福利由 $\omega = \int_{\underline{\theta}}^{\bar{\theta}} (\pi + \sigma) \alpha(T(\theta),$
$\theta) dF(\theta)$ 给定，而 $\chi(\theta) = \alpha[T(\theta), \theta] \omega(p^*)$，带宽约束可以改写为：

$$\omega(p^*) \int_{\underline{\theta}}^{\bar{\theta}} \frac{\alpha[T(\theta), \theta]}{T(\theta)} dF(\theta) = B \tag{12.5}$$

让 λ 标为约束的拉格朗日乘子，社会福利最大化可表示为：

$$\int_{\underline{\theta}}^{\bar{\theta}} \alpha[T(\theta), \theta] \left[\pi + \sigma - \lambda \omega(p^*) \frac{1}{T(\theta)} \right] dF(\theta) \tag{12.6}$$

让社会福利最大化对 θ 求导得：

$$\alpha \left[T(\theta), \theta \right] (\pi + \alpha - \lambda \omega(p^*) \frac{1}{T(\theta)}] \tag{12.7}$$

上式又可写为：

$$\log\{\alpha[T(\theta), \theta]\} + \log\left[\pi + \alpha - \lambda \omega(p^*) \frac{1}{T(\theta)} \right]$$

比较静态结果显示：最大化上式的结果是如果分部分去考虑 θ 与 T
(θ) 得到的值是正的，那么 $T(\theta)$ 是正的。如果分部分去考虑上式得到的
值是负的，那么 $T(\theta)$ 是负的，因此，$\log\{\alpha[T(\theta), \theta]\}$ 的符号视多个不同
内容对传输时间的需求弹性的值来确定，需求弹性可表示为：

$$\varepsilon(T, \theta) = -\frac{\partial \log[\alpha(T, \theta) \omega(P^*)]}{\partial \log(T)} = -\frac{\partial \log[\alpha(T, \theta)]}{\partial \log(T)} = -T \frac{\partial \log[\alpha(T, \theta)]}{\partial T} > 0$$

$$\tag{12.8}$$

这一结果显示，是否需要对一部分传输内容予以优先权的网络非中立
政策依赖于对不同传输内容的传输时间的弹性需求。不失一般性，可得到
如下命题：

命题3 如果对传输时间有单一弹性需求，那么对所有的 T 与 θ 都有
共同的符号，而且如果考虑到传输时间的所有时间范围具有 θ 型内容的弹
性需求超过了具有 θ' 的弹性需求，即 $\varepsilon(T, \theta) > \varepsilon(T, \theta')$ 在多个内容提
供商之间的带宽社会福利最大化的配置就应该是对 θ 的传输时间要比 θ' 的
传输时间要来得短，如果对所有的 T，弹性需求没有变化，那么网络中立
则有助于提升社会福利水平。

引理 1　如果网络提供商能够将内容传输用户的类型分置，即减少具有传输时间高敏感度用户的传输延迟，即把低敏感度用户的一部分带宽资源转移给高敏感度用户，将会提高既定带宽下内容传输的数量，社会福利水平因此可以在网络中立原则下得以实现。

证明如下：假如 $\alpha(T, \theta) = \beta(T)\nu(\theta)$，$\beta$ 为可分别对时间 T 敏感度类型的系数。这里 $\beta(\cdot) > 0$，$\nu(\cdot) > 0$，$\beta(\cdot)$ 向下倾斜，$\nu(\cdot)$ 向上倾斜。规定 $g(t) = \dfrac{t}{\beta(t)}$，因为 $\beta(t)$ 下降，所以 $g(t)$ 上升。如果 $g(\cdot)$ 是凸函数，那么 $g^{-1}(\cdot)$ 就是凹函数。

$$t_n = g^{-1}\left(\frac{\omega(p^*)}{B_n}\right)\int_{\theta_n}\nu(\theta)dF(\theta)\,;\, t^* = g^{-1}\left(\frac{\omega(p^*)}{B}\right)\int_{\underline{\theta}}^{\overline{\theta}}\nu(\theta)dF(\theta))$$

$$(12.9)$$

得到命题 4：

命题 4　如果针对传输时间与类型 $\alpha(T, \theta)$ 是多重可分离的调整函数，而 $\dfrac{t}{\beta(t)}$ 是凸函数，网络中立情形下的社会福利水平就高于基于不同时间传输内容下的社会福利水平。

引理 2　如果 $\alpha(T, \theta)$ 不可分离，即在数据包而不是字节传输下，而且 $\beta(t)$ 是增函数，那么网络非中立情形下的社会福利水平高于网络中立。

考虑网络中立的争论不仅是指内容发出端，也包括本地内容接入端，即通常意义所说的"最后一公里"。因此，对网络是否具有中立，需要在接入端对网络中立与网络非中立的社会福利水平进行比较，并且考虑网络服务提供商的激励强度。这里，既可以将社会福利水平最大化作为目标函数，把网络服务提供商的激励相容约束与参与约束作为约束条件，也可以将网络服务提供商的利润最大化作为目标函数，而相应地把社会成本作为约束条件，来获得最优的拉姆齐定价。本章逻辑一致性要求在这里仅集中在最后一公里的网络提供商在面临终端用户异质的背景下，ISP 如何对这些用户定价才能实现社会福利最大化的目标的同时，又能体现出激励与参与约束。

假如，一个位于终端的网络服务提供商提供一个对接入时间的敏感度介于 0 与 1 之间的接入服务，并向内容提供商收取一个其接入到终端用户的接入费 $a > 0$。如果在面临 $a > 0$ 时，没有一个内容提供商需要此项接入服务。一个显然的结果是，如果社会禁止网络服务提供商收取该接入费，那么社会福利水平因此就会提高。此时，网络就必须是提供零价格接入服务。然而，在考虑到网络拥挤需要将一部分低价值使用网络的用户排除在市场之外社会福利水平才可提高时，上述结论又是模糊的。因而，作为最后一公里的网络提供商收取的内容提供商一个非负价格（这里，我们通常假定终端消费者在双边市场是补贴的一方）是否应该禁止就值得讨论。特别是当网络服务提供商能够对内容提供商的内容质量、传输速率偏好、内容或文档容量等信息进行内容提供商的类型甄别而实行二级价格歧视时，那么作为社会福利最大化的目标与网络服务提供者的利润最大化目标就是有完全的一致性。也就是说，网络应该是非中立的，网络服务提供商有权选择内容提供商并将带宽资源配置给那些高质量类型的用户，而对低质量类型用户或进行排他性的交易，或对比收取一个高质量类型用户同样的价格水平。这样，网络是否中立取决于网络服务提供商能否根据平台双边各自不同用户类型进行激励相容约束的资费套餐设计。

命题 5　如果存在两种资费套餐服务，$\pi\alpha(t',\theta')-a' \geqslant \pi\alpha(t,\theta')-a'$，那么意味着低质量类型 θ' 的用户在 a' 价格水平上偏好更快的内容传递；$\pi\alpha(t',\theta)-a' > \pi\alpha(t,\theta)-a'$，意味着高质量类型的用户强烈偏好在 a' 价格水平上的网络服务。

为了进一步证明 ISP 为平台任意一边中不同类型 θ 提供网络非中立的服务有助于平台将网络资源在用户群组中优化配置，可以对上述命题作进一步分析。如果 ISP 能够提供两种服务：高速或即时服务标记为 h；低速或延时服务标记为 l。让 γ 表示 $\{l,h\}$ 的判定或识别要素，t_γ 表示为在时间 t 内相对于传输类型的传输速率。在均衡里，网络所有的内容提供商的内容传输到达到需要 γ 服务的终端用户处，并让 a_γ 表示为 ISP 向内容提供商提供 γ 服务时索要的接入费（在双边市场，消费者通常得到平台的补贴）。有了上面这些特征符号规定，容易得到：

$t_h < t_l$；$a_h > a_l$

一个 ISP 在判定内容提供商的 γ 时，通常考虑以下三种可能：

$0,\ \alpha(t_l,\theta)\pi-a_l,\ \alpha(t_h,\theta)\pi-a_h$

服务的优先级顺序为：$h>l>0$。还规定 $\theta>\theta'$，$\gamma>\gamma'$。可得：

命题 6　θ' 型的内容提供商相对于 γ' 而言偏好 γ，意味着 θ 型的内容提供商偏好 γ。反过来说，θ 型内容提供商相对偏好 γ'，意味着 θ' 型的内容提供商偏好 γ'。假如存在歧视性均衡，那么上述命题一定包含两个断点（跳跃点）θ_l 与 θ_h。

$\theta \leqslant \theta_l < \theta_h < \bar{\theta}$，$\theta \geqslant \theta_h$ 类型用户购买高速宽带服务；而 $\theta \in [\theta_l, \theta_h]$ 型的内容提供商则购买低速宽带服务；$\theta < \theta_l$ 就不购买服务。如果网络中立，ISP 的利润为零以及 $\alpha(l_h, \theta_h) = \alpha(l_l, \theta_h)$，虽然违反激励相容约束，从而市场 χ 非效率。如果 ISP 能够针对用户实施完美价格歧视，那么 $a = \alpha$ $(T(\theta), \theta)\pi$ 加上"最后一公里"的 ISP 利润，其总利润为：

$$\int_{\theta}^{\bar{\theta}} (\pi + \sigma) \cdot \alpha[T(\theta), \theta] dF(\theta) \tag{12.10}$$

此式与社会福利表达式完全一致。因此，网络非中立可以实现社会福利目标。

上述讨论与分析并没有考虑非对称性网络的存在。而在现实中，或者是由于用户的规模存在差别，或者是由于用户的呼叫模式的非平衡性，一方为净呼出，而另一方为净呼入，网间的流量分布在不同的 ISP 之间存在差异，或者是因为不同的 ISP 的用户选择偏好差异，网络的非对称性普遍存在于现实的互联网产业中。本章，我们研究基于不同市场份额的 ISP 的终端服务价格水平对社会福利产生的影响。

两个 ISP 的现有市场份额分别规定为 s_1 与 s_2，固定成本 f，q_i 是呼叫流量；v_0 表示消费者与另一个网络上的用户链接而得到的固定剩余，该项值通常假定非常大以至于每个用户在均衡价格上选择与其他用户链接；以 w_i 表示消费链接网络的净剩余。并且，规定 $s_i s_j$ 代表所有的呼叫必须互联，因而我们这里讨论的是网间价格。每个网络的平均呼叫长度取决于每个网络收取的每分钟通话价格。在平衡呼叫模式假定下，每分钟的通话相对价格决定了网络 i 是净呼出还是净呼入，从一个网络端点到另一个网络端点的净呼入流量，网络会得到一个接入费，但是，同时会产生出一个成本 c，净呼出网络会支付一个 a，但同时节省一个服务成本 c。这样，每一次的呼叫都与接入价格的支付有关。

一个 ISP 的利润函数可以表述为：

$$\pi_i = s_i(p_i - 2c)q(p_i) + s_i[V(p_i) - w_i - f] + s_i s_j(a - c)[q(p_j) - q(p_i)] \tag{12.11}$$

对于分别求一阶导数并令其值为零，得：

$$\frac{\partial \pi_i}{\partial p_i} = s_i q(p_i) + s_i(p_i - 2c)q'(p_i) + s_i[V'(p_i) - w_i - f] + s_i s_j(a - c)q(p_i) = 0$$

$$\frac{\partial \pi_i}{\partial w_i} = -s_i + \sigma(p_i - 2c)q(p_i) + [V(p_i) - w_i - f]$$

$$+ (s_j - s_i)(a - c)[q(p_j) - q(p_i)] = 0 \qquad (12.12)$$

利用间接效用函数：$V'(p_i) = -q(p_i)$

考虑到 p 的一阶条件的均衡价格为：

$$p_i = 2c + s_j(a - c) \qquad (12.13)$$

由于小的网络网间呼叫比例高，因而越是市场份额小的网络，其使用费将取决于互联这一项，价格在网络间的差异就可以反映在不同网络市场份额的不同和双方之间的接入价格以及各自的成本。

$$p_i - p_j = -(s_i - s_j)(a - c) \qquad (12.14)$$

注意到，如果市场份额大的网络接入价格超过成本，那么零售市场的每分钟通话价格为 $p_i p_j$，原因是大的网络具有较小的网间流出量，对手在大网络拥有的接入收益较低。因此，大的网络偏好于将接入价格定于边际成本以上。相反，如果市场主导运营商同意将接入价格定于边际成本以下，其网内价格就会高于从属运营商，主导运营商就会面临客户转网问题。

依据利润函数对 w_i 的一阶条件以及 w_i 的定义，我们可以得到均衡的租费 r_i：

$$r_i = f + \frac{s_i}{\sigma} - (p_i - 2c)q_i - (s_i - s_j)(a - c)(q_i - q_j) \qquad (12.15)$$

最后一项对两个竞争性网络是同样的，原因也在于平衡呼叫。进一步地，通过简单的数学技术处理，可以得到下述符号函数：

$$sign(q_i - q_j) = sign(s_i - s_j)(a - c) \qquad (12.16)$$

于是，（12.15）式中的最后一项永远是负值。也就是说，呼叫的外部性越大，其租费也就越低。因此考虑到外部性，固定费与交易费之间的"水床效应"并不会是 LRT 模型里的 100%。竞争性网络的一方或者双方就存在偏离成本水平的激励。将（12.13）式与（12.15）式代入到利润函数中得到：

$$\pi_i = \frac{s_i^2}{\sigma} - s_i^2(a - c)(q_i - q_j) \qquad (12.17)$$

（12.15）式在（12.17）式中的含义是：对大网来说，其值为正；对小网来说，其值为负。这就得出了当小网偏好于或者高于或者低于边际成本的接入价格时，大网严格偏好于接入价格等于边际成本的结论。不过，当 s_i 非常低时，提高接入价格 a 可以减少 s_i，以使（12.17）式中的利润为非负。由此，可以得到：

命题 7 当竞争性的两个网络市场份额相同时，两个网络对接入价格无差异，否则，大的网络就偏好于收取一个价格等于或者高于边际成本的非负价格，而小的网络并不偏好于接入价格等于边际成本。这样，网间的互不结算的网络中立原则条件就不存在。

（二）比较动态分析

假如 ISP 对每一单位的内容索取价格 γ 并不依赖内容类型，并且假如 ISP 向终端消费者索取每个服务单位的 p，然后消费者从 θ 类型的内容提供商购买 $\alpha(T(\theta), \theta)\omega(P+\gamma)$ 单位，内容提供者确定其价格水平的利润极大化：

$$(q+p-c)\omega(p+\gamma) \tag{12.18}$$

假如 ISP 向内容提供者直接索取价格，内容提供者面临的问题是：

$$(q+p-\gamma-c)\omega(p) \tag{12.19}$$

ISP 如何定价才能最大化其利润：我们能假定网络中立条件存在：ISP 不能向内容提供者收取接入费，并且假定在初期，每单位内容的费用在不同内容类型中没有差异，ISP 的利润为 $\beta+\gamma\chi$，β 是用户的注册费，χ 是总的内容传输量，ISP 的利润为：

$$\int_{\underline{\theta}}^{\bar{\theta}} \left[\alpha(T(\theta),\theta) \int_{\gamma+p*}^{\infty} \omega(p)dp \right) dF(\theta) + \gamma \int_{\underline{\theta}}^{\bar{\theta}} \left[\alpha T(\theta),\theta] \omega(p)dp \right) \int_{\underline{\theta}}^{\bar{\theta}} \alpha[T(\theta),\theta]dF(\theta)$$

$$\tag{12.20}$$

命题 8 ISP 向终端用户收取 γ（每单位内容），但不收取内容提供商接入费，(a) 配置带宽的利润最大化可以以社会福利最大化方式进行。

如果 ISP 确定每单位的费用是内容类型的函数，并且实行两部收费，即向两边用户均收取接入费 a，容易看到 IPS 的最优设计与上式相同：

$$\max_{\beta(\cdot)} \int_{\underline{\theta}}^{\bar{\theta}} \{\gamma(\theta)\omega[\gamma(\theta)] + p^*[\gamma(\theta)]\} + \int_{\gamma+p*}^{\infty} [\omega(p)dp]\alpha[T(\theta),\theta]dF(\theta) + \alpha\chi$$

$$\tag{12.21}$$

命题 9 ISP 能索取每内容单位 γ（θ）的费用，并且向内容提供商收取接入费，利润最大化地在不同 θ 型用户中配置带宽资源，同样可以体现社会福利最大化目标。

注意到，在 ISP 平台的价格结构设计中，ISP 可以采用多种定价结构：单一定价与两部定价；可以向一边用户收费而向另一边用户补贴，或者两边都收费，如苹果 iPad 模式那样。

三　网络非中立下的带宽投资激励研究

讨论网络中立的发生机理，必须考虑网络的投资激励。设：存在两种

类型的对带宽需求 $\underline{\theta}$ 和 $\overline{\theta}$，内容传输时间的调整函数为 $\alpha[T(\theta)] = \dfrac{\theta}{T}$，$\theta$ 服从 F 分布，f 为 F 分布下的密度函数，σ 为消费者剩余因子，$\sigma = \int_{p^*}^{\infty} \omega(p) dp$，消费者剩余为 $\int_{p^*}^{\infty} \chi(p,\theta) dp = \alpha[T(\theta),\theta]$，$\int_{p^*}^{\infty} \omega(p) dp \equiv \alpha[T(\theta),\theta]\lambda$。社会福利函数可写成：

$$\int_{\underline{\theta}}^{\overline{\theta}} \left\{ \left[\sigma + \pi - \frac{\lambda\omega(p^*)}{T(\theta)} \right] \alpha[T(\theta),\theta] - \pi \frac{1-F(\theta)}{f(\theta)} \frac{\partial \alpha[T(\theta),\theta]}{\partial \theta} \right\} f(\theta) d\theta$$

$$(12.22)$$

如果用 k 代替 λ，但仍然存在激励相容约束解，传输的时间延迟参数保持不变

$$\int_{\underline{\theta}}^{\overline{\theta}} \left[(\alpha + 2\pi - \frac{k\omega(p^*)}{T(\theta)}) \theta - \pi \right) \frac{1}{T(\theta)} d\theta \quad T(\theta) = \begin{cases} \infty, & \theta \leqslant \dfrac{p}{a+2p} \\ \dfrac{2k\theta w(p^*)}{(2\pi+\delta)\theta - \pi}, & \theta > \dfrac{\pi}{\alpha+2\pi} \end{cases}$$

$$(12.23)$$

不受网络中立规则的带宽提供商建立带宽网络的激励为：

$$Bun = \omega(p^*) \int_{\underline{\theta}}^{\overline{\theta}} \frac{\alpha[T(\theta),\theta]}{T(\theta)} dF(\theta)$$

$$= \int_{\frac{\pi}{2\pi+a}}^{1} \frac{[(2\pi+\sigma)\theta - \pi]^2}{4k^2\theta\omega(p^*)} d\theta = \frac{\sigma^2 - \pi^2 + 2\pi^2\log\left(\frac{2\pi+\sigma}{\pi}\right)}{8k^2\theta\omega(p^*)} \quad (12.24)$$

在网络中立下：$\pi = 0$，$Bn = \dfrac{\sigma^2}{8k^2\omega(p^*)}$。由于 $2\log(2) > 1$，显然 $Bun > Bn$ 即网络非中立有助于提高网络宽带的水平。

命题10 考虑作为平台交叉网络外部性与在 ISP 平台用户的多平台接触，参数值 x 的范围显著地大于 $1/2$。因此，网络非中立的网络边缘原则有助于改进激励相容机制。

第三节 公共政策设计的启示

一 积极推进网络非中立管制政策

前面的研究已经显示出，ISP 实施价格歧视或其他排他性交易行为是

作为具有双边市场特征的平台运营商竞争策略的基本特征。而且，网络非中立的定价不会导致宽带接入市场形成市场势力从而妨碍宽带市场的公平竞争；相反，网络非中立在考虑平台多边用户交叉网络外部性情形下的消费者人数的参数值并不符合网络中立主张者规定的特定范围，网络非中立可以较好地体现出社会福利最大化与网络带宽投资激励性的平衡。因此，将网络非中立置于一般的反托拉斯法案框架下而视为反竞争性的行为，并不适用本章研究给出的一些基本假设与命题。事实上，到 2003 年，宽带网络与 DSL 用户的管制就明显放松。而在中国，2011 年，国家发改委反垄断局针对中国电信与中国联通的网络宽带问题进行了法律认定，最终宣布两家宽带运营商存在滥用市场势力的反竞争性垄断并对其课以罚款。似乎此项诉讼已经断案，可作为网络提供商的优先配置用户流量行为以及应用捆绑、垂直一体化等行为是否排斥竞争而需要立法禁止，涉及下一个互联网时代的宽带发展。

二 管制政策必须反映产业属性与商业模式需要

笔者认为，结合用户需求差异与 ISP 的双边市场平台构造特征两个方面，最优的电信宽带的公共政策设计必须从以下四个层面进行：（1）技术层面的流量打包与网络层次配置。这意味着 ISP 可以对流量进行重新包装以避免网络的不恰当占用或拥挤。（2）竞争层面。这涉及 ISP 平台用户在互联逻辑结构层次所面临的竞争压力。（3）用户层面。作为平台的多边用户服务价格需求弹性与内容提供者的价格供给弹性差异，从资源配置效率角度不同的用户对平台另一边的价值评估的差异必须内部化。（4）动态效率层面。这个层面将涉及下一代高速互联网的投资激励问题，可以称为效率测度的前沿技术进步指标。上述四个层面，应该作为公共政策设计的出发点与归属。

本章的研究显示出在下一个网络时代 ISP 所具有的多边平台性质，而且，这一生态环境还会随着技术与需求的变化更趋向于复杂。为了平台能够实现对用户的协调以达到相关利益者完美均衡，平台必须提高交易所需的匹配技术，对网络流量重新进行结构化包装并配置到相应的网络逻辑链路层次。而点到点的网络中立原则下，ISP 仅仅是一个管道，不具有平台性质。很显然，产业属性与政策设计存在冲突。到现在为止，成功的互联网企业如谷歌与苹果无不是因为建立起了与双边市场特征相符的商业运作模式，解决了客户选择的问题从而获取了价值。而成功的关键是现金流池子的建立，将平台的一边用户作为盈利中心，而平台的另一边用户则作为平台的亏损中心，盈利一边的收益补贴亏损一边的客户。作为 ISP 的物理层次具有接入垄断性质，从福利最大化角度看，该层次的用户构成 ISP 平台撬动的基础客户群，基础电信用户是竞争性 ISP 争夺的主要对象。庞大的用户安装基础可以吸引众多应用于内容提供商，以广告为支持的盈利模式的基础就越牢固，优质的应用与内容的低价与免费接入空间就将存在。同时，维护基础用户市场的有效竞争，可行方案是下游网络层次的接入收入可以缓和上游层次的竞争。这一切依赖平台对用户类型的甄别，即 ISP 必须对来自网络的流量依据用户对时间（网速）敏感度、流量的大小、流量的频率进行相应层次的结构化配置。因此，实施网络是非中立的公共政策反映了基于互联逻辑结构下的双边市场特性。考虑到 ISP 的非对称性，一个可行的网间接入安排应该是让主导运营商制定出一个高于边际成本的接入价格，而从属运营商则制定出一个低于或者基于边际成本的接入价格。

三　公共政策必须反映竞争环境

竞争环境涉及相关市场边界的认定。相关市场既包括产品市场，也包括地理市场。作为信息经济的互联网产业，其产品本身具有可复制性质。因而产品意义上的相关市场范围就比传统产业的产品替代范围广。在网络融合的背景下更是如此。不能把 ISP 仅仅理解成简单的信息产品的传输管道，而应该将 ISP 视为一个多个相关产品相互作用的复杂链路的逻辑结构。在该结构系统中，所有层次上开展的业务均构成 ISP 竞争的相关市场。本书给出的 ISP 层次结构容易看到在基础物理层次一旦拥有市场势力就存在垄断相邻市场的激励或者至少存在增加对手服务成本寻求纵向一体化的激励。这样，物理网络是整个竞争的关键。互联网产业中的地理市场是由多个 IP 协议构成的，用户只要拥有 IP 地址，相关的链接就会延伸到拥有 IP 地址的用户手中。因而，ISP 相关市场的地理范围要宽泛于传统产业有关地理市场边界的认定。基于竞争环境的相关市场边界划分范围的认知，竞争政策的设计就必须放弃在某一个特定市场对 ISP 市场势力的认定标准。进一步地，在数字化背景下的 ISP 平台具有典型的多边市场性质。而多边市场的竞争环境显然不同于单边市场下的情形。一些在单边市场下的诸如捆绑、价格歧视、排他性交易及市场关闭竞争等具有明显的反竞争性特征而被反垄断法禁止的行为放在双边市场的竞争环境下，却是平台得以成功运行的保障。因此，在双边市场环境下，假想垄断者测试（SSNIP）受到前所未有的挑战。这些挑战同样适用于事先的管制政策设计。现有的管制是把双边市场平台的协调平衡之路卡死了：基础物理层次管制加上其他网络层次管制，平台无法借助完美的价格结构歧视解决平台两边用户的外部性问题。

四　政策必须反映带宽投资激励与社会福利要求

依据研究得出的结论，只要存在激励相容约束，ISP 的利润最大化目标可以体现出社会福利目标。只要存在完美的歧视，实现协同完美均衡，外部性消除保障了社会福利最大化目标。在给定基础物理层次强管制的情形下，其他网络层次网络中立管制会给网络投资激励带来不利的影响。因为，ISP 既不能通过网络批发市场获取收益也不能从零售市场获得收益。公共政策设计就缺乏激励约束与参与约束而只有竞争或管制约束。一项优化的政策设计之间的约束不匹配，最优解就难以形成。而且会给 ISP 平台的最优定价结构带来斯彭斯的价格扭曲（E. Glen Weyl，2010），进一步扭曲平台两边及同边不同用户之间的竞争。扭曲平台之间的竞争，最终，减弱 ISP 对下一代互联网宽带的投资激励。在这些强制性网络中立公共政策造成的负面影响中，最为严重的是，网络中立公共政策不仅仅是为了防止或处罚反竞争性行为，而且在 ISP 与 IAP/ICP 之间本应存在的有效率交易也一并损害了。鉴于此，公共政策设计必须考虑 ISP 带宽投资激励。对中国带宽市场而言，这一点更为迫切。虽然中国的网民人数号称世界第一，而带宽的内容与质量及网速与世界一些国家相比，存在很大的差距。现有中国的带宽是技术宽带不是内容或应用宽带。无论是主导运营商还是从属运营商，其带宽的服务基本上是在相同或相近市场展开竞争。主导运营商凭借其物理层次的垄断势力而利用其杠杆效应在下游层次限制其他竞争性的应用与内容。因此，笔者认为，为了缓和零售市场竞争，应提高批发市场的接入价格，而不应该是零价格或者零利润服务。这样一种收益机制安排既避免了"搭便车"，同时可以向 IAP/ICP 施加创新激励，开发出带宽市场发展所需的应用与内容服务，在 ISP 平台各用户之间形成有效竞争市场格局。

第十三章 双边市场的接入价格
管制政策设计

第一节 研究背景、假设与发现

一 相关文献与总结性评述

本章研究来自对网络互联研究的大量文献所提供的方向，这些文献构成本研究的基础，有些文献还直接构成本研究的内容。这些文献具有相同的结构：一旦互联为竞争性的网络，双方就展开伯特兰式的价格博弈，消费者依据自身在横向差异化的 Hotelling 模型中所处位置来选择加入其中的一个或者两个网络。假设竞争性双方彼此接受互惠接入定价并对消费者实行线性收费，Armstrong（1998）与拉米等（1998a）的研究显示，对称性的本地网络将会制定一个高于接入边际成本的接入价格以此缓和在每分钟通话费上的价格竞争。通过高的接入价格运营商减弱了为争夺市场份额而进行价格战的激励。他们的研究还发现，如果一家运营商降低每分钟通话费的价格，就会面临呼叫的净流出，给定足够高的接入价格将减少它的利润。因而，高于成本的接入价格会成为竞争性网络运营商的合谋工具。Gans 与 King（2000）对网间结算清零对等研究发现，如果竞争性网络彼此的终端接入价格为零，那么，能够对零售市场的竞争起到缓和作用。这一发现间接性地证实了上述有关在接入价格上进行合谋的结论。而另外一些经济学家对此结论提出了不同看法。Joen – Laffont – Tirole（2002）分析了在存在呼叫外部性和接听方付费条件下电信运营商的竞争策略。他们的研究结论是：在不存在基于终接网络价格歧视条件下，直接外部性对电信运营商的竞争策略不会产生影响，因为消费者无论加入哪个网络，其接听电话的时间都增加相同的数量，所以直接外部性对所有消费者都是相同的，但是当存在基于终端接入网络"瓶颈"的价格歧视时，直接外部性将对电信运营商的竞争策略产生影响。金钱外部性则在网内与网间对运营商的竞争策略产生不同影响。对于网内的通话，金钱外部性由于能够被电信运营商内部化，因此其并不影响电信运营商的可测成本，对于网外的通话，由于竞争者的消费者将为接听电话进行支付，因此将影响到电信运营商的可测成本，金钱外部性将对电信运营商的竞争策略产生影响。Joen - Laffont - Tirole 考察了当通话时间长度由呼叫方和接听方非合作决定时，在三种不同的定价方式下电信竞争的结果。当终接价格和接听价格受到管制时，管制机构可以使用两个工具，社会福利的最优化要求管制机构制定低于终接边际成本的终接价格；当接听价格由市场决定时，电信运营商最优策略是制定呼叫价格与接听价格等于异网成本；当存在基于终接网络价格歧视时，电信运营商能够对网内的通话和网络间的通话制定不同的呼叫和接听价格，在不存在接听方付费情况下，当接听方从通话中获得的效用接近甚至超过呼叫方时，电信运营商竞争策略是制定无限大的异网呼叫价格，通过影响竞争者的消费者效用来进行市场份额的争夺，由此导致网络连接的中断。当引入接听方付费时，虽然呼叫方的电信运营商的可测边际成本减少了，但是电信运营商可以通过操纵接听价格来影响呼叫方的效用。因此在一定的条件下，电信运营商将制定无限大的异网呼叫价格和接听价格来进行竞争，网络连接在接听方付费条件下仍然可能发生中断。

上述文献对终端接入价格以及对价格结构策略设计的影响基本上是在分析对称性网络。基于此，Carter 与 Wright（1999）从品牌忠诚度导致的非对称性网络研究出发，对两个非对称性网络的竞争进行了开创性的独立研究。他们发现，在非对称性网络环境下的两个竞争性的运营商在接入价格领域进行合谋的空间是不存在的。而且，非互惠的接入价格反倒可以用来作为阻止进入的工具。Carter 与 Wright（2003）对非对称性网络的接入定价继续进行了研究。假设两个竞争性的网络用户规模不对称，运营商采用两部定价。其研究结论是，非对称性参数越大，网络通常将接入价格定于边际成本水平，而不是像许多担忧网络差异化参数取得极大值时网络运营商会制定一个远远高于边际成本的垄断价格的研究者所认为的那样。依据这一结论，接入定价的管制可以变得非常简便，就是让市场上的主导运营商制定接入价格。Dewenter 与 Justus Haucap（2004）对非对称性网络的移动终端费率管制效应进行了研究，他们得出的结论是网络规模越小，终端费率越高。

Agel Luis Lopez（2009）对非对称性网络接入定价的研究也得出了与此大致相同的结论。他认为，离开互惠接入原则，两个非对称性的网络竞争的均衡结果是至少一个网络会被对手从市场的一边驱逐，从而接入定价基于网间的成本。Steffen Hoerning 等（2009）对非平衡呼叫下的终端接入价格进行了研究，得出的结论是非平衡呼叫与两部定价的互惠接入价格一致，即接入价格高于边际成本。Ambrus 与 Argenziano（2009）运用双边市场理论对非对称性网络进行了分析。他们认为，用户协调的失败导致了市场的特殊构造，多重均衡的非对称性网络能够同时存在；每一个网络可能在平台的一边规模较大，而另一个网络平台在平台的另一边规模较大。用户选择导致了产品差异。一篇有关互联接入价格的文献是 David Harbord 等（2010）给出的。他们通过对不同接入定价原则的比较得出，清零互不结算比基于成本的接入定价更能改进福利。

二　本章研究假设与发现

（一）假设

（1）存在着主导运营商，竞争中的网络是非对称性的。这一假设包含两个组成部分：一是主导运营商平台对网内与网间价格进行歧视性定价，以尽可能地将接听方用户的外部性内部化平台收益。二是网络平台是非对称的。这里研究的对象是非对称性网络。网络的非对称性可以体现在网络用户规模、用户的呼叫模式（网内与网间流量分布）、外部性、用户的质量信息等方面。非对称性决定了不同网络竞争性均衡中的力量对比。本章侧重于两个竞争性网络的市场份额的非对称。

（2）平台两边消费者用户是异质的，并且符合 Hotelling 模型的线性均匀连续分布。在模型里，消费者对加入网络的价值、在网络中交易方式（呼叫模式）、服务质量等方面存在差异。并且规定，消费者均匀分布于线段［0，1］区间内。消费者加入网络的决策受其在网络中由消费获得的净效用的高低来决定，消费者采取单平台接入方式，加入网络 A 或者网络 B。

（3）价格结构与接入定价是非利润中性的。我们的模型里采用了价格结构非中性一说。理由是运营商可以在接入价格高于成本时，在零售市场降低对手一边的价格，从而可以获取较大的市场份额。因此在非互惠的接入价格下，接入价格可以通过水床效应改变用户在不同网络中的效用结构，并借助网络的外部性显著地作用于运营商的利润。两个竞争性的网络不可能在接入价格上合谋。

（4）网络非对称性。由于分业、分工的路径依赖，即使是在双向进入下，网络也是非对称的。而且，依据对双边市场模式构造的初步研究，竞争性平台边与边的关联结构非常复杂，导致竞争合作关系的复杂化。不同规模的运营商投资激励必须考虑，即便是基础设施共建共享与成立铁塔公司实施网运分离。运营商的投资激励通常需要恰当的利润预期。基于鼓励竞争的网间接入价格必须反映接入成本与网络基础。

（二）发现

本章在标准的 LRT1998 模型里导入市场份额非对称性分析主导运营商线性与非线性定价情形下的网内网间价格歧视对竞争的妨碍。本章构造的网内与网间两个主导运营商的勒纳指数发现，如果不存在呼叫外部性两者是一致的。循此，我们进一步发现，网间结算的最优安排应该是呼叫外部性的内部化。基于呼叫终端的成本加成与互不结算政策安排及接听方付费原则并不能够解决非对称性网络环境下的呼叫外部性。本章的最后结论是双向收费与流量支付对等是非对称性网络的最优接入政策选项。

第二节　模型与分析

一　成本相似情形下的终端价格竞争模型与管制

考虑两个运营商：在位者（运营商 1）与进入者（运营商 2），假定整个市场为两家运营商完全覆盖，网络由长途骨干网、本地接入网与交换网构成，所有的消费者都单归属——便于分析固定电话网络，运营商 i 选择价格 p_i 与固定月租费 m_i 市场份额分别标记为 $s_1(p_1, p_2, m_1, m_2)$ 与 $s_2(p_1, p_2, m_1, m_2)$，接入价格分别为 a_{ij} 与 a_{ji} 由管制者规定。

（一）消费者需求

消费者一边由数量为 n 的消费者构成，消费者均匀分布在 Hoteling 线性线段 $[0, 1]$ 上。运营商 1 位于线段的初始端点 $x_2 = 0$ 处；运营商 2 位于线性线段的终点 $x_2 = 1$ 处。位于 $[0, 1]$ 处的消费者在购买运营商服务时会有负效用 $t(x_i - \hat{x})$。根据我们先前的单归属假设，如果消费者从运营商 1 处获得的效用大于从运营商 2 处获得的效用，即如果 $v_1[p_1, m_1] > v_2[p_2,$

$m_2] - t(1 - \hat{x})$，那么，该消费者就会从运营商 1 那里购买服务。运营商 i 的市场份额为：

$$s_i = \frac{1}{2} + \frac{v_i(p_i, m_i) - v_j(p_i, m_j)}{2\theta} \tag{13.1}$$

如果一个运营商提供相对于竞争对手较高效用水平的服务产品给予消费者，那么该运营商的市场份额就会增加，否则就会减少。从（13.1）式可以看到，一个越高的 t 值，会使得运营商谋求市场份额扩大这件事变得非常困难。这就是 Hoteling 模型中的最优定位对运营商竞争力产生的影响。对于一个理想位势的运营商，消费者的间接效用函数可以视为净效用。

$$v_i(p_i, m_i) = u_i - m_i + \bar{v}(p_i)$$
$$\bar{v}(p_i) = u[x(p_i) - p_i x(p_i)] \tag{13.2}$$

间接效用由独立的流量部分与相互依赖的流量部分构成。发生在两个相互竞争的网络，前者可以说是网内流量，也可以称为自网络效应；后者可以说是网间流量，也可以称为交叉网络外部性。显然，净效用是价格的减函数。这里，隐含着的一个逻辑假设前提是，对于所有的消费者而言，净效用严格为正。

为描绘两个运营商的竞争景象，不妨先看间接效用函数中的独立流量部分。该部分在竞争视角下可以看作是运营商的领地。给定每分钟的通话价格 p_i，每一个消费者有单位需求 $x(p_i)$ 的呼叫次数或者通话步长与由此而获得的效用 $u(x)$。一个用户对网络 i 的单位需求可以规定为：

$$x(p_i) = \mathrm{argmax}_x[u(x) - xp_i] \tag{13.3}$$

微分上式，得 $u(x) = p$。

消费者从呼叫同一网络得到的效用与呼叫异网用户得到的效用一样。内在地假定了呼叫模式在网内与网间是平衡的。

现在来看间接效用函数中相互依赖的流量部分。这部分可以看作在线性线段的竞争效应。这里，消费者必须为所在网络运营商支付每个月的固定费 m_i，消费者从他所在网络运营商那里得到一个与其呼叫没有关系的固定效用。比如，运营商为其用户提供一些免费应用连接、免费短信息、免费内容服务、唤醒服务、手机铃声、电子书、音频与视像文件。一般而言，在位运营商在提供这些固定服务时比进入者具有比较竞争优势。原因在于，内容提供商与服务提供商愿意与网络用户基数大的网络提供服务。

在用户规模大的网络投放广告的收益要比用户规模小的网络来得大。这样，依赖流量的间接效用，在位运营商具有优势。如果采用网络中性的网间结算接入价格甚至是非对称性接入价格，即小网呼叫大网，主叫不需要支付接入费，而大网呼叫小网则需要支付接入费，那么用户选择小网就是合算的事。非对称性的接入定价的依据就在这里。在这里，我们可以看到的一个政策设计意图是：非对称性接入价格的有效竞争目标导向就是市场份额在竞争者主体之间得以合理的配置，而不是针对两个竞争性网络的两个流量产生的两种外部性如何内部化。因而，这一政策仍然是单边市场的逻辑。在接下来的分析中将指出，这种着重市场份额有效竞争的思维其实在双边市场环境下只能够导致成本的扭曲与零售市场的价格战，最终导致网间结算方式选择的困难与妨碍市场进入。

（二）成本流量与利润函数

依据 Laffont 与 Tirole 的电信竞争理论存在三种不同类型的成本：独立于流量的固定成本、与服务的消费者人数和互联相关但是独立于流量的成本及流量依赖成本。第一种成本是为建立网络而发生的相关成本，又称为沉淀成本（c_i）。第二种成本是互联依赖型但是流量独立的成本，本地接入网络一个时期或者每一次互联的成本，又称为本地环路成本（f_i）。这部分成本必须借助接入价格而补偿。第三种成本是流量依赖型成本，又称为边际成本。作为流量依赖型成本随互联接入变化而变化，这些变化通常反映在每分钟通话价格上。为简单起见，假定两个运营商的成本相似，让 c_k 表示为运营商 i 的 k 次呼叫的成本；让 a_{ij} 表示为终端运营商 i 从竞争对手那里获得的接入费。呼叫有网内呼叫、网间呼叫与接听三种形式，这样，$k=3$，$c_1 = c_2 + c_3$，运营商 i 的利润为：

$$\pi_i(p_i, p_j, m_i, m_j) = ns_1 s_2 x(p_i) \times (p_i - c_1) + ns_i(1 - s_i)$$
$$x(p_i) \times (p_i - c_2 - a_{ij}) + n(1 - s_i)s_i x p_j \times (a_{ji} - c_3) + ns_i(m_i - f) \quad (13.4)$$

第一部分为来自网间呼叫的流量；第二、第三部分为来自接听流量；第四部分为用户规模带来的利润。利润依赖两个运营商的零售价格，反映的是运营商之间策略的相互作用。同时，利润依赖政府规定的接入价格水平。假设 $a_{ij} = c_3$ 与 $a_{ji} = c_3$，那么就意味着规制者将接入价格以边际成本为基础。

$$CS = ns_1 v_1(p_1, m_1) + ns_2 v_2(p_2, m_2) - \frac{n\theta}{2}(s_1^2 + s_2^2) \quad (13.5)$$

等式的最后一项表明的是由于消费者的位置与厂商位置的距离而给消费者带来的负效用。

社会总剩余为：$TS = PS + CS$

网络运营商 1 的社会最优市场份额为：$\dfrac{1}{2} + \dfrac{(u_1 - u_2)}{2\theta}$

假如两个网络间存在非对称，因为缺乏进入者网络与其提供服务的相关消费者信息，上述的 CS 与 TS 必须加以修正。考虑两个特别的规定，固定效用来自用户加入网络后的服务数量。假设在位运营商与新进入者提供相同的服务，这些服务可以视为是对称的。所有的消费者均具有在位运营商提供服务的经历，即消费者对在位运营商的服务具有完全信息。形式化地标记 u_1 是从在位者服务那里得到的效用，而消费者对市场新进入者只拥有部分信息，消费者仅关注新进入者的服务部分。$u_2 = xu_1$，消费者剩余就为：

$$\overset{\wedge}{CS} = ns_1 v_1(p_1,\ m_1) + ns_2\big[v_2(p_2,\ m_2) + u_1 - u_2\big] - \frac{n\theta}{2}(s_1^2 + s_2^2) \quad (13.6)$$

总剩余相应变为：$\overset{\wedge}{TS} = PS + \overset{\wedge}{CS}$。因为从社会的角度来看这两个网络是对称性质的，各自的市场份额为 $\dfrac{1}{2}$。

注意到作为政府控制的目标不仅是社会总剩余，而且也包括消费者剩余，这两个剩余在控制冲击下其作用方向可能是相反的。即一项管制政策会降低社会剩余，但同时会提高消费者剩余。把生产者剩余经管制路径转化为消费者剩余，一个管制者如果偏好于确保消费者剩余与市场竞争就会在约束运营商投资于基础设施以及改进服务质量以最大化消费者剩余。这在中国移动由 2G 过渡到 3G 时采用国产的 TD – SCDMA 中体现出来，而让联通直接采用国际上流行的 3G 标准技术。这一管制无非就是试图改变中国移动在移动多媒体上的竞争优势，而让中国联通与中国电信在互联网时代更早一步抢占移动无线宽带以及相应应用领域的制高点，以达成在中国移动通信领域中的有效竞争。在一个非对称性电信市场，管制者希望极大化平均消费者剩余与每个运营商的利润而不仅是进入者的进入，因为在位运营商拥有先天的一些基础设施，于是要考虑进入者的投资激励。

（三）非对称性接入价格管制效应

在两部定价下，每个运营商有两种工具：每分钟的通话价格与固定月租费，而且能够依据每一用户的呼叫量有效地对用户进行平均分割。

1. 每分钟通话价格

从利润最大化的一阶条件可以看出，每分钟的通话价格等于观察到的边际成本。

给定竞争者任何一个价格水平，一个利润最大化的运营商其价格是每分钟通话价格等于边际成本，形式化为：

$$p_i = c_i + s_j(a_{ij} - c_3)$$

在确定每分钟通话价格时，每个运营商通常是在极大化消费者剩余与流量依赖型成本之间的差别。依此逻辑，运营商的行为像一个垄断者，用注册费来攫取消费者剩余，而用每分钟的通话价格来补偿边际成本。因而，在平衡呼叫模式下，在两部定价机制下接入价格水平的上升所带来的每分钟通话价格上升可以由固定月租降低来平衡。需要注意的是，当一家运营商将每分钟通话价格等于边际成本使得来自所有网内与网间呼叫流量的利润归于零。其结果是利润的唯一来源就来自注册费与接听流量的收益。因此作为进入者对此的最优反应是：

$$\pi_2(p_1, p_2, m_1, m_2) = n(1 - s_2)s_2x(p_1) \times (a_{ji} - c_3) + ns_2(m_2 - f)$$

标准化为：

$$\hat{v}_i(p_i) \equiv u_i + \hat{v}(p_i) = u_i + u[x(p_i)] - x(p_i) \cdot p_i$$

$$v_i = \hat{v}_i(p_i) - m_i \tag{13.7}$$

将依赖 v_1 与 v_2 的极大化运营利润的价格 p_i 代入运营商的利润函数中

$$\hat{\pi}_i(v_1, v_2, p_j)/n = s_i[(p_i - c)xp_i + \hat{v}_i(p_i) - v_i - f] +$$

$$s_i(1 - s_i)[(a_{ij} - c_3)x(p_j) - (a_{ji} - c_3)x(p_i)] = \left(\frac{1}{2} + \frac{v_i - v_j}{2\theta}\right)$$

$$\times \left(\hat{v}_i\left[c_1 + \left(\frac{1}{2} + \frac{v_j - v_i}{2\theta}\right)(a_{ji} - c_3)\right] - v_i - f\right) + \left(\frac{1}{2} + \frac{v_i - v_j}{2\theta}\right)$$

$$\left(\frac{1}{2} + \frac{v_j - v_i}{2\theta}\right)(a_{ij} - c_3) \times x(p_j) \tag{13.8}$$

让 $\dfrac{\partial \hat{\pi}_i(v_1, v_2, p_j)}{\partial v_i} = 0$，且满足 $s_2^* > 0$，对 $u_1 - u_2$ 足够小到一个内点均衡在成本为基础的管制冲击下得以存在，且 a_{ji} 充分逼近 c_3。假如当新进入者以一个成本加成制定接入价格即 $a_{ji} \geq c_3$ 时在位运营商的接入价格就会约束成本基础的管制，在此情况下，消费者的剩余可以得到提高。

命题1　没有基于终端接入价格歧视的两部收费在均衡中，运营商2趋于成本为基础的接入定价，在运营商战略反应曲线向上倾斜时，非对称性接入价格管制政策会提高消费者的剩余。

命题1的证明可以沿着这样的路径：在以成本为基础的接入定价的最优反应是 $ns_i(m_i - f)$。这一模型类似于标准化的寡头垄断模型。因为运营商之间的非对称性意味着在位运营商的市场份额大于 $\frac{1}{2}$。另外，利润最大化的一阶条件隐含着每个运营商的次优反应。运营商为消费者提供的净效用是战略互补的。因此，战略反应曲线应该是向上倾斜，即 $\frac{\partial^2 \hat{\pi}_i}{\partial v_i} \cdot \partial a_{ji} > 0$。对此的理解，可以考虑在位运营商在面临以成本为基础的接入价格管制政策下，存在着减少异网呼叫次数的激励，以使它的边际成本得以下降。当一个市场是均衡的情况下，呼叫数量是在位运营商能够极大化其利润的市场份额。进一步地，在以成本为基础的接入价格下的非对称市场份额在位主导运营商增加它的市场份额时，就必须提高它的服务质量或者该用户的满意度，或者至少应该减少在网间接入价格政策冲击下的市场份额的降低，即在线性定价下降低每分钟通话费。市场新进入者则有激励去提高接听一边的流量，可以在互惠接入定价下或在政府管制的接入价格下获取来自在位运营商一端的接入费。为获得更多的网络用户以增加接听一边的收益，新进入者必须增加消费者的净效用。这样，在以成本为基础的接入定价原则下，两个运营商围绕市场份额而展开的古诺竞争战略是互补的，导致各自的战略反应曲线向上倾斜，这是消费者的净效用因此而获得增进的必要条件。这一结论隐含着如果竞争性运营商的战略反应曲线向下倾斜，非对称性接入价格管制政策就不一定实现消费者剩余最大化，考虑更多的是运营商之间的竞争。

2. 市场份额与进入者利润

命题1说的是在给定的进入条件下非对称的接入价格管制可以改进消费者的剩余，同时可以提升进入者的利润以促进竞争。如中国移动与中国电信，中国移动与中国联通的互联费就是采用了不对称的接入定价政策：中国移动用户拨打中国电信或中国联通的固定用户，移动需向中国电信与中国联通的固定用户支付0.06分/每分钟的接入费，而中国联通或中国电信的固定用户拨打中国移动用户则无须向中国移动支付结算费，中国移动与中国联通的移动用户则实行互不结算。这一管制政策显然是为了遏制中国移动的市场势力，包括其市场份额。在鼓励进入者进入的同时先把在位的中国移动手脚捆住，以此来培养新的市场竞争主体，这一政策在早期基本上是成功的。然而，2003 年小灵通的崛起以及全业务时代的到来加上中国联通 3G 技术与中国移动 3G 技术应用的差异，以及由于电信技术进步使原来的电话网为主的电信市场变成三网时代以互联网为骨干网络的电信市场，原来的非对称管制政策显然不合时宜。而且，市场份额对以成本为基础的接入价格政策的反应并不是局部性的。

引理 1   局部地围绕成本为基础的接入价格，一个新进入者接入价格的微小量的变动对均衡的市场份额不会产生什么影响。

对引理 1 的理解可以回忆命题 1：进入者接入价格 a_{ji} 的增加导致较高的净消费者效用。在围绕以成本为基础的接入价格的邻近区域 a_{ji} 的增加带来的是新进入者零售利润的降低。因为均衡的市场份额并不会对进入者价格的变化而有所反应。

引理 2   非局部性的成本加成基础的网间非对称性接入价格管制政策会对市场构造产生持久冲击。

对此的理解是，成本加成的接入价格产生的利润来自网间的异网呼入流量。因此在围绕成本为基础的接入定价管制的邻近区域，非对称性的接入价格管制政策增加了进入者的利润，即只要在批发市场上受益能够超过零售市场上的损失即可。这一引理可以在 2003 年原中国电信的小灵通市场份额对中国移动与中国联通的挤压中得到来自市场份额变化对非对称性管制政策冲击反应的经验支持。

3. 总剩余

评估总剩余的变化需要注意的是所有消费者完全覆盖，均衡的市场份额并不受接入价格的影响，进入者的接入价格成本加成社会福利效应扭曲了在位运营商的每分钟通话价格：

$$\left.\frac{\mathrm{d}p_1^*}{\mathrm{d}a_{ji}}\right|_{a_{ji}=c_3} = s_2^*(c_3) > 0$$

总剩余：$$TS = n\left\{s_1^* \hat{v}_1^*(p_1^*) + s_2^* \hat{v}_2^*(p_2^*) - f - \left[\frac{\theta}{2}(s_1^*)^2 + (s_2^*)\right]^2\right\}$$

$$- (c_1 + c_2)$$

$$\left.\frac{\mathrm{d}TS}{\mathrm{d}a_{ji}}\right|_{a_{ji}=c_3} = -ns_1^*(c_3) \cdot s_2^*(c_3) x'(c_1) < 0 \qquad (13.9)$$

（13.9）式实质上是引理 1 与引理 2 在总剩余评估中的应用。也就是说当接入价格过高时，总剩余减少，不过当新进入者的市场份额较小时总剩余损失较小，而当接入价格过高时则对总剩余产生不利影响。

进一步地，市场份额的改变对接入价格具有另外一种福利含义。以成本为基础的接入价格市场份额均衡的总剩余比最优来得大。尽管市场份额的二阶导数 $\dfrac{d^2 s_2^*}{d^2 a_{ji}}\Big|_{a_{ji}=c_3} > 0$，隐含着的是使用非对称性接入价格会带来配置效应的扭曲。这样，使用非对称性接入价格会给竞争性市场带来两种扭曲效应：在位运营商的价格偏离了边际成本，市场份额仍然未能达到最优水平。这在中国移动与中国联通、中国电信的市场格局在全业务多边市场的同一边所拥有的非对称性的市场份额的经验事实中得到佐证。

二 成本非对称情形下的终端竞争

本部分放松两个运营商成本对称假设，即考虑在两个以上网络运营商成本非对称情形下的接入价格管制政策的最优设计以及对市场构造与社会福利的影响。分析思路与上述模型一样，也是沿着 Laffont Rey、Tirole（1998）与 Carter 和 Wright（1999，2002）对非对称网络接入价格管制的分析思路进行。所有的网络都相互竞争，其他相关假设与上述模型一致。

（一）消费者需求、企业利润与消费者剩余

1. 消费者需求

消费者从网络 i 得到的剩余为：$v(p) = \max_q u(q) - pq$，$v'(p) = q(p)$

价格需求弹性是 $\eta = -p\dfrac{q'}{q}$，让 v_{ij}、q_{ij}、u_{ij} 表示为：$v(p_{ij})$、$q(p_{ij})$、$u(q_{ij})$

接听电话（被叫）用户效用是 $\gamma u(q)$，这里 $\gamma \in [0,1]$，假设主叫与被叫的呼叫模式是平衡的，假如网络的消费者需求由边际消费者决定，即：

$$u_1(x) = w_1 + \beta - \frac{1}{2t}x \quad u_2(x) = w_2 - \frac{1}{2t}(1-x) \tag{13.10}$$

这里，$w_i = \alpha_i[v(p_{ii}) + \gamma u(q_{ii})] + \alpha_j[v(p_{ij}) + \gamma u(q_{ij})] - F_i$

$= \alpha_i h_{ii} + \alpha_j h_{ij} - F_i$

$h_{ij} = v(p_{ij}) + \gamma u(q_{ij})$

消费者位置 $x = \alpha_1$，因此，如果消费者在网络 1 所得到的额外效用为：$\beta = \dfrac{A}{t}$，A 是运营商 1 得到的非对称市场份额，那么隐含着在位运营商网络具有比较优势。

$$x_1 = \frac{1}{2} + A + t(w_1 - w_2)$$

模糊上式得：

$$\alpha_1 = \frac{\dfrac{1}{2} + A + t(h_{12} - h_{22} - F_1 + F_2)}{1 + (h_{12} + h_{21} - h_{11} - h_{12})} = \frac{1}{H} \tag{13.11}$$

2. 企业的利润

$$\pi_i = \alpha_i [\alpha_i(p_{ii} - c_i)] q_{ii} + x_j(p_{ij} - c_{ji}) q_{ij} + F_i - f_i + \alpha_j(\alpha_i - c_{ii}) q_{ji} \tag{13.12}$$

3. 消费者剩余

$$CS = \int_0^{\alpha_1} u_1(x)\,dx + \int_{\alpha_1}^1 u_2(x)\,dx = x_1\left(w_1 + \frac{A}{t}\right) + \alpha_2 w_2 - \frac{\alpha_1^2 + \alpha_2^2}{4t} \tag{13.13}$$

社会总福利是：$W = CS + \pi_1 + \pi_2$

$$W = \alpha_1^2[(1+\gamma)u(q_{11}) - c_1 q_{11}] + \alpha_2^2[(1+\gamma)u(q_{22}) - c_2 q_{22}]$$

$$+ \alpha_1 \alpha_2[(1+\gamma)u(q_{12}) + u(q_{21}) - c_1 q_{12} - c_2 q_{21}] + \alpha_1\left(\frac{A}{t} - f_1\right) - x_2 f_2 - \frac{x_1^2 + x_2^2}{4t} \tag{13.14}$$

上述等式表明，给定市场份额 α_1 与 α_2，社会最优的接入价格水平 $p_{ij} = \dfrac{c_i}{1+\gamma}$。这一接入价格水平位于成本以下，因为运营商内部化了呼叫外部性。如果 $v_i = (1+\gamma)u(q_i) - c_i q_i$ 是来自网间呼叫的社会最优数量得到的效用，社会最优的市场份额可以极大化：

$$\max_{\alpha_1} \alpha_1\left(u_1 + \frac{A}{t} - f_1\right) + (1 - \alpha_1)(u_2 - f_2) - \frac{\alpha_1^2 + (1 - \alpha_1)^2}{4t}$$

$$\alpha_1 = \frac{1}{2} + A + t(v_1 - v_2 - f_1 + f_2) \tag{13.15}$$

特别情况下，如果成本相同，社会最优市场份额为：$\alpha = \dfrac{1}{2} + A$。

（二）网内与网间均衡的价格结构

1. 线性定价

本部分研究的主要目的是归纳依赖非对称市场份额的网内与网间价格

结构的均衡特征。首先，考虑非线性定价即 $F_i = 0$，勒纳指数规定为：$L_{ii} = \dfrac{p_{ii} - c_i}{p_{ii}}$，$L_{ij} = \dfrac{p_{ij} - c_{ji}}{p_{ij}}$

得到下列命题：

命题 2　对任何给定的市场份额网络 i 的网内与网间的价格结构在两个勒纳指数间有如下关系：

$$L_{ij} = \frac{1}{\eta} + \frac{(1 + \gamma\eta)^{-1} - \alpha_i}{1 - \alpha_i}\left(L_{ii} - \frac{1}{\eta}\right) \tag{13.16}$$

γ_n 与 α_i 的斜率向下。

两个勒纳指数之间的上述关系是穿越垄断点 $L_{ii} = L_{ij} = \dfrac{1}{\eta}$ 的一条直线。假如不存在网内与网间的呼叫外部性，勒纳指数是相同的。这与 LRT 模型中的结论完全一致，在另外一个方面，如果是 γ 一个很小的正向量，$\gamma < \dfrac{\alpha_j}{\eta\alpha_i}$ 或者 $\alpha_i < \dfrac{1}{1 + \gamma\eta}$，$L_{ij}$ 与 L_{ii} 同步增长；如果 γ 很大，当 L_{ii} 增长时，L_{ij} 不能下降。但依我们前面的假设 $L_{ij} > L_{ii}$，即网间的勒纳指数通常高于网内的勒纳指数，这就意味着，如果接入价格高于成本，网间价格就高于网内价格。

网间的结构指数高于网内勒纳指数的原因是，因为呼叫外部性给予竞争对手一个额外的效用，通过提高网间价格来限制呼叫步长，以此改善其相对的竞争力优势。由此得到两个重要的观察结果：

第一，由于两个勒纳指数的斜率与市场份额呈下降趋势。拥有较大市场份额的运营商将会拥有较高的网间结构指数，如果两个网络运营商在网内的勒纳指数相同，也就是对相同的网间成本（包括接入价格）与网内价格，大网的网间价格将高于小网的网间价格。

第二，在小网的网间价格低而网内价格与大网相同。两个竞争性的成本差异的网络，即使在平衡呼叫模式下互联流量的非平衡状况，接入领域的赤字也将会对小网产生持久的负面影响，这一赤字来自大网网内强劲的被叫的呼叫外部性的内生化。因此，这一结果并不产生大网的反竞争性行为。

在成本非对称性指数较小环境下，对市场均衡的比较静态分析的结论与成本对称性网络环境下得出的结论相同。因而，在比较静态分析下，我们暂时考虑两个网络对称时的市场份额均衡作为成本对称性的近似替代。

先假设两个网络的市场份额对称，然后把这些结论与成本非对称性网络的网内或网间定价作比较。

命题 3　线性定价对称的纳什均衡，下列比较静态结果存在：

其一，网内与网间价格在主导运营商（从属运营商）的差值随着事先非对称性 A 的引入而增长（下降），如果　$\gamma\eta < k$，（$k > 1$），每个消费者的固定成本 f_i 足够小，$\alpha > c_{ji}$（终端成本）。

其二，网内价格在互惠接入定价下降，网间价格则上升。因此，网间与网内价格差增大。

其三，网内价格与竞争程度或替代程度负相关，而网间价格与竞争程度呈正相关（$\gamma\eta > 1$）或负相关（$\gamma\eta < 1$）。网间或网内差值或增加或下降。

其四，网内价格与呼叫网络外部性的大小呈负相关。如果（$\gamma\eta > 1$），或（$\gamma\eta < 1$）与　$\alpha - c_{ji}$ 足够小，网间价格与网内/网间函数就会增大。

离开较低的价格水平，从属运营商选择一个非常低的网内与网间价格差。由于主导运营商索取较高的价格水平，从属运营商的均衡市场份额小于 $\frac{1}{2} + A$，其所获得的利润高于在网络市场份额对称情形下的水平。

命题 4　比较静态下，对较小非对称网络，在两个网络的非对称程度很高时，我们得到主导运营商与从属运营商的行为特征差异结论：

其一，呼叫外部性 γ：对 γ 价值减少超过网间价格的下降程度对从属运营商而言是比较低的，即从属运营商的网间价格在 γ 下降时可能会降低；其二，互惠接入价格 a：接入价格的变化会带来从属运营商的网内价格的变化大于主导运营商，主导运营商的网间价格的提高快于接入价格水平的变化，而从属运营商的网间价格增大速度较慢。

现在考虑两部定价情形：

Jeen 等（2004）与 Berger（2005）得到利润最大化的价格结构，先设市场份额 α_i 不变，将 $F_i = \alpha_i p_{ii} + \alpha_j v(p_{ij}) - \alpha_i \gamma u(q_{ij}) + k_i$ 代入利润函数中，然后再对这些变量求得极大化利润，得：

$$p_{ii} = \frac{c_i}{1 + \gamma} \quad p_{ij} = \frac{-cf_i}{1 - \gamma \dfrac{\alpha_i}{\alpha_j}} \tag{13.17}$$

如果　$\alpha_i < \dfrac{1}{1 + \gamma}$，$p_{ij} = \infty$，$L_{ii} = -\gamma$，$L_{ij} = \dfrac{\alpha_i}{\alpha_j}\gamma$，如果 $\alpha_i < \dfrac{1}{1 + \gamma}$，$L_{ij} = 1$

网内价格内部化被叫的效用导致最优的网内价格水平位于边际成本以下。另外，网间价格水平仍然位于边际成本以上而且提高自己的市场份额，通过限制用户呼叫步长，较高的网间价格水平减弱了竞争对手网络吸引力。均衡情况下固定费：

$$F_i = f_i + \alpha_i \frac{H}{t} - 2\alpha_i R_{ii} + (\alpha_i - \alpha_j)(R_{ij} + Q_i) \tag{13.18}$$

现在来分析运营商实施两部定价情况下的比较静态结果，由于同样的原因均衡的市场份额不能由分析性发现，我们再次运用对称性情形下的比较静态均衡。

命题5　从两部定价的对称网络的比较静态结果有：其一，网间价格与网内/网间价格的差值会随着较小的事后接入价格的增加而增加，小网则与之相反。同时网内价格将不发生变化；其二，在互惠接入价格下，网间价格与网内/网间价格的差值的增加与固定费下降，而网内价格则不发生变化；其三，在两个网络竞争强度提高的情形下，网内与网间价格都不发生变化，但固定费用下降；其四，在呼叫外部性增大的情形下，网内价格下降而网间价格与网内/网间价格的差值会增加。

在两部定价下，依据（13.10）式、（13.15）式与（13.18）式可以得到两部定价下的固定费为：

$$F_i = f_i + \frac{1}{2t} + \frac{1+\gamma\eta}{y-1}\left(\frac{cf_i}{1-\gamma}\right)^{1-\eta} - \frac{\gamma+1}{\eta-1}\left(\frac{c_i}{1+\gamma}\right)^{1-\eta}$$

特别地，当 $\frac{\mathrm{d}F_i}{\mathrm{d}\gamma} = \frac{1-\gamma\eta}{1-\gamma}v\ (p_{ii})\ -\eta v\ (p_{ii})$，上述两个网络对称时的比较静态结果在非对称情形下演变为：其一，呼叫外部性 γ：呼叫外部性增大，导致主导运营商的网间价格上升速度快于从属运营商。因此，拥有庞大网络用户基数的大网，自然也提高网间价格；其二，竞争替代程度 t：考虑参数 t 越大，主导运营商的网间价格会上升，而从属运营商的网间价格会下降，即从属运营商会采取攻击性策略以获得竞争策略效应；其三，互惠接入价格 a：主导运营商的网间价格与网内/网间价格的差值在接入价格提高的背景下其增长速度快于从属运营商。

因此，无论是线性定价还是非线性的两部定价下，我们的分析得到了同样结论：在非对称网络环境里，主导运营商将会索取较高的网间价格，导致了较高的网内/网间价格差。高的互惠接入定价扩大了这一差值，呼叫终端的价格歧视对运营商来说是其最大化利润的必然选择。对这种策略管制部门在进行反竞争行为调查时，重要的是这种策略属于排斥竞争的不正当策略，对竞争的妨碍是否存在以及程度如何作为反垄断调查内容。

2. 网内/网间的价格歧视策略和反竞争效应分析

这个问题实质上是在为主导运营商能否借助网间与网内的价格歧视策略，是否具有反竞争行为或者是否属于掠夺性定价，或者主导运营商这一策略是否阻碍了它的正常发展，比如基础"瓶颈"的投资激励、新业务的展开与电信新技术的采用。

在极端情形下，在位的主导运营商可以制定一个绝对低的网内价格水平，全部窃取从属运营商高的客户以至于对手被挤出市场。同时，高的网间价格可以降低竞争对手网络被叫的效用。因此，掠夺性定价的效用就将体现出来。一个更有趣的问题是，网内/网间价格结构是否来自有限制的掠夺性定价？即不招致从属运营商立马退出市场，而是主导运营商限制从属运营商的利润与现金流，使得从属运营商很难在预测利润的基础上对竞争性"瓶颈"环节进行投资或改善网络的覆盖以提高其服务质量。我们考虑这样一种市场构造特征安排：对于给定的从属运营商的利润水平，主导运营商是否在较低的网内价格中进行了最优的抵消？这样一种主导运营商的价格结构安排是否可以很容易地加以识别，特别是在成本不可观测时。

考虑一个掠夺博弈的结构，那里的纳什均衡可以称为掠夺性均衡，定价方式采用线性方式，给定从属运营商的网内价格与网间价格及最大化的利润水平，主导运营商的定价问题为：

$$\max_{p_{11}, p_{12}} \pi_1 \quad \text{s. t.} \quad \pi_2 \leqslant \bar{\pi}_2 \tag{13.19}$$

求解这个掠夺性均衡的第一步，我们可以考虑主导运营商在市场份额固定时的最优价格结构。我们发现：

命题 6　主导运营商线性定价下的掠夺性均衡，网内/网间价格结构可以近似地由下式给出：

$$L_{12} = \frac{1}{\eta} + \frac{(1+\gamma\eta)^{-1} - \alpha_1}{1 - \alpha_1}\left(L_{11} - \frac{1}{\eta}\right) + u\frac{\alpha_2 - c_{12}}{p_{12}} \tag{13.20}$$

这里 $u \geqslant 0$，是 $\pi_2 \leqslant \bar{\pi}_2$ 条件的拉格朗日乘数，从属运营商的价格结构

由　$L_{ij} = \frac{1}{\eta} + \frac{(1+\gamma\eta)^{-1} - \alpha_i}{1 - \alpha_i}\left(L_{ii} - \frac{1}{\eta}\right)$ 给定。

如果接入价格不以成本为基础，这一结果意味着在掠夺情形下，主导

运营商的网间价格结构会改变，即将接入价格水平位于边际成本以上。主导运营商的网间价格会很高，这来自主导运营商的终端呼叫对从属运营商利润的正面影响：如果从属运营商接入价格高于成本，主导运营商会进一步提高网间价格，限制在从属运营商那里的呼叫步长，以此，减少从属运营商在终端接入的获利动机。在理论上，接入价格低于边际成本，主导运营商将会采取相反的价格竞争策略：由于从属运营商在每次被叫上都会失去现金流，主导运营商会选择一个较低的网间价格来增加它的通话时长。另外一个方面，如果接入价格等于成本在网内/网间价格关系上将不会发生变化。

命题 7　如果运营商在线性定价下竞争，而且假如主导运营商并不企图将从属运营商赶出市场，而只是施加其竞争难度，会有：

（1）掠夺程度提高时，会有主导运营商的网内价格快速下降，而网间价格先降后升且超过纳什均衡下的水平。因此，主导运营商网内/网间价格同时慢慢下降，导致了在网内与网间价格差的缩减。

（2）在掠夺性均衡状态里，规模报酬的递减：任何进一步削弱从属运营商获利能力的努力都会增大主导运营商的成本。

市场主导运营商大幅度削减它的网内价格，从竞争对手那里掠夺客户。另外，网间价格的敲定来自两个网络相反的动机：一个低的网间价格可以吸引来自另一个网络的消费者，当一个较高网间价格具有限制从属网络呼叫外部性与减少从属网络在呼入端接入收益两个功能的情况下。当从属网络的市场份额因掠夺水平上升而变得越小时，网间价格对主运营商的消费者而言其重要程度就下降了，从属网络运营商的消费者接听来自主导网络用户的呼叫就成为主导运营商定价策略的一个必需的选项。在这样的市场构造下，主导运营商的最优价格结构安排就是显著提高网间价格水平。

命题 8　在一个掠夺性均衡里，运营商两部定价，从事掠夺的主导运营商的价格结构有如下特征：

$$L_{11} = -\gamma, \quad L_{12} = \frac{\alpha_1}{\alpha_2}\gamma + u\frac{\alpha_2 - c_{12}}{p_{12}}, \quad \text{如果 } \alpha_1 < \frac{1}{1+\gamma}, \quad p_{12} = \infty \qquad (13.21)$$

这里 $u > 0$，是 $\pi_2 \leqslant \bar{\pi}_2$ 的拉格朗日乘数，遭受到掠夺的从属运营商的价格结构由（13.16）式决定。

将上述命题与 $p_{ii} = \dfrac{c_i}{1+\gamma}$、$p_{ij} = \dfrac{c_{ji}}{1 - \gamma \dfrac{\alpha_i}{\alpha_j}}$ 作比较，发现，网内价格维持它的价值，但是，如果接入价格高于成本，网间价格就会上升。

命题9　两家运营商在两部定价下进行价格竞争，如果主导运营商实施限制掠夺竞争策略，有：

（1）当掠夺程度提升时：①两家运营商的网内价格保持不变，主导运营商的网间价格增长迅速。从属运营商的网间价格下降微弱。②主导运营商的网内/网间价格差值强劲攀升，从属运营商的网内/网间差值下降缓慢。③两家运营商的固定费下降。

（2）存在规模报酬递减的倾向，即限制掠夺的成本会上升。

这样，我们又获得了一些有关限制掠夺市场构造效应：掠夺有利于纳什均衡构造的两部定价价格结构是一个高的网间价格水平与一个较低的固定费的组合，通过低的固定费吸引用户加入主导运营商网络。因为，高的网间价格减弱了从属网络用户的呼叫外部性，在两部定价下的这一效应与线性定价情形下的效应没有什么区别。出现在不同定价样式中共有的掠夺特征构造是由主导运营商的网内/网间价格差增加强劲，而从属运营商却没有什么大的改变。两种情形下的网间价格的攀升的目的是减弱呼叫外部性。

在上面有关主导运营商的网内/网间价格的限制掠夺策略的讨论中，我们并没有看到主导运营商存在着驱逐竞争对手然后提升零售市场价格的动机。而且，在存在呼叫外部性情况下，限制掠夺的成本也在上升。结合这两个方面的考虑，笔者以为，非对称网络的纳什均衡存在于非对称性网络环境下网内/网间价格歧视的任何一种定价方案中。

第三节　非对称性网络接入政策设计

非对称性网络纳什均衡的存在性，促使笔者对现有的接入价格政策进行反思并在此基础上对接入价格政策的设计提出一些可行的安排。

一　现有的互联互通网间结算

（一）互不结算的对等原则

互不结算对等原则也称为清零对等，当两个网络间由于放松管制的实践导致的管制形态的变化而互不结算发生了变化，网络彼此交换各自的流量而无须支付对方费用。不过，在这一体制结算安排下有义务为第三方发送的流量提供终端接入服务。每一网络必须处理来自对等伙伴网络的异网呼叫流量，这对于网间的消费者与网内消费者对网络运营商是同样的，也就是说在互不结算体制下，消除了网内与网间价格差的基础。但是，这一基础的基础是两个网络流量的对称与呼叫样式的平衡以及两个网络的成本相同。在运用 GSM 的两个网络移动到移动内网间互不结算就是基于上述对等基础。而在中国电信市场，中国移动与中国联通在全业务格局下，移动到移动的互不结算受到移动到固定与固定到固定用户流量非对称的实际困惑。比如，中国移动与中国联通，中国移动的主要业务是在移动通信领域，而中国联通与中国电信的主要业务领域或移动业务与固网业务兼而有之或以固网业务为主，因而在 GSM 网络互不结算，就意味着中国移动在处理来自异网呼叫流量增大的情形下，无疑也提高了来自零售市场的价格压力且失去了对等的意义，特别是固话呼叫中国移动是在不同技术标准下发生的。且现有网络结算条例规定中国电信指标中国移动零结算，而中国移动用户拨打异网固话用户则需向对方支付 0.06 元/分钟的接入费，无疑提高了中国移动在零售市场上的压力。在原先中国电信市场环境下，为了削弱在位主导运营商的市场势力，采取这样一种网间结算体制有其内在逻辑一致性。然而，当三大主导运营商在全业务竞争格局下再沿着这种非对称性管制政策，由于成本计量基础由单一业务量变成综合业务量为基础就有失对等性原则，特别是互联网络是三网融合条件下各个运营商展开竞争的主战场，而移动互联网由于技术因素与有线宽带比较，配置处于不利地位。因而，对等性结算需调整。

为此，一些经济学家就呼叫方付费（CPP）还是被叫方付费（RPP）更能使互不结算的网间结算体制合理性进行了讨论（Little Child，2006）。在呼叫方付费原则下，很容易产生网内与网间的价格歧视以及呼叫端的竞争性"瓶颈"问题。然而，笔者认为，接听方付费尽管可以内部化呼叫外部性，但是无法解决在网络非对称性情形下因不同网间流量差异导致的成本差异。接听方付费对于净流入端而言，显然会增加其每分钟通话价格的压力。而且，与网络融合环境下事实上存在的不同网络平台在市场的不同边拥有的网络比较优势不符。

（二）基于成本移动费率管制

移动费率管制（MTRS）要求移动运营商收取固话网与其他移动运营商的费用为组成接入的费用。其出发点是当两个移动运营商为吸引新的消费者而在下游进行激烈竞争，在缺乏管制部门相互管制政策情形下，一家网络运营商为了排挤对手仍然吸取较高的网间价格。对移动终端消费率的关注就是"瓶颈"的服务，这一政策仍在沿用，终端费率制定的依据则不尽相同。总成本的完全补偿，长期增量的成本加成，使英国电信监管当局对 FTM（固话网到移动网）与 MTM（移动网到移动网）费率管制是对称的，即两种服务的终端处于一个水平，并运用详尽的成本模型评估长期增量成本加成。对移动终端费率管制一个主要的理由是限制在价格结构下扭曲性的福利减少。在扭曲性的价格结构下，运营商利润来自在固定到移动呼叫终端的市场势力的滥用以及对用户获得成本的补贴，这个问题在前面对线性与非线性定价下的网内价格与网内价格/网间价格差进行讨论时所给出的几个相关命题中已作了基于模型的讨论。在电信经济学文献中，这一问题也称之为水床效应，即减少或增加终端费率导致消费者注册费或固定费相应的增加与减少，注册费与终端费率之间存在此消彼长的关系。事实上，英国电信监管部门与一些经济学家（Tirole，Armstrong，1998）排除了对价格结构非效率的纠偏，认为网络是中性的。原因在于理论分析或政策设计考虑对象是对称性网络。按照 Tirole 等的观点，网间价格必须反映边际成本。Armstrong 也认为，尽管存在水床效应，但通常很小。然而，在电信市场中出现的一些问题以及双边市场在电信市场领域研究的应用，呼叫的网络外部性在竞争分析中扮演着重要的角色。对网络非中性的认识以及价格结构非中性的认识同样地来自电信市场放松管制后进入发生的经验。大量的新进入者在面临较高移动终端费率时，全力以赴地去获得相应的市场份额，这一事实使得基于成本加成来缓和零售市场价格竞争的主张落空。

二　网间结算体制的演变

（一）欧盟

终端市场出现的新情况。2009 年 5 月，欧盟监委会（EC，2009a）发布了欧盟国家固定移动终端费率管制条约指南，这一指南以及后来的相应文本（EC，2009b，c）反映了近期电信双边市场的理论探索与管制政策设计实践。建立了大幅度削减移动终端费率管制的可替代方法，即互不结算。然而，Ángel Luis López（2009）指出，离开了两个网络的互惠对等，互不结算只会导致市场形成角解。另一个网络至少会从新市场两边的某一边退出市场，接入价格仍然不会处于社会最优的边际成本处。在竞争性网络并不对称而呼叫外部性又存在的情形下，互不结算的固定费等于各自的成本，显然小网的成本要比大网高。如果变动费用定于零，那么小网的经济价格就会高于大网。这样用户加入小网是合算的事。随着电信技术的进步，整个电信网络的结构发生了重大变化。即电信网已经不再是传统意义上的电信网结构，而是双向多向的互联结构，逻辑链路的维度已趋于复杂化。在双边或者多边市场格局下，一些在位的主导运营商控制逻辑链路"瓶颈"的市场力量其实已经下降。

（二）中国

1. 现有结算体制

尽管中国移动在移动通信市场仍然具有较大的市场份额，但是，仅限于传统语音与音频领域。而在互联网结构下，中国移动在高附加值业务领域并不具有竞争优势。作为全业务的电信运营商，基于互不结算必然的结果是形成市场角解。如果我们将呼叫的网络外部性考虑到全业务运营商之间呼叫流量上的非对称性，那么问题将变得更为复杂。Hermalin 与 Katz（2009）"接听方收益根本上改变了互联定价分析"所关注不像传统总是聚焦于终端成本如何补偿问题，而是通过有效地将两边收益内化的吸引确定什么样的合适价格水平。这种讨论终端价格视角上的变化会使呼叫的价格低于其成本，隐含着的是基于 MTR_S 的管制带来的社会福利水平要低于基于边际成本的所获得水平。有效定价要求呼叫的价格低于边际成本，而且假定终端成本水平对于不同的网络是一致的。

然而，本章对非对称性网络环境下主导运营商的价格竞争策略分析得出的结论是：主导运营商存在巨大的激励去实现网内/网间价格的歧视：高于实际成本的移动到移动的终端价格；减少竞争对手网络用户的接听数量，以此减少竞争对手网络的吸引力，进而限制竞争对手，构成主导运营商的最优策略选项，网络呈现非中性。当然，基于网络非中性的价格歧视给社会福利带来了损失，因此在放松管制鼓励进入时，提出了新的管制要求。Armstrong 与 Wright（2009）、Hoerning（2007）、Calada 与 Valletti（2007）、Lopez 与 Rey（2009）等文献对存在呼叫外部性下的主导运营商的价格歧视给进入带来的壁垒进行了研究。当主导运营商制定一个较低的网内价格时就相应提高了网内呼叫的净效用，减少了净流出量。在水床效应作用下，主导运营商可以从竞争对手那里争夺客户，使对手的接入端收益出现赤字。通过接入价格的收益赤字进一步阻碍了竞争对手的竞争力。在这样一种市场竞争环境下，基于长期增量成本的终端费率管制政策，增大了主导运营商在网内与网间实施价格歧视的激励，同时也会带来成本的扭曲。

基于上述分析，移动终端费率定于长期增加成本加成基础上的方案在考虑网络事实上的非对称与呼叫外部性条件下，必须进行恰当调整。调整的一个主要方向性指标是内生化呼叫外部性与网络效应，而不是拘泥于成本。在网络融合的全业务经营模式下，运营商价格决策的依据是联合生产成本，至于平台具体一边的业务成本到目前还没有什么办法对此进行测算。

2. 双向收费与单向收费：结算方法的改进思考

在现有互联链路的电信网结构下，原有接入价格或者说网间结算方案就显得依据不足。中国最早的通信网间结算办法是在联通成立初期打破原邮电部门垄断经营时确定的，结算价格完全以电信资费为基础。目前执行的网间结算办法是 2001 年由信息产业部发布的。其中规定：固定电话用户拨打移动电话时，固定运营商不向移动运营商结算；移动电话用户拨打固定电话时，移动运营商向固定运营商结算 0.06 元/分钟。从最早的网络结算办法到现行的结算办法，虽几经调整和修改，但以资费为基础进行网间结算的做法一直没有改变。因此，这种结算办法并不符合三网融合与全业务经营存在的显著交叉网络外部性的电信市场特性。

在文本与音频的互联网时代，网络带宽需求处于较高水平。但是，网络视频与大容量文本所占带宽并没有为提供接入的运营商带来较高的收入。互联网企业的视频应用免费利用了大量的互联网基础设施，而这一切的成本却让运营商来埋单，这显然是不合适的。网络视频应用的普及化趋势不可逆转，但是，其高耗带宽增加了网络间的互联与结算流量，也增加了网络运营商的网络负担。如果说，在运营商只是在一个网络运营时，由于固定本地网对等结算与移动本地网互不结算，因业务资费标准大体相当，在呼叫流量大致相同的条件下，结算与不结算都可以为双方接受。但是，2008 年的电信市场结构重组改变了运营商的单一网络格局而成为在多个网络平台同时运营的全业务综合电信运营商。这样，同一业务的成本比重组前有了很大不同。成本更加具有多边市场下的联合生产特征。原有的移动到移动的互不结算体制随之面临诸多挑战。而且，互联网为特征的逻辑链路从根本上改变了以往的单一电话网结构，使得原来对呼叫终端的接入成本进行测算已经无法进行。基于成本的接入价格管制政策失去了可以参照的业务成本依据。所以，在三网融合的全业务运营环境下，互不结算其实已经不可能反映各自的流量独立型成本与流量依赖型成本的变化，互不结算无法保障在数据包传输下不同网络运营商的使用外部性的内部化问题。而且，反映网络融合的网间结算应该从单一语音业务结算转向全业务结算，新的网间结算体系还应该从单一的语音业务结算转向全业务结算，不管是固网间、移动网间，还是固定和移动网间，都应该进行结算。因为随着电信技术的发展，电信业务日新月异，除了基本语音通话外，还出现了许多新业务，如呼叫转移、智能网业务（一号通等）、短信业务、互联网业务、用户驻地网业务等，只要利用对方拥有的通信资源如网络资源、码号资源、信令资源完成与该项业务有关的通信都应该有相应的结算原则和方法。其实，要不要结算，结算多少，涉及的是网络是否中性。

以 Comcast 限制 P2P 流量被用户控诉为开端，美国联邦管制委员会与 Comcast 围绕网络中性问题展开了争论。谷歌加入其中，更使对网络中性的讨论白热化。2010 年 4 月，美国哥伦比亚特区联邦上诉法院裁决 FCC 无权要求 Comcast 遵守"网络中立"原则并加以制裁。2010 年，FCC 在 Google 的游说下，在网络中立性方面妥协了。网络中立性在某种程度上满足了互联网价值的最大化。但是，在 P2P 与 B2C 等技术的推波助澜下，互联网所产生的商业价值份额却越来越归于互联网企业，这在一定程度上确实阻碍了网络运营商投资网络基础设施的热情。近期欧盟在超高速光纤开放政策上的义务原则而非强制原则，就是在平等开放与鼓励投资之间寻求某种平衡。

理解全业务竞争时代网间结算新体系的关键是对电信网络逻辑链路特征的把握，即对市场特征的把握。我们认为，存在呼叫外部性（使用外部性）与网络效应（成本）的电信市场是个典型的双边市场。在这种市场格局下，网间通话的有效价格水平不能经任何运营商通过控制主叫方支付价格与接听价格让外部性内生化。而只能由合理的网间结算体系来实现。显然互不结算的网间结算体制不符合双边市场平台对两边或者多边用户具有的协调性质。同样的问题也存在于网内的主叫与被叫的隐性转移支付问题，在呼叫方付费接听方免费下，接听方就获得了来自呼叫方的使用外部性，这只是在网内呼叫基于平衡呼叫模式下可以借助于较高的主叫价格而将呼叫外部性内生化为运营商的收益。但这实质已经表明了在双边市场平台运营商必须对两边或者多边用户运用价格结构进行协调。在现实中，固定网由于其业务种类单一，接听的价格弹性很低，因此接听免费也不会导致主被叫配置的扭曲。而移动电话尤其是智能手机的呼叫转移功能与短信息功能及手机与互联网技术的兼容功能等使移动电话的接听价格弹性较高。如果移动电话接听免费，就会导致主叫与被叫配置的扭曲，同时也会造成移动通信业务与移动其他业务配置的扭曲。从双边市场的角度看，主叫与被叫支付的价格水平不能仅依据各自对应的成本，而是取决于主被叫的成本效益，如果主运营商可以通过相应的价格结构将外部性内部化，就不存在网间的转移支付问题，即可以实行互不结算体系。隐含的是，在网间的同一边流量的非对称性要求主导运营商对网内/网间价格进行歧视。所以，一个可行的政策设计方案是实行双向收费与流量支付对等相并行的接入价格管制政策。双向收费在内部化网络使用外部性的同时，又可以增强主运营商的获利能力，降低零售市场的网间竞争程度；而流量对等支付原则可以增加基础网络运营商的投资激励。

第四节　研究结论与应用

一　结论

（一）呼叫外部性是网内/网间价格歧视的基础

这一结论来自命题1与命题2。作为一个典型的双边市场，电信网络具有显著的呼叫外部性。呼叫外部性用双边市场术语来说就是使用外部性，发生在主叫与被叫用户协调失败的场合。外部性内部化的途径就是对平台两边用户因加入平台获得的不同效用用户借助价格结构进行协调。网内的呼叫外部性可以由零售价格水平或者固定费与每分钟通话费的价格结构的调整而实现内化，而网间的呼叫外部性的内部化则需要有转移支付机制或者对两边各自用户收取价格的双向收费机制。网间结算体制安排的目标指向应该是呼叫外部性的内部化。因而，网内/网间价格歧视的基础是呼叫外部性，网络是非中性的。

（二）网间结算方式依赖网络对称程度

在全业务经营的非对称性网络环境下，由于在竞争性平台的同一边不同平台存在比较优势差异，因而同一边在运营商的交叉网络外部性作用并不一致，这依赖不同运营商的客户选择与价值获取的不同商业模式。一个平台的同一边在一个运营商那里可能是吸引其他用户加入平台的亏损中心，而在另一个运营商那里可能是盈利中心，这样网络本身并不是对称的。在极端情形下，两个网络对称，那么就不存在网间结算。同样的理由，如果两个网络是非对称的，互不结算就是与各运营商的商业模式选择相悖的。

（三）网间价格歧视导致掠夺性限制均衡

在非对称性网络环境下，在平台主导运营商的网间流入量大于网间流出量。如果没有转移支付机制或者终端接入价格位于成本以下，就会导致固定费的增加，进而影响每分钟的通话费，网内价格内部化被叫的效用导致最优的网内价格水平位于边际成本以下，而网间价格水平仍然位于边际成本以上，网内价格与网间价格的差值就会提高，零售市场就会出现过度竞争现象。而且通过限制用户呼叫步长，较高的网间价格水平减弱了竞争对手网络的吸引力。

二　应用

双向收费与流量对等支付是非对称网络接入定价的理性选择。双向收费由于消费者价格感受度的原因一直被管制者作为价格高于成本的依据。分析表明，双向收费情形下的总价格水平由于存在水床效应的作用，使价格结构中的各个组成部分在非线性定价下会发生此起彼伏的调整。而且双向收费用于终端网络接入成本补偿可以对接听方的呼叫外部性进行抽租，在一定程度上可以以最小成本的互联合约进行互联互通。特别是在非对称性网络下，在长期增量成本中每家运营商的成本结构是非对称的，以互联网为连接中枢的电信运营商定价依据是联合成本。因而，基于单项成本的测算确定终端价格不符合网络融合的全业务竞争格局。当然，以互联网为核心的电信网结构，交叉网络外部性由于信道连接的复杂，单一的双向收费并不能够将网络外部性内部化，各运营商传输、交换的流量并不完全相同，可行的结算安排是双向收费加互联方进行对等流量结算（paid peering）。

第十四章 双边市场中的相关 市场界定方法

第一节 研究范畴与研究基础

一 研究范畴

对于反垄断法理论而言，双边市场理论的发展既带来了全新的分析工具和视角，也提出了巨大的挑战。传统反垄断法中的市场通常不用"边"来进行描述，这一市场由相关产品构成，覆盖一个地理区域，并包含特定层面（如制造、批发、零售）上买卖双方之间的交易。尽管在市场中企业从上游购进原料并向下游出售制成品，但这些市场并不都是双边市场。因此，"双边市场"这一术语的称呼便隐含了与传统反垄断法理论所描述市场的差异以及对理论可能的冲击。南北电信宽带垄断案是《中华人民共和国反垄断法》（以下简称《反垄断法》）正式实施之后对垄断行业的垄断行为第一个经过事实审理并得出判决的案件。而在这一案件中，法院就面临着对双边市场中平台企业的相关市场进行界定的考验。

二 研究基础

自 Caillaud 和 Jullien（2003）、Armstrong（2006）、Parker 和 Van Alstyne（2002）、Rochet 和 Tirole（2003，2006）对双边市场所进行的系列研究以来，双边市场领域的理论研究文献获得了惊人的增长。如 Anderson 和 Gabszewicz（2006）、Guthrie 和 Wright（2007）。一些研究者，如 Evans（2003）、Wright（2004）、Evans 和 Schmalensee（2007），已经将研究的焦点集中于双边市场的竞争政策问题。他们指出，在双边市场里，由于存在间接网络外部性，价格结构已经替代了价格水平。价格的结构设计并不反映市场两边的成本比率，而且，平台之间的竞争既不带来均衡的价格结构，也不带来均衡的价格水平。到目前为止，更多的有关双边市场研究文献的政策贡献，除 Emch 和 Thomson（2006）、Evans 和 Noel（2005，2008）之外，研究的注意力主要是对现有的政策提出批评而不是提出在双边市场环境下的新的方法。尽管双边市场文献非常丰富，但只有少数的研究文献关注在双边市场环境下的市场的界定。Argentesi 和 Ivaldi（2007）讨论了媒体产业的市场界定。不过，在他们文章中主要强调的是为了获得自价格需求弹性与交叉需求弹性必须考虑间接网络外部性，并以法国报业案例提供实证支持。Evans 和 Noel（2008）的研究认为，由于需求外部性的存在，必须考虑双边市场两边用户的反馈效应，即交叉网络外部性下平台用户基数的赢者通吃现象。尽管他们的研究正确地指出了在双边市场环境下市场界定的困难，但并未提供在双边市场中进行 SSNIP 测试的具体方法。Emch 和 Thomson（2006）对支付卡市场的 SSNIP 测试进行了精心设计，试图对当双边市场的相对价格进行最优调整时将 SSNIP 测试应用于假定垄断下索要的所有价格。但是，这一研究只是考虑交易费而没有注册费，因而并未涉及两部定价问题，也就没有完整反映双边市场平台的成员外部性。Evans 和 Noel（2008）另一篇文献对双边市场的垄断认定提供了临界损失分析拓展方法：当固定住双边市场的另外一边价格来分别提高每一个价格看看 SSNIP 测试在双边市场下如何进行。Ambarish Chandra 等（2009）提供了加拿大报业这一双边市场中自 1990 年以后出现的合并模型，得出了合并并不必然出现市场任何一边的价格上升的市场单边效应的结论。而且高的市场集中度并没有导致报刊的任何一方用户价格水平因合并而出现上升的现象。Lapo Filistrucchiy（2010）与 Noel（2008）研究的不同之处是当变量难以获取时完成了一个需求参数的结构估计，从价格成本边际推算价格需求弹性。Jared Kagan（2010）对互联网骨干运营商相关市场进行了研究分析，但他的研究只是提出了互联网运营商之间相关市场界定与传统产业基于产业链上下游或者基于横向边界的界定而存在区别，却没有针对性回答在缺乏上下游特征与横向边界可替代性条件下的双边市场的界定，界定的依据是什么的问题。Emilio Calvano 和 Bruno Jullien（2011）运用谷歌搜索引擎平台广告案例对在线广告中的双边市场垄断认定问题进行了研究，得出了与 Jared Kagan（2010）几乎相同的结论。Anton Schwarz（2006）对电信网络双边市场中的相关市场从批发市场的视角进行了界定。他们认为，批发市场的市场两边的替代性同样决定于零售市场替代性。批发市场的假定垄断者测试的亏损会导致市场界定范围的扩大。Alexei Alexandrov、George Deltas 和 Daniel F. Spulber（2011）的研究则认为，只要两边用户需求依赖平台拥有者的投标机制，单边市场下的市场界定原则就可以应用到双边市场环境。上述研究结论与 Agnese Leone（2009）研究结论完全相反。Lapo Filistrucchi、Tobias J. Klein 和 Thomans Michielsen（2011）对双边市场中的合并单边效应进行了研究，通过几种模型的比较，他们完成了基于 HHI 指数的市场集中度分析与基于临界损失的 SSNIP 分析并衡量了价格上升压力。

上述引用文献为在双边市场环境中对相关市场界定展开进一步研究提供了基础。当然，大多数文献只是就双边市场中的传统相关市场界定的原则与技术提出了应用层次上的批评，但是，在双边市场环境下的垄断行为认定的市场边界准则与界定方法并没有提供可操作性的实用指南，这表现在反垄断部门与理论文献研究的脱节，现实应用还是基于单边市场的原则框架，以至于有的经济学家试图寻找单边市场与双边市场在一定假设性条件下的通道。虽然是对相关市场界定的原则与方法进行了研究，但是，基于平台拥有者对两边用户需求进行招标的假设条件过于苛刻。在通常的情形下，平台拥有者对两边用户的需求只是通过相应的价格结构设计而对两边用户的交叉网络外部性进行抽租，而且，最优的价格结构设计并不能保证对两边用户的外部性完全内部化。现有文献在探讨双边市场环境下的垄断认定中的市场边界划分原则与技术问题上出现的研究与应用操作指南方面的缺陷是本章研究试图加以突破之处。

第二节　双边市场中相关市场界定现有方法的局限性

一　相关市场界定方法

美国反垄断执法当局和学者们为了更准确地界定相关市场，提出了众多的相关市场界定方法，归纳起来主要有三大类：一是早期案例中提出的方法，包括需求交叉弹性法、"合理的互换性"测试、"特征和用途"测试和聚类市场法等；二是假定垄断者测试及其执行方法，包括临界损失分析、临界弹性分析、转移率分析、剩余需求分析和机会成本法；三是基于套利理论方法，包括价格相关性检验和运输流量测试。由于上述方法多是建立在单边市场逻辑基础上对相关市场进行界定的，在互联网产业反垄断案件适用时，往往会面临较大的挑战和质疑。

第一个阶段是以哈佛学派的结构主义为基础建立的一系列界定方法，包括：合理可替代、供给替代、交叉价格弹性、子市场、集群市场、产品流等。在这一个阶段，界定相关市场都侧重于对产品特征和功能的定性分析，具有较强的主观性。如在南北电信垄断案（以下简称本案）中，两大主导电信运营商提供的宽带为双边平台性产品，平台的两边连接的分别是企业与用户。对于普通的网民来说，带宽平台向他们提供的是一种内容购买或体验服务，因而，相关市场应当是带宽服务市场；而对于另一边在带宽平台上发布内容与商业广告的企业来说，带宽平台为它们提供的是一种商业广告与内容销售服务，因而，相关市场应被界定为内容提供服务或互联网络广告市场。由于对两边市场产品功能认知的分歧，在反垄断法的实施过程中会产生一定的矛盾和冲突。在本案中，发改委反垄断局最终将该案的相关市场界定为"内容服务提供商市场"。反垄断机构对带宽平台产品相关市场认定的冲突，体现了产品功能界定法在双边市场中运用的局限性。尽管后来的交叉价格弹性加大了定量分析成分，但是其假设前提是除垄断者外其他供给者的价格不变，或者消费者对其他供给者的需求不变，而在现实中，要得到如此苛刻条件下的数据几乎不可能，因此，这种方法的实用价值不大。

第二个阶段是以强调效率的芝加哥学派和以强调效率公平并重的后芝加哥学派的经济学思想为基础，建立以假定垄断者测试法（以下简称 SSNIP 法）为主的界定方法。建立在定量分析基础之上的 SSNIP 法，克服了上述方法的不足。该法自 1982 年在美国《兼并指南》中首次被提出后，1997 年为《欧盟委员会关于相关市场界定的通告》采用。迄今为止，SSNIP 法是许多国家反垄断司法实践中界定相关市场的主要方法。SSNIP 法则基于经济学理论，克服了产品功能界定法中依据需求交叉弹性理论带来的主观性，因而更具有科学性。假定垄断者测试是相关市场界定中最广为采用的分析工具，一般分为以下四个步骤：（1）确定最初的候选市场，通常情况下仅包括与垄断行为有关的产品及其密切替代品。（2）假定整个候选市场的产品处于假设垄断者的控制之下，确定垄断者提价（幅度一般为 5%—10%）后会出现的情况。(3) 如果有足够多的消费者因为涨价而转向了其他替代品时，涨价本身无利可图，则表明其他替代品对候选市场中的产品构成了足够大的竞争压力，可以认为，候选市场太过狭窄，没有将密切替代品都包括进去，需要增加次优替代品。在得到一个更大的候选市场之后，再重复以上步骤。(4) 当大部分消费者面对这个小幅且显著的非暂时性涨价而不再转向购买其他替代品，从而使得假设垄断者涨价变得有利可图时，停止检验。此时得到的包含密切替代品的市场就是反垄断法上的相关市场。

SSNIP 法实际是一种思想实验室，在实验的每一阶段那些被称为"最好的替代品"都将纳入产品市场中来，直到一些产品形成一个组合，这个组合就是竞争分析所要界定的市场。与传统的产品功能界定法相比，SSNIP 法将市场界定建立在严密的经济学分析论证的基础之上，从而大大减少了前者所固有的主观任意性。

二 相关市场界定方法局限性

以最为倡导的 SSNIP 法为例。该方法在双边市场中也同样存在缺陷。首先，SSNIP 法也是建立在单边市场分析基础之上，它对产品功能界定法的改进在于采用了更为严谨的量化分析，即以持久地（一般为 1 年）小幅（一般为 5%—10%）提高目标商品的价格来考察商品的替代程度，以此来确定相关商品市场的范围。但是，由于双边市场所具有的交叉网络效应，平台企业的收益不仅取决于交易平台的同一类型用户的数量，而且更取决于交易平台的另一类型用户数量，因此，这种小幅度的涨价对于一边市场影响是不显著的。其次，由于平台企业对双边市场的用户在定价方面一般采取的是倾斜定价策略，即对一边市场采取"低价"甚至是"免费"策略，通过免费提供服务来培育一定的用户群，在免费用户达到一定规模后，又以免费用户为资源与另一边的用户进行交易，实现收费目的。这种存在交叉补贴的市场，互联网产业的网络效应加大了界定相关市场的难度，一方面降低了合理可替代性程度，另一方面弱化了需求交叉弹性。所以，互联网平台企业的首要竞争策略是产品差异化，竞争对象是用户的注意力，而非价格策略，竞争对象是竞争对手。以价格理论为基础的 SSNIP测度标准无法捕捉企业竞争区域，因而，不能有效界定相关市场。最后，从免费用户角度考察需求替代性则显得更难。第一，需要考察的是产品价格，对消费者而言其使用平台企业提供的服务是免费的，无所谓价格问题；第二是产品的特性，由于交叉网络效应的影响使得该平台对广大消费者产生了"锁定"效应，此时消费者的转移成本较高，限制了其选择可以替代的其他平台；第三需要考察的是产品的用途，基于互联网的电信产业在位平台企业总是不断开发新产品，大多数在位平台企业产品的用途基本能涵盖其他产品的用途；第四是消费者的偏好，基于互联网上的电信产品消费者对其所使用的产品往往具有依赖性，且使用又是免费的，所以这一替代性也很弱。因此，在双边市场中运用需求替代性来界定相关产品市场有着天然的硬伤。

三　判例中的冤假错案

面对传统的相关市场界定方法在反垄断法实施时所面临的窘境，法院在审理与单边市场截然不同的双边市场垄断案时冤假错案层出不穷。

（一）单边市场逻辑中的冤假错案

最为简单化处理的判案是法院干脆不考虑互联网产品的双边市场特性，而是按传统的单边市场对待，将互联网企业的平台产品作为一个独立产品进行相关市场的界定。美国的微软案就是此种方法的典型案例。

1998 年 5 月，美国微软公司因涉嫌违反《谢尔曼法》而遭到美国司法部与美国 19 个州和哥伦比亚特区检察长的指控，进而衍生出全球瞩目的美国微软案。这场世纪审判中最具争议的部分乃是微软公司在与英特尔兼容的个人计算机操作系统软件市场中，将其生产的网络浏览器软件（IE）与个人计算机操作系统软件结合在一起出售，涉嫌违反美国反托拉斯法的搭售相关规定。尽管在 1997 年，美国联邦最高法院就指出："如果要指控垄断或者企图垄断行为，原告必须界定相关市场。"虽然法庭最终认定微软将其网络浏览器与 Windows 操作系统捆绑在一起销售是为了垄断浏览器市场，但在微软案件的所有材料中，包括 1999 年 11 月做出的事实裁定和 2000 年 4 月做出的法律裁定中，本案的原告和法院都只是简单陈述了微软在与英特尔兼容的个人计算机操作系统市场中拥有独占地位，而没有对案件所涉相关市场的界定依据做出清晰阐述。可以说，作为互联网产业反垄断诉讼的第一案，微软案打开了互联网产业相关市场界定之门，然而由于法官的刻意回避，微软案却没有能够关上对互联网产业相关市场界定质疑之窗。微软垄断案存在的两个基本问题需要明确：一是对微软个人计算机操作系统相关市场的界定问题，原告从计算机个人用户角度出发，认为被告拥有 90% 以上的市场份额，而被告则根据微软个人计算机操作系统的兼容性特点，从软件供应商角度出发，相关市场应认定为计算机软件市场，则微软个人计算机操作系统的市场份额不足 30%。二是微软公司是如何将其拥有的在个人计算机操作系统的垄断力量传递到网络浏览器软件市场，从而实现其对网络浏览器软件市场的垄断，这种"捆绑"销售的机理是什么？对于以上两个问题，美国联邦法院的法官虽然做出了事实认定，但是并没有在判决中进行说明。由于互联网产业相关市场界定方面的模糊性，控辩双方各有各的理由，互联网产业反垄断纠纷频频发生，最终倒霉的是那些由竞争而获得市场势力的企业，而那些希望得到照顾的缺乏竞争力的公司常常得到照顾。这样一种控辩结果无疑有悖于反垄断法保护竞争而不是竞争对手的初衷。

（二）双边市场单边化中的冤假错案

法院注意到互联网产品的双边市场特性，但是在相关市场界定时，仍然以传统单边市场的市场份额去判断市场势力，进而以市场势力去进行垄断认定，只不过在对具有双边市场特征的企业进行垄断认定时是市场份额较高的一边市场确定相关市场。此种方法的运用出现在中国的百度案。

2008 年的百度案是中国互联网领域反垄断第一案。原告公司因为不满被告百度公司"竞价排名"做法而诉诸法院。本案关于相关市场的界定成为左右案件走向的关键问题。原告认为，百度案的相关市场是中国的搜索引擎服务市场，百度公司在该市场上具有支配地位，百度公司的"竞价排名"行为已经构成《反垄断法》规定的滥用市场支配地位的行为。被告认为，搜索引擎服务相对于广大网络用户而言是免费的，免费服务并不是《反垄断法》所约束的领域，因此并不存在《反垄断法》意义上的相关市场。最终，在相关市场认定问题方面，北京市第一中级人民法院认为：（1）网络用户在使用搜索引擎时确实不需要向搜索引擎服务商支付相应的费用，但作为市场主体营销策略的一种方式，部分产品或者服务的免费提供常常与其他产品或服务的收费紧密结合在一起，搜索引擎服务商向网络用户提供的免费搜索服务并不等同于公益性的免费服务，它仍然可以通过吸引网络用户并通过广告等营销方式来获得现实或潜在的商业利益，因此，被告界定"相关市场"以是否付费为标准显然不具备事实与法律依据。（2）百度案的相关市场应界定为"搜索引擎服务市场"。虽然随着互联网技术的快速发展，网络新闻服务、即时通信服务、电子邮件服务、网络金融服务等互联网应用技术在广大网络用户中也具有较高的使用率，但搜索引擎服务所具有的快速查找、定位并在短时间内使网络用户获取海量信息的服务特点，这是其他类型的互联网应用服务所无法取代的，即作为互联网信息查询服务的搜索引擎服务与网络新闻服务、即时通信服务等其他互联网服务并不属于构成相关市场的具有紧密替代关系的一组或一类服务，即"搜索引擎服务"本身可以构成一个独立的相关市场。法院虽然在相关市场认定方面认同了原告的主张，但是最终认为，根据现有证据，原告既未能举证证明被告在"中国搜索引擎服务市场"中占据了支配地位，也未能证明被告存在滥用市场支配地位的行为。因而，一审法院驳回原告起诉，二审法院维持原判。在百度案中，法院判决仅从与原告利益没有直接关联的单边市场确定相关市场，则其判决难免存在一定谬误。

（三）去问题化中的冤假错案

法院在审理互联网产业反垄断案件时，采取对控辩双方各打五十大板的模糊做法，不去主动界定相关市场而仅仅从竞争损失角度对垄断行为进行认定。美国谷歌案就是如此。

Kinder Start 是美国康涅狄格州一家专门提供儿童信息的网站（Kinder Start. com）。2005 年，该公司在没有收到任何警告信息的情况下，被清除出 Google 索引。在顶峰时期，Kinder Start. com 每月的访问量超过 1000 万人次，而被 Google "封杀"之后，该公司网络流量下滑了 70%。2006 年 Kinder Start 向美国加利福尼亚州圣何塞地方法院提起诉讼，指控 Google 公司利用搜索引擎业务对该公司进行了不正当地"封杀"，损害了其互联网业务，Google 的这种行为违反了《谢尔曼法》和其他法律。Kinder Start 希望获得经济赔偿，并请求法院强制 Google 改变现有的网站排名机制。原告的诉讼请求最终被法院驳回，主要原因在于，法官认为：（1）原告没有能够证明搜索引擎市场是一种"销售分类"（Grouping of Sales）及这种销售分类可以构成一个独立的相关市场。原告没有主张谷歌或者任何其他的搜索服务提供商出售的是搜索服务，而是主张"鉴于过去用户的经验和预期，以及考虑到先前的关于互联网自由与因特网中立的政府监管和技术政策，任何搜索引擎必须是对使用者免费"。这种判断的根据是没有拘束力的，以此为基础来证明反垄断法与免费服务存在某些关联是站不住脚的。尽管 Kinder Start 辩称搜索所具有的功能性可以从其他途径为谷歌带来丰厚报酬，却没有指出是什么人因为搜索给谷歌付费。因此，从反垄断法立场说，搜索市场（Search Market）不是一个"市场"。（2）原告亦没有能够证明搜索广告市场足以构成一个独立的市场。尽管搜索广告市场

（Search Ad. Market）与互联网上的任何其他形式的广告有着本质区别，在界定相关市场的时候必须对此予以充分考虑，但是，这种区别还不足以使得搜索广告市场与比之更大的互联网广告市场（Market for Internet Advertising）区别开来。因为一个网站可能选择通过以搜索为核心（Search - based）的方式发布广告，也可能选择别的与搜索无关的方式发布广告。无论如何，以搜索为核心的广告方式与其他任何互联网广告具有合理的可替代性。谷歌案中，法官注意到了互联网产品的双边市场特点，并对双边市场的特点进行了说明，但并没有对双边市场的内部交叉关系进行论证，存在说理不透的问题。

针对SSNIP方法的缺陷，一些经济学家开始寻找改良方法，传递率方法就是一种。这一方法的核心是考察当价格发生变动时，市场客户从一个产品或者服务的供给者转向竞争对手的比率方法。这一方法的最大优点是避免了传统假想垄断者测试的价格变量设定在不同行业中具体运用时碰到的标准设定困难。而且，这一方法与市场势力之间的关系并不严格，这样，就避免了竞争结果与竞争前提之间的混淆。在现实中的一些基于互联网的垄断案例中出现的法律纠纷通常把被告的市场份额作为案例判决的举证依据，这样一种认定原则本身就与反垄断法制定的初衷相违背。同样地，这一方法并不要求严格的成本数据，这样就避免了在双边市场基于产品的互补关系而需要对市场的一边进行垄断认定时成本数据举证的困惑。不过，这一方法所需要的用户的价格弹性数据可获得性程度很低，实际执法运用价值并不是很高。

第三节　南北电信宽带垄断案的判决依据与存在问题

一　判断依据

发改委反垄断局对相关市场的认定主要分为以下两个部分：首先，将相关市场界定为家庭宽带接入；其次，判定滥用市场支配地位的核心证据。无罪推定原则，是《反垄断法》关于滥用条款的本质。《反垄断法》明确表明，歧视定价本身当然是合法的，要想证明歧视定价行为违法，除了认定企业在相关市场具有市场支配地位，或者说具有滥用市场支配地位的能力外，还需要证明这种行为是不合理的。即使认定企业具有市场支配地位，也不能认定企业违反《反垄断法》，只有当企业滥用市场支配地位时才违法。《反垄断法》第十七条罗列了滥用市场支配地位的几种行为，但这并不意味这些行为就属于当然违法，而是需要按照合理原则进行仔细考量，也就是说，这些行为本身是无罪的，只有找到有罪证据，才能证明这些行为违法。这种无罪推定原则，是《反垄断法》关于滥用条款的本质。

需要强调的是，此处的合理性和合法性要求，并不像通常那样无奈地相互分离，而是保持高度一致，换句话说，判定这些行为是否属于滥用或者是否违法，完全等同于判定这种行为是否具有合理性。依据《反垄断法》，判断合理性的基本准则是，这种行为是否排斥和限制竞争。但非常不幸的是，证明是否排斥和限制竞争并不是一件简单的事情，这需要非常强的证据支持：一方面，市场竞争的本意就是相互竞争，并产生相互排斥和限制的效果；另一方面，企业是以极大化利润为目标的理性经济人，其是否具有排斥和限制竞争对手的动机令人高度怀疑。正因为如此，在反垄断执法实践中，判断是否滥用一般需要经济学分析作为关键证据。

二　存在问题

（一）相关市场界定问题

从《反垄断法》执法的专业性角度，相关市场是本案举证的第一步需要确认的关键。中国电信和中国联通是否具有市场支配地位，或者更准确地讲，在什么相关市场具有市场支配地位。从目前披露的信息来看，这方面的逻辑还不是很清晰。比如不论是官方还是媒体，都引用了家庭宽带接入和信息源市场份额数据，以此推断相关企业的市场支配地位。但令人不解的是，指控的滥用行为却是在互联网服务商接入市场（ISP），这就出现了驴唇不对马嘴现象。相关市场的界定在反垄断案件审理中不仅非常重要，而且非常难处理。《反垄断法》第十二条第二款虽然对相关市场有明文规定，但也只是概括性地表述了相关市场的概念，对于如何就不同产业的属性针对性地对相关市场进行界定并没有明确指向。有鉴于此，2009年5月24日，国务院反垄断委员会还专门颁布了《国务院反垄断委员会关于相关市场界定的指南》（以下简称《指南》）。遗憾的是，《指南》所包含的11个条文仍然非常原则，对法院的直接指引作用有限。也许有人会说，仅仅凭借被指控企业的歧视定价行为，就可以认定企业具有市场支配地位。这是因为经济学理论认为，企业实行歧视定价的一个重要前提是具有市场支配力。这显然是对经济学的无知、误解和滥用。首先，有支配力并不等同于支配地位；其次，这种结论隐含的假设前提是在与理想状况下的完全竞争状况相比，但完全竞争仅仅存在于乌托邦，现实世界并不存在这种竞争状况，而寡头竞争则是市场竞争的通常状态；最后，在寡头竞争的世界里，歧视定价恰恰是竞争的结果，而不是市场支配力的体现。互联网的技术经济特征在于，互联网骨干网运营商提供多种接入服务，包括家庭宽带接入，ISP 接入服务，各种应用专线接入服务，乃至骨干网互联接入。很显然，这些接入服务并不一定在一个相关市场上。比如，因为宽带和网络外部性等原因，家庭宽带接入和 ISP 接入并不在一个相关市场上。在这种情况下，即使能推断家庭宽带接入市场的市场支配地位，也无法以此断定在 ISP 接入或其他相关市场存在支配地位，当然更无法直接认定在这个相关市场上有滥用行为。在这种情况下，从证据链逻辑上讲，只有说明市场支配势力能够传递，才能弥补其逻辑上的断裂。

南北电信的宽带接入服务具有异质用户宽带需求的协调、带宽业务与其他电信业务之间的交叉网络外部性、价格结构对用户租金的抽取等双边市场特性，任何一边市场受到市场竞争的压力，都会影响整个平台的竞争状况，进而影响相关市场的界定，所以从定性判断的角度来说，在双边市场下界定相关市场时，必须考虑更多的竞争约束因素。换言之，双边市场下的平台企业通常会面临更多的竞争约束，如果仍然从单边市场的角度来分析相关案件，必然会使相关市场的界定过窄。

在"南北电信案"中，南北电信的接入服务面临的竞争应该包括以下五个方面：（1）与其同样具有双边市场特性的宽带接入的竞争，如广电、铁通、歌华有线等；（2）在吸引广告客户市场上，面临那些只经营广告牌业务公司的竞争；（3）在商业利润的获取上面临其他只在单边市场下与自己竞争的其他双边市场平台企业的竞争，如也是双边市场平台企业，但只在广告市场一边与南北电信进行竞争的广告支持型网站；（4）在增值业务领域面临的众多互联网相关企业的竞争；（5）电信技术进步导致的移动互联网用户的猛增而形成的固定网络与移动网络的融合竞争。以上五个方面的竞争，由于宽带市场所具有的双边市场特性，都能够对南北电信构成一定程度的约束效果。如果将南北电信的宽带市场的相关市场界定为"网络提供市场"，实际上仅仅考虑了南北电信在第一个方面的竞争问题，而对后四个方面的竞争则没有考虑到。而在后面几个方面的竞争约束中，南北电信显然不可能都占据市场支配地位。例如，广告市场是一非常巨大的市场，存在传统纸质媒体、电视广告、户外广告等众多竞争对手，而南北电信在其中的份额微乎其微。在后电信时代，基于业务融合的三网融合比网络融合与终端融合更为一般，各种业务之间的互补与替代关系在融合中的表征更加复杂。具有通常范围经济的产品互补关系可能转换成产品替代关系，如中国移动的飞信，而原有网间竞争的相关市场可能转换成互补产品，即一家企业的用户同时构成另一家竞争对手企业的用户，如手机 QQ、微信。

此外，对网络外部性强度的衡量以及由此而形成的价格结构对一边市场势力在整体市场的控制力的评估也是难题。从理论上讲，网络的外部性越强，交易平台两边价格的不对称性也就越大。若一边用户的网络外部性较强，交易平台通常以低价甚至免费吸引该边用户来培育客户基础，然后通过网络外部性的作用吸引另一边用户到平台上交易，并在另一边收取高价以保证平台的收入和盈利。这种商业模式虽然从性质上去说明相对而言比较简单，但如果要进行定量分析，数据要求就会很高，而现有的模型并不完善，使得出现差错的概率非常高。对此，很多学者都感叹，对于双边市场价格结构的分析非常困难，而得出的结论都比较模糊，没有普遍意义。也就是说，如果要对双边市场下相关市场进行精确界定，需要准确衡量交叉网络外部性的强度，但目前的结论都严重依赖模型的设定和前提假设，个案性的结论较多，规范性的结论还没有。由于这些难题的存在，原告要想通过举证证明被告的市场支配地位就更加困难。而只有具有市场支配地位，相关企业才需要承担比一般企业更多的责任。

（二）滥用市场势力证据不足

从目前披露的信息看，这种指控显然缺乏强有力的证据作为支撑。在本案中，发改委反垄断局对中国电信和中国联通的主要指控是，这两家企业在 ISP 接入市场实行歧视性定价，特别是向其主要竞争对手收取高额宽带接入费，因此适用《反垄断法》第十七条第六款。但《反垄断法》明确表明，歧视定价本身是当然合法的，要想证明歧视定价行为违法，除了认定企业在相关市场具有市场支配地位，或者说具有滥用市场支配地位能力外，还需要证明这种行为是不合理的。由此可见，歧视定价是否构成滥用的关键证据是，企业是否具有排斥和限制竞争的动机。很显然，这需要深刻理解相关产业的技术经济特征以及企业的商业策略，否则就会落入科斯所说的陷阱："对于不能理解的企业行为，政府常常会想当然地认定为垄断。"从目前来看，对于认定两家企业的 ISP 接入歧视定价为滥用市场支配地位，发改委反垄断局所掌握的核心证据是，企业对不同的竞争对手收取不同的接入价格，而且对其直接竞争对手收取的接入价格远远高于其他企业。由于反垄断机构认为，为不同企业提供接入服务的成本相差无几，所以认定这种歧视定价的目的就在于排斥和限制竞争对手。发改委针对联通、电信垄断行为的上述认定，在笔者看来，至少有以下两个问题需要进一步澄清：

首先，考虑接入成本不应仅仅考虑物理成本，还必须考虑机会成本。在运营商提供互联网骨干网接入服务时，需要引致各种网络成本和运营成本。从物理成本角度，为不同用户提供接入服务的成本也许确实相差不大，但必须牢记的是，除了这些物理成本之外，企业的决策还必须考虑机会成本，这是经济学也是商业世界的基本常识。

什么是提供互联网骨干网接入的机会成本？很简单，就是为竞争对手提供接入时，竞争对手对自己提供的服务形成的替代所导致的利润损失。在互联网市场中，中国电信和中国联通为其他企业提供接入的同时，他们也为终端用户提供服务，因此得到接入服务的企业，同时也成为两家企业的竞争对手。在得到接入服务后，这些企业会发展最终用户，对中国电信和中国联通形成竞争和替代，造成其利润损失，这正是为竞争对手提供接入所带来的机会成本。不仅如此，对于直接竞争对手来讲，为其提供接入带来的机会成本会更高。

实际上，接入定价需考虑机会成本不仅是经济学常识，也是一个最基本的商业原则。这种定价原则具有高度普适性，它不仅仅适用于互联网接入，同样适用于其他产品和服务定价。需要说明的是，这种定价的效率基础在于，可以保证有效的市场准入；不仅如此，这种定价原则还具有竞争中性的特征。也就是说，这是一个简单的自己购买还是外包的问题，当接入服务收入能够补偿企业机会成本时，只要企业是极大化利润的理性企业，就不会在乎是通过自己提供最终服务盈利，还是通过提供接入服务进行盈利，这意味着，在这种接入定价机制下，企业根本不可能产生排斥和限制竞争对手的动机。

对此，也许有人会质疑企业利润作为机会成本的公正性，企业公正的利润应该是成本加成，不应将利润作为成本，以使得价格两次边际化。但是互联网接入市场实行市场定价意味着，除非政府规定"正"的定价准则，否则说明已经承认这部分利润的合法性，同时也就认可了以这个利润为基础的基于机会成本定价的合法性。当然，正因为这部分利润可能存在与成本加成准则的脱离，在很多国家的接入管制定价中，采用了其他的定价原则，比如拉姆齐定价原则。但从根本上讲，无论采用什么样的定价原则，接入定价都必须考虑机会成本，必须认可为竞争对手提供接入服务对企业产生的替代。特别是在部分一体化的双边市场环境条件下，带宽的开放公平接入存在对电信运营商自身业务的替代。从运营商企业角度，无论给谁带宽，盈利是其基本的商业规则。需要强调的是，拉姆齐定价原则虽然更具有正义性，但只有在政府直接管制接入定价时适用，如果在反垄断执法中也规定这样的定价原则，在本质上无异于使反垄断机构充当价格管制者，这显然是电信管理体制的倒退。

其次，在考虑机会成本的基础上，还必须深入分析产业特征。在分析电信企业对互联网接入采取区别定价的证据时，也许有人会认为，即使考虑企业的机会成本，并且假设极端的有效成分定价原则，而鉴于目前的定价证据显示，有些接入定价很高，甚至超过了零售价格，产生所谓的零售倒挂，那么这种定价显然难以得到合理的解释，而只能理解为出于排除和限制竞争的动机。

对此，还需要深入理解互联网接入的产业特征。作为常识，互联网企业被认为是一个双边市场，具有非常显著的外部性：终端用户的互联网接入所得到的效用，依赖信息源的存在；反过来，信息源提供商之所以接入，是因为有大量的用户接入。也就是说，用户接入市场与应用接入市场相互依赖、相互制约。毋庸置疑，互联网接入的这种双边市场特征增加了竞争分析的复杂性，但又是考察企业定价合理性时必须面对的。

在考虑了双边市场特征后，接入价格很高，甚至超过零售价格，就不是难以理解的事了，这是因为提供接入给企业带来的机会成本，不仅包括给某一端接入市场带来的直接损失，而且包括由此给另一端接入市场带来的损失，比如说家庭用户宽带市场接入的替代，对信息源接入市场造成的损失。而估计这样的间接损失并非易事，这需要分析互联网接入市场的网络外部性，从根本上讲，需要对企业面临竞争约束网络价值进行估值。

由此可见，本案判定电信和联通的区别定价行为属于滥用市场地位行为的关键证据既不是区别定价本身，也不是对直接竞争对手收取更高宽带接入价格，更不是接入价格的零售倒挂，而是向竞争对手收取的宽带接入价格是否高于包括合理机会成本在内的所有成本。为此反垄断机构需要确定：一是宽带接入定价的合理标准；二是判定实际价格是否超过这个标准。

不难看出，滥用市场地位的判定需要很高的证据标准，正因为如此，相比并购和垄断协议而言，滥用支配地位的案子在实际中很难判定，或者说滥用市场支配地位的法律规定的作用非常有限。实际上，证明企业具有排斥和限制竞争的动机是一件非常困难的事情，甚至在一般情况下就是一个伪命题，这也是包括芝加哥学派在内的自由经济学家们，对滥用条款持否定态度的根本原因。

第四节　宽带市场相关市场界定的方法：双边市场思维

一　确定平台产品盈利模式

市场竞争本是一种利益追逐的过程，企业经营目的是为了盈利，为了追逐利润最大化。企业获取利润的方式最主要的是争夺市场中的资源，这种资源可以是具有物质形态的，也可以是不具有物质形态的。不论是传统的单边市场，还是双边市场，都存在这些资源，因为资源是市场的基础。如果一个市场中并没有资源，那么这个"市场"就不能称为真正的市场。可以说，资源是市场赖以生存的基础。在双边市场中，尤其是互联网产业中，平台企业对资源的争夺更为激烈。平台企业往往制定倾斜定价的营销模式，低价甚至免费向一边用户提供服务而向另一边收取服务费用。这种倾斜定价策略容易使人们关注其"免费"的部分，却忽略了"收费"部分。南北电信垄断案鲜明体现了这一点，即在基础电信业务资费水平连续下降的同时，必须借助其他边的盈利加以补偿。一边是亏损中心，另一边是盈利中心，这是典型的双边市场盈利模式。特别是，考虑到网络融合，电信新业务与传统基础电信业务之间的互补与替代关系，电信运营商的双边市场模式构造将越来越复杂。这就要求我们应当根据电信双边市场的特殊情况来研究适用电信产业中相关市场界定的方法。

二　以利润来源边市场为界定相关市场的主要依据

南北电信垄断案中，法院一方面从宽带用户的需求替代角度来判断宽带接入服务的替代性，认为宽带服务市场可以构成《反垄断法》上独立的相关商品市场家庭宽带接入和信息源市场份额数据，以此来推断相关企业的市场支配地位；另一方面又从其他宽带提供商市场角度，认为南北电信拥有绝对的市场份额，从而否定了被告以"高接入服务价格"并不是《反垄断法》上的相关市场的抗辩理由。因为依据传统的相关商品市场界定方法，仅从网络用户或仅从接入服务角度会得出不同的结论：如果法院仅从广大网络用户角度来界定本案的相关商品市场，考虑到网络用户对宽带的需求替代性，用户市场可以构成独立相关市场，从而将相关商品市场界定为宽带接入服务市场具有可接受性；但是如果法院仅从其他互联网企业的接入服务价格角度来界定相关商品市场，则可得出本案相关商品市场是内容提供服务市场的结论。可见，法院在认定本案的相关商品市场时其实存在一个矛盾：将本案的相关商品市场界定为"宽带接入服务的 ISP 市场"是从网络用户的角度出发；而在否定被告的抗辩理由时却是从内容接入服务角度出发的用户市场。或许法院没有意识到或刻意忽略了界定相关市场中这一概念偷换表明的在本案中存在的内在冲突。产生这种冲突的原因是什么呢？笔者认为，问题出现在"免费"与"付费"上，法院能够看到南北电信运营商的营运不是完全"免费"，其营业利润的主要来源并不是广大用户而是内容服务提供商，正是因为法院认识到这一点才会不自觉地从内容接入服务角度来否定被告的抗辩。我国《反垄断法》在相关市场界定方面并没有规定"营业利润的来源"这一因素，因此导致了法院在审理本案过程中出现这一矛盾，这充分表明现有《反垄断法》存在不足，在界定互联网产业相关市场时出现了困境，而困境的根本原因在于互联网产业的双边市场特性。

三　分析不同边之间市场势力的传递

双边市场可以理解为一种交易平台，这个平台的交易量取决于两边的联合需求。如果有一边对平台的服务或产品没有需求，那么这个平台将"不复存在"。只有当两边同时对平台服务或产品产生需求时，平台才能真正具有价值，发挥作用。要使平台两边均对其服务或产品产生需求，平台可以通过定价策略吸引两边用户在平台上进行交易。但是，平台两边市场的需求者由于对平台利用的不同，因而导致市场交易的产品（或）服务不同。如微软公司的 Windows 平台，对于个人用户来说，与微软交易的是个人电脑操作系统软件，对于另一边的软件开发商来说，微软提供的则是一个开放、兼容的应用软件。如果依个人用户边市场，将 Windows 平台界定为个人电脑操作系统软件，微软公司在该市场占有 90% 以上的市场份额，具有绝对的市场支配地位；如果依软件开发商边市场，将 Windows 平台界定为应用软件，则微软公司在应用软件市场中的市场份额只占 5% 左右，从而不具有市场支配地位。因此，以企业利润来源界定双边市场中的相关市场，就可以简单而准确地得到确定的结论，即南北电信运营商在接入服务市场拥有市场支配地位，而在互联网广告市场不具有市场支配地位。在双边市场条件下，是否存在平台企业利用在其中一边市场的垄断地位，对另一边市场进行有效控制，影响市场进入或改变竞争格局，这也是一个互联网产业反垄断法律实施必须考虑的问题。

交叉网络外部性是双边市场形成的一个前提条件，也是判断该市场是否为双边市场的一个重要指标。一般而言，平台厂商一边用户数量的增加会带来另一边用户效用的提高，平台具有正的交叉网络外部性。但是，受双边市场平台企业提供的产品或服务差异化的影响，有时候平台厂商一边用户数量的增加会减少另一边用户的效用，平台具有负的交叉网络外部性。所以根据两边市场用户的相互影响不同，可以将双边市场平台分为正网络外部性平台和负网络外部性平台。互联网产业中的市场创造型平台和需求协调型平台及受众制造型平台通常具有正网络外部性与负网络外部性。

在正网络外部性平台双边市场中，一边市场的参与交易人数、交易量与另一边市场的参与交易人数、交易量存在正相关关系。如属于需求协调型的 Windows 平台，购买和使用微软公司个人电脑操作系统的用户越多，则会吸引越多的软件开发商为其提供应用软件；而更多地应用软件的支持，又会导致更多用户选择购买和使用微软公司的个人电脑操作系统。在双边市场具有正的交叉网络外部性的条件下，市场支配力量存在传递效应，即平台一边的市场支配力量可以通过平台向平台另外一边传递；而在存在负的交叉网络外部性的双边市场中，市场支配力量没有从平台一边向平台另外一边传递的问题。在本案中，宽带的市场份额与接入价格歧视其实是宽带市场的两个不同的边，或者可以称为不同服务需求的用户组。宽带提供商作为两边用户的交易平台共同完整地构成了一个"市场"，而现有对本案包括对其他基于互联网的产业垄断企业的认定往往将某一边理解成市场，抗辩方通常是将收费的一边作为市场，而否定免费的一边也作为市场。

四　体制与机制创新

双边市场理论为反垄断法带来了全新的观察视角和巨大的理论挑战。到目前为止，学者们都认为，在相关市场界定中，双边市场理论并不是对传统反垄断法理论的颠覆，"相关市场"概念本身所体现的基本内涵仍然是适用的，需要改变的是具体的界定方法和思维惯性。也就是说，确定可能构成竞争约束的因素，并判断每一因素对竞争实质性影响的基本思路仍然是相关市场界定的基础。只是，我们必须改变简单地用单边市场的思维去处理双边市场问题的态度，避免错误。《反垄断法》实施之后，在第一个法院判决的反垄断案件中就涉及双边市场中的相关市场界定，无疑对于还没有反垄断案件处理经验的中国法院是一个考验。而作为中国法院在反垄断案件审判中所迈出的第一步，存在一些问题是可以理解的，因为中国反垄断法在理论和实务上的发展，无疑将建立在对这些案件的反思与评论之上。需要特别强调的是，前面的分析并不是想否认中国电信和中国联通存在垄断问题，更不是反对发改委反垄断局对这两家企业发起的反垄断调查，而只是希望通过说明认定滥用行为需要较高的证据标准，来说明反垄断法对于打破垄断的作用很有限。实际上，虽然这个案子的焦点集中在互联网骨干网的接入问题上，但折射出的很多电信改革乃至整个垄断行业改革的深层次问题，也许更值得关注。

首先，一些机制层面的问题迫切需要解决。很多分析都已经指出，并且发改委反垄断局也已经注意到，本案与互联网骨干网的互联互通问题密切相关。其背后的基本逻辑是，如果互联网骨干网的互联互通机制理顺了，不但能够在不同接入层次增加市场竞争，同时也会大大减少双边市场之间外部性的影响，这样就会大大降低互联网骨干企业的机会成本，从而降低宽带接入的价格。

但非常遗憾的是，由于种种原因，在互联网骨干网的互联互通和网间结算问题上矛盾重重，一直没有得到有效的解决，由此导致企业之间利益冲突不断加剧，并且使互联网接入定价行为产生很大的扭曲，严重制约了互联网产业的发展，最终导致矛盾的爆发。当然，从法律意义上讲，在现有监管体制下，互联互通问题本身尚有管辖权不清的问题，但无论如何，彻底解决互联网骨干网的互联互通问题，显然需要行业监管机构与反垄断机构的密切配合。从这个意义上讲，本案不但对推动解决互联网骨干网的互联互通问题具有重要意义，同时对电力、银行卡等其他产业网络接入问题的解决也具有重要启示。

除了互联互通，另一个非常值得关注的问题是，这次电信反垄断对于电信乃至其他垄断行业的放松管制改革将会产生重要影响。在打破垄断、引入竞争之后，如果有效竞争尚未形成，那么一个重要的政策问题是，是否有必要像对互联网产业那样继续放松管制。如果放松管制的结果使反垄断机构变成实际上的行业监管机构，比如由反垄断机构在事实上制定互联网骨干网接入价格标准甚至直接定价，这不但是一种不符合专业分工的低效的制度安排，而且也会影响监管机构进一步放松管制的动机。

实际上，案子的进展已经暴露出这方面的问题，需要反垄断机构提高警惕。根据案子的最新进展，中国电信和中国联通已经按照反垄断机构的要求做了整改的承诺，以便中止反垄断调查，但双方还纠缠在一些具体的细节上，其中包括企业对宽带接入价格调整的承诺。这实际上等于反垄断机构在充当价格监管者，这样做不但在《反垄断法》中找不到任何法律依据，也是反垄断执法需要竭力避免的问题，更重要的是会引起不必要的管辖权纠纷，为今后反垄断执法中相关政府部门的合作，制造一个很不好的先例。

其次，很多重要的体制问题需要解决。互联互通问题固然重要，在短期内也确实是下一步解决问题的方向，但如果不解决一些重要的体制问题，即使解决了互联互通问题，也不会从根本上解决其背后的深层次问题，而且实实在在地讲，也很难解决互联互通问题。

至少在现阶段，最需要也是有可能解决的体制问题是理顺竞争体制。对此，有些专家建议，通过借鉴当年美国司法部拆分 AT&T 和英国重组英国电信的办法，对中国电信和中国联通进一步重组。重组固然不失为一种办法，但并不能解决根本问题，且不说 AT&T 拆分时的技术经济条件与现在截然不同，而且当年拆分后，美国从 1996 年颁布新电信法开始，就已经让企业重新整合，更不要说英国电信根本不是简单的拆分，而只是采用一种批发模式而已。从根本上讲，即使把中国电信和中国联通的数据业务拆分出来，无非是垄断的转移而已，仍无法解决有效竞争问题。实际上，这种所谓的纵向拆分是一种过于简单化的政策建议，因为它只考虑了监管的诉求，而根本罔顾商业世界中垂直整合这种组织安排的天然理性，在以创新为特征的互联网行业，其合理性尤其值得怀疑。

目前存在的诸多矛盾似乎表明，虽然电信业经过了多次重组，但有效竞争的问题仍没有解决，这实际上也昭示着，在现有体制下，仅仅通过对存量进行重组的方式来促进竞争，其有效性已经非常有限。解决有效竞争的根本出路，还在于进一步放开市场准入，让新竞争者参与竞争。当然，在很短的时间内，在不大可能让民营资本进来的前提下，培育一个能有效参与竞争的新竞争对手并不现实。在这种情况下，需要重新架构电信市场结构，在三网融合的背景下，通过电信和广电相互融合来引入新竞争者，不但可以解决竞争体制问题，也是三网融合破冰的关键。

第十五章 互联网企业的垄断识别与反垄断：以腾讯为例

第一节 研究背景

一 研究背景

即时通信是指使用在线识别用户和实时交换信息技术，依靠互联网平台和移动通信平台，以多种信息格式（文字、图片、声音、视频等）沟通为目的，通过多平台、多终端的通信技术来实现的同平台、跨平台的低成本高效率的综合性通信方式。自 2002 年即时通信引入我国以来，即时通信发展十分迅速，成为继传统电信业后又一重要通信产业（见图 15 - 1）。

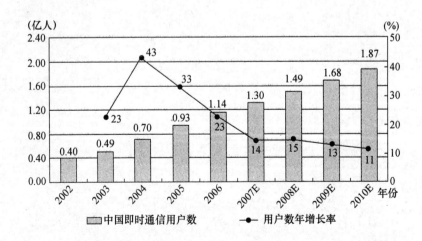

图 15 - 1 2002—2010 年中国即时通信用户数及增长率

资料来源：艾瑞咨询、国家互联网实验室：《中国互联网行业垄断报告（2012）》。

　　在我国，腾讯公司是即时通信领域的巨头，艾瑞 2009 年 IM 市场监测数据显示，老牌运营商腾讯在整体市场的份额占到 76.2%，保持绝对的领先地位。也就是说，按照标准的产业组织理论对垄断识别的标准，腾讯的聊天软件在即时通信领域的垄断地位是不争的事实。而近段时间，腾讯的垄断地位及垄断行为招致了多方不满。特别是，2010 年 11 月，腾讯公司发布《致广大 QQ 用户的一封信》，宣布了对 360 软件的不兼容，使得广大 QQ 用户与 360 用户必须二选一，从而引起了广大 QQ 用户的强烈不满，不少人提出腾讯此举是公然绑架用户，涉嫌滥用其市场支配地位，凭借垄断优势藐视用户利益。有人据此提出，腾讯的垄断阻碍了即时通信行业的技术创新，应该将腾讯分拆以反垄断，提高经济效率。

二　研究目的

　　本章试图从标准微观经济学市场竞争形态出发，探讨互联网产业的竞争特点，进而判定互联网产业的自然属性及其形成机理，集中表述互联网与传统经济之间存在的区别与联系，进而对在互联网产业中的基于标准微观经济学分析下的垄断识别与反垄断调查在维护互联网产业有效竞争问题上存在的逻辑基础缺陷借助即时通信市场的腾讯垄断个案进行分析。寻找应对诸如腾讯垄断案的互联网产业垄断识别的可行方式和互联网产业反垄断需要解决的经济学分析问题。

第二节　互联网行业的市场结构特征识别

　　在反垄断侦查中，对垄断形态的识别是前提。垄断由于其来源不同而具有不同形态。概括起来，有自然垄断、竞争性垄断、垄断竞争性、行政性特许垄断几种。不同的垄断形态决定了垄断的性质与垄断带来的效率评估准则及垄断侦查方法与反垄断政策设计的差异。因此，本章首先对腾讯垄断的形态进行识别。

一　互联网市场结构识别的已有视角

（一）传统经济学视角：自然垄断

从传统经济学观点看，笔者认为，腾讯的垄断最接近自然垄断。

传统意义上的自然垄断与规模经济紧密相连，指一个企业能以低于两个或者更多的企业的成本为整个市场供给一种物品或者劳务，如果相关产量范围存在规模经济时自然垄断就产生了。约翰·利奇指出，生产具有规模收益递增特征的市场是自然垄断的，因为只有一个企业能在这样的市场上生存下来。

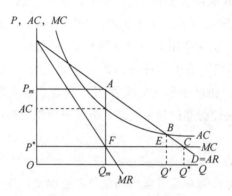

图 15 - 2 自然垄断模型

从图 15 - 2 中可以看出，由于边际成本始终高于平均成本，所以，市场份额高的企业就有能力以低于竞争对手的价格把市场份额低的企业赶出该行业，这又被称为"赢家通吃"现象。但是自然垄断是有效率损失的，垄断厂商考虑自己的边际收入，把产量定在 Q_m 点（即边际收入和边际成本的交点），但社会的需求曲线是 D，也就是说，真正的均衡产量在 Q^* 点（平均收益和边际成本的交点）。这样，就造成了无谓损失 AFC（Deadweight loss）。而即时通信行业与自然垄断在规模收益递增上表现极为相似。美国经济学家布里安阿瑟曾指出，"经济生活的很大一部分都服从收益递增法则，尤其是高科技领域"。其基本特点简单而言可以归结为以下三个特征：其一，先期投入高，边际成本低。其二，网络效应强，具有显著的自增强性与不同业务之间的反馈效应。一种产品对于用户的价值取决于使用该产品的其他用户的数量所形成的网络外部性。其三，用户习惯。

对于即时通信这样的高科技产品来说，也具有上述特点，服从收益递增原则。即时通信商业模式的要点是：基本服务免费以积累用户群，丰富网络体验以增强用户黏性，个性化增值服务收费以创造收入。对于腾讯及大多数即时通信厂商来说，基本服务面向消费者都是免费的，意在积累广大的用户群，而用户群越大，用户黏性越强，越能降低厂商的边际成本，并吸引投资商的投资创收。除此之外，腾讯也依托其庞大的客户群，开发大量增值服务，如 QQ 秀（虚拟个人形象）、QQ 宠物（虚拟电子宠物）、QQ 空间（虚拟个人展示空间）、QQ 游戏超级玩家、QQ 音乐、QQ 交友、QQ 会员等。腾讯的 QQ 软件一经开发，并拥有数以亿万计的客户群后，每增加一名用户所带来边际成本微乎其微。这也是 MSN——这款微软旗下、世界范围内最普及的即时通信工具难以在中国市场普及的重要原因。腾讯凭借自身超高的市场份额，不断降低自己的成本，将其他对手拒之门外。

（二）新经济学视角：竞争性垄断市场结构

现代微观经济学在讨论市场结构时，一般都是从竞争程度或垄断程度把市场分为完全竞争、垄断竞争、寡头垄断和垄断四种基本市场结构。笔者刚开始也想从完全竞争、垄断竞争、寡头垄断和垄断中找到一个适合腾讯的结构来分析，但发现都不适合。完全竞争和完全垄断是过于理想化的情况，下面仅讨论垄断竞争和寡头垄断这两种情况。

1. 垄断竞争市场：一个市场中有许多厂商生产和销售有差别的同种产品

垄断竞争市场的条件：在生产集团中有大量的企业生产有差别的同种产品，这些产品彼此之间都是非常接近的替代品；一个生产集团中的企业数量非常多，以至于每个厂商都认为自己的行为的影响很小，不会引起竞争对手的注意和反应，因而自己也不会受到竞争对手的任何报复措施的影响；厂商的生产规模比较小，因此，进入和退出一个生产集团比较容易。

以上述理论来对照即时通信市场不难发现，即时通信市场上的产品确实都是非常接近的替代品，但即时通信市场竞争十分激烈，几个主要企业的动作会引起竞争对手非常迅速的反应，该市场的进入门槛低，扩张阻碍小。首先，经营者进入即时通信市场的门槛低。即时通信服务对资金和技术要求不高，无论是互联网厂商、终端厂商还是软件商，三大运营商都普遍看好该市场，每年都有大量经营者进入该领域。如 2011 年中国大陆有盛大 Youni、苹果 iMessage、中国联通"沃友"、中国电信推出的易信、中国移动"飞聊"、中国电信、尚易 imo、图度 Talk 2.0 Beta 和"网易即时通"等即时通信产品推出市场。其次，经营者进入市场的途径多样化。

如网易邮箱、开心网通过在邮箱、社交网站服务中整合即时通信服务功能
进入该市场；人人网、新浪微博迅速开发出自己的即时通信客户端软件产
品。CNNIC 调查显示，随着互联网其他服务用户规模的不断增长，一批
依托其他互联网服务的新兴即时通信工具得到迅速发展。最后，新进入者
的市场扩张能力强，大量成功案例证明该市场扩张阻力小。如 2006 年中
国移动推出的飞信、2007 年阿里巴巴公司推出的阿里旺旺、2008 年百度
公司推出的百度 Hi 和 2008 年多玩游戏网推出的 YY 语音等即时通信软
件，虽然进入市场运营时间不长，但均依靠各自用户细分在短期内迅速地
占领了一定市场。因而，即时通信产业并不适用垄断竞争市场。

2. 寡头垄断市场：少数几家厂商控制整个市场的产品的生产和销售

在寡头市场上，每个厂商的产量都会在全行业的总产量中占一个较大
的份额，从而每个厂商的产量和价格变动都会对其他竞争对手以至整个行
业产生举足轻重的影响。

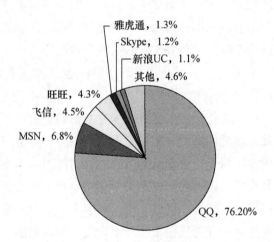

图 15 - 3 2009 年中国主要即时通信软件运营商市场占有率

资料来源：艾瑞咨询。

从图 15 - 3 可以看出，基本上是 QQ 一家独大的局面，以 76.20% 的
占有率遥遥领先，第二名 MSN 只有 6.8%，可以说构成的威胁很小。加
上即时通信的基本业务都是免费的，在价格上也很难取得优势，由于主要
比的是技术和服务，因而比的更多的是客户数量，而不是产量。因而
MSN 和飞信的价格和产量变动应该说对 QQ 影响不大。也就是说，用寡头

垄断的市场结构去分析即时通信市场，也不合适。至此，标准市场竞争理论无法解读腾讯的垄断地位。

　　仔细分析即时通信市场竞争环境发现，即时通信与其他高科技行业一样，企业所面临的竞争约束的维度与标准的垄断竞争市场相比，在进入的门槛上发生了一些变化，即可竞争市场的进入替代程度加剧。通常由于技术的变化会导致一种全新的产品出现在相关市场，从而替代现有的市场主导产品。这一点在半导体行业的集成电路产品的典型代表——手机产品的变迁中得到一个非常好的解释。刚开始在中国手机市场的主导产品是摩托罗拉，其后是爱立信或西门子，再后来是三星、小米、苹果 iPhone 系列。手机在中国市场的变迁历史清楚显示出在高科技行业进入替代的危险。因而，在高科技市场，竞争版图发生变革的趋势使得这一行业在存在"赢家通吃"的网络效应与进入替代的可竞争性两种力量的作用下，呈现出标准市场结构理论难以归集的竞争现象。笔者（陆伟刚，2005）的文章对此进行过简要分析，笔者又在《自然垄断概念的辨析》一文中对垄断的几种形态进行了划分（陆伟刚，2009）。依照这一划分理论，竞争性市场结构这一市场竞争形态比较适用于分析即时通信市场。竞争性垄断市场结构最大的特点在于技术和价格。信息时代，知识成为新的生产力，表现在产业里就是技术，技术和随之而来的知识产权关系着行业的准入门槛，也关系着企业的兴衰存亡。而在价格方面，由于技术更新换代很慢，总是有新兴企业进入市场，市场竞争状况波动大，信息产业本身整体上都在向免费发展。即时通信行业的基本业务都是全免费，其他领域也有这样的发展趋势。比如，杀毒软件领域的两个巨头，金山毒霸宣布永久免费，卡巴斯基也推出免费产品。作为竞争垄断型的市场结构，其进入条件又存在着一定的壁垒，在位者通常具有在位优势。即时通信领域具有明显的网络效应，即时通信产品对用户的价值取决于使用该产品的其他用户的数量，即使用某款即时通信产品的用户越多，越能吸引其他用户使用。同时，即时通信领域具有用户锁定效应，由于用户长期使用 QQ，形成好友关系链，在 QQ 上建立了社交圈，如果换用其他即时通信产品，重新构建社交圈的成本比较高，换用其他即时通信产品也需要熟悉新产品的功能、特性，并改变使用习惯。由于网络效应和用户锁定效应的存在，其他经营者一般难以进入这个市场，即使进入也难以生存。广东高法则认为，首先，由于大多数用户都通过即时通信服务与亲朋好友即"核心圈"进行联系，网络效应的作用被大大减弱。根据脸书（Facebook）的数据，用户通常只与4—6人保持双向互动，因此这些用户可以自如地更换即时通信服务。其次，在微软公司/Skype案中欧盟委员会发现很多用户均在多家消费者通信服务供应商间自由地进行访问转换，本案中QQ软件的情形也与此相同。CNNIC报告指出"随着2007年前后一批新兴即时通信工具的发展，同时使用2—3款即时通信软件的用户比例逐步增大，已然超过了50%"；报告还预测，"未来同时使用多款即时通信工具的用户会进一步提升"。对用户而言，QQ软件并非"必须具备"的产品，满足用户即时通信需求的替代产品多种多样，被告无法控制用户对即时通信软件的选择。同时，由于用户可以在数款即时通信软件中同时构建具有高度重合性的社交网络，如此他们就可以在更换即时通信软件时将用户锁定效应即"客户黏性"的影响减至最低。最后，在被告开发经营QQ产品之初，MSN是国内市场份额最大的即时通信服务提供商。但被告依靠具有特色的产品和优质的服务迅速扩大经营规模，吸引用户数量，最终在较短时间内在市场份额上超过MSN。由此可见，网络效应和用户锁定效应对于即时通信产品和服务来说并不是不可逾越的进入壁垒。

二 双边或者多边市场的商业模式视角：以谷歌搜索引擎广告为例

上面我们对信息产业竞争环境进行的简单分析中我们已经对信息产品对收费趋势做出了免单的基本判断。那么，合理的推定是，作为利润最大化的信息产品的服务商在其所提供的产品免费情形下其能够继续生存，说明了信息产品的提供者的商业模式与标准市场经济学中的产品提供者的商业模式比起来一定发生了本质的变化。对企业商业模式的分析在很大程度上是我们对企业行为机制进行恰当认知从而也是采取相应市场干预政策的前提。有鉴于此，对互联网相关企业商业模式进行符合其产业特征的分析是对互联网产业市场结构特征进行归集的题中应有之义。

作为互联网相关企业的商业模式分析的重要内容，就是对互联网企业的定价机制、商业模式设计进行分析。几乎所有的互联网企业无一例外地在定价领域对不同组用户实施歧视性定价。仔细分析这一定价模式，我们可以发现，互联网企业的商业模式符合双边市场的价格结构特征（Rocht and Tirole，2004）。

许多在网络上出现的核心商业被经济学家称为"多边平台"。一个多边平台像两个或多个有相互需求和联系客户群提供产品和服务。多边平台能降低交易成本，从而促进价值的创造与流通。多边平台一般出现在多边客户群聚集能获得利润但会有交易成本或其他障碍阻碍这样的情况下。例如 eBay，降低了买家与卖家出售二手商品的交易成本。

多边平台在一定程度上有三个核心功能。第一，充当媒人使客户之间更容易找到彼此促进交易。交易可以是为了爱（Matchmaker. com）或者金钱（eBay）。第二，构建了一个社区（或用户群）使得组内成员更容易找到合适的对象。Facebook 提供的价值在于让用户更容易找到他们想找的人，这也扩大了广告商的范围。平台的价值随着用户的增多而增长。第三，资源共享，减少重复向顾客提供服务的成本。下面将介绍软件平台一个非常重要的特征。

多边平台一个重要特点是存在间接网络效应，意味着平台一边客户获得的价值与另一边客户的数量有关。欲购买某物的消费者看重的是能提供和他们搜索内容更相关的广告的搜索引擎，而企业更看重的是在最有可能接触潜在消费者的搜索引擎上投放广告。多边平台另一个关键特点是必须同时满足多个不同的客户群。例如，为建立一个双边平台，创始人必须解决鸡和蛋的问题：如果没有 B 边的客户，A 边的客户不会参与；同理 A 边也是。这些特征使得多边市场利益最大化而传统的商业模式是无法比拟的。平台要运作必须全面考虑到每一边的需求，这些需求都是相关的，成本直接归属于每一方，共同构成平台的运行。

多边市场更为复杂的利润最大化情况可能会造成一边用户的价格低于客户服务的增量成本，有时还会造成一边用户的价格低于零。"需要的更多"的一边或"很难得到"的一边可能会打破价格局限；反之，得到最多价值的一边可能会承担更多的成本。

几种主要行业大部分企业都基于多边平台。包括媒体广告，如报纸、杂志、广播、电视；包括支付服务，如信用卡、借记卡；如单身酒吧和相亲服务。另一个主要多边平台常有的行业是软件类，包括计算机操作系统，移动电话，还包括许多基于 WEB 的公司。

谷歌的广告搜索平台就是一个典型例子。个人搜索使用的搜索引擎，广告商进行广告战而依赖的很多软件，以及出版社在他们网页中嵌入广告而依赖的很多软件，这些都存储在世界各地由谷歌运行的巨大的相互连接而又难以区分的"服务器群"中。

图 15-4 为谷歌的广告平台节点链接：

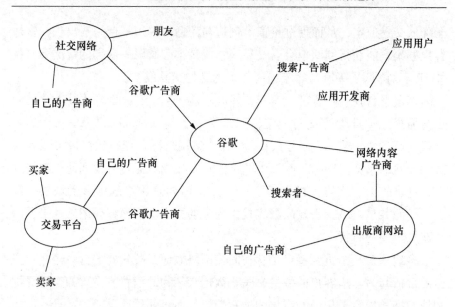

图 15 - 4　谷歌广告平台连接

　　谷歌的广告平台能够使企业依据搜索查询使用的关键字嵌入广告，在这种情况下广告出现在搜索结果的页面，或者依据在网页中发现的关键词，这些网页属于谷歌网络出版社的网络。谷歌的搜索引擎靠用户到页面搜索的流量赚钱，搜索结果的页面有广告。搜索引擎也能帮助人们找到互联网业务——包括出版商和网上零售商——不用向广告商付费。那些企业受益于谷歌搜索引擎，谷歌不向它们收费而把它们列在搜索结果的左边。谷歌还向网络出版商提供广告服务。出版商为谷歌腾出空间插入广告；谷歌将那部分空间卖给广告商并从收入中支出一部分当作出版商的费用。

　　许多与谷歌连接的实体商也是多边平台。网络出版商有两边的交易，利用出版内容吸引观众和用这些观众群吸引广告商。许多小的出版商，如博客，完全依赖谷歌出售他们的广告空间。许多大型出版商利用谷歌出售部分广告空间；也有一些拥有谷歌搜索框，从用户访问谷歌搜索页面的点击量收取广告费用。社交网站在利用广告挣钱方面类似于网站出版商。网站靠提供社交网络吸引流量，通过像谷歌一样的平台卖流量——相关用户的数据——给广告商挣钱。谷歌的广告平台与 eBay 的交易平台有交叉。eBay 在谷歌的搜索页面购买广告吸引潜在用户。此外，eBay 为谷歌有偿提供广告空间。

　　谷歌使软件开发人员可以通过其 APIs 编写程序提供服务。作为回报，谷歌保留在服务插入广告的权利。2007 年 1 月以来，开发商已经为超过 10 万个网站编写了大约 2 万个"插件"。这些小应用使用谷歌 Gadgets A-PIs 适用于谷歌不同的平台（如谷歌日历、iGoogle、Google 桌面、博客、Google 地图、Orkut）。这些小应用通常可以嵌入其他网页在第三方应用程序中运行（如 MyAOL）。开发人员还可以在他们的网站使用 Google 地图 API 创建应用程序。例如，旅程网使用谷歌地图应用界面，在它的网站上增加了"旅程更新"，这张地图可以显示实时用户上传的天气、交通、停车位和美国机场延误的情况。

　　通常情形下，互联网企业依据不同组用户对平台价值的评估水平去构造一对或者一组能够吸引双边或者多边加入平台的倾斜的价格结构。借助这一价格结构，以解决科斯定理失败的用户协调问题以撬动平台以及一边用户从另一边用户获得的外部性内部化问题。由于消费者用户一边通常是单平台接入与外部性效应显著，平台对消费者用户往往收取比较低的价格甚至是收取低于成本的价格（免费），而与此同时，平台对另一边用户外部性不显著或者提供负外部性的用户（如媒体平台的广告商）收取高于其提供服务所发生成本的价格。这样平台一边是亏损源而另一边则是盈利源。这样一种歧视性定价的目的并不像标准市场那样是为了攫取消费者剩余或达到其排斥竞争对手的掠夺性定价。而恰恰是基于用户需求弹性的定价，这一定价方程与完全信息下在不考虑成员外部性而只考虑交易外部性情形下的定价方程别无二致（Rochet and Tirole，2003）。而如果考虑不同组用户之间基于一边用户规模而采取加入平台决策所引起的成员外部性，歧视性定价本身在于消除外部性以获得能够保证市场需求结清的均衡价格（Amstrong，2006）。Weyl（2010）全面比较了在考虑交易外部性与成员外部性下的定价方程并对平台所具有的两种外部性予以综合，考察了在不完全信息下的平台最优价格结构设计后发现，歧视性定价无论是对平台还是对社会福利最大化而言都是必需的。陆伟刚（2012，2014）的研究则强调了歧视性定价对社会福利的影响必须考虑定价方程一些参数的门槛值而进行判定。定价权的存在表明互联网市场的结构具有天然的竞争与垄断性质。

　　平台型商业模式中除了定价方程与标准市场基于成本的定价不同以外，还有一个需要加以考虑而到目前为止鲜有文献加以探讨的领域即平台本身的设计模式。确切地说，平台是如何让不同组的用户借助平台这一垄断接入"瓶颈"而彼此进行交易的。作为利润最大化的平台其提供服务或者产品并不单纯是定价理论所表述的那样仅仅是为了解决用户的搜索成本与交易成本问题。事实上，大多数平台面对不同组用户的需求采取了一些诸如提高用户搜索成本或者降低服务质量的用户搜索系统。这一安排的原委是搜索用户的异质性。平台为了保障每一用户都能在平台上搜索直至完成交易，平台会把一些与高质量需求用户匹配的搜索结果放置于用户多次搜索以后的界面上。这样，在低质量需求用户完成搜索并交易的同时一些高质量用户很有可能也完成了低质量产品交易但继续搜索其偏好的高质量产品。总交易量也就因此上升。这样，一种平台设计规则使得一些具有一定市场份额的互联网企业能够强化其最小有效规模优势，从而相应地限制了低质量用户市场的进入发生。

第三节　腾讯案例中滥用市场支配地位的垄断行为识别

一　行为识别维度

(一) 竞争程度

技术创新可以给企业带来降低成本、提高产品质量和经济效益的好处，帮助企业在竞争中占据优势。因此，每个企业只有不断进行技术创新，才能在竞争中击败对手，保存和发展自己，获得更大的超额利润。尤其在即时通信这样的高科技领域，技术发展日新月异，如果不能加快研发速度，掌握主动权，长期保持垄断地位是很有难度的。相反的证据显示，即时通信的相关市场竞争充分。即时通信市场处于高度竞争和高度不稳定状态，新技术、新商业模式层出不穷，没有证据显示有任何一家企业可能长期操纵市场。即使没有外力介入，这个市场也能够很好地实现充分竞争和自我更新。首先，从本案证据来看，传统即时通信软件产品之间竞争激烈，飞信、阿里旺旺、YY语音等产品的用户量近几年来发展迅猛，用户规模均已过亿。其次，新兴的 SNS（社交网站）、微博、电子邮箱等产品在整合了即时通信服务功能后，相关市场竞争进一步加剧，新兴的即时通信服务产品对传统即时通信产品带来巨大的竞争压力和市场冲击。艾瑞咨询调查结果显示，近几年来新兴的微博、社交服务不断尝试取代即时通信地位，随着微博、社交网站的迅速发展，用户对即时通信的依赖性开始下降。CNNIC调查结果显示，众多潜在替代品对即时通信产生威胁：电子邮箱市场快速发展，不少服务商在邮箱中添加即时通信功能，很大程度上推动了市场整合化发展。此外，开心网、人人网等SNS网站的发展以及用户黏合度的增加，用户对于社交网站的信息传递使用频率增多，也对即时通信工具的使用造成一定的影响。因此，原告所主张的即时通信服务市场是一个高度创新、高度竞争的动态市场。经营者在该市场内要保持竞争优势，必须具有持续创新的能力。同时，在这样的竞争状态下，经营者不敢降低产品质量，或者不顾消费者感受而肆无忌惮地投放将影响用户体验程度的大量广告。因此，法院认为，被告并不存在大量地、长期地如原告专家辅助人所称通过降低产品质量或非暂时性的小幅度提高产品的隐含价格而获取利润的情况。

（二）企业规模

技术创新需要一定的人力、物力和财力，并承担一定的风险。规模越大，这种能力越强。另外，企业规模的大小影响技术创新所开辟的市场前景的大小，一个企业规模越大，它在技术上的创新所开辟的市场也就越大。对腾讯来说，凭借76.2%的绝对优势，它面临的技术创新风险较小，有更高的创新的动力。而对微软来说，MSN在中国的市场份额较小，而技术创新的风险较高，如果专门针对中国市场开发新技术，需要认真分析成本收益，不会轻易投资。这也是为什么腾讯在用户体验上胜于MSN的原因，腾讯更愿意投入人力物力针对中国人的心理特点改进产品。

（三）垄断源泉

垄断程度越高，垄断企业对市场的控制力就越强，别的企业难以进入该行业，也就无法模仿垄断企业的技术创新，垄断厂商技术创新得到的超额利润就越能持久。在这种市场结构中，技术创新又可分为两类：一是企业由于预计能获得垄断利润而采取的技术创新。二是企业基于竞争对手模仿或创新条件下丧失利润而采取的技术创新。

首先，腾讯能够依靠垄断地位获取更多利润，为技术创新提供更多的资金支持，企业规模更大，资源充足，技术力量雄厚，开发技术水平会更高，开辟的市场前景会更大，对经济和社会发展产生的作用更大，甚至推动一场新的技术革命。

其次，对腾讯来说，虽然它目前已经占市场份额的 76.2%，基本上控制了大部分产品的供给，但它只占了市场的一部分，且面临飞信等新兴产品的威胁，加之在资源上处于劣势地位，为了获得更大的垄断利润，腾讯会积极投入创新。对于腾讯、MSN、飞信来说，无论谁率先进行技术创新，都会对对方市场地位产生影响。为了扩大自己的垄断地位，保证自己不被对手超越，腾讯也会积极投入技术创新。

除此之外，在创新过后，企业要保证在一段时期都维护自己的超额利润，并且建立起一定的专利壁垒，否则一旦被别的企业模仿，前期的投入收不回来，创新也只能夭折，或者收效甚微。腾讯虽然频频被指抄袭，但其拥有的专利数量长期居于国内互联网行业第一位，而那些被"模仿"的企业，却从未起诉过腾讯，说明我国目前的市场环境确实容忍了部分模仿者免受处罚。另外，保持创新带来的超额利润也需要一定的基础以及保护自主知识产权的意识。

二 竞争妨碍程度识别

(一) 竞争不一定优于垄断

其实，竞争不一定比垄断更有效率。过度的竞争也会带来风险。美籍奥地利经济学家熊彼特指出，"有价值的不是那种竞争（完全竞争或者价格竞争——笔者注），而是新商品、新技术、新供应来源、新组织形式的竞争"。F. 哈耶克在《竞争的含义》中也指出："相比之下，在一个静态的环境中，也就是完全竞争的情形下，没有一个市场的参与者能够做成一笔尚未做成的交易，在那里根本就没有竞争可言。"如果过分强调竞争，企业面临垄断就被经济制裁的风险相当于是越会下蛋的母鸡越是会被杀掉一样，企业就失去了寻求不断突破的激励，最终受损的是社会收益。如果按照标准经济学分析那样分拆腾讯，那么其他即时通信公司都不敢再轻易做大，双边或者多边市场就无法形成，QQ 用户的免费午餐失去了另一边的支持，那就会由免费转为收费，即时通信用户支付的价格水平就会上升，而相关即时通信产品提供者的各自的份额由于市场竞争的加剧，加上网络效益的存在，其市场结构很有可能是垄断竞争型的市场结构。特别是，由于现在的商业模式回归到了标准市场，企业面临的竞争只是单边竞争而不是一对多、多对多竞争，竞争压力自然减少，创新因此减少，而且还会导致互联网资源的闲置，即出现标准经济学分析中的垄断三角。

（二）垄断并不一定等于拥有市场支配地位及滥用

《反垄断法》第十七条第二款规定，市场支配地位，是指经营者在相关市场内具有能够控制商品价格、数量或者其他交易条件，或者能够阻碍、影响其他经营者进入相关市场能力的市场地位。第十八条规定，认定经营者具有市场支配地位，应当依据下列因素：该经营者在相关市场的市场份额，以及相关市场的竞争状况；该经营者控制销售市场或者原材料采购市场的能力；该经营者的财力和技术条件；其他经营者对该经营者在交易上的依赖程度；其他经营者进入相关市场的难易程度；与认定该经营者市场支配地位有关的其他因素。即认定经营者的市场支配地位，需要考虑市场份额、该市场的竞争状况以及市场进入的难易程度等多种因素。第十九条规定了市场支配地位的推定规则，即一个经营者在相关市场的市场份额达到50%时，可以推定其具有市场支配地位，但允许经营者提供相反证据推翻该推定。如前所述，原告对本案相关商品市场和相关地域市场的界定过于狭窄，原告依据其所主张的相关商品和地域市场来计算被告的市场份额，不能客观、真实反映被告在相关市场中的份额和地位。尤其是原告最主要的证据艾瑞咨询报告统计的产品范围，与法院认定的相关商品的范围有差异：（1）艾瑞咨询对即时通信软件的监测只针对个人电脑端产品，并未包含手机端和平板电脑端产品即移动即时通信软件；（2）将即时通信产品作为核心产品一部分的微博和SNS社交网站产品未计入相关市场商品集合；同时原告本身认为应当属于即时通信相关市场范围的微博和SNS社交网站以网页形式提供的即时通信产品也未列入；（3）艾瑞咨询和CNNIC研究的范围仅限于中国大陆地区，不包含港澳台地区和世界范围内其他使用QQ产品的国家，等等。因此，艾瑞咨询监测的腾讯在2010年中国即时通讯整体市场的份额中占到76.2%，并不能真实反映腾讯QQ在本案相关商品市场中的份额。综上，腾讯公司以并不具备真实基础的市场份额来推定被告在相关市场上具有垄断地位的主张法院不予认可。

综上所述，由于互联网行业特殊的市场状况，尤其不能将市场份额作为认定经营者市场支配地位的决定性因素。即使在原告主张的最窄的相关市场内，正如中国互联网协会（CNNIC）报告所述，腾讯的市场优势地位也并未抑制和缩小其他即时通信产品的市场发展空间，亦不构成该市场整体发展的阻碍因素。腾讯在该市场不具有支配地位。

三　腾讯案例中的垄断支配势力滥用行为识别

《反垄断法》第十七条所禁止的无正当理由限定交易行为，以行为人占有市场支配地位为基础条件。通过前述关于相关市场界定、市场份额计算标准以及市场份额并非市场支配地位的决定性因素等一系列分析，法院认为原告无法证明被告在本案相关市场中具有支配地位。故无论被告相关行为是否符合非法限定交易行为的要件，均不能认定其属于《反垄断法》第十七条所禁止的无正当理由限制交易行为和搭售行为。但为正确界定互联网企业的哪些市场行为属于滥用市场支配地位行为，以便规范互联网行业的市场秩序，充分保护市场竞争机制，广东高院就腾讯垄断案"3Q 大战"中"用户二选一"的行为实质以及被告是否存在搭售行为等加以分析认定。

《反垄断法》第十七条规定，没有正当理由，一个具有市场支配地位经营者限定交易相对人只能与其进行交易或者只能与其指定的经营者进行交易的，属于滥用市场支配地位的行为。在本案中，被告强迫用户"二选一"，表面上赋予用户选择权，但假如被告是一个具有市场支配地位经营者的话，用户极有可能放弃 360 而选择 QQ。被告采取"二选一"的目的不是要拒绝与用户交易，而在逼迫用户只能与其进行交易而不与 360 进行交易。被告该行为实质上仍然属于限制交易的行为。被告抗辩认为，QQ 软件对 360 安全卫士采取不兼容措施是源于原告实施侵权行为所致。原告利用 360 隐私保护器，QQ 保镖和 360 安全卫士自身的弹窗功能破坏和篡改 QQ 软件功能并诋毁 QQ，同时原告进一步在 360 安全卫士中加载 360 隐私保护器以及 360QQ 保镖，利用 360 安全卫士的大量用户来实施进一步的侵权行为。为了保证 QQ 的正常运作，被告不得已采取不兼容技术措施来阻止和排除原告产品对自身产品的破坏，是一种正当的自力救济行为。法院认为，根据我国《民法通则》第一百二十八条、第一百二十九条以及《侵权责任法》第三十条、第三十一条的规定，我国民法上的自力救济主要有两种：正当防卫和紧急避险。正当防卫是指为了使公共利益、本人或者他人财产或人身免受正在遭受的不法侵害而对行为人本身采取的防卫措施。因正当防卫造成损害的，不承担责任。紧急避险是指为了防止公共利益、本人或者他人的合法权益免受正在遭受的紧急危险，不得已而采取的损害另一较小利益的行为。因紧急避险造成损害的，由引起险情的人承担责任。正当防卫与紧急避险均不能超过必要的限度。从北京市第二中级人民法院（2011）二中民终字第 12237 号民事判决查明的事实来看，原告通过"360 隐私保护器"及网络言论对腾讯公司、腾讯计算机公司实施不正当竞争行为。由于互联网行业的特殊性，通过网络实施的侵权行为具有蔓延速度快、范围广，后果难以挽回等特点，因此被告的合法权益在当时的确处于危险状态之中。但即使被告的合法权益遭受不法侵害需要正当防卫，其采取自力救济的直接反击对象也必须是不法侵害人即本案原告本身，而不得涉及网络用户。同时，我国知识产权侵权诉讼的诉前禁令制度赋予知识产权人权利，在其合法权益可能遭受紧急或无法逆转的侵害时，有权向人民法院申请采取临时措施，及时、快捷、有效地制止不法侵害行为发生或继续。在法有明文规定的情况下，被告没有依法行使诉讼权利寻求制止不法侵害行为的途径，转而单方面采取"二选一"的行为，致使"3Q 大战"范围扩大波及用户，其行为缺乏正当性。另外，被告强迫用户采取"二选一"行为也超出了必要限度。本案中，无论原告是否存在胁迫用户使用 QQ 保镖行为，是否劫持了 QQ 的安全模块并导致QQ 失去相关功能，被告都无权逼迫用户对后者的 QQ 账户安全采取行动，被告的权利范围在于对此做出相应的风险提示，是否卸除 360 软件是用户自身固有的权利，被告不能代替用户做出选择，强迫用户"二选一"的行为超出了必要的限度。

《反垄断法》第十七条第一款第（五）项所禁止的无正当理由搭售问题。根据反垄断法规定，搭售是指具有支配地位的企业强迫交易对方购买从性质、交易习惯上均与合同无关的产品或服务的行为。搭售的目的是将市场支配地位扩大到被搭售产品的市场上，或者妨碍潜在的竞争者进入。构成搭售应当符合以下标准：搭售产品和被搭售产品是单独的产品；搭售者拥有市场支配地位；搭售者使消费者除了购买被搭售产品外别无选择；搭售是一种不合理的安排，即搭售不是出于该商品的交易习惯；若将搭售的商品分开销售，也不会有损于该商品的性能或使用价值；搭售具有反竞争效果。本案中，被告 QQ 软件的主要功能是即时通信，与 QQ 医生、QQ 管家、安全管家、安全管理等一系列软件确属单独的软件产品。第一，被告在即时通信市场中不具有市场支配地位。第二，被告没有限制用户的选择权。被告在 QQ 软件打包安装 QQ 软件管理时，为用户提供了 QQ 软件管理的卸载功能，被告向用户提供 QQ 软件服务并非以用户必须使用 QQ软件管理为先决条件，对用户没有强制性；另外，被告在将 QQ 软件管理与 QQ 医生升级为 QQ 电脑管家时，向用户发出了升级公告，必须经过用户选择才可进行升级，已尽了明示用户并给予用户使用选择权的义务。第三，被告的相关行为具有经济合理性。QQ 软件管理与 QQ 软件的打包安装作为产品的功能整合，有利于用户通过使用辅助性工具软件更好地管理QQ，保障用户 QQ 软件的账号安全；相反，若被告在提供 QQ 即时通信软件时不提供安全产品的，则可能会有损于 QQ 软件产品的性能或使用价值。第四，被告的相关行为未产生限制或排除竞争的效果。原告没有任何证据证明被告相关的打包安装行为导致原告同类商品的市场占有率显著下降；也无证据证明该行为对同一市场内其他竞争者产生了限制或排除竞争的后果。第五，原告没有提供证据证明被告 QQ 软件打包安装 QQ 软件管理以及 QQ 软件管理、QQ 医生升级为 QQ 电脑管家的行为已经造成或者将会造成消费者的损害。因此，原告所诉被告实施了滥用市场支配地位的搭售行为不能成立。

腾讯垄断案经过 2013 年最高院的裁定，维持广东高院判决。可关于互联网产业的垄断识别与反垄断问题并未因此得到本案中相关各方基于足够经济学分析基础的法理支持。

第四节　互联网产业垄断行为匡正原则

一　互联网信息服务产业相关市场界定

根据我国《反垄断法》第十二条的规定，相关市场是指经营者在一定时期内，就特定商品或者服务进行竞争的商品范围和地域范围，确定相关市场是确定企业支配地位的前提。多数国家都把"合理替代性分析法"和"需求弹性测试法"作为相关市场界定的两个主要步骤。"合理替代性分析法"，是根据产品的物理性能和价格因素从消费需求和供给角度判定该产品是否可以在市场上被替代。当消费者在对比两种产品的价格、质量、物理性能等因素之后，认为二者可互相替代，则表明该两种产品隶属于同一市场，除了考察产品性质和消费需求，这种分析方法还强调对潜在经营者进入市场难易程度的认定，恰如学者所总结："认定相关市场应充分考虑市场准入条件和新竞争者进入的壁垒。"为了追求更加准确、客观的市场界定结果，以欧盟、美国为代表的国家和地区借助"需求弹性"

测试方法，来明确相关市场的界限。依据美国《1992 年横向并购指南》，假定生产者执行了一项小幅度却显著且非临时性的涨价（SSNIP）后，消费者没有选择其他商品致使涨价者无利可图时，则涨价的产品构成一个单独的市场，"需求弹性测试法"体现了"价格弹性"的经济学规律，可以准确观察到原本在物理性能上互换概率较小的两种产品，在价格微调后可能成为彼此的优良替代品。这种测试方法更进一步精确了产品市场范围。

（一）相关产品市场

在界定网络信息服务市场时，仍然应该采纳"合理替代性分析法"和"需求弹性测试法"作为基本界定方法。我们知道，网络信息服务市场与传统的产品市场一样，都是买卖双方供需相遇，进行交易的场所。只是前者的交易对象是虚拟的数字信息，交易的主体则是网络服务软件开发企业和网民消费者。网络服务软件大致可以归为两类：一类是免费提供给网民使用的增值服务软件，另一类是网民付费使用的服务软件。对软件开发者来说，付费软件与免费的增值服务软件都是基本的营利性产品，但是营利的方式不同。付费软件的收益主要来自用户，用户直接向开发者购买软件的使用许可。而免费的增值服务软件的收益则源自被其吸引投放广告的第三方经营者。第三方经营者将公开推广的增值服务软件看作宣传自己产品与服务的网络平台，进而向增值服务的软件开发者支付服务费。

比较两类服务软件的运营模式得知，在付费软件市场中，软件企业根据用户的需求来制定价格并获取利润，与用户构成直接的交易关系，因而，付费软件市场是典型的传统单边市场。与之相对，免费增值服务软件市场体现出典型双边市场属性。双边市场是指企业同时向两方以上的消费主体寻求交易，并且各消费主体之间存在关联关系的市场。典型的有计算机软件市场和信用卡支付服务市场，在网络增值服务市场中，第三方经营者与软件用户是并存的两类消费主体，二者都是该市场的必备要素，且彼此密切关联。站在增值服务软件提供者角度看，越大规模的用户下载使用其软件，那么该软件的广告宣传价值就越大，这种关系告诉我们网络增值服务市场具有网络外部效应性。

当我们能够厘清网络增值服务市场的双边市场属性时，便可以开始界定产品市场了。增值服务市场内存在两组消费关系，一是增值服务软件开发者与网民用户的提供与使用的关系，二是增值服务软件开发者向第三方经营者提供广告服务的关系，因此严格说来，该市场存在两种产品就是增值服务软件与广告服务。但是站在竞争法的视角上，该市场的产品应界定为增值服务软件，首先，是因为增值服务软件是开展广告服务的平台，只有先开发出增值服务软件并得到一部分网民的使用才有开通广告业务的余地，亦即广告业务是增值服务软件的衍生品；其次，就竞争关系来看，不同的软件开发者是就增值服务软件展开竞争的，只有软件产品竞争中的优胜者，才能拥有规模浩大的使用群体，也才能获得更多的广告收入，从而建立支配地位。

既然市场中流通的产品是增值服务软件，那么网民自然就是消费者。在实践中，根据网民消费者的需要，增值服务软件又可以细分为很多种类，诸如电子邮件、电子商务、即时通信、网络浏览等，这些软件具备通信、购物和阅览的功能，它们分属于不同的产品市场。

（二）相关地域市场的确定

网络信息服务软件通过国际互联网迅速传递信息实现正常运行，并严格执行 TCP/IP 协议。该协议是万维网协议（World Wide Web）运行的基础，万维网又是由全球统一资源标识符（URL）标识，并经超文本传输协议（HTTP）传输空间资源的一项服务，因此信息服务软件的使用范围可以覆盖到万维网所能延伸到的所有角落（全球范围），加之客户端程序易于复制和传输，各国的计算机都能下载安装，其市场范围的世界性已是不言而喻。再者，随着全球化趋势的增强，国家和地区间的文化和语言障碍日益缩小，彼此间传递信息的渠道更是畅通无阻，我们将网络信息服务软件市场放大到全球才能更加契合"一体化"和"地球村"的基本理念。

二　网络信息服务相关市场特性

（一）网络产业市场边界的认定

"网络效应"在一定情形下对 SSNIP 的市场界定方法提出质疑。如果要考察网络信息服务市场的基本特性，就应首先总结网络信息服务软件（以下简称服务软件）区别于传统市场产品的地方。信息服务软件是由一定的数字和语言编写而成的应用程序，蕴含着较高的技术价值，且兼有无形性、独创性和易于复制的特点，是新经济时期的知识产品。知识产品的市场是受产品的网络效应影响的，该效应会导致"产品之于用户的价值会随着其他用户的使用而增加"现象的产生。网络效应促使消费者在选择信息服务软件时不仅参考产品的自身特性而且会关注其他用户的选择，如果一种服务软件的受众广泛，那么该产品更富有利用价值，将会被选择。一旦消费者习惯于他们选择的软件，则很难替换使用其他产品。于是，经营者的竞争目标就定位于超前开发出能迎合多种使用需要的软件产品，力求获得消费者优先青睐，进而迅速提升产品的使用率，最后实现"锁定"消费者。服务软件市场的网络效应致使消费者与经营者之间形成了显著的"黏性"关系，每当软件开发商牢牢吸引住使用者，纵使他实施了一个非临时性的微弱涨价，使用者也不会选择其他替换产品，因为"替换"将会增添他们成本负担及心理烦恼，这样他们对于产品价格的小幅度变化失去了起码的敏感度。SSNIP 测试法也就不能起到相应作用。

网络技术迅速更新和发展使得网络信息服务市场呈现动态特征。服务软件开发者在竞争中不断推陈出新，通过技术功能改造和完善丰富消费者体验。并且，新兴技术极易被复制和传播，产品复制越多，（边际）成本越低，具有明显的规模效应。在此意义上，企业创新能力提高将直接、迅速地增加其产品的市场份额，一种软件产品，即使它起初默默无闻，只要它足够新颖和实用，就可以一日以内甚或一夜之间淘汰竞争者，建立优势地位。如果新产品突破了旧有产品的技术"瓶颈"，则能瓦解旧产品对消费者的吸引，形成对消费者新一轮的"锁定"。该市场中，多数时间都在上演着激烈的竞技和角力。这种动态性竞争是传统产品市场所缺乏的，所以我们在描述一家服务软件开发企业的市场状态时，不能仅仅采集此企业某一时点的市场占有率，而应当纵观一个时段内其市场份额的变化情况。

随着网络信息服务技术角逐刺激产品功能走向完善，在该市场中，单项产品已难满足数种使用需求。在工作与生活节奏普遍加快的信息时代，人们更期待使用"功能齐全、方便快捷"的网络信息服务软件，渴望某一软件产品可同时满足多种需求，让他们达到在单位时间内完成多项任务的目的。需求动向堪称生产者的经营指南，功能复合型的软件产品分批面世。以 Windows、Linux、IBMOS/2 为代表的操作系统中各自都添加了新的功能软件，这些软件的功能独立于操作系统本身，满足消费者的其他需求，例如 IE 网络浏览器是 Windows 操作系统自带的免费功能软件，当微软涉嫌捆绑销售被起诉时，他们辩称 IE 浏览器是操作系统的组成部分，作用仅仅在于补强操作系统性能，而且，Windows 的竞争者们也都各自配备了浏览器功能。最后，联邦法院认可了这一辩词，操作系统与浏览器的捆绑销售行为被合法化了。这一判例动摇了"需求替代性"的界定方法，因为就算是两种不可替代的产品，他们也可能在软件技术发展的推动下融合为同一种商品。

(二) 互联网信息服务市场支配地位的界定

1. 垄断力量的认定

互联网信息服务市场的支配地位是指软件开发企业在相关市场中掌握技术垄断力。依照美国学者克莱因的叙述,在新经济时期,垄断力量的取得更为便利,管理者更有必要加强规制滥用垄断力量的行为……该论断一定程度揭示了网络信息服务市场的竞争规律。我们知道,传统行业的垄断者是在经历了漫长、反复、激烈的市场竞争之后成为幸存者的,其垄断地位的取得实为不易,当然"持久战"历练出来的优胜者,拥有更稳定的市场地位,更不易被替代。信息服务市场却遵循相反的模式,当企业攻克技术难关,生产出独创性的软件产品时,它们便具备了申请专利权的条件。专利权是权利主体对其创造成果依法享有的独占或排他的权利,是专属于权利人的对世权。当专利权确认下来,就预示权利人的经济优势转化为法定权利,他们利用专有法益排除竞争者,同时再发挥信息服务产品易于复制的特性抢占市场,就有可能快速进入到垄断状态。

然而,从取得专利权到获得垄断地位之间还有很大距离。专利权确认的是技术的归属状况,却不能反映技术的市场价值。这点在专利池的分类管理中,已得到充分体现,对于很少被市场接受的"非必要的专利技术"和"垃圾专利"往往都是以免费许可或捆绑许可的方式,授权给被许可人使用。因此,同样是专利,核心技术专利与非核心专利,必要技术专利与非必要技术专利的含金量是不可相提并论的,前者才是构筑技术垄断的基础条件。循此思路探究,再考虑信息服务市场的动态特征,我们可以总结出网络信息服务市场中构成技术垄断力的几种表现。

其一,被考察的网络服务技术在进入市场时已经确立了显著的"先行优势"。所谓"先行优势"是指在高科技产品市场中,先行开发的新产品,将会创造的竞争优势。换言之,在经营者成功掌握独创技术时,他们就同时取得先行优势了。如果这种独创技术的开发更加超前一些,那么其"先行优势"就尤为显著了。虽然技术水平的高速攀升会导致"先行优势"减退,但"技术先行者"还是会得到消费者特别信赖,其商誉价值也会随时间的推移而增加。在网络信息服务市场中掌控"先行优势"的企业,能够利用信息服务产品的"网络效应"实施对用户的初步锁定,让用户习惯使用先行问世的信息服务产品,放弃选择后续生成的并且与前者功能相似的竞争性产品。

其二，被考察的网络信息服务产品所依附的技术在整个行业树立了"稳定而坚实的优势地位"。上已述及，网络信息服务市场是典型的动态性市场，市场内的竞争状态高速变换，这意味着一项单个的专利技术是很难持久领跑的，毕竟领跑者就是一面旗帜，是许多创新企业力争赶超的目标，即使某种信息服务软件依靠"先行优势"，初步锁定用户，当面对功能上更具优势的竞争产品时，也只能退出，因为用户对于功能明显强大的新产品总抱有更强烈的好奇心。此时，技术的垄断力尤其体现在优势的稳定程度上。通常，稳居优势地位的技术是被整个行业奉为规范和标准的技术，也称为标准化技术或"技术标准"。

2. 技术标准规范与滥用边界认定

技术标准本来是用于解决科学、技术或经济领域中常规问题的参考方案，一项技术标准是由行业内的多种优胜的专利技术累积而成，正由于自身的优越性和权威性，技术标准持续有效地引导整个行业的生产与创新，加快了生产环节的转换速率，为企业创新提供了信息平台，更有助于消费者选购物美价廉的标准化产品，从而享受消费福利。

可是，事物总有两面性，技术标准对生产者和消费者虽大有裨益，但它的消极方面也是客观存在的，最主要的是它容易为少数人利用来构建稳定的技术优势，帮助他们占据真正的技术支配地位。技术巨头们在早期的角逐中击垮竞争者，赢得消费者的青睐，一段时间后，他们的技术逐渐让消费者产生了依赖感，此时一些互补产品为了考虑兼容性，纷纷与优势技术合作，形成强大的技术联营。广大消费者为了获得全面的网络信息服务，只有选择使用技术联营中的产品，就这样，参与技术联营的企业建立了以优势技术为核心的事实标准，而核心技术的所有者即为相关市场中当之无愧的垄断者，这种演变的过程，被学者称为"赢家通吃"。著名的微软公司正是通过上述路径实现了在操作系统领域和与其兼容的网络信息服务产品（如 IE 浏览器、Hotmail 邮件、MSN 即时通信）领域获得稳定支配地位的。中国的 360 其实自身也在由用户的出口端（杀毒软件）向用户的入口端（搜索引擎）进行商业模式转换。

第十六章　三网融合的公共政策协调设计

本书第二章已经对三网融合概念进行了界定。从概念上至少可以涉及技术融合、业务融合、市场融合、行业融合、终端融合、网络融合乃至政策方面的融合等。从分层分割的观点来看，目前主要指高层业务应用的融合，表现为技术上趋向一致，网络层上可以实现互联互通，业务层上互相渗透和交叉，最重要的是应用层上趋向使用统一的 TCP/IP 协议，将使得各种基于 IP 的业务（如基于 IP 的话音、数据、电视等业务）都能通过计算机数据网在不同的网上实现互通。由此，电子通信网和广播电视网均将 IP 业务作为自身转型和寻求发展新动力的增值业务，在计算机数据网上实现了三网融合。

但是在实践中，基于不同的管理理念、不同的经营诉求、不同的发展规划目标、不同的技术基础体系、对自身优势的不同评估和在未来市场中不同的自身定位，这一概念依然各有各的不同理解。各种理解和注释版本层出不穷。面对众说纷纭、莫衷一是的纷乱局面，笔者认为，缺乏对三网融合的科学、严谨、公正、权威的法律定义和规范是主要原因，因此，为尽快改变电子信息业政策环境和法制环境滞后的现状，结束三网融合"无法可依"的状态，在国家层面给三网融合立法是推进信息化的重要前提。

第一节　三网融合：现有法律的窘迫

本书第一章在对三网融合的制度条件进行分析时，只对一些鼓励融合的政策、法规做了简要的梳理。其实，三网融合推进的最大障碍是现有的法律不健全。三网融合对现存的法律秩序形成了较大冲击，提出了很多急需解决的问题。

一　三网融合的特性

传统上，通信产业是按照不同的技术平台、不同的产业部门而建立起相应的法律秩序的。也就是说，电信业归电信法调整，广播电视业归广播电视法调整，计算机互联网则纳入电信管制体系中。"凡是属于'单向'、'一对多'的通信媒介均被归类为传播的范畴，并且按照其所使用平台的性质分别接受无线广播电视法、有线广播电视法、卫星广播电视法的管制。而凡属于'双向'、'一对一'的通信媒介则被归类为电信的范畴，须接受电信法的管制。由于传播的管制重点在于维护意见表达自由及保障多元文化的价值，因此对于传播的内容施以一定程度的管制。而电信的管制重点则在于避免电信业者掠取超额利润及确保所有国民能够平等地获取电信服务，因此对于业者的进出市场，价格决定经济活动加以管制并要求业者负担普及服务的义务。"更为重大的挑战是，法律约束对象的企业商业模式已经发生了较网络融合之前完全不同的商业模式——双边市场。在这样一个市场，平台是市场结构的进化，其实质是嵌套式的单边市场。平台确实存在两个乃至以上用户群，但各用户群以及用户群和平台企业的关系表现为，平台企业首先向终端用户提供产品或服务，汲取资源，再向另一边用户提供此一资源，满足另一边用户与终端用户的交易或交互的需求。也即平台企业通过开发终端用户，进而在另一边市场开展真正的经营及竞争活动。虽然这与此前的各种论述似无二致，但重点在于，终端用户本身对于平台企业的意义与一般市场中的交易对象有实质性的不同：终端用户群是平台的资源或生产要素。终端用户之所以会成为生产要素在于无法将其对平台使用产生的外部性内生化，这又恰是平台企业获利的源泉。准确地说，终端用户群的外部性是平台企业的生产要素。平台企业面向终端用户市场的一切行为不应理解为交易行为，而应视为是资源开发活动。基于联系方式与获利关系，为有效区别，笔者将终端参与边——通常为补贴一边称为用户，将获利边称为客户。平台与各参与方的关系不应简化为二维单层"价格—需求"关系，而应表征为"平台—客户"的外部主线关系和"平台—用户"的内部关系，其结构如图 16 - 1 所示。

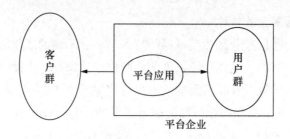

图 16 - 1 平台与两边用户的关系

平台是当下产业融合整体趋势下的重要方面。产业融合突破了产业分立的限制，使行业界限划分不明确，行业和市场边界变得模糊甚至消失，改变了产业竞争格局。在平台竞争中，原先属于不同产业、不同市场的企业因为融合而成为竞争对手。对此，应予以明确，平台之间的竞争其实聚焦在用户资源的争夺。无论平台开发何种应用或提供怎样的服务，其目的都在于获得更广泛和持续的用户群这一生产要素，以使其在为平台客户提供广告或增值服务过程中获得更多的利润。用户作为生产要素与一般要素有显著不同。传统经济的运营中，企业通过采购方式获得其所需资源，并因所有权转移而获得生产要素的完整控制权。企业与其生产要素之间是确定的、封闭的和稳定的所有权关系。对于平台用户，首先不可能通过购买获得所有权，平台是通过免费或低价提供各类互联网应用或服务来吸附海量端点用户的，不存在产权式的封闭特性；虽然用户往往需要通过注册方能使用平台，这一过程往往需签署（同意）某种使用协议，但由于平台几乎均采取免费或准免费的策略开发用户群，平台和用户的契约关系极弱，理论上，用户可以几乎不受任何约束和限制自由进入或退出。这意味着平台与自身生产要素的关系呈现为非产权亦非契约的松散特性。平台的开放性大大限制了平台企业实施垄断行为的能力。除非买卖双方被锁定在平台中，如果不考虑市场另一边用户的需求而试图从某一边用户中获取超额利润的策略都将是自我毁灭的过程。

二　三网融合对现有法律、法规的挑战

三网融合势必会对以平台分割为特征的法规架构构成严峻挑战。因为在三网融合趋势下，要将特定的传输平台再归类为电信或传播的范畴会变得相当困难。例如，电信服务商利用电信网络提供随选视讯服务，究竟应该接受有线电视法管制还是电信法管制？有线电视服务商提供电话服务，

究竟应该接受电信法管制还是有线电视法管制？又如，有线电视服务商从事网络数据服务，其相关业务是否应该依据有线电视法的规范对其内容加以严格监管呢？在不同的国家或地区答案是不一样的。在重视三网融合发展的欧盟，对于随选视讯服务，不同的国家提出了多种形式的监管要求。有的国家将该业务作为电信增值业务，有的国家未将其列入业务目录；英国与法国干脆按照广播业务监管框架对其予以监管，而德国则是将其视为电信新业务。如果一家服务商在欧盟范围内跨境提供随选视讯服务，就会面临在不同国家受到不同性质监管要求的"对待"，这无疑增加了服务商成本，提高了经营风险。

　　笔者认为，现行的通信法律，如电信法、有线电视法等，在其制定时并没有预见到未来科技的发展。对于 IP 电话和随选视讯服务等新通信业务而言，由于它们本身具备了跨平台的特征，因此是无法以传统的法律框架加以管理的。在这种环境下，容易产生"规范回避"及竞争者间不均等之竞争条件，而此又会扭曲市场之竞争（如造成不同部门间之交叉补贴）、损害技术与商业创新以及消费者福利（如资费的不当调整）。另外，对于网际网络上的内容和因应网际网络普及而产生的新兴媒体，目前规范适用上仍处于灰色地带，究竟应该适用现行的电信法、有线广播电视法，抑或应该另外立法规范，均是值得进一步深入思考的问题。

第二节　三网融合：立法中的突破

一　立法依据

　　法律概念的定义是法律规则的结构要素中的第一要素，构成整个法律规则的"骨骼"。按法理学一般要求，法律规则的结构由以下三要素构成：(1) 适用条件（即假定；定义）；(2) 行为模式：主要是规定人们应当做什么（应为）、可以做什么（可为）和禁止做什么（非为）；(3) 法律后果（惩罚与奖励）。按笔者理解，上述行为模式也可理解为：规范主、客体的权限和程序。即权限：你有权做什么（可为）；你无权做什么（非为）。程序：你应当怎样去做（应为）；你不应当怎样去做（非为）。

二　立法路径

　　首先，明确立法对象。要给三网融合立法，必须先给三网立法。现在要给三网融合立法，面临的首要问题就是要定义："什么是三网"？"什么是三网融合"？可我们面临的现实问题是：至今三网均尚未立法，什么是电子通信网？什么是广播电视网？什么是计算机数据网？均无严格意义上的法律定义，因此，从逻辑上看，也必将导致无法定义什么是三网融合？三网是基础，融合是它们充分发育成长后的高级阶段，没有三网，何来融合。三网均是因应历史上业务发展的需求、技术实现的可能以及技术经济的合理性、历经市场的长期磨砺而生成的网络，"业务发展的需求"与"技术实现的可能"是相辅相成、辩证统一的关系。历史上因技术、生产、经济等原因而长期形成的社会分工，就形成了不同的行业，三网从分工、分立发展到综合、融合过程，也就是分工、边界逐渐模糊和退缩的过程。我们必须在信息通信技术（ICT）标准体系所决定的技术框架下首先给三网立法，厘清融合之前三网各自的社会定位、业务边界、技术边界的异同，否则"融合"二字就无从谈起。从我国的立法实践来看，每一个行业都需要根据行业的实际情况制定并由全国人大颁布一个基本部门法，例如《邮政法》、《铁路法》、《公路法》、《民用航空法》等。面对这样三个规模庞大、涉及千家万户的行业，却仅有层次较低的《广播电视管理条例》、《电信条例》，而没有一个强有力的法律保障体系，从"依法治国"的角度出发，尽快完成三网的立法实属众望所归。

其次，三网融合的实质就是竞争与合作，必然会涉及一网对另外两网的影响和相互关系。为了推进融合，三网融合的立法原则就是确保公平、公正，从而树立起法律的权威，并在立法技术上注重保护弱势群体。要确保公平、公正，三网的立法就应同时进行，将融合前的三网的"定义"（法律规则的结构第一要素）与融合后三网的定义放在一起进行比较和鉴别，重点防范融合过程中某一网在定义上企图边界无限扩张，进而一网独大或一网覆盖另外两网，从而导致融合过程的中断。三网同时立法，就必须首先定义它们各自的个性，其次才是定义它们的共性，如果只谈共性而不谈个性就分辨不开三网，就只有一网了。

最后，统一立法。融合后的三网，技术边界、业务边界、市场边界等这些分业分工的基础性市场供给与需求条件已经不复存在。在给予三网融合立法时应防止以某一网的立法去定义、规范和惩罚其他两网或者仅依据某一网的物理特性、价值特性去规范其他两网。三网融合立法必须融合三网各自包括的行为模式（应为、可为、非为）与行为的法律后果。现在，

业内一些人主张三网融合应强调三网个性的呼声甚高，我们觉得立法是带
有强制执行力的行为规范，而不应该过多强调个体特性。否则，立法又变
成部门立法而不是为各个行为主体普遍遵循的一般法。至于立法应防止缺
位、越位、错位问题，任何一般法在具体实施过程中都需要具体细则，对
大陆法系而不是判例法系而言，这一点就显得特别重要。即便在判例法系
的美国，反托拉斯三大法律体系只是提供了合理推定下行为的一般准则，
具体实施则配合了诸多指南，如《横向并购指南》。而且，一个行业的个
性的满足可以在立法体系较低的层次或者经过一般法授予的层次获得一般
法豁免条款。

第三节　保护公民通信权利：立法内容

一　立法的指导思想在三网融合中的表现

（一）立法指导思想

宪法是国家的根本大法。其基本特征是：宪法具有最高法律效力，是
其他法律的立法根据，其他任何法律与宪法相冲突无效；宪法是规定国家
社会生活中的最基本的内容；宪法的制定和修改程序比普通法律要严格。
因此，宪法具有最高法律效力和法律地位。要对应宪法中相关规定，制定
三网融合的部门法。

我国《宪法》第五条　中华人民共和国实行依法治国，建设社会主
义法治国家。国家维护社会主义法制的统一和尊严。一切法律、行政法规
和地方性法规都不得同宪法相抵触。一切国家机关和武装力量、各政党和
各社会团体、各企业事业组织都必须遵守宪法和法律。一切违反宪法和法
律的行为，必须予以追究。任何组织或者个人都不得有超越宪法和法律
的特权。

《宪法》第二十二条　国家发展为人民服务、为社会主义服务的文学
艺术事业、新闻广播电视事业、出版发行事业、图书馆博物馆文化馆和其
他文化事业，开展群众性的文化活动。

《宪法》第四十条　中华人民共和国公民的通信自由和通信秘密受法
律的保护。除因国家安全或者追查刑事犯罪的需要，由公安机关或者检察
机关依照法律规定的程序对通信进行检查外，任何组织或者个人不得以任

何理由侵犯公民的通信自由和通信秘密。

（二）依宪立法在三网融合中的表现

《宪法》第五条在三网融合法律建设中的含义是，遵守宪法、依法治国的原则，必须实行依法治"电子通信网"、依法治"广播电视网"、依法治"计算机互联网"，并进而依法治三网融合。确立依法治"网"的法律保障体系，而不是现行的在分立、分行业管制情形下的依部门治"网"。具体而言，就是要针对三网融合后出现的产业融合、业务融合和市场（网络）融合的新的电信竞争环境，制定出与竞争环境相适应的《信息产业竞争法》。行业是由社会分工而形成的，对一个行业的法律定位首先要看这个行业的社会功能定位。

目前，对信息产业的管制，无论是管制手段，还是管制机构设立或者管制过程，与三网融合要求还存在着不小的差距。应当吸取一些发达国家在推进网络融合、数字宽带战略方面的经验，在上述涉及三网融合的制度顶层设计方面做出具有实质性的法规体系建设。有了比较完备的法规体系，无论今后是什么管理体制或是哪个管理部门来执法管理就显得次要了，将不会因部、委、局、办的撤并或更迭而出现执法真空。

《宪法》第二十二条在推进三网融合中的具体表现是，新闻广播电视事业作为传播媒体，传播内容为公开广为传播、发布，社会影响力大，传播内容通过播前审查而受到监管，传播内容必须遵守宪法和法律，其社会定位为文化服务范畴。广播电视网的传送方式为：点向面的、非对称的、实时传送方式。

《宪法》第四十条在推进三网融合中的含义是，公民的通信自由和通信秘密受法律保护。电子通信作为通信服务的一个分支，公民可以自由使用电子通信服务，其传送内容是通信秘密，内容不公开，一般不具社会影响力，对内容无须监管，当然也无法预先要求其内容的合法性，电子通信的社会定位为通信服务范畴。电子通信网的传送方式为：点对点的、对称的、实时传送方式。换言之，电子通信网与广播电视网的最根本区别就是"内容是否须被监管"和"传送方式"的区别。而计算机数据网主要表现为计算机互联网，虽然在宪法中没有直接涉及互联网，但其主要业务网页浏览（含文字、数据、图片等）、网络游戏、下载服务、互联网博客（新催生出的"个人媒体"）等涉及新闻、出版、文学艺术；网络电视和网络广播则属广播电视业务，上述进行的思想传播、文化传承、道德教化、娱乐和审美等精神文化活动，其所具有的文化属性和意识形态属性，均属文化服务范畴，应纳入文化建设和管理之中。尽管电子邮箱、网络电话和网络聊天等业务属通信服务范畴，但在一般情况下（只要不使用群发功能），其通信内容不具有社会影响力。1998 年 5 月，联合国新闻委员会年会上，正式将互联网定义为"第四媒体"的根据可能就在于此。广播电视网与计算机互联网同为媒体，均须监管内容，均为非对称传送方式。互联网可以是实时的、点对点的通信或一点对多点的数据"广播"，而在大多数情况下都是非实时的，采用的是存储转发方式传送。主要采用 TCP/IP 协议，用户将根据自己的需求访问共享数据库，系统的信息资源由信息提供者按规定的格式预先存储在共享数据库中，用户也可以将自己需要发布的信息上传到指定的数据库，供公众访问。用户上网访问信息源"主动点取"信息资料或上网"主动发布"信息资料也是互联网的主要特征。而广播电视网除点播节目为受众"主动点取"外，一般为受众在接收终端上"被动选取"节目，并且受众无"主动发布"节目功能。正是由于互联网这种互动性强、灵活的服务功能、低成本的传送方式才在近年得以快速发展，成为一种全新的信息交互方式。

二　宪法法理在三网融合中的具体实施

从宪法权利与产业性质的双重性出发，三网融合的立法内容应着重解决以下三个方面的问题。

（一）设权保护机制

1. 通信人格权（号权）

由于交往空间无限延展和个体管理交往关系精力有限之间的矛盾导致的通信媒介集中，使即时通信工具成为具有通信基础设施意义和海量端点吸聚效应的互联网应用。由于交往的主体间性和通信本身对及时、快捷的需求，为确保信息数字化传递下关系的维系和拓展可能，对同质性技术载体的要求日增。另外，随着人的社交范围无限扩展，人的记忆力和注意力相对稀缺性越发提高。上述使实践中社交关系的管理和维系在技术可能的前提下不断向单一的通信工具汇集。即时通信工具本身首先是一种通信工具，它是人们信息传递和间接交往的载体。由于新技术手段的应用对通信工具带来的巨大改进，使交往主体的交往能力得到极大的增强，交往的空间领域和对象范围获得多维度的扩展和无限延伸。由于通信交往极大程度地满足了人们对信息传递本身的及时、快捷的需求，因此已成为现代人社会交往非常重要的方式。但通信交往本身具有媒介性特点，并随着通信工具的发达日益呈现深度技术依赖性。在通信网络系统中，主体拓展、维系或变更通信网络中的社会交往关系的自由，有赖于基础网络运营商和通信业务（软件）运营商的持续稳定服务。笔者将这种自由界定为通信社交利益，并主张因其独特性、独立性和易损性，需要设权保护。此一通信权（又称号权）具有专属一身的特质，实质上是一种人格权。正如一切市场交易应以科学的明晰的权利配置为前提，通信中的新兴利益的有效揭示和权利化保护亦是通信领域市场交易的前提。明确通信人格权，则相关运营商应承担持续服务义务、替代措施义务和告知义务等，能够直接有效地解决当下多种互联网平台纠纷难题，避免了舍近求远地适用反垄断法及因此陷入更大的困扰。

2. 一般传播权

互联网时代是一个信息爆炸和泛滥的时代。截至 2012 年 12 月底，中国网页数量为 1227 亿个，比 2011 年同期增长 41.7%。面对浩瀚的信息海洋，搜索引擎作为互联网的基础应用和网民获取信息的基础性工具。网络的入口端对网络生死攸关，因而，没有搜索引擎网络就毫无意义。实践中，许多案件的法官和研究者已经注意到搜索引擎的独特性。传播学大师麦克卢汉准确揭示："每一种旧媒介都是另一种新媒介的内容。"搜索引擎绝不仅仅是某种互联网应用，它构成了互联网时代的元媒体：面对搜索引擎，其他应用、平台、管道都沦为搜索引擎的内容。元媒介具有巨大的权力。"在一个无限选择的时代，统治一切的不是内容，而是寻找内容的方式。"元媒介作为管道，有控制和截断信息力量。面对作为元媒体的搜索引擎，应确立其他主体的一般传播权。传播权是传播学上的媒介近用权转化而来。1967 年，美国学者巴隆在其《接近媒介———项新的第一修正案权利》一文中首次提出了受众的"媒介近用权"概念。1973 年，巴隆对受众的媒介接近权和参与权进行了较为系统的论述。传播权源于信息自由与言论自由等基本人权。传播利益的主体不仅限于公民，其他组织亦可享有"商业言论自由"，从而有发布广告及其他信息被大众获知的基本权利，元媒体基于其信息基础设施性质，在无正当理由时不得阻碍上述权利的行使。

（二）强制性规定

除设权保护外，通过明确的赋予义务也可以有效保护用户权益，应对诸多现实纷争。平台企业的特殊义务主要包括两个面向：平台中立义务与平台开放义务。

平台中立要求平台在自身运营领域不得不当排挤其他用户、应用或平台使用本平台。设立平台中立义务的必要性在于：一旦平台将相当数量的某类用户群吸附于其上，将意味着传统的行销方式所能够抵达的目标受众大大缩小。原有的客户边经营者不得不通过平台与目标受众接触，即使这种接触确实某种意义上带来了行销上的便利，此时平台已呈现出公共性。如果平台以非正当理由拒绝或以较高门槛限制正常使用，就将极大损害用户利益。平台中立是仿照网络中立提出的。欧盟是网络中立原则的积极倡导者。欧盟并不直接应对具体的纠纷和矛盾，而是以网络中立为抓手，保护相关者利益，维持互联网公平。

在讨论平台中立义务时，应剥离具有基础设施意义的平台。具有基础设施意义的平台，是指具有强大的网络效应和自然垄断特点，具有准公共性和用户的强吸附效应。统计数字亦表明，两者持续稳居各类互联网应用使用率的第一、第二名。对于此类平台，具有更为严苛的中立义务要求。例如，搜索引擎作为元媒介，其本身具有信息整合功能。在海量数据时代，有价值的信息需要经搜索引擎的运算加工才能浮现。此时，搜索结果本身已形成了一种简明的新闻，具有高度的公共性。因此，其更应负担搜索中立义务。目前，搜索引擎主要提供两类广告服务。对于关键词广告，由于广告显示位置与搜索引擎一方面需以用户能够有效识别的方式划分广告和搜索结果，另一方面不得扭曲不当干涉搜索结果或植入广告，确保信息的客观中立。结果的摆放界限往往相当模糊，用户难以分清所点击的是一般的搜索结果还是广告。因此，搜索引擎竞价排名实质是平台中立义务的违反，是元媒介控制权滥用，而非市场力的滥用。

平台开放义务。活跃用户群是平台的资源和生产要素，但平台并不拥有它。对此，平台运营总是想方设法采取各种措施将用户吸附在其平台上，增强用户黏着性。良好的用户体验，有效的互联网应用是吸引用户的正当途径。但这有赖于创新和精明的运营，具有相当难度。另一种方式则是采用契约、软件插件等方式限制、捆绑消费者，通过"苍蝇纸策略"公开或暗地里以各种手段锁定用户。有鉴于此，平台应明定其开放义务，保障用户的自由选择，尊重用户的多重栖息，不得实施针对用户多平台接入的排他性变易（如"二选一"）。从另一侧面而言，平台的开放和用户的自由进入退出是促进平台开展创新和竞争的最好途径。

（三）权利保护机制

1. 统一立法，整合相关法理、法规

为符合宪法与三网融合的产业融合下业务边界模糊趋势，保护用户正当权益，三网融合的立法应以"内容是否须被监管"为其立法核心，而不具体规定内容的传输或者发布主体的对象归属。三网的法律"定义"中要明确表述出"三个要素"，第一要素就是"是媒体还是通信"即"内容是否须被监管"，其次要素是"传送方式"，最后要素才是"传送物理平台"。这样才能符合宪法的界定，才能边界清晰，才能科学、严谨地表述出三网的个性和共性，特别是三网在内容是否被监管方面的共性，避免管制的真空。即强调法律体系协同性。在通信行业，传统上各国或地区是根据传输网络或平台的特性，制定不同的产业法律的，如电信法、有线广播电视法、卫星广播电视法等，有学者将这种法律称为"产业特别管制法规"。我们可以简称为"产业法"。这些产业法设置了不同的主管机关，规定了不同的营运规范。但是，随着数字技术的发展，三网融合的快速推进正将使用不同载体（网络或平台）的电信、有线电视及广播与网际网路汇流为所谓"数位网络产业"。"数位网络产业能将任何资料——不论是文字、声音、图形或数据——转化为数字，然后再将此数位化之资料传送到任何网络之上，不论该网络使用什么技术或平台。简言之，数位网络产业'不受平台限制'，而此正挑战所有现行的相关规范。"三网融合特别是在 ICT 技术下，传统的产业区分立法已经不能适应时代发展的需要了。"整体看来，首先，我国目前关于通信、媒体与传播之法律是一个法网密布的丛林，不守法的业者可以在不同管制间的漏洞中获取各种利益，而守法的业者却被层层关卡束手束脚。其次，电信市场与有线电视市场的明显地被过度人为区隔，阻碍市场竞争与汇流的自然发展。"电信网和广电网的技术发展的历史成因，造成了电话网和广电网之间的技术隔离保护，即在接入网方面，电话网无法传广播电视信号；而广电网又无法传电话信号，而这种技术隔离保护就自然形成了两网的信息安全保护。现在的问题是，三网在最易、最先融合的计算机数据网领域，这种技术隔离保护正逐步消融，如何实行信息传输管制将面临新的课题。

2. 多种法律、法规协调配合

随着三网的技术进步和在计算机数据网领域互联互通，原仅限于计算机局域网（LAN）内传送的多媒体信息已能传送到世界各地。而以具有很强的信息制作能力和发布能力的计算机作为信息终端，既可作为点对点的"通信"工具，也可作为点对面的"广播"工具。在技术上完全可以做到，在计算机上将要发出的信息设定好几十个、几百个、几千个甚至更多的发送对象的地址码，就可以由计算机自动地、几乎是同时完成发送。对别有用心的人而言，他就能利用这种"广播"功能，做违法的事，如人们在自己的电子邮箱和手机中收到各种违法信息（反动、黄色、赌博信息）和垃圾广告信息有愈演愈烈之势。

这实际上就是利用现有的电信法与广播电视中原有的对"电子通信"和"广播电视"两个概念的界定与两个法规之间的"灰色地带"（指由白色转变为黑色的灰色过渡地带）。这种对电信与广播电视的界定在现有的三网融合与现有的数字传输 ICT 技术背景下已经远远不适用于现有的通信传播技术。垃圾信息的群发者正是利用了可自由使用电信网和内容无须预先审查的便利，使用一点对 N 点的传送技术，实施了广为传播的媒体行为。在"内容预先审查"这一问题上，电信部门无权管，也无内在动力（与内在获利动机相矛盾），传统上无此观念和机制；而不是使用广电网的用户，广电部门又管不着。针对垃圾短信泛滥的情况，我国三大电信运营商于 2010 年 6 月中旬，正式上线运行垃圾短信联动处理平台。按照电信、移动、联通三大运营商确定的"限发令"标准：非节假日每小时不得超过 200 条，每天总量不超过 1000 条；节假日每小时不超过 500 条，每天总量不超过 2000 条。短信群发已不是点对点的传送方式、自由使用、一般情况下无须监管内容的"电子通信"业务范畴，短信群发的一点对 N 点的广为播发方式是"电子媒体"的典型特征，因此，使用不自由，须监管内容。显然，现有对广电与电信的部门法而没有竞争法在融合后业务共有区域的介入已经成为推进三网融合有序竞争的制度性障碍。按照国务院 2010 年关于三网融合方案，虽然强调广电与电信网的融合，但是，广电业务与电信业务的经营者在遵循双向进入的政策以后遇到的市场竞争纠纷却是分属于两个不同的行业主管部门。"广电部门按照广播电视管理政策法规要求，加强对从事广播电视业务企业的业务规划、业务准入、运营监管、内容安全、节目播放、安全播出、服务质量、公共服务、设备入网、互联互通等管理；电信部门按照电信监管政策法规要求，加强对经营电信业务企业的网络互通互联、服务质量、普遍服务、设备入网、网络信息安全等管理。"这样一种管制体制的构架与网络融合以后形成的竞争环境并不吻合。双向进入推进难的症结就在于此。

　　笔者建议,在三网立法中,可针对不同的平台架构模式,对平台市场进行界定,不同的市场适用一种与之对应的法律规范。在群发与垃圾信息的管制方面,在定义域中一定要将"电子通信"与"电子媒体"分离开来,予以各自相适应的法律规范对相关主体的行为进行法律约束,防止电信业务与广为播发媒体业务之间边界界定或者过窄或者过宽。依据我们对双边市场相关市场界定提供的一般方法,防止人为混淆与人为隔离。在网络融合的业务边界推进中,电信业务与广播业务的嵌套型平台的设计,电信运营可以构建"垃圾短信"与"通信短信"两个子平台,以解决共用一个短信平台的问题。这一设计,可以清晰地显示出两个平台各自的相关市场。并在技术上做到只对协议定制用户分类发送,以解决"绑架"所有用户浏览垃圾短信的问题。但是,这里涉及的难题是,真正完全把两个子平台隔离是不现实的也是不可能做到的。在很多场合,尤其是移动互联网业务下,广告商的链接也为平台所必须拥有的一边,在群发市场与点对点通信市场,运营商的业务均来自广告一边的用户是否有激励加入平台。因而,相关的法律框架不宜定得过细。

第四节　立法体系协调:制度顶层设计

一　反垄断与管制的协调

（一）管制优先还是竞争位重:不同的观点

　　对中国管制行业的反垄断实施问题的关注,主要出现在 2008 年《反垄断法》实施之后。《反垄断法》第七条规定:"国有经济占控制地位的关系国民经济命脉和国家安全的行业以及依法实行专营的行业,国家对其经营者的合法经营活动予以保护,并对经营者的经营行为及其商品和服务的价格依法实施监管和调控,维护消费者利益,促进技术进步。"由此,产生了行业管制机构与反垄断执法机构对行业内垄断行为的共同监管问题。而且,中国反垄断法本身存在浓厚的产业政策色彩,有很多行业政策的规定,如第四条、第五条和第七条,但又没有明确竞争政策是否优先于产业政策,使反垄断执法机构审理垄断行为的时候必须考虑竞争之外的因素。这是管制行业区别于其他行业反垄断实施问题的根源。

对管制行业的反垄断执法优先权问题是一个研究热点。一些学者认为，既然反垄断法和相关行业法都对反垄断工作做出规定，反垄断执法机构和行业监管机构都负有破除垄断、促进市场公平竞争的职能。从发达国家监管实践看，行业管制往往采取事前监管的方式，意在"防患于未然"，运用政府的强制力防止不利于公共利益的市场行为发生，指导市场行为向有利于公共利益的方向发展；反垄断则更多采取了事后监管的方式，对已被指控和调查的具体反竞争行为采取相应的干预措施。这些研究者从国外的实践，得出反垄断优先的经验判断，但并没有继续进行更进一步的理论论证。张广宁等学者认为，中国垄断性行业具有"三重垄断"交织在一起的特点，反垄断机构与行业管制机构分权合作的多元执法体制是中国反垄断与行业管制混合体制的模式选择，两大机构之间的协调运行的核心原则是依法行政和职能分离，并确立反垄断法的优先适用。王炳则从管制角度对执法配置模式进行了研究，认为对管制行业的反垄断执法权配置应该是从行业管制机构向反垄断专门执法机关逐步转移的过程，而且也是大多数国家或地区立法与实践的发展趋向，因此，中国相关立法也应作相应完善。可以看出，在执法优先权问题的研究上，国内学者表现出惊人的一致，即反垄断优先。主张反垄断优先的另外一些学者甚至认为，为防止监管机构与被规制企业之间可能发生的规制俘获行为，反垄断法执法机构可以暂时充当"监管监管者"这样的角色。之所以出现"一边倒"的反垄断执法权优先观点，与中国反垄断法中的反行政垄断规定分不开。由行业管制产生行政垄断矫正方法，只能通过行政改革，比如下放行政审批权的渠道进行。最近，中国证券监督管理委员会针对行政许可证带来的管制权力"寻租"拟推出注册制，这是在进入管制领域做出的一项重大举措。这样，到目前为止，针对行政权力管制导致的管制失灵，在电信的资费领域放弃了多年以来奉行的价格管制手段，在证券领域放弃了进入管制。

当然，解决了行政垄断，垄断与管制优先权之争的问题依然存在。在电信法与竞争法内容存在冲突时，作为特殊法的电信法要优先于作为一般法的竞争法而得到适用，但在一些"灰色领域"两个机构都可分别依据电信法和竞争法采取管制行动，这时候就会发生管辖权的冲突问题。世界各国采取了三种模式来确保电信领域的并行管辖不出现冲突。第一种解决模式就是给予监管机构实行电信监管的独有权力，而不设立电信监管机构，如新西兰。第二种模式是给予电信管制者在电信领域适用竞争规则的权力，如英国。第三种模式是设立一种协调机制，解决电信领域的竞争问题，如瑞士、德国、法国、丹麦等。有些学者认为，一个总体的趋势是，随着竞争市场的日渐成熟，电信监管逐步退出，让位于一般性的反垄断。

（二）美国管制行业中的反垄断实施：理论与实践

美国反垄断理论界普遍认为，反垄断法的使命就是保护竞争。而行业管制的产生却往往是反竞争的，在某些特殊状态下，如自然垄断，行业中需要限制竞争以维护效率目标。由于管制行业中已经具有专门管制政策与管制机构，反垄断法的干预可能引起许多问题：如管制机构对竞争行为的管制效率问题、司法机构与政府（管制机构）的关系问题、反垄断与管制机构的重复执法产生的效率低下问题、反垄断法因缺乏专业知识可能产生的误判风险问题，等等。正是由于对上述问题的不同见解，形成对管制行业反垄断问题的不同理论主张，也影响到美国反垄断法在管制行业中弱化反垄断审查与强调反垄断审查的交替反复。

在美国，管制机构依法设立，担当起在特定行业领域弥补价格竞争之不足以维护竞争主体的公平竞争，在实施反垄断法时对政府行为并不进行干涉。如在大萧条时期，加州政府组织葡萄合作生产组织收购葡萄并对其大部分进行销毁，人为制造稀缺以获得高价。尽管最高法院认为这种经济政策是反竞争的，也是愚蠢的，但最高法院同时认为宪法并没有赋予法院对州政府的经济政策进行干预的司法权力，这就是著名的布朗案。布朗案之后形成了这样的一条法律规则：州政府对竞争的任何限制行为都不受反垄断审查限制。布朗案为管制行为的反垄断豁免开了一个口子，并被广泛引用，但法院对这一规则的应用非常谨慎。1980 年，在米迪科铝业诉加州零售酒商案中，最高法院确立了对州政府行为豁免的具体规则：首先，该行为必须依据于明确的州政府政策。其次，该行为必须是在州政府的积极监管之下。这一规则就是著名的 Midcal 检验。Midcal 检验不仅明确了对政府行为的豁免界线，而且有效制约了那些假管制政策之名行妨碍竞争之实的私人垄断行为。例如在 Ticor 保险公司诉联邦贸易委员会（FTC）案中，几个州的保险公司联合确定保险费率的行为被 FTC 确认为垄断。FTC 认为，虽然保险业是一个被管制行业，保险公司联合制定的费率也得到州政府同意，但州政府此后没有对该费率保持必要的审查，因而没有"积极监管"，不符合 Midcal 检验的第二个条件，所以不属于反垄断豁免之列，是违法的。Midcal 检验强调政府在干预竞争时必须保证其政策的普适性和无偏性，对政府管制下的妨碍竞争行为予以有效的事前限制与事后检验。不过，Midcal 法则也从另一个角度明确，州政府积极实施的管制行为不受反垄断法审查，实际上又是对政府管制行为反垄断豁免的一种合法化。导致反垄断法放弃对政府管制行为审查的一个较具代表性的理由是：既然管制机构已经对行业的竞争问题进行了评估，而且特别是在管制机构能够胜任这一职责的时候，那么"由反垄断实施所带来的反垄断收益相对就会变得比较小。"这种看法的流行直接导致了反垄断法实施领域的萎缩。例如在 Trinko 案中，原告 Trinko 认为，新的地方电话交换服务器能够提供无歧视的电话服务，但地方电话厂商拒绝为其顾客提供这种新型服务器，使 Trinko 不能有效接入地方电话厂商垄断的基础通信设施，违反了相关的法律条款。法院认为，虽然电信法本身明确规定了电信法在该领域并不优先于反垄断法，但法院仍然拒绝了原告接入被告基础设施的请求。其理由是，对于这样的诉求，法院缺乏之前的判例依据，而且电信领域的管制机构能够阻止和消除反竞争危害，法院应该尽可能少地插足于这样的管制领域。Trinko 案的影响很大，一些学者认为 Trinko 案是对传统反垄断理论"单边拒绝基础设施接入违反竞争"的修改；还有一些学者认为，Trinko 案引出的是一条更具弹性的反垄断应用法则，即法院对是否介入案件应该考虑由于长期历史原因而形成的法院与管制机构的执法能力差异；有些学者干脆认为，这事实上宣告了反垄断法在管制领域的全面退出。导致反垄断法逐渐退出管制行业的另一种有影响力的观点是，法院应谨慎考虑反垄断法误用所带来的风险，因为误判"会严重损害反垄断法本身所要保护的市场行为"。如在比利案中，法院对保险人的共谋行为拒绝行使反垄断法，其原因在于，法院发现证券交易委员会（SEC）已经对共谋行为进行了规制，禁止了其中的很多行为，但同时也承认了部分行为的合法性。如果法院对保险人的共谋行为进行规制，就很难不涉及那些 SEC 已经承认合法的行为。法官认为，由于证券法等法律的存在，考虑到证券法和其他一些法律对该领域的行为管制与实施，如果在该领域实施反垄断法，将引起"不同寻常的、严重的后果"；由于 SEC 能够对共谋行为进行管制，因此这一领域"几乎不需要法院动用反垄断审查"。而另外一种观点似乎更为流行，反垄断法很久以来就把受管制行业纳入视野，以防止被管制行业利用管制政策偏离正常的竞争过程。虽然强调反垄断优于管制的各种理论学说视角不尽一致，但其基本的着眼点却是一致的，即管制政策无法完全替代反垄断法。一个代表性的观点来自纽约证券交易所诉司尔沃公司案，法院认为联邦证券交易法的存在并不意味着联邦证券交易所能够在证券行业中替代反垄断审查，"反垄断法仅在必需的，且是最小的范围内让位于证券交易法"。强调反垄断优于管制的理由是管制政策与反垄断法这两大体系的目标差异。虽然从经济学理论来看，两大体系强调的都是效率目标，但仔细研究就能发现，两者有很大差别。反垄断法强调的效率几乎与竞争是等价的，甚至很多学者干脆把反垄断法的效率目标等同于保护竞争。但在管制行业中，效率目标与竞争目标的内涵是有很大差异的，因为很多管制行业的产生就是因为市场失灵。例如，在一个自然垄断的行业里是不可能以完美市场竞争为目标的。虽然在过去的几十年里，自然垄断的范围已经大大缩小，很多管制政策也在其目标束中包含了竞争目标，但依据我们的分析，管制者依然是一个多维度利益的追求者。管制的过程实际上是一个多维度博弈均衡的过程。即便是将维护竞争视为其首要职责的一些管制机构，如联邦通信委员会（FCC），也只是将目光集中于其所管制的特定行业的竞争，关注于其政策实施对所管制市场的竞争效应，并不关心这一政策可能对相关市场产生的影响。例如，电信管制政策对互联网会产生很大影响，但 FCC 对这种相关市场的竞争效应却漠不关心，原因是在分业监管体制中，FCC 管制的是电信业而不是互联网行业。相反，反垄断法的目标却是以市场竞争为单一目标，能够专注于保护市场竞争。这是在保护竞争问题上，反垄断法明显优于管制政策的地方。管制遭到非议的另外一个重要的原因是管制俘获。尽管俘获的形式是多种多样的：可能是管制者被行业贿赂，也可能是管制者为了换取行业的支持，也可能就是为了最大化其管制权力而牺牲公共利益，等等。"俘获"并不一定出于自身利益考虑，按照公共选择理论，即便是最诚实的管制者和立法者也可能被俘获。利益集团比公众具有更集中的利益，在政策制定时，即便该政策会影响公众利益，但由于公众利益分散，信息难以有效组织，最终公共政策也可能会有利于利益集团。这一难题同样会影响管制政策的制定：当管制者出于一个良好的信念就某一特定的管制问题向社会征求意见的时候，代表公众利益的声音可能还是会被利益集团的呐喊声所覆盖，特别是，当一个行业作为一个整体向管制者寻求管制干预以寻求利益时，管制者很难在对特定管制政策的利弊权衡时做出正确的判断。即使管制者知道上述"俘获"问题而且真诚地想避免这一问题，也难免会落入所谓"软俘获"问题中。相反，法官很难被某些特定行业影响其观点，也不容易被俘获。虽然也有人认为法官也会像立法者或管制者一样受到利益集团的钳制，但实际上，反垄断法庭主要还是以经济效率为目标的，他们与任何行业都没有具体的金钱关系，也不存在所谓的委托代理关系，诉讼程序也保证了行业中不同主体在具体问题的争议处理上可以处于相对公平的地位。

二　双边市场中的反垄断与管制协调

（一）协调的必要性

依据本书第二章对双边市场理论的梳理，在一些关于平台企业在这样一个特殊市场的运营存在着的基本方面已经取得了共识。大致上包括本书第二章中所概括出来的双边市场的三个基本的特征。这三个基本的特征为反垄断政策提出了新的课题。在本书第三到第六章，我们在对三网融合中电信运营商基本特征的刻画、运营商的竞争策略设计、互联网企业垄断行为识别相关课题进行研究时已经发现的一些命题中不难看出，在双边市场进行反垄断遇到了前所未有的挑战。首先是市场界定的范围如何划定。课题组在对南北电信宽带垄断案的研究中，提出了在双边市场进行相关市场界定需要考虑市场两边的关联性，这是对双边市场进行界定的基本出发点。这是因为双边市场产生的基础就在于解决由市场价格机制难以实现市场竞争均衡的科斯定理失效问题，无论是受众型、市场交易型、成本分担型的双边市场其基本的功能就是把市场的两边链接起来。也就是说，市场是由两边同时决定的，离开了其中的任何一边市场就不存在。在形成了市场以后，双边市场才有每一边的自价格弹性与自网络效应（规模经济），即交叉价格弹性才是双边市场最为本质的价格效应，意味着价格结构而非价格水平才是双边市场价格理论的核心内容。同样的结论是，间接交叉网络外部性而非网络的规模经济与范围经济才是双边市场成本理论考虑的核心。一个可靠的推理是，市场份额并不直接构成对竞争的妨碍，在很大程度上，它只是平台协调效率的一种自然反映，而且平台对两边用户需求协调决定了平台不可能"赢家通吃"，竞争力较弱的一方完全可以对在位者实施各个击破的竞争策略。本书在对非对称性电信网络竞争性均衡的存在性的研究中已经给出了来自对双边市场垄断侦查基本认知。在这一方面，我们在对南北电信宽带垄断案的研究中就市场界定的方法提供了一个假想垄断者测试的基本路径。其中一个核心思想是对一边的假想垄断者测试必须考虑到另一边的反馈效应对测试结果发生的影响。而要弄清楚一边对另一边市场界定的影响，必须弄清楚反馈机制。这个问题，课题组正在申请后续基金进行研究。

在双边市场反垄断遇到的又一个挑战是垄断行为的识别。在对市场范围进行划定时已经看到，双边平台运营商实质上承担了社会福利最大化的隐性管制者的功能。认清双边平台运营商的这一功能对在双边市场进行垄断行为识别具有非常重要的意义。作为双边平台必须平衡不同类型需求的两边用户，为此，平台运营商实施倾斜的价格结构。这一定价策略在进行垄断审查时带来的问题是，价格结构的实施是否能够达到社会最优。我们在对非对称性电信网络接入价格管制政策与运营商内容服务市场接入定价策略的研究中发现，尽管对一个试图实现利润最大化的平台运营商不能够保证通常意义下的社会最优价格的实现，但是也没有发现接入价格会持续偏离社会最优的结论。与定价策略相关的是垄断行为识别中对平台运营商成本的估计。双边平台面临着两个不同的消费者与两种不同的服务需求，而且在边与边之间存在着间接交叉网络外部性，平台在为两边用户提供服务时需要考虑的是两种服务的联合成本，这样一种定价理论完全不同于传统单边市场的拉姆齐边际成本定价理论。

在间接交叉网络外部性中，每一边的边际收益可以分解成直接与间接两个不同的组成部分。一部分是用户为了加入平台直接向平台支付而带来的收益；另一部分是一边用户的加入提升了平台另一边用户的价值。后者使得平台可以对外部性获得一边的用户收取更多的费用从而为平台带来了边际收益。因此，对一个双边平台，利润最大化的条件边际收益等于边际成本在存在间接交叉网络效应中得到了矫正：为平台带来更高间接交叉网络外部性一边的用户支付较低的价格甚至低于边际成本，即获得补贴；而对较少为平台另一边用户带来外部性一边的用户则收取较高甚至高于其获得服务所需要的边际成本的价格。高于或者低于成本收取服务价格的策略使得外部性内部化，垄断行为侦查很难断定其是否是无效率的定价。依据我们对平台基本功能的认知，平台的这一定价策略有利于平台自网络效应与间接交叉网络的提升，总社会福利水平是提升的。反垄断机构如果对高于边际成本的价格采取价格锚的管制政策，就会带来另一边用户因补贴减少而降低加入平台的数量，在反馈作用下进而导致该边用户需求的减少，从而导致网络覆盖水平的下降而降低社会总福利水平。可见，一些在单边市场被反垄断机构视为垄断审查的内容在双边或者多边市场，则表现为其商业模式或者产业模式的自然属性。价格水平或者价格上涨压力测试现在需要考虑的是价格总水平而不是双边的某一边。事实上，一边价格低于边际成本并不意味着掠夺性定价需要的两个条件的存在：一是价格位于成本以下；二是假想垄断者有补偿应实施掠夺性定价导致损失的合理性意愿。关于第一个条件的反垄断审查，法院需要考虑的是如何获取总价格水平与总成本的相关信息。在这个问题上同样会遇到由于信息缺乏而导致的软俘获问题。而且，在出现此类问题情形下，反垄断的成本比起管制来显然要高。至于反垄断掠夺性定价测试的第二个条件，如同我们已经强调的共享成本与协调职能相关而不像出现在一些司法审判案例中法院所认为的那样或者是垄断高价或者是掠夺性定价。

双边市场平台运营商，除了价格策略以外，通常也会采用非价格的竞争策略以达到关闭市场阻止进入的目的。捆绑销售与排他性合约是其非价格策略设计中的最为主要的方面。本书在对双边市场管制失灵的研究中发现，在双边市场中基于客户抽租的市场关闭其实也是其客户选择的一种方式，其目的可能是阻止进入也可能是对平台两边用户的需求进行协调。包括基于广告的移动梦网、搜索引擎平台在面对广告商多平台接触时就会考虑对其进行广告发布平台、时间等方面的限制。这一策略的选择就不同于传统反垄断审查时对合并模拟的分析。在双边市场，考察合并对市场力提升的影响，即市场单边效应，必须考虑到加入反垄断审查对象平台的两边用户相互关联效应，传统单边市场合并审查的工具，比如，转移率、临界损失、市场集中度等在双边市场的应用必须谨慎。合并效应对双边市场的影响不仅仅是对某一边的价格或者价格总水平的影响，而且包括对价格结构的影响，一个可能会出现的预期合并结果是合并前的均衡价格某一边提升了而另一边价格则下降了。虽然没有出现临界损失与实际损失差的变化，其平台的市场力却可能得到强化从而出现了反垄断侦测的失败。

（二）协调机制设计

1. 反垄断政策与管制政策协调

在双边市场条件下，反垄断面临诸多难题。作为保护竞争的事前约束的管制，在很多国家包括经合组织（OECD），对电信这一双边市场通常采用互联价格水平的管制，管制者对其采取管制的成本基础通常是受管制业务的增量成本而不是基于双边市场环境下的联合成本或者共享成本。更为突出的问题是，管制者存在着由于其自身利益考虑而出现的通常意义上的俘获和由于缺乏管制所需要的信息与恰当的管制手段而出现的软俘获这两种类型的管制俘获而最终导致管制失灵。主张放弃管制的声音几乎压倒了管制机构的管制动机。本章对这一现象的原因已经作了简要的交代。留下来的一个务实性的问题是管制如何反映双边市场三个基本的属性。依据本书前后一致的观点，经济性管制在双边市场下的运作空间已经不是很大，而对于平台的信誉承诺、服务或者产品质量信息披露制度等的社会性管制需求并没有自动得到满足；非价格的一些违反竞争的行为也由于双边市场的联合供给特性而没有相应的禁止性规范等。这些问题意味着今后一段时间，管制机构对双边市场的管制一是要缩小经济性管制的领域；二是要创新管制手段，提升社会性管制的质量。当然，并不排除基于竞争的虚拟运营商牌照发放、分配频谱资源、第三类电信业务放开、组建铁塔公司的进入管制政策与全面降低资费、取消通话费用上限管制的价格管制政策。而且，三网融合的双向进入，本身就是一种管制政策。网络融合以后的业务本身的竞争程度也是千差万别，在不同的业务环节，竞争程度各不相同，既有属于强自然垄断业务（频谱资源），也有弱自然垄断业务（接入市场），也有一般竞争性业务（语音通话、视频广播），也有完全竞争性业务（互联网业务）。不同业务种类，需要相应的公共政策跟进，竞争政策并不能够完全替代管制政策在三网融合以后信息产业的地位。

反垄断与管制，一个是事后对违反竞争的行为进行惩罚，另一个是事前对竞争行为进行必要规范；一个属于单一保护竞争的一般法，具有普遍的强制力，而另一个属于除了保护竞争还要保护权利人公平的部门法；一个是通过法院判决解决违反竞争的问题，另一个通过经过授权的行政机构借助对市场进行引导确保竞争的程序与过程公平。从竞争法与管制政策体现出的维护竞争这一大方向上的一致与具体做法上的差异两个维度中可以看到两者协调的必要性与可能性。从大量主张协调干预市场竞争主体的设计理论研究中得到的协调基本框架为：

第一，两种政策职责明确区域，法院应尊重管制机构所做出的明确决定，包括管制机构的直接行为。这些直接行为来自竞争法无法介入或者得到了竞争政策相关机构的执法授权。管制者对非完全竞争性行业所设立的管制价格、管制者对行业所设立的准入条件，虽然都不符合竞争法的规定，但管制者的这些行为都是依据相关法律授权，反垄断法院就没必要对管制决策的合理性进行二次审查。而对于竞争性业务与可竞争性业务，竞争法规范行为主体的市场行为是顺理成章的事，任何其他部门法都应该命令禁止插入。在反垄断与管制都实行的美国，因为管辖权的冲突和适用法律的冲突，联邦通信委员会与反托拉斯执法机构经常出现争执，如在1999 年关于 SBC 和 Ameritech 的合并问题上，双方分歧很大，以至美国国会甚至考虑要限制联邦通信委员会对电信企业并购的审查权。这种分歧对管制机构和反垄断机构都产生了负面影响。

第二，交叉重叠区域，行业中的任何主体行为都受到反垄断法的规制。利益主体任何曲解管制政策或利用管制权威的行为都可能会遭到反垄断法审查。在管制行业，如果发现了垄断行为，管制者通常只能是勒令其停止行为并处以罚金。由于罚金的数量与垄断行为所形成的收益相比往往是微不足道的，这样的处罚很难对妨碍竞争行为起到事前威慑作用。相反，反垄断法的一些处罚设计，包括 3 倍处罚、宽大政策（引诱受管制者说真话的机制）等，对垄断行为的遏制还是相当有效的。当然，一些强自然垄断行业的管制也确实能够充分地承担起反垄断的角色，管制效率甚至超过了反垄断法，但是，这并不意味着反垄断法就应该从这些管制行业中退出。因为反垄断法就像悬在市场主体头上的一柄利剑，可以随时作为管制政策的补充，这种威慑作用本身就具有意义。而且，在管制背景下，法院发生误判的可能性反而更小，因为管制者可以对某些确认为正确的行为采取特别的措施（如 Midcal 检验），就可以保证这些行为通过反垄断审查。当然，这可能使管制行业中的一些行为超出反垄断法的审判范围之外，这似乎增加了反垄断法实施的难度，但只要反垄断审查把注意力集中于市场中的私人行为而不是管制决策，管制的存在实际上反而更能帮助反垄断法界定有效的实施范围。

第三，"灰色区域"，竞争政策为主导，管制政策为主体。这一协调安排主要是为了避免司法鉴定困难而导致的法院误判与行政力量左右而形成的固化性制度扭曲现象的出现。具体而言，竞争政策作为一般法，授予具体的行业部门对特定部门颁布规范性、指导性或可操作性文件，规范本部门的市场行为，并且部门法不得与一般法的法律宗旨相违背。如出现部门法之间的冲突或者纠纷，竞争法介入。

第四，在管制结构下，当管制者不作为时，反垄断法应当介入。也就是说，即使是管制者默认的市场主体行为，反垄断法也应保留审查权。管制者的不作为，包括有意和无意；当管制者明知应该作为而不作为时，显然管制者已经处于被"俘获"状态，保留反垄断法的审查权，无疑对管制者和被管制者都是一个有力的事前威慑和事后约束机制。但管制者的不作为属无意时，则显然或者是因为"软俘获"，或者是因为被管制者以策略性行为利用管制制度相关规定性内容从事妨碍竞争的活动。显然，这个时候更需要反垄断法的介入。

反观中国三网融合的进程，由于立法因素与垄断产生的特殊性，反垄断政策与管制政策的协调不尽如人意。《电信条例》、《广播电视条例》是工信部与国家广电总局两大管制部门颁布的针对本行业的管制政策。在网络融合前，这些管制政策的重心是维护本行业的竞争程序与产业信息安全及国家政治需要，并未针对网络融合以后的双向进入及由此带来的业态变化，特别是运营商的商业模式发生的变化。2010 年以来，为了推动电信竞争，工信部出台了一系列文件：2013 年 1 月，公布《移动转售业务试点方案（征求意见稿）》；2013 年 5 月，移动转售试点方案正式公布；2013 年 11 月，正式公布 TD – LTE 频谱资源的划分，中国移动获得 130MHz 的频谱资源，中国联通与中国电信各获得 40MHz 频谱资源；2013 年 12 月，工信部正式向三大运营商发放 4G 牌照；2013 年 12 月 17 日，下发《关于调整公用电信网网间结算标准的通知》，对中国移动与其他企业的移动本地通话实行"6—4 分"非对称结算；2013 年 8 月，工信部起草《三网融合推广阶段工作方案（草案）》；工信部发布《2013 年电信行业纠风工作实施方案》，围绕服务营销、资费收费、网络质量、垃圾短信四个方面，专注纠正电信行业不正之风，树立维护用户公众利益的工作风气，持续推进行风建设；10 月，批复中国移动在 326 个城市开展 TD – LTE 扩大规模试验；建设基站 20.6 万个，在 100 个重点城市实现主城区连续覆盖；12 月，取消 2009 年 686 号文针对中国移动固定宽带经营的政策限制，在处理好与铁通关系的基础上，可自营宽带业务，充分释放中移动光纤家庭覆盖能力；2014 年 5 月，继续扩大虚拟运营商试点范围；2014 年，宣布成立旨在打破网络基础设施"瓶颈"的铁塔公司；等等。在颁布相关规定的同时，工信部组织开展网站备案专项行动，完成部分省份系统升级，完善相关功能，实现与相关部门的信息比对，解决"两率"不高、系统配合不顺等问题。与此同时，完善法律法规。一是配合修订《互联网信息服务管理办法》；二是研究修订《非经营互联网信息服务备案管理办法》。可见，最近几年，工信部在推进网络融合方面不谓不努力。而在网络融合监管中位于一般法层次的反垄断法踪影却鲜为人知。2011年11月，国家发改委反垄断局发起的对南北电信宽带垄断调查，迄今为止也没有结论，估计不了了之。

这几年电信行业法规频出，表明在电信行业法规领域出现了管制一头重而反垄断"一头轻"的现象。照理来说，这一现象也很正常，事前都规范好了，事后的纠纷就少。可是，事情或许不那么简单。中国的垄断有着复杂性，最为鲜明的特点是行政垄断。"行政垄断"一词的含义意味着垄断的源泉来自管制部门。这也是中国反垄断政策难以真正成为一般法的原因。而且，管制者本身就是一个管制对象，这使得管制的俘获比在通常情形下造成的经营者垄断更容易发生。行政这一公共性的资源受到部门利益的羁绊，管制政策凌驾于竞争法之上，出现了过度管制与管制不足并存的管制失灵现象。更为深层次的原因是法律建设本身出现了诸多偏向于管制机构的现象。

2006年《反垄断法（草案）》一审稿曾在第二条第二款中规定，"对本法规定的垄断行为，有关法律、行政法规另有规定的，依照其规定"。然而，《立法法》第七十九条规定："法律的效力高于行政法规、地方性法规、规章。行政法规的效力高于地方性法规、规章。"因此，一审稿第二条第二款明显违反了《立法法》的上述规定。关于由谁对垄断行为执法问题，一审稿第四十四条第一款规定："对本法规定的垄断行为，有关法律、行政法规规定应当由有关部门或者监管机构调查处理的，依照其规定。有关部门或者监管机构应当将调查处理结果通报国务院反垄断委员会。"第二款规定："有关部门或者监管机构对本法规定的垄断行为未调查处理，反垄断执法机构可以调查处理。反垄断执法机构调查处理应当征求有关部门或者监管机构的意见。"如果基于这样的制度设计，产业监管机构将取得管制型产业反垄断的优先执法权。到了2007年6月第二次审议《反垄断法（草案）》时，一审稿第四十四条第一款被保留，涉及法律层次设计的第二款却被删除了。依此设计，产业监管机构对管制型产业内的反垄断执法权不再是优先，而是独占。2007年8月第三次审议《反垄断法（草案）》，一审稿第四十四条第一款也被删除了。这样，产业监管机构既未能取得管制型产业反垄断的优先执法权，也未独占反垄断的执法权。这些删除只是把一般法与部门法之间的问题掩盖了，并未真正解决问题。

　　由于没有在法律制度层面为竞争法护航，反垄断法至今不能插足垄断
行业，其背后暴露出的问题可能非常严重，这就是部门法替代一般法。部
门不管是否得到立法权授予先行抢占法规规范调控高点，以获取有利于
本部门未来收益的制度资源。笔者认为，三网双向进入本身就包含了管制
边界的缩小。相应的，反垄断边界的扩大。这一边界的变化来自三网中竞
争性业务与自然垄断业务边界的缩小。竞争性业务适用于一般法；强自然
垄断业务适用于管制政策；一般自然垄断业务，可以管制政策为主引入竞
争政策的方法进行有效监管；弱竞争性业务则由竞争政策授权予管制政策
进行监管。这样一种竞争政策与管制政策协调机制的安排基于行业本身的
属性又符合三网融合业务边界模糊的规范性要求。考虑到在三网融合进程
中电信业务模式变革中出现的双边市场这一新的业态，迫切需要解决管制
重、反垄断轻的现象。Rochet 和 Tirole（2004a）指出了平台对双边市场
的规制职能：（1）平台作为价格管理者。平台首先要确定合理的价格水
平和价格结构。与传统市场相同，合理的价格水平必须首先确定。需要解
决的另一个问题是制定合理的定价结构。设想一下，如果销售商相对消费
者具有市场势力，如果由销售商随意定价，消费者将从商品或服务中得到
相当少的剩余。导致的后果是，市场逐渐萎缩。因此，这时运营商有动力
对销售商收取的价格制定上限或者对消费者进行一定的补贴，以提高消费
者剩余和它们加入市场的意愿。因此平台表现得更像一个公共事业委员
会，通过制定价格上限或者通过向其他服务征收基金来补贴某些服务，以
解决市场势力问题。（2）平台作为许可权威。最终用户不仅关心价格，
而且关心交易或者服务的质量。因此，在双边市场上，平台一定会关心参
与者的身份，因为后者对另一边创造外部性。（3）平台作为竞争当局。
当价格管制复杂或无效的时候，平台可能通过鼓励一边的竞争，从而使这
一边对另一边产生吸引力。一边的竞争将使价格接近于边际成本，交易量
接近有效交易量，这时双边平台也将从中受益，因为它至少能够部分地补
偿在另一边的关联收益。因此平台能够在一定程度上履行反垄断机构的
职责。

　　而且，在双边商业模式中，即使不考虑三网融合各个主体进行统一立
法这一需求，管制政策的作用空间也在变小。当然，这一变化并不意味着
管制的取消，而只是意味着管制政策包括机构的重新调整。欧盟、韩国、

日本等面临网络融合，都在实施对信息产业的统一监管。2012 年 1 月，丹麦将原来分业体制下的电信监管机构（NITA）与商业公司局、企业建设局合并为丹麦商业局（DBA），隶属商业发展部。原 NITA 职责被分散到四个部委中，重新组建后的 DBA 虽然保留电信和互联网监管职责，但是关于政策制定及发展职能、关键基础设施保护方面的职责分配给其他部委。2013 年 4 月，荷兰将电信监管机构 OPTA 与竞争监管机构、消费者保护机构合并为一个机构 ACM，ACM 拥有原机构的权力。2013 年 10 月，西班牙将通信监管机构 CMT 与能源、电力等七个产业部门合并，组建单一的竞争管理部门（国家竞争与市场委员会），同时将原 CMT 的部分监管职能剥离给工业、能源和旅游部。2013 年，韩国成立未来创造科学部（MSIP），整合了监管机构 KCC 的绝大部分电信监管职能（许可、资费、设备监管、网络安全等）；MSIP 还整合知识经济部等部委的部分职能，目标是建立"创造型经济"，通过发展科学、技术与 ICT 实现国民幸福，KCC 仅保留广播监管与部分事后监管职能。

　　为了应对电信技术与市场需求变化带来的电信业务运营模式变化，未来的电信监管主要应对数据流量进行监控，成为数据业务市场监管的特殊手段。我国短信市场一度出现混乱局面的主要原因是 SP 的鱼目混珠，因此数据业务市场监管的重点是把好 SP 的市场准入和考核关，从而应当实施类似于证券市场的强制信息披露制度。对 SP 的市场准入和考核，无非采用注册制或者核准制的监管形式。NTT DoCoMo 对 SP 的成功管理经验包括以下几个方面：①制定技术标准。为有效控制内容服务，往往对 SP 进行直接管理，建设专门为 SP 服务的网站，向 SP 公布最新的动态及技术规范。②对 SP 建有完善的考核与评价标准，评价指标涉及注册用户数、日访问量、用户个性化主页中出现的次数、内容的独特性和用户满意度等多个方面。③建立 SP 竞争机制。通过优胜劣汰刺激 SP 主动提高服务质量和进行业务创新。④建立沟通机制。因此更好地适应了市场需求，缩短了新业务的开发周期。由此看来，对 SP 的市场准入和考核采用核准制是一种行之有效的办法，我国短信市场最初采用松散的管理方式（类似于注册制）导致市场混乱和不规范经营的现象，也印证了这一点。

　　2. 竞争政策与产业政策的协调经验

　　（1）协调框架。学术界一般将竞争政策做广义和狭义的区分。广义的竞争政策是指影响市场竞争的所有政策；狭义的竞争政策是指竞争立法和竞争执法所体现的或者奉行的政策，甚至有时被等同于反垄断法。竞争政策的目的主要是保护和促进竞争，防止和制裁各种限制竞争的行为，通过维护市场经济中的自由竞争秩序实现资源的有效配置。产业政策作为国家宏观调控的一种方式，是国家为实现其经济发展战略而采取的调节产业活动的方针政策。产业政策的实质是政府对经济活动的一种自觉干预，以实现特定的政策目标，包括实现经济振兴与赶超、结构调整与转换以及保持经济领先地位与维持经济增长势头等。产业政策的目标旨在对社会整体利益的维护，在国际层面上则是为了增强和维持本国经济整体在国际竞争中的有利地位，其实质体现了国家之间的经济竞争。产业政策和竞争政策体现了两种不同的资源配置机制。产业政策发挥作用的前提是政府能够对资源配置产生重大的影响。在工业化的赶超阶段，市场资源的配置，都不是通过市场调节实现的，而是通过政府进行直接干预的方式来实现产业政策目标的人为选择过程。这种以赶超为理念的产业政策，通过政府选择主导产业并加以大力扶持，以促进这些产业迅速成长，继而推动产业结构升级。竞争政策作为政府干预经济的重要形式之一，它是以"一般性规则"为依据，间接干预经济活动，通过营造一个公平、合理、有序的市场竞争环境，使市场参与者在公平竞争中实现优胜劣汰。产业成长和企业竞争力的提高是通过市场竞争和价格机制来实现的，资源配置的核心力量是政府不直接干预经济运行，而是通过制定市场竞争的规则，并依据法律法规对不正当竞争和滥用市场支配势力的行为以及可能有碍经济效率的市场结构进行规制。两者存在的差异在对同一对象进行干预时必须对其进行必要的协调。协调必须确立竞争政策为基础的原则，这是发挥市场机制决定性作用的题中应有之义。

（2）中国台湾的数码汇流政策协调经验。市场经济体制转轨过程中，坚持竞争政策为基础，确立维护公平、自由竞争秩序为理念，是市场经济的内在要求。一方面，竞争是市场的灵魂，坚持竞争政策的基础地位是市场经济的客观要求，在倡导自由竞争环境下才能优胜劣汰，增强企业竞争力。在计划经济体制影响下，许多倾斜性的产业政策给我国经济带来了巨大伤害。如对国有企业实行政策、资金、技术等方面的偏向，不仅导致国有企业形成规模却不经济、国际竞争力弱，没有形成有效竞争的市场环境，而且造成国有经济对产业政策的依赖，形成"寻租"，造成行政垄断盛行，社会利益净损失，破坏了公平有序的竞争环境。而在中国台湾，规制竞争的法律主要为"公平交易法"，执法机关为中国台湾"公平交易委员会"。中国台湾"公平交易法"（简称"公平法"）第九条第二项规定："本法所规定事项，涉及部会之执掌者，由'行政院''公平交易委员会'（简称'公平会'）商同该部会办理之。"此项规定主要是解决"公平会"和其他机关管辖的冲突及协调问题。关于中国台湾"公平交易法"所规定事项，涉及其他部会的，主要有"经济部投审会"负责华侨及外国人去台投资、技术合作等事项的审核、"财政部证管会"实施关于公开发行公司或证券商的合并的核准、"新闻局"就有线电视产业的合并进行许可等。中国台湾"公平交易法"施行多年后，各主管机关与"公平交易委员会"亦逐渐发展出良好的互动模式。中国台湾"公平交易法"第四十六条对该法的法律适用作了除外规定，是中国台湾"区隔竞争法"与"产业管制法"适用的关键条文。修正前的中国台湾"公平交易法"第四十六条规定："事业依照其他法律规定之行为，不适用本法之规定。本法未规定者，适用其他有关法律之规定。"以"公平法"为普通法，而优先适用其他特别法。1999 年修正后的"公平交易法"第四十六条规定："事业关于竞争之行为，另有其他法律规定者，于不抵触本法立法意旨之范围内，优先适用其他法律之规定。"新的第四十六条使"公平交易法"对于其他"法律"排除"公平法"适用有了反排除的可能。按照中国台湾主流的见解，"公平交易法"第四十六条是一种行为违法性阻止，当"公交易法"行为被禁止，而其他法律不禁止的情形下，才可以排除适用。即只有"公平法"中的"禁止规定"才有排除适用的可能，且只当其他"法律"（含法规命令）有与该禁止规定内容相反的"强制"或明确"许可"规定的情形，才会排除适用。中国台湾"公平交易委员会"的执法实务也一向采用此观点。正是在这样一种产业政策与竞争政策协调的法制环境下，网络融合开放在台湾地区效果非常明显。

（3）欧盟与美国的政策协调。无论是电信业还是广播电视业，一直被认为是自然垄断产业，政府往往通过制定专门的产业法进行管制。这种管制实质上进一步巩固了既有者的独占地位，因此传统的管制是一种限制和减少竞争的措施。由于电信业和广播电视业是受特别产业法调整的，因此与这两类产业有关的争议案件包括竞争争议案件一般不受竞争法调整，很多国家或地区甚至基于这些产业的自然垄断特性把它们纳入反垄断法适用除外领域。于是，有些学者认为，这种法律调控方式构成了行政屏障，不利于竞争法的统一适用。

近十年来，许多国家或地区为了应对三网融合带来的挑战，纷纷采取卓有成效的法律变革措施，不仅对通信行业的法律规范进行了整合，以帮助它们走出令人迷惘和困惑的"法律丛林"，实现产业法的整合。而且非常强调法律调控方式的转变即越来越重视竞争法在三网融合中的影响和作用，极大地提高了竞争法的地位，通信产业立法呈现出"竞争法化"的趋势。特别是在美国、英国及欧盟等一些发达国家和地区，竞争法的介入和渗透越来越高，在很多垄断判例中表现出最近十多年中产业法发生的变化。美国几度对《横向并购指南》进行了修正；欧盟竞争委员会对《竞争法案》也几度修订，两个主要的经济体不同程度地对产业法进行了符合产业竞争环境的调整，特别是体现在对网络中立态度的微妙转变上。一个基本的趋势是产业法已经逐渐让位于竞争法。

进入三网融合的阶段后，电信、广播电视等产业解除管制的步伐进一步加快，市场机制优先原则得到进一步确立，竞争开始代替行政管制发挥积极作用，所谓的"行政屏障"也自然被打破，这为竞争法律制度发挥作用提供了更大的空间。与此同时，随着管制革新观念的推展，政策制定者相信有效竞争可以用管制的手段创造出来。例如，美国《1996 年通信法》规定，其目标为"解除管制、促进竞争"。为达成上述目标，该法规定了许多竞争性机制。这使得原本因产业特殊性而采取的"特别产业管制法规"，逐渐因为产业特殊性消失而淡出，并为"一般竞争法规"所取代。此时，竞争法开始积极介入三网融合的进程，并且逐渐将竞争理念和政策渗透进通信产业立法。通信产业立法呈现出"竞争法化"的趋势，产业法与竞争法之间的界限逐渐模糊。

3. 中国大陆的产业政策与竞争法协调问题

中国的垄断与其他国家或地区的垄断相比，多了行政垄断，其色彩特别浓烈。所有的垄断无不与行政力量相关。行政部门成为发展经济的主要推动力，各部门的行政部门颁布的产业政策又成为资源配置的主要抓手，政府部门乐此不疲。国务院 2010 年的《推进三网融合总体方案》尽管在第五部分强调了法制建设，可并未将广电与电信在计算机网融合后的规范有序竞争作为法律建设的重点。双向进入的目的在这个总体方案里更多体现为推动电子信息产业的发展。文件关于广电与电信网的融合的政策目标性导向内容充分说明了产业政策在这一方案中的主体地位。以下是国务院

2012 年常务会议讨论决定的关于推进三网融合的政策文本内容。

（二）加强网络建设改造和统筹规划

1. 加快有线数字电视网络建设和整合。全面推进有线电视网络数字化和双向化升级改造，优化网络资源配置，提高网络业务承载能力和对综合业务的支撑能力，建立符合全业务运营要求的可管、可控，具备安全包装能力的技术管理系统和业务支撑系统。

按照网络规模化、产业化运营的要求，适应三网融合需要，积极推进各地分散运营的有线电视网络整合，采取包括国家投入资金在内的多种扶持政策，充分利用市场手段，通过资产重组、股份制改造等方式，研究提出组建国家级有线电视网络公司方案，作为有线电视网络参与三网统合的市场主体，负责对全国有线电视网络的升级改造，逐步实现全国有线电视网络统一规划、统一建设、统一运营、统一管理。国家级有线电视网络公司要积极推动三网融合进程，积极参与市场竞争，加快开展多种业务，努力为广大用户提供方便快捷、优质经济的广播电视节目和综合信息服务。

2. 推动电信网宽带工程建设。加快电信宽带网络建设，大力推动城镇光纤到户；因地制宜，扩大农村地区宽带网络覆盖范围，全面提高网络技术水平和业务承载能力。

3. 加强网络统筹规划和共建共享。研究制定网络统筹规划和共建共享办法。积极推进网络统筹规划和资源共享，充分利用现有信息基础设施，充分发挥各类网络和传输方式的优势，避免重复建设，实现网络等资源的高效利用。符合统筹规划和共建共享要求的网络建设，要纳入城乡发展规划、土地利用规划和国家投资计划。

……

1. 大力发展新兴产业。鼓励广电、电信企业及其他内容服务、增值服务企业充分利用三网融合有利条件，大力创新产业形态和市场推广模式，推动移动多媒体广播电视、IPTV、手机电视、数字电视宽带上网等三网统合相关业务的应用，促进文化产业、信息内容产业、信息服务业和其他现代服务业快速发展。

2. 加强信息技术产品研发和制造。从我国实际出发，着眼于长远发展，广泛吸收国际先进技术和经验，加大科技攻关力度，努力攻克一批三网融合需要的核心技术，达到世界领先水平。加快研发适应三网融合业务要求的集成电路、软件和关键元器件等基础产品、开发双向数字电视、多媒体终端、智能化家庭设备等应用产品，推动宽带信息技术产品的研发和产业化，推动产业链上下游协调发展。

3. 加快建立适应三网融合的国家标准体系。由质检总局（国家标准委）会同发展改革委、科技部、工业和信息化部、广电总局加强国家标准的整体规划和研究，充分考虑行业应用实际和技术路线特点，加快制定适应三网融合的网络、业务、信息服务国家标准，建立科学完善的技术标准体系。加快推进自主知识产权技术标准的国际化。在标准的制定过程中，优先保障网络信息安全和文化安全。

从文本内容上为三网融合定下的基调是产业政策这一中观范畴领域中需要解决的问题，而进入双向试点的运营商却是利润最大化为其经营目标的竞争个体，属于微观范畴。显然，政策设计并没有考虑中观目标与微观目标之间的激励相容约束。这一机制导致的最终结果是要么进入的动力不足，要么进入过度。后者与文本中规定的网络资源的充分利用，避免重复建设的目标设计直接相背离。

在机构组织层面上，国家发展与改革委员会可以说既是产业政策的制定者又是竞争政策的制定者。反垄断局设置于发改委，使其能够翻手为云，覆手为雨，完全决定了产业政策与竞争政策的协调。一家说了算，手心是肉，手背也是肉，没有多元利益在法制框架下的博弈过程，协调从何谈起。一般情况下，行政主导的经济，反垄断政策是产业政策的保护伞，只要竞争影响产业政策，就可以挥舞反垄断大棒，进行反垄断调查。笔者不揣冒昧，大胆进言，把反垄断局从发改委分离出来，与国家工商总局反垄断部门合并组建新国家反垄断局。发改委价格司的职能仅局限于基本公共品范围内，而且受反垄断局的授权。

第五节　回归立法机构的公共品性质

管制俘获理论对管制公共品性质的私有化问题给出了管制者出自其自身利益考虑的问题。管制部门出自利益考虑而放弃了管制的公共品性质成为管制越位、错位、缺位的主要因素。围绕立法的争论，其意义远远超过

《××法》本身，它引发的根本问题实际上是立法过程中存在以法谋私现象：一是公权转化为私利，二是行业垄断利益被过分保护。很多法律都还带有部门利益或者行业利益的色彩，在立法的拟议、起草、审议和修改的过程中，一些政府部门或者垄断性的行业，利用掌握立法和修法动议、起草权的机会，将自己的利益不适当地写入法案，以扩张自己的权力或者过分保护自己的利益，这就是在立法中广被诟病的"部门利益谋私"现象。

在分权体制下，行政权力天生具有扩张动力。近年来，随着市场经济的发展，行政部门的"部门利益"问题日益凸显，其特征之一即是"部门利益法定化"。所谓部门利益法定化，是指某些行政部门利用其掌握的国家立法资源，在协助国家制定法律法规时，过分强调本部门的权力和利益，力图通过立法来维护、巩固和扩大本部门的各种职权；同时尽可能地减轻和弱化本部门应当承担的责任与义务。诚然，当行政管理部门的"部门利益"符合行业的现实需要和公共利益之时，它具有一定的合理性；但当监管部门的责任和义务或者说市场主体的合法权利始终被有意或无意地回避时；或者，频频颁布相关规定，那么这种"部门利益"就显得可疑起来，因而必须加以警惕（王自力，2013）。

法律和政策的确可以规范、保护、引导和操控一个行业市场，但反过来说，占据市场垄断地位的企业，又何尝不能左右法律和政策？企业的最大诉求是利润最大化，为获取超额垄断利润，国外的超大型垄断企业左右选举、操纵市场、控制舆论、影响和干扰政府决策及议会立法的事件屡见不鲜。在我国同样要警惕超大型垄断企业影响和干扰政策决策及立法的本能冲动。解决立法部门利益化的办法是：一是开门立法，"三网"立法应当充分发挥各行业、全社会的力量，发挥专家学者的聪明才智，在立法时尽可能多地征求多方意见，形成立法过程中的博弈机制。二是完善辩论制度，立法审议的时候，组织举办有针对性的、各层面的辩论会或论坛，使社会上的各种意见获得反映的渠道，有表决权和建议权的人员应当认真负责地提出意见并行使好表决权。三是要建立法律审查和撤销机制，对于那些不适当地体现部门和行业利益的法律，即便是通过了，也应有审查和撤销机制。这是立法公正和社会正义的最后屏障。

参考文献

［1］ Alexei Alexandrov, George Deltas, Daniel F. Spulber, "Antitrust and Competition in Two – Sided Markets", At http//ssrn. com/abstract = 1015411.

［2］ Ambarish Chandra and Allan Collard – Wexler, Mergers in Two – Sided Markets: An Application to the Canadian Newspaper Industry, Working Paper, March 14, 2009.

［3］ Ambrus, A., Argenziano, R., "Asymmetric Networks in Two – sided Markets". *American Economic Journal: Microeconomics*, 2009, 1 (1), pp. 17 – 52.

［4］ Anderson, S. P. et al., "See – saws, Swings, and Roundabouts in Media Markets", at http//ssrn. com., 2013.

［5］ Anderson, S. P., Gabszewicz, J. J., The Media and Advertising: A Tale of Two – sided Markets, In *Handbook of the Economics of Art and Culture*, V. Ginsburgh and D. Throsby (eds.) North Holland, 2006.

［6］ Andren Rend, " *I Own the Pipes, You Call the Tune*". Working Paper, 2008, Available at http: //www. ceps. eu.

［7］ ángel Luis López and Rey, P., "*Foreclosing Competition Through Access Charges and Price Discrimination*", 2008, Available at: http: //ssrn. com.

［8］ Anton Schwarz, *Wholesale Market Definition in Telecommunications: The Issue of Wholesale Broadband Access*, Working Paper, 1060 Vienna, 2006.

［9］ Argentesi, E., Filistrucchi, L., "Estimating Market Power in a Two – Sided Market: The Case of Newspapers". *The Journal of Applied Econometrics* 2007 (22) No. 7, pp. 1247 – 1266.

［10］ Argentesi, E., Ivaldi, M., "Market Definition in Printed Media Industries: Theory, Practice and Lessons for Broadcasting", In *The Econom-*

ic Regulation of Broadcasting Markets, Von Hagen, J. , Seabright, P. (eds.) Cambridge,2007.

[11] Armstrong, M. , Wright, J. , "Mobile Call Termination" . *The Economic Journal.* 2009, 119 (538), pp. 270 – 307.

[12] Armstrong, M. , Wright, J. , "Two – sided Markets, Competitive Bottlenecks and Exclusive Contracts" . *Economic Theory*, 2007, 32 (2), pp. 353 – 380.

[13] Armstrong, M. , "Network Interconnection in Telecommunication" . *Economic Journal*, 1998 (108), pp. 545 – 564.

[14] Armstrong, M. , "Competition in Two – Sided Markets" . *Rand Journal of Economics*, 2006, 37 (3), pp. 669 – 691.

[15] Armstrong, M. , "Net – work Interconnection in Telecommunication" . *Economic Journal*, 1998 (108), pp. 209 – 233.

[16] Armstrong, M. , *"Competition in Two – Sided Market"*, IDEI, 2004.

[17] Baranes, E. et al. , "Ex – Ante Asymmetric Regulation and Retail Market Competition: Evidence from Europe's Mobile Industry" . *Technology and Investment*, 2011, 2 (4), pp. 301 – 310.

[18] Berry, S. T. , Levinsohn, J. , Pakes, A. , "Automobile Prices in Market Equilibrium", *Econometrica*, 1995 (63), pp. 841 – 890.

[19] Berry, S. T. , "Estimating Discrete – Choice Models of Product Differentiation" . *Rand Journal of Economics*, 1994, 25 (2), pp. 242 – 262.

[20] Bishop, S. , Walker, M. , *The Economics of EC Competition Law.* Sweet and Maxwell, 1999.

[21] Bolt, W. , Soramäki, K. , *Competition, Bargaining Power and Pricing in Two – sided Markets*, Netherlands Central Bank, Research Department, 2008.

[22] Brenkers, R. , Verboven, F. , "Market Definition with Differentiated Products – Lessons from the Car Market", In *Recent Developments in Antitrust: Theory and Evidence.* Choi, J. P. (ed.), MIT Press, 2006.

[23] Bricks, "Mortar, and Google: Defining the Relevant Antitrust Marketfor Internet – Based Companies" . *New York Law School Law Review*, 2010 (55) .

[24] C. Scott Hemphill, *Network Neutrality and the False Promise of Zero –*

Price Regulation, Working Paper No. 331 April 13, 2008, http: //papers. ssrn. com/paper. taf? abstract_ id = 1119982.

[25] Caillaud, B. and Jullien, B. , "Chicken and Egg: Competition among Intermediation Service Providers". *Rand Journal of Economics*, 2003, (34), pp. 309 – 328.

[26] Caillaud, B. and Jullien, B. , "Competing Cybermediaries". *European Economic Review*, 2001 (45), pp. 97 – 808.

[27] Carlton, D. W. , "*Market Definition: Use and Abuse*". Competition Policy International, 2007, 3 (1).

[28] Carter, M. , Wright, J. , "Asymmetric Network Interconnection". *Review of Industrial Organization*, 2003, (22), No. 1, pp. 27 – 46.

[29] Carter, M. , Wright, J. , "Interconnection in Network Industries". *Review of Industrial Organization*, 1999, (14), No. 1, pp. 1 – 25

[30] Cennamo, C. , Santalo, J. , "Platform Competition: Strategic Trade – offs in Platform Markets". *Strategic Management Journal*, 2013, (34), No. 11, pp. 1331 – 1350.

[31] Chakravorti, S. and Roson, R. , "Platform Competition in Two – sided Markets: The Case of Payment Networks". *Review of Network Economics*, 2006, (5), pp. 118 – 142.

[32] Chandra, A. , Collard – Wexler, A. , *Mergers in Two – Sided Markets: An Application to the Canadian Newspaper Industry*, Stern School of Business Working Paper No. EC – 07 – 03, 2008.

[33] Cheng, H. K. , Bandyopadhyay, S. , Guo, H. , "The Debate on Net Neutrality: A Policy Perspective". *Information Systems Research*, 2011 (22) No. 1, pp. 60 – 82.

[34] Choi, J. P. , "Tying in Two – Sided Markets with Multi – homing", *Journal of Industrial Economics*, 2010 (58), No. 3, pp. 607 – 626.

[35] Choi, Kim B. C. , "Net Neutrality and Investment Incentives", *The RAND Journal of Economics*, 2010, 41 (3), pp. 446 – 471.

[36] Christos et al. , *Testing the Waterbed Effect in Mobile Telephony*, 2008, Available at http: //ssrn. com.

[37] Coase, R. , "The Nature of the Firm". *Economica*, 1937 (4).

[38] Cremer, H. and Bardey, D., *Competition in Two – sided Markets with Common Network Externalities.* IDEI Working Papers, 2009.

[39] E. Glen Weyl, "A Price Theory of Multi – Sided Platforms", *American Economic Review*, 2010, 100 (4), pp. 1642 –72.

[40] Economides, N., Tag, J. "Network Neutrality on the Internet: A Two – sided Market Analysis", *Information Economics and Policy*, 2012, forth-coming.

[41] Economides, N., "Net Neutrality, Non – Discrimination and Digital Distribution of Content Through the Internet". *Journal of Law and Policy for the Information Society.* 2008, 4 (2), pp. 209 –233.

[42] Emch, E., Thomson, T. S., "Market Definition and Market Power in Pay – ment Card Networks", *The Review of Network Economics*, 2006 (5), No. (1), pp. 45 –60.

[43] Emilio Calvano and Bruno Jullien, *Issues in On – line Advertising and Competition policy: a Two – sided Market Perspective Working Paper n.* 427, 2011, athttp//ssrn. com.

[44] EU Commission, Commission Notice on the Definition of the Relevant Market for the Purposes of the Community Competition Law. *Journal of the European Communities*, C/372, 9. 12, 1997.

[45] Evans, D. S., "Some Empirical Aspects of Multi – Sided Platform Indus-tries", *Review of Network Economics*, 2003, 2 (3), pp. 191 –209.

[46] Evans, D. S., Noel M. D., "Defining Antitrust Markets When Firms Operate Two – Sided Platforms". *Columbia Business Law Review*, 2005 (3), pp. 667 –702.

[47] Evans, D. S., Noel, M. D., "The Analysis of Mergers that Involve Mutisided Platform Businesses". *Journal of Competition Law and Eco-nomics*, 2008 (4), pp. 663 –695.

[48] Evans, D. S., Schmalensee R., The Industrial Organization of Markets with Two – sided Platforms. *Competition Policy International*, 2007, 3 (1).

[49] Evans, D. S., "The Antitrust Economics of Multi – Sided Platform Mar-kets". *Yale Journal of Regulation*, 2003 (20), pp. 325 –381.

[50] Evans, D. S. , "Two – sided Market Definition. Forthcoming as a chapter in ABA Section of Antitrust Law, Market Definition In Antitrust: Theory and Case Studies", http//ssrn. com, 2009.

[51] Evans, David S. and Michael D. Noel, *Analyzing Market Definition and Power in Multi – sided Platform Markets*, Working Paper, 2005, Available at SSRN: http: //ssrn. com/abstract_ 835504.

[52] Evans, David S. and Richard Schmalensee, *The Industrial Organization of Markets with Two – sided Platforms*, NBER Working Papers 11603, 2005.

[53] Evans, David S. , "Some Empirical Aspects of Multi – sided Platform Industries". *Review of Network Economics*, 2003, 2 (3) .

[54] Farrell, J. and Saloner, G. , "Standardization, Compatibility, and Innovation", *Rand Journal of Economics* Vol. 16 (1985), pp. 70 – 83.

[55] FCC, *Universal Services Monitoring Report*, 2013.

[56] FCC, *Local Telephone Competition*: *Status as of December* 31, 2012, Industry Analysis and Technology Division Wire line Competition Bureau November 2013.

[57] Filistrucchi, L. , "A SSNIP Test for Two – sided Markets: Some Theoretical Considerations" . Net Institute Working Papers, No. 34, 2008, http: //ssrn. com.

[58] Fletcher, A. , "Competition Policy in Two – Sided Markets – Some brief remarks" . Presentation at the 2nd LEAR Conference on the Economics of Competition Law, 2007.

[59] Gabszewicz, J. and X. Wauthy, "Vertical Product Differentiation and Two – sided Markets" . *Economics Letters* 2014 (123), No. 1, pp. 58 – 61.

[60] Gans, J. S. , King, S. P. , "Using Bill and Keep Interconnect Arrangements to Soften Network Competition" . *Economics Letters*, 2001, 71 (3), pp. 413 – 420.

[61] Geoffrey A. Manne, Lewis and Clark Law School, Joshua D. Wright, "Google and The the Limits of Antitrust: The Case a Against the Antitrust Case" . *Harvard Journal of Law and Public Policy*, 2011 (34),

No. 1, 10 – 25. http://ssrn. com/abstract_ id = 1577556.

[62] Griva, K. and N. Vettas, "Price Competition in a Differentiated Products Duopoly Under Network Effects", *Information Economics and Policy*, 2011, (23), pp. 85 – 97.

[63] Guthrie, G., Wright, J., "Competing Payment Schemes". *Journal of Industrial Economics*, 2007 (55), pp. 37 – 67.

[64] Hagiu, A., *Multi – sided Platforms: From Microfoundations to Design and Expansion Strategies*, Working Paper, available athttp://ssrn. com. 2009.

[65] Hagiu, A., *Proprietary vs. Open Two – Sided Platforms and Social Efficiency*, Working Paper, available at: http://ssrn. com, 2006.

[66] Hagiu, A., "Two – Sided Platforms: Product Variety and Pricing Structures". *Journal of Economics & Management Strategy*, 2009, 18 (4), pp. 1011 – 1043.

[67] Hagiu, A., Platforms, Pricing, Commitment and Variety in Two – sided Markets, Princeton University, Ph D., April 2004.

[68] Hagiu, A., "Pricing and Commitment by Two – sided Platforms", *Rand Journal of Economics*, 2006 (37), pp. 720 – 737.

[69] Hagiu, A. and Halaburda, H., "Expectations and Two – sided Platform Profits". Working Paper, Harvard Business School, 2013, 12 (45).

[70] Hagiu, A., "Merchant or Two – Sided Platform?". *Review of Network Economics*, 2007, (37), pp. 720 – 737.

[71] Hahn, J. H., "Network competition and interconnection with heterogeneous subscribers", *International Journal of Industrial Organization*, 2004, 22 (5), pp. 611 – 631.

[72] Hahn, R. W., Litan, R. E., *The Myth of Network Neutrality and What We Should Do About It*, Working Paper. athttp//ssrn. com, 2006.

[73] Hahn, R. and S. Wallsten, "The Economics of Net Neutrality". The Berkeley Economic Press Economists' Voice, 2006.

[74] Halaburda, H. and Y. Yehezkel, "Platform Competition under Asymmetric Information". *American Economic Journal: Microeconomics*, 2013, (3), pp. 22 – 68.

[75] Harbord , D. , Pagnozzi, M. , "Network – Based Price Discrimination and Bill – and – Keep' vs. Cost – Based' Regulation of Mobile Termination Rates". *Review of Network Economics*, 2010, 9 (1), pp. 1 – 47.

[76] Harris, B. C. , Simons, J. J. , "Focusing Market Definition: How Much Substitution Is Enough". *Research In Law And Economics*, 1989 (12), pp. 207 – 226.

[77] Hermalin, B. E. , Katz, M. L. , "The Economics of Product – Line Restrictions With an Application to the Network Neutrality Debate". *Information Economics and Policy*, 2007, 19 (2), pp. 215 – 248.

[78] Hermalin, B. , Katz, M. L. , "Your Network or Mine? The Economics of Routing Rules". *Rand Journal of Economics*, 2006, 37 (3), pp. 692 – 719.

[79] Hermalin, B. E. and M. L. Katz, *The Economics of Product – Line Restrictions with an Application to the Network Neutrality Debate* [R]. Working Paper, 2006, Available at SSRN.

[80] Hoernig , S. , Inderst, R. , Valletti, T. , *Calling Clubs: Network Competition with Non – Uniform Calling Patterns*, Mimeo, 2009.

[81] Hoernig, S. , *Asymmetric Broadband Wholesale Regulation*, CEPR Discussion Papers, 2011.

[82] Hsing, K. et al. , "The Debate on Net Neutrality: A Policy Perspective". *Information Systems Research*, Forthcoming, 2008.

[83] Hurkens, S. and A. L. Lopez, *Mobile Termination, Network Externalities, and Consumer Expectations*, http: //www. NETinst. org, 2012.

[84] Ito Koichiro, "Do Consumers Respond to Marginal or Average Price? Evidence from Nonlinear Electricity Pricing". *American Economic Review*, 2014, 104 (2), pp. 537 – 563.

[85] Ivaldi, M. , Lorincz, S. , "Implementing Relevant Market Tests in Antitrust Policy: Application to Computer Servers", Forthcoming in the *Review of Law and Economics*, 2008.

[86] J. Wright, "One – sided Logic in Two – sided Markets", *Review of Network Economics*, 2004, (3), pp. 44 – 64.

[87] Jahn, E. , Prufer, J. , "Interconnection and Competition among Asym-

metric Networks in the Internet Backbone Market", *Information Economics and Policy*, 2008, 20 (3), pp. 243 – 256.

[88] Jay Pil Choi, *Net Neutrality and Investment Incentives*, Available at: http://ssrn.com/abstract = 1285639.

[89] Jean – Charles Rochet and Jean Tirole, "Platform Competition in Two – Sided Markets". *Journal of the European Economic Association*, MIT Press, 2003 (1), No. 4, pp. 990 – 1029.

[90] Jean – Jacques Laffont, Patrick Rey, Jean Tirole, "Network Competition: I. Overview and Nondiscriminatory Pricing", *RAND Journal of Economics*, 1998 (29), No. 1 (Spring), pp. 1 – 37.

[91] Joe S. Bain, "Economies of Scale, Concentration, and the Condition of Entry in Twenty Manufacturing Industries", *The American Economic Review*, 1954 (1), pp. 15 – 39.

[92] John Musacchioa, *Two – sided Market Analysis of Provider Investment Incentives with an Application to the Net – Neutrality Issue*, Working Paper, 2008. Available at SSRN.

[93] Jovanovic, B., "Selection and the Evolution of Industry", *Econometrica*, 1982 (50), No. 3, pp. 649 – 670.

[94] Julian Wright, "One – sided Logic in Two – sided Markets", *Review of Network Economics*, Concept Economics, 2004, (3), pp. 42 – 63.

[95] Jullien, B., "Competition in Multi – Sided Markets: Divide – and – Conquer". *American Economic Journal*, Microeconomics, 2011 (3), pp. 1 – 35.

[96] Jullien, B. and Alessandro Pavan, *Platform Competition under Dispersed Information* [R]. Working Paper, idei. fr/doc/conf/csi/papers_ 2013/pavan. pdf.

[97] Kaiser, U., Song, M., "Do Media Consumers really Dislike Advertising? An Empirical Assessment of the Role of Advertising in Print Media Markets". *International Journal of Industrial Organization*, 2009 (27), pp. 292 – 301.

[98] Kaiser, U., Wright, J., "Price Structure in Two – Sided Markets: Evidence from the Magazine Industry". *International Journal of Industrial*

Organization, 2006, (24), pp. 1 – 28.

[99] Katz, M. and Shapiro, C., "Network Externalities, Competition. and Compatibility, *American Economic Review*, 1985 (75), pp. 424 – 440.

[100] Kevin W. Caves, *Modeling The Welfare Effects of Net Neutrality Regulation: A Comment on Economides and Tag.* April 2010. Available at: SSRN.

[101] Laffont, J. J., Marcus, S., Rey, P. et al., "Internet Peering". *American Economic Review*, 2001, 91 (2), pp. 287 – 291.

[102] Laffont, J. J., Marcus, S., Rey, P. et al., Internet Interconnection and the Off – net – cost Pricing Principle. *The RAND Journal of Economics*, 2003, 34 (2), pp. 370 – 390.

[103] Laffont, J. – J., Marcus, S., Rey, P., Tirole, J., "Network Competition: I. Overview and Nondiscriminatory Pricing", *The Rand Journal of Economics*, 1998, Vol. 29, pp. 1 – 37.

[104] Laffont, J. – J., Marcus, S., Rey, P., Tirole, J., "Network Competition: II. Price Discrimination". *Rand Journal of Economics*, 1998b (29), pp. 38 – 56.

[105] Lambson, V. E., "Industry Evolution with Sunk costs and Uncertain Market Conditions". *International Journal of Industrial Organization*, 1991 (9), pp. 171 – 196.

[106] López á, L., "Asymmetric Access Pricing in the Internet Backbone Market", *Economics Letters*, 2011, 112 (1), pp. 3 – 6.

[107] Malcolm B. Coate and Joseph J. Simons, "Critical Loss v. Diversion Analysis: Another Attempt", at Consensus the CPI Antitrust Journal April 2010 (1).

[108] Malcolm B. Coate and Joseph J. Simons, *In Defense of Market Definition.* Working Paper, February 14, 2012.

[109] Manne, G. A., Wright, J. D., "Google and the Limits of Antitrust: The Case Against the Antitrust Case Against Google". *Harvard Journal of Law and Public Policy*, 2011, 34 (1), pp. 1 – 75

[110] Mario Forni, *Using Stationarity Tests in Antitrust Market Definition*, Working Paper, Università di Modena and CEPR, June, 2002, at ht-

tp//ssm. com.

[111] Mark Armstrong and Julian Wright, "Two – sided Markets, Competitive Bottlenecks and Exclusive Contracts". *Economic Theory*, 2007Vol. 32 (2), pp. 353 – 380.

[112] Maskin, Eric and John Riley, "Monopoly with Incomplete Information". *Rand Journal of Economics*, 1984, 15 (2), pp. 171 – 196.

[113] McAfee, P. R. and M. Schwartz, "Opportunism in Multilateral Contracting: Nondiscrimination, Exclusivity, and Uniformity". *American Economic Review*, 1994 (84), pp. 210 – 230.

[114] Mimoun, M. B., "The Impacts of Technological Change, Industry Structure and Plant Entry/Exit on Industry Efficiency Growth", *The Business Review*, 2006, Cambridge, pp. 1 – 12.

[115] Mimoun, M. B., "Technical Change in Developing Countries: A Dynamic Model of Adoption, Learning and Industry Evolution", *The Journal of American Academy of Business*, 2005, Cambridge, pp. 1 – 8.

[116] Muller, D. C., "First – mover advantages and path dependence", *International Journal of Industrial Organization*, 1997 (15), pp. 827 – 850.

[117] Nicholas Economides and Benjamin E. Hermalin, "The Economics of Network Neutrality", *Rand Journal of Economics*, Forthcoming, 2012b.

[118] Nicholas Economides and Joacim Tag, "Net Neutrality on the Internet: A Two – sided Market Analysis". *Information Economics and Policy*, 2012 (24), pp. 91 – 104.

[119] Oz Shy, *A Short Survey of Network Economics*, 2010, At: http: // www. bos. frb. org/economic/wp/index. htm.

[120] Oz Shy, *Relevant Markets: A Product Differentiation Approach*, Working Paper, Federal Reserve Bank of Boston, 2009.

[121] Rey, P. and T. Verge, "Bilateral Control with Vertical Contracts". *The Rand Journal of Economics*, 2004, 35 (4), pp. 728 – 746.

[122] Ricardo J. Caballero, Robert S. Pindyck, "Uncertainty, Investment, and Industry Evolution". *International Economic Review*, 1996 (37), (3), pp. 641 – 662.

[123] Roberto Roson, "Two – Sided Markets: A Tentative Survey". *Review of*

Network Economics, Concept Economics, 2005 (4) No. 2, pp. 142 – 160.

[124] Rochet, J. – C. and Tirole, J., "Two – sided Markets: A Progress Report". *Rand Journal of Economics*, 2006 (37), pp. 645 – 667.

[125] Rochet, J. C., Tirole, J., "Platform competition in two – sided markets". *Journal of the European Economic Association*, 2003, 1 (4), pp. 990 – 1029.

[126] Rochet, Jean – Charles and Jean Tirol, "An Economic Analysis of the Determination of Interchange Fees in Payment Card Systems", *Review of Network Economics*, 2003, Vol. 2.

[127] Rochet, Jean – Charles and Jean Tirole, *Two – sided Markets: An Overview*, Woking Paper. IDEI, 2005.

[128] Rysman, M., "Competition Between Networks: A Study of the Market for Yellow Pages". *Review of Economic Studies*, 2004, 71 (2), pp. 483 – 512.

[129] Rysman, M., "An Empirical Analysis of Payment Card Usage". *Journal of Industrial Economics*, 2007 (55), pp. 1 – 36.

[130] Rysman, M., "The Economics of Two – sided Markets". *Journal of Economic Perspectives*, 2009, 23 (3).

[131] Saloner, G. and Shepard, A., "Adoption of Technologies with Network Effects: An Empirical Examination of the Adoption of Automated Teller Machines", *Rand Journal of Economics*, 1995 (26): 479 – 501.

[132] Sidak, J. G., "A Consumer – welfare Approach to Network Neutrality Regulation of the Internet". *Journal of Competition Law and Economics*, 2006, 2 (3), pp. 349 – 474.

[133] Sidak, Church, J. N. – G. et al., *Indiret Network Effects and Adoption Externatities*, 2003, Available at: http: //ssrn. com.

[134] The Royal Academy of Engineering, "ICT for the UK's Future: the implications of the changing nature of information and communications Technology", Published by The Royal Academy of Engineering 3 Carlton House Terrace London SW1Y 5DG, ISBN: 1 – 903496 – 50 – 0, October 2009.

[135] Tom Evens et al., "Access to Premium Content on Mobile Television

Platforms: The Case of Mobile Sports". *Telematics and Informatics*, 2011 (28), pp. 32 – 39.

[136] Waldmeir, P., "The Net Neutrality Dogfight that is Shaking up Cyberspace", *Financial Times*. New York: March 23, 2006.

[137] Weyl, E. G., *The Price Theory of Two – Sided Markets*. At: http//ssrn. com. 2006.

[138] Weyl, E. G., "A Price Theory of Multi – sided Platforms". *The American Economic Review*, 2010, 100 (4) 1642 – 1672

[139] Wilko Bolt and Kimmo Soramäki, *Competition*, *Bargaining Power and Pricing in Two – sided Markets* [R]. Working Paper. DNB, 2008.

[140] Wright, J., "One – Sided Logic in Two – Sided Markets". *Review of Network Economics*, 2004 (3): 42 – 63.

[141] Wright, J., "Acess Pricing under competition: An Application to Cellular networks". *Journal of Industrial Economics*, 2002 (50).

[142] 常蕾、陆伟刚:《基于结构方程模型的运营商用户响应性预期影响因素分析》,《经济管理研究》2015 年第 3 期。

[143] 陈宏民、胥莉:《双边市场:企业竞争环境的新视角》,上海人民出版社 2007 年版。

[144] 陈宏平:《管制结构动态性分析》,《经济评论》2003 年第 5 期。

[145] 陈彦博:《网络外部性存在下的拉姆塞定价》,中国科技论文在线,2009 年。

[146] 黄坤、张昕竹:《并购审查中的安全港规则:一种非参数方法》,《中国工业经济》2011 年第 9 期。

[147] 纪汉霖:《双边市场定价策略研究》,博士学位论文,复旦大学,2006 年。

[148] 纪汉霖:《双边市场定价方式的模型研究》,《产业经济研究》2006 年第 4 期。

[149] 李海舰、原磊:《论无边界企业》,《中国工业经济》2005 年第 4 期。

[150] 李怀、高良谋:《新经济的冲击与竞争性垄断市场结构的出现——观察微软案例的一个理论框架》,《经济研究》2001 年第 10 期。

[151] 李泉、陈宏民:《基于双边市场框架的软件产业若干问题研究》,

《经济学》（季刊）2009 年第 4 期。

[152] 李泉：《双边市场价格理论及其产业应用研究：以软件产业为例》，博士学位论文，上海交通大学，2008 年。

[153] 刘启、李明志：《非对称条件下双边市场的定价模式》，《清华大学学报》（自然科学版）2009 年第 6 期。

[154] 陆伟刚：《中国电信市场非均衡运行》，《中国工业经济》2001 年第 8 期。

[155] 陆伟刚：《传统产业组织理论的危机及实践含义：基于企业网络的视角》，《中国工业经济》2005 年第 11 期。

[156] 陆伟刚、范合君：《多维度利益博弈中的管制放松与政策设计含义》，《中国工业经济》2011 年第 11 期。

[157] 陆伟刚、刘志阔：《电信网络外部性的一个注释及管制实践含义》，《当代财经》2007 年第 6 期。

[158] 陆伟刚、张善森：《电信产业管制失灵：基于双边市场的另类视角》，《政府管制评论》2012 年第 1 期。

[159] 陆伟刚、张善森：《搜索引擎平台竞争策略设计》，《产业组织评论》2013 年第 6 期。

[160] 陆伟刚、张昕竹：《双边市场中垄断认定问题与改进方法：以南北电信宽带垄断案为例》，《中国工业经济》2014 年第 2 期。

[161] 陆伟刚：《电信运营商内容服务市场接入定价策略：基于双边市场的理论分析》，《中国软科学》2012 年第 5 期。

[162] 陆伟刚：《非对称性电信网络竞争性均衡的存在性与实践含义》，《管理评论》2014 年第 9 期。

[163] 陆伟刚：《用户异质、网络非中立与公共政策：基于双边市场视角的研究》，《中国工业经济》2013 年第 2 期。

[164] 戚聿东：《我国自然垄断产业分拆式改革的误区分析及其出路》，《管理世界》2002 年第 2 期。

[165] 商务部、国务院反垄断委员会：《关于相关市场界定的指南》，中国人民政府网，http://www.gov.cn/zwhd/2009 - 07/07/content_1355288.htm.

[166] 司马红、程华：《双边市场中的客户基础建立策略：关于日本电子货币产业的考察》，《管理评论》2012 年第 11 期。

［167］唐要家：《反垄断经济学：理论与政策》，中国社会科学出版社
2008 年版。

［168］汪贵浦、陈明亮：《邮电通信业市场势力测度及对行业发展影响的
实证分析》，《中国工业经济》2007 年第 1 期。

［169］王宏涛、陆伟刚：《基于双边市场理论的互联网定价模式与反垄断
问题研究》，《华东经济管理》2012 年第 6 期。

［170］王俊豪等：《中国垄断性产业结构重组、分类管制与协调政策》，
商务印书馆 2005 年版。

［171］王生卫：《反垄断法中滥用市场支配地位的界定》，《华南农业大学
学报》（社会科学版）2004 年第 1 期。

［172］王学斌、赵波、寇宗来、石磊：《失之东隅、收之桑榆：双边市场
中的银行卡组织》，《经济学》（季刊）2006 年第 10 期。

［173］王昭惠：《基于双边市场理论的电信双边市场应用及规制研究》，
博士学位论文，北京邮电大学，2009 年。

［174］王昭慧、忻展红：《双边市场中的补贴问题研究》，《管理评论》
2010 年第 10 期。

［175］王自力：《论行业管制政策与反垄断法的协调实施》，《江西财经大
学学报》2012 年第 5 期。

［176］肖兴志：《现代规制经济分析》，中国社会科学出版社 2011 年版。

［177］于立、吴绪亮：《产业组织与反垄断法》，东北财经大学出版社
2008 年版。

［178］于良春：《转轨经济中的反行政性垄断与促进竞争政策研究》，经
济科学出版社 2011 年版。

［179］余东华：《反垄断法实施中相关市场界定的 SSNIP 方法研究——局
限性其及改进》，《经济评论》2010 年第 2 期。

［180］郁义鸿：《产业链类型与产业链效率基准》，《中国工业经济》2005
年第 11 期。

［181］岳中刚：《双边市场的定价策略及反垄断问题研究》，《财经问题研
究》2006 第 8 期。

［182］植草益：《微观规制经济学》，朱绍文、胡欣欣译，中国发展出版
社 1992 年版。

［183］钟尧禹：《3G 新业务市场扩散过程与对策研究》，博士学位论文，

南京邮电大学，2012 年。

[184] 周振华：《产业融合中的市场结构及其行为方式分析》，《中国工业经济》2004 年第 2 期。

[185] 朱振中：《基于双边市场理论的产业竞争与公共政策研究》，博士学位论文，北京邮电大学，2006 年。

后　记

　　国家自然科学基金项目——《三网融合模式下的电信运营商竞争策略设计与公共政策——基于双边市场理论的研究》一书的书稿历时三年半，到今天总算画上了句号。掩卷追思，感慨良多，道不完的酸酸甜甜，说不清的是是非非。

　　我1968年走进学堂开始认字，后来大脑里的字多了，慢慢地开始学习写作，记不得写了多少，受到的批评倒是记得不少，很多稿子石沉大海，一些在移动盘上的估计长久不用也打不开了。我就是这样，做了的就让它过去吧。因而，尽管经历坎坷，可也未能把新的希望在我面前清除干净。总怀着一串串梦，希望功夫不负苦心人加苦命人。说到苦心人，每一次我希望得到的都会事先捉弄我一番，好让我懂得哪怕点滴之恩也来之不易，发表文章、申请项目、项目结题、职称评审，甚至于谈恋爱、结婚，等等，无不如此。我早已习惯了。说到苦命人，当我最需要人帮助时居然找不到自己的亲人，甚至干脆离我远去，阴阳两隔。我很早失去了爸爸、妈妈，还有姐姐；我与我的女儿、不会说话的墨晗贝贝各处一座古都。项目进展的关键时刻，我一天写作疲惫不堪回到家，还得买菜、烧水、做饭、洗衣服、搞卫生、洗尿布、喂奶给宝宝喝，在家伏案写作、改稿子，还要受到白眼、谩骂……基金会规定的5篇A类刊物的写作环境都是如此。看看，多少作者，在出书时总要说"你守在婴儿的摇篮边，我巡逻在祖国的边防线"的感激之语，我写不出来。总之，我就是我，我独自面对我眼前发生的一切。拼的就是一股牛劲，一身的傲骨是我唯一得以敝帚自珍的财富。

　　傲骨也有好处，不用讨好谁。这点对我这样搞一个连老外都只能就一些原则问题提点建议课题的人，好处自然不必说了。三网融合，本身就是饭碗啊，对原来融合之前各自的那口炉灶能不能继续生火之事的关心与纠纷是必然的。而作为我，一个谁也不知道姓名的人即使是砸他们的饭碗，他们也不知道找谁算账。因而，搞起来，没有了利益的俘获，公正是肯定的，对错那是另外的事了。科学研究嘛，探索中前行……

期待着本书的出版，能够为三网融合厘清些思路，让老百姓感受到更多的来自有序、有效竞争市场的好处，多一点宪法赋予我们的通信权利及其他各项权利。

作为两个孩子的爸爸，亲爱的骨肉，我爱你们！

谨以此书献给我两岁多一点的小儿子——陆墨晗！

陆伟刚

2015 年 1 月 27 日于古城西安